OEUVRES

COMPLÈTES

DE PIGAULT-LEBRUN.

TOME VII.

MONSIEUR BOTTE.

DE L'IMPRIMERIE DE FIRMIN DIDOT.

OEUVRES

COMPLÈTES

DE PIGAULT-LEBRUN.

TOME SEPTIÈME.

A PARIS,

CHEZ J.-N. BARBA, LIBRAIRE,

ÉDITEUR DES OEUVRES DE M. PICARD ET DE M. ALEX. DUVAL,
PALAIS-ROYAL, N° 51, DERRIÈRE LE THÉATRE-FRANÇAIS.

1823.

MONSIEUR BOTTE.

PREMIÈRE PARTIE.

CHAPITRE PREMIER.

Demi-exposition.

« Je ne le veux pas. — Et la raison ? — Je n'en
« veux pas donner. — C'est un peu fort. — Je
« suis comme cela. — Mais pensez donc... — J'ai
« pensé à tout. — Même aux dangers ?... — Ils ne
« me regardent pas. — Auxquels vous exposez...
« — Un fou. — De la plus jolie figure. — Bel
« avantage, vraiment ! — Plein d'esprit. — Il en
« abuse. — D'un cœur excellent. — Qu'il me le
« prouve. — Et comment voulez-vous, lorsque
« vous blâmez tout ce qu'il fait ?... — C'est qu'il
« fait tout de travers. — Vous êtes trop rigoriste.
« — Et vous êtes trop indulgent.
« — Ah ! çà, mon cher Botte, raisonnons de sang-
« froid. — Monsieur Horeau, vous allez m'excé-
« der. — J'espère au moins que vous n'avez point
« à vous plaindre de moi ? — Non, pas trop. —

« Que vous me regardez comme votre meilleur
« ami? — On en peut trouver de plus parfait. —
« Je suis au moins ce que vous avez rencontré
« de mieux? — J'en conviens. — Et vous m'aimez?
« — Beaucoup. — Hé bien! monsieur, on a quel-
« que condescendance pour ceux qu'on aime.
« Écoutez-moi. — Soit, monsieur, j'écoute. — A
« la bonne heure. Votre neveu a mangé mille
« écus. — Il s'est endété de mille écus. — C'est
« la même chose. — Pas du tout. — Ah! j'entends;
« vous n'êtes point obligé de payer, et... — Com-
« ment, morbleu! je ne suis point obligé de
« payer? je déshonorerais mon neveu! je l'expo-
« serais aux reproches des honnêtes gens dont
« il a surpris la confiance! Je paierai, monsieur,
« je paierai. — Qu'importe alors qu'il ait mangé
« cet argent, ou qu'il l'ait emprunté? Je ne vois
« pas quelle différence... — Ah! vous ne la voyez
« pas! la voici: Quand on a un bon parent, qu'on
« a cent fois éprouvé son cœur, on lui ouvre le
« sien; on déclare ses besoins et même ses fan-
« taisies: ne sais-je pas que tous les jeunes-gens
« en ont? Se taire, et emprunter, c'est douter de
« moi, c'est me faire injure, et me contraindre à
« payer, par honneur, ce qu'on craignait de ne pas
« obtenir de mon amitié. Je paierai, monsieur,
« mais je ne le verrai plus.

« — Vous ne le verrez plus! le fils de cette
« sœur chérie... — Je ne le verrai plus. — Pour
« qui vous avez renoncé aux douceurs du ma-

« riage... — Qui vous a dit cela? — Je le présume.
« — Et vous avez tort. Ce n'est pas en faveur de
« mon neveu que j'ai renoncé au mariage : je ne
« me suis point marié, parce que je n'ai pas trouvé
« de femme dont j'osasse être le mari. — Ah! ah!
« ah! — Riez tant qu'il vous plaira. — Exagéra-
« tion, mon cher ami, exagération marquée. Vo-
« tre mère n'avait que des vertus. — Et je ché-
« rirai toujours sa mémoire. — Votre sœur élevée
« par elle... — Lui ressemblait à bien des égards;
« mais, que diable, je ne pouvais épouser ni ma
« mère, ni ma sœur. — Si je vous parlais de mon
« épouse... — C'est une femme unique. — du
« moins en voilà trois. — Mais vous l'aimiez,
« vous lui plaisiez, et je ne désire jamais ce qu'on
« n'obtient qu'au prix du repos des autres.

« — Et vous croyez que, dans toute une géné-
« ration, il ne s'en trouverait pas une quatrième
« qui fût digne du cœur d'un galant homme? —
« J'en connais vingt qui sont charmantes; mais
« qu'ai-je vu à l'examen? De la futilité dans l'une,
« de la coquetterie dans l'autre; de la prodigalité
« dans celle-ci, de l'indifférence dans celle-là; un
« amour-propre démesuré dans toutes, et, par-ci
« par-là, la manie du bel esprit. Mariez-vous donc
« à une fille qui fait des vers, qui ne sort de son
« cabinet que pour aller se faire applaudir dans
« des lycées, et qui, en prenant un mari, ne se-
« rait fidèle qu'à sa muse! j'aimerais autant épou-
« ser mon écritoire.

« — Hé ! mon ami, si vous aviez poussé plus
« loin vos recherches, la vingt-et-unième, peut-
« être, n'aurait eu aucun de ces défauts. Mes
« yeux se sont ouverts aussi dans les bras de la
« plus tendre mère; elle a partagé son cœur entre
« mon fortuné père et moi. Tendres soins, in-
« dulgence, sages conseils, voilà ce qu'elle m'a
« prodigué jusqu'à l'âge où de nouveaux besoins
« m'ont fait chercher un bonheur nouveau, et
« ce bien suprême je le dois encore à une femme.
« Ah! que de reconnaissance mérite un sexe qui
« élève notre enfance, qui développe notre cœur,
« qui nous crée des organes nouveaux, qui dou-
« ble nos sensations, notre existence ; qui, dans
« l'âge de la maturité, partage nos peines ainsi
« que nos plaisirs; qui nous plaint, qui nous sou-
« lage dans nos infirmités, et dont la main, après
« avoir semé de fleurs le cours d'une longue vie,
« daigne encore nous aider à mourir! Soyez vrai,
« mon ami, et convenez que vous vous êtes sa-
« crifié au bien-être de votre neveu. — Je n'en
« conviendrai point, parce que cela n'est pas.—
« Il est bon du moins qu'il le croie.—Et pourquoi,
« s'il vous plaît? Pour qu'il se persuade que j'ai
« tout fait pour lui, lorsque je n'ai cédé qu'à ma
« raison ? Imposer de la reconnaissance à qui ne
« nous en doit point, en exiger des marques, et
« en jouir, c'est duplicité, c'est bassesse. Je ne me
« suis point marié, parce que je ne l'ai pas osé;
« j'ai pris soin de mon neveu, parce que je le re-

« vais; je le bannis de ma présence, parce qu'il
« m'a manqué; rien n'est plus simple que cela, je
« ne veux pas qu'on croie autre chose. Brisons
« là, je vous prie, et ne me rompez pas la tête
« davantage.

« — Ah! vous ne voulez plus le voir! c'est-à-
« dire, qu'un jeune homme vif, aimable, sans
« expérience, qui eût formé sous vos yeux sa
« raison et son cœur, va se trouver livré à toutes
« les inconséquences de son âge; qu'il s'abandou-
« nera librement à tous ses goûts, à toutes ses
« passions; qu'il commettra, sans contradiction,
« des fautes légères, qui le conduiront insensi-
« blement à des égaremens condamnables; qu'il
« en sera puni par le mépris et l'abandon des
« honnêtes gens, et cela parce qu'il a craint de
« demander à son oncle une somme que sa fai-
« blesse lui rendait nécessaire? et vous, monsieur,
« que répondrez-vous à ceux qui vous auront es-
« timé jusque alors, et qui vous reprocheront d'a-
« voir perdu ce jeune homme sur un prétexte
« aussi léger? ne seront-ils pas fondés à croire
« que vous avez cherché l'occasion de vous dé-
« faire d'un parent qui vous était à charge? — A
« charge, à moi, mon neveu, mon Charles! on
« pourrait le penser ! — Tout l'annoncera. Mon
« cher Botte, vous prouvez qu'un honnête homme
« peut vivre sans femme; mais il ne peut se passer
« de l'estime publique. Vous la possédez, et vous
« ne la sacrifierez point à une opiniâtreté aussi

« mal entendue. Charles, Charles! — Que préten-
« dez-vous? — Vous épargner l'embarras de re-
« venir de vous-même, et le désagrément d'une
« explication. Charles, Charles! Voyez-vous son
« air triste, repentant? — Hé, oui, je le vois
« bien; mais parlez bas. — Approchez, Charles,
« approchez. Vous avez des torts envers votre
« oncle, et vous méritez des reproches, dont il
« veut bien vous faire grace. Il vous pardonne...
« — Je n'ai pas dit cela. — Ah! mon cher oncle!
« mon cher oncle! — mon cher oncle! Apprenez,
« monsieur l'étourdi, que votre cher oncle est fait
« pour vous donner l'argent dont vous avez un
« légitime besoin; qu'il ne vous appartient pas de
« douter de mon cœur, de me donner un ridi-
« cule aux yeux des étrangers à qui vous vous
« êtes adressé de préférence, et de me faire courir
« de porte en porte, suivi d'un laquais chargé de
« sacs, pour payer vos extravagances.

« — Mais mon ami, vous pouvez mander ici
« les créanciers... — Non, monsieur, je ne les
« manderai pas ici. Je ne dérangerai pas ces gens
« pour les faire courir après ce que leur doit ce
« joli monsieur-là. — Ma foi, mon ami, des gens
« qui prêtent à un jeune homme... — Je n'ai que
« ce reproche à leur faire, et je ne suis pas trop
« sûr qu'il soit fondé. D'abord, ils ont prêté au
« taux de la loi. — C'est rare aujourd'hui. — En-
« suite ils n'ont prêté que des sommes modiques,
« cent écus au plus, et à qui croira-t-on pouvoir

« prêter une bagatelle avec sûreté, si ce n'est à ce
« drôle-là? Je ne dis pas cela pour vous excuser,
« au moins, monsieur, vous êtes inexcusable. Em-
« prunter mille écus à dix personnes différentes;
« emprunter quand on a tout en abondance;
« quand on sait qu'on n'a qu'un mot à me dire!...
« — Mais, mon cher oncle, je n'osais me flatter...
« — Comment, monsieur, vous n'osiez vous flat-
« ter!... En voici bien d'une autre! Hé! qui visite
« tous les six mois votre garde-robe, si ce n'est
« moi? qui la renouvelle sans que vous vous en
« mêliez? qui vous envoie le bijou à la mode? qui
« s'informe à votre laquais si vous avez encore de
« l'argent, et vous glisse un rouleau dans la po-
« che? qui remplace dans mes écuries les chevaux
« que vous me crevez à la chasse? qui s'empresse
« de fêter vos amis? qui va brûler vos romans, et
« leur substituer de bons livres? qui, enfin, vous
« apprend à penser, et vous prouve, sans pédan-
« tisme, que la portion de bonheur à laquelle
« on peut prétendre sur ce misérable globe, ne
« peut être que le fruit d'une bonne conduite?
« Ah! vous n'osiez vous flatter?... Jolie manière
« de me répondre! — Mais, mon ami, vous in-
« timidez ce pauvre enfant. — Je l'intimide! je
« l'intimide! Il ne lui manque plus que de me
« craindre, pour être tout-à-fait joli garçon. Venez
« ici, monsieur; plus près, plus près encore, et
« répondez-moi : je vous ai donné deux cents
« louis cette année, et trois mille livres que je

« vais payer pour vous, font bien un total de
« sept mille huit cents livres. Que diable avez-
« vous fait de cet argent-là?—Ce que j'en ai fait,
« mon oncle? — Oui, monsieur, oui, je vous de-
« mande ce que vous en avez fait. Auriez-vous
« la vile passion du jeu? fréquenteriez-vous ces
« repaires que la police laisse ouverts, comme elle
« tolère les filles publiques ? Il faut des abîmes
« aux forcenés ; il est bon qu'ils s'y jettent tête
« baissée : ils cessent ainsi de troubler l'ordre
« moral. Mais vous, monsieur, mais vous, osez-
« vous vous mêler à cette écume que la société
« voudrait pouvoir vomir de son sein? Répondez,
« répondez donc, monsieur, jouez-vous ? — Non,
« mon cher oncle. — Que diable avez-vous donc
« fait de tout cet argent-là ? — Vous savez, mon
« cher oncle, que la chasse a été jusqu'à présent
« ma seule passion. — Hé bien, monsieur, vous
« n'avez pas dépensé sept mille huit cents livres
« à la chasse, puisque j'en fais tous les frais. Que
« diable me contez-vous là ? — Vous vous rappelez
« mon cher oncle, ce jour où le renard nous
« conduisit à sept lieues de votre terre?... — Où
« vous ne revîntes que le lendemain soir. Je m'en
« souviens, monsieur : j'ai eu assez d'inquiétude
« pour que ce jour ne soit pas effacé de ma mé-
« moire. — Mais, mon cher Botte, laissez-le donc
« parler. — Je crois que vous avez raison. As-
« seyons-nous tous trois, car une histoire qui
« commence à un an de date, et qui ne finit

« qu'hier, ne doit pas être courte. Au fait, mon-
« sieur, et point de détails superflus, s'il vous
« plaît. — Mon oncle, je serai bref. — Tant mieux.
« Commencez. »

« La nuit nous surprit près du château d'Aran-
« cey : vous le connaissez, mon oncle? — Beau-
« coup. J'ai même connu le propriétaire, homme
« entiché de sa noblesse, et chargé de dettes,
« selon l'usage. — Nos chevaux étaient rendus,
« nous étions fatigués, il faisait froid, et je crus
« que nous n'avions rien de mieux à faire que
« de chercher un asile dans ce château. — Après?
« — Nous passons, ou plutôt nous sautons un
« pont-levis vermoulu; nous traversons des cours
« encombrées de gros meubles et de vieux bois
« de charpente; nous avançons sous des porti-
« ques en ruines; nous parcourons les apparte-
« mens. Des salles transformées en étables, en
« bergeries; vingt tableaux de famille convertis
« en râteliers; dans le haut, des vitres brisées;
« des chambres dont on soupçonnait encore la
« première magnificence, servant de retraite aux
« oiseaux nocturnes, aux corneilles, aux pigeons
« errans; enfin... — Enfin, qu'a de commun cette
« description romanesque avec les sept mille huit
« cents livres que vous avez dissipées? — J'y viens
« mon oncle, j'y viens. — C'est fort heureux.

« — Je m'informe si personne n'est resté pour
« veiller aux intérêts du maître, et j'apprends
« qu'un fermier aisé a un domicile agréable et

« commode à cinquante toises du château. Je re-
« monte sur mon cheval, qui pouvait à peine se
« soutenir; je le presse de l'éperon... — Pauvre
« animal, que tout ceci ne regardait pas! il en
« est mort, monsieur, et voilà l'équité de la plu-
« part des hommes. Que diable aviez-vous besoin
« de vous mêler des affaires de ce marquis d'A-
« rancey, qui croyait me faire beaucoup d'hon-
« neur quand il me donnait à dîner, à moi, dont
« les vaisseaux parcouraient les mers des deux
« Mondes, qui avais des facteurs dans l'Inde, sur
« les côtes d'Afrique, et jusqu'au fond du golfe
« du Mexique; à moi, qui faisais vivre dix fois
« plus de monde qu'il n'a ruiné de créanciers?
« Enfin, vous crevez mon meilleur cheval; mais
« vous arrivez à la ferme. Poursuivez. — Le cœur
« navré de l'état déplorable où j'avais trouvé le
« château, je me proposais d'adresser au fermier
« des reproches que je croyais mérités. Une fi-
« gure patriarcale m'intéresse, les soins touchans
« de l'hospitalité me désarment; point de mots
« recherchés, rien de ces manières qu'on nomme
« politesse; un langage simple, organe d'un cœur
« pur, et toujours l'expression du sentiment... —
« Oh! vous verrez qu'il ne finira point. — Malgré
« l'espèce de vénération que m'inspirait le digne
« fermier, je hasardai quelques mots sur le déla-
« brement du château. — Au fait, monsieur mon
« neveu, au fait. »

« J'apprends que le marquis est émigré, comme

« beaucoup d'autres. — C'est ce qu'il a fait de plus
« sage en sa vie : s'il ne se fût réfugié là-bas, on
« lui eût probablement coupé la tête ici. Couper
« des têtes pour des opinions! Exiger que les au-
« tres voient et pensent comme nous, c'est pré-
« tendre qu'ils aient la même organisation, le
« même caractère, et que le hasard les place dans
« les mêmes circonstances. Il ne serait pas plus
« absurde que les camards coupassent les nez
« aquilins; que les hommes à grandes oreilles fis-
« sent la guerre aux petites, les bruns aux blonds,
« et les mélancoliques aux gens gais. Enfin? —
« Le fermier, pour qu'on ne brûlât pas le châ-
« teau, y mit son bétail; pour conserver au mar-
« quis les portraits de ses ancêtres, il en fit des
« râteliers, et cette idée fut trouvée dans le temps
« très-patriotique et très-plaisante. Enfin, quand
« les biens de M. d'Arancey furent mis en vente,
« son fermier se rendit acquéreur de ce domaine,
« et ne s'en considéra que comme le dépositaire.
« — C'est un brave homme, ce fermier-là. — Il
« paya la plus grande partie du prix en papier-
« monnaie, et, au moment où je le vis, on l'in-
« quiétait pour ce qui restait dû, et qui devenait
« exigible en espèces. On le menaçait de revendre
« ce bien à sa folle enchère; il s'affligeait de son
« impuissance; il regrettait sincèrement de ne pou-
« voir conserver au marquis cette unique et faible
« ressource, et, le lendemain, je lui portai ce que
« j'avais d'argent. — Tu as fait cela? — Oui, mon

« oncle. — Bien, mon ami, bien, très-bien. Faire
« un tel usage de sa fortune, c'est la mériter. —
« Je vis les receveurs des domaines; je leur de-
« mandai du temps pour le surplus; je fis valoir
« la belle action du fermier; je priai, je conjurai,
« je persuadai. Ils me promirent d'attendre, et
« je leur portais exactement ce que je recevais de
« votre bienfaisance. Cependant ils me déclarè-
« rent, il y a trois jours, qu'il ne dépendait plus
« d'eux d'accorder des délais. Vous m'aviez donné
« cinquante louis huit jours auparavant, et je n'a-
« vais nul prétexte pour vous demander de l'ar-
« gent. — Jamais de prétexte, monsieur; la vérité,
« toujours la vérité, surtout quand elle honore
« celui qui la dit. — J'avoue, mon oncle, que je
« mettais aussi quelque gloire à terminer seul une
« bonne action. Je portai à la régie les mille écus
« que j'avais empruntés, et j'obtins que, pendant
« six jours encore, on suspendrait toutes pour-
« suites. — C'est-à-dire que la totalité n'est pas
« payée? — Le digne Edmond doit encore quatre
« mille francs. — Va trouver mon caissier; de-
« mande-les lui de ma part, et donne-les en ton
« nom. — Ah! mon oncle!... — Oui, oui, je veux
« que tu aies la gloire de terminer seul ta bonne
« action. D'ailleurs, je t'ai traité durement; je
« m'impose une amende, et je te demande pardon.
« — Comment, mon oncle, vous daignez...— Oui,
« je te demande pardon, et c'est tout naturel. Ma
« qualité d'oncle n'autorise point la morgue, et ne

« me donne pas le droit de te brusquer. Je crie-
« rai, quand j'en aurai de bonnes raisons ; je me
« repentirai quand j'aurai tort. Allons, ta main,
« et pas de rancune... Tu m'embrasses ! Cela vaut
« mieux. Va porter ton argent à tes régisseurs,
« et demain nous irons tous trois dîner chez ton
« vieux Edmond. C'est un honnête homme ; ils
« ne sont pas communs, et je veux connaître ce-
« lui-ci. — Mais, mon oncle... — Qu'est-ce ? —
« Il n'a rien de ce qu'il faut pour vous recevoir
« dignement. — Hé, croyez-vous, monsieur, que
« je ne puisse pas, comme vous, me contenter
« d'un mauvais dîner ? Des légumes, des œufs,
« du laitage, de la gaieté, de la franchise, et je
« dîne fort bien avec cela. — Mais, mon oncle...
« — Mais, je le veux ainsi, et je n'aime pas qu'on
« me contredise. Allez à vos affaires. Horeau et
« moi, nous allons suivre les nôtres. »

CHAPITRE II.

Suite de l'exposition.

Je ne vous dirai rien du caractère de monsieur
Botte : je me flatte que vous le connaissez. Je vous
apprendrai seulement qu'il s'était retiré du commerce avec la réputation du plus probe négociant
de l'Europe, comme il passait pour en être le plus
riche. On se plaindrait moins de la fortune, si

elle favorisait toujours des hommes tel que celui-ci.

Il avait avantageusement placé d'immenses capitaux. Il tenait l'hiver une excellente maison à Paris ; l'été, il rappelait les plaisirs dans une superbe terre, où ses convives lui passaient, en faveur de ses belles qualités, des boutades assez orageuses parfois. Ceux qui ne savaient pas l'apprécier se fâchaient et partaient. M. Horeau, sans lequel il ne pouvait vivre, et qu'il contrariait sans cesse, était à peu près le seul qui eût résisté à ses brusqueries. A force de douceur et de patience, il avait insensiblement pris un empire, que M. Botte était loin de soupçonner. Cet empire s'étendait même sur Charles. C'était Horeau qui modérait son impétuosité, qui lui faisait sentir ses fautes ; mais aussi c'était Horeau qui faisait valoir son mérite, quand il fallait calmer le mécontentement, quelquefois fondé, du cher oncle. C'était encore Horeau qui faisait rentrer en grace un domestique coupable d'une maladresse ou d'une négligence ; c'était lui qui, sans rien demander directement, obtenait des graces pour ceux qui lui en paraissaient dignes. Il parlait indifféremment de l'affaire ; il animait, il stimulait le cœur de son ami, et le laissait persuadé qu'il avait prévenu des sollicitations qu'il eût peut-être rejetées; Horeau, enfin, était bon par caractère, d'un sens droit, d'un esprit peu brillant ;

mais il était du très-petit nombre de ceux dont on ne craint pas de faire des amis.

Charles coulait, dans cette maison, la vie la plus heureuse. Léger, vif, inconsidéré, mais honnête au fond, toutes ses occupations s'étaient bornées jusque alors à aimer, à craindre son oncle, à jouir de son opulence, et à lire, lorsqu'il était las de la chasse, les livres dont M. Botte garnissait sa bibliothèque. Il en saisissait facilement l'esprit ; il en faisait de mémoire des extraits qu'il parait de la chaleur de son imagination, et alors le cher oncle restait à table sans s'en apercevoir. Il écoutait avec émotion ; il s'attendrissait, se penchait sur l'épaule d'Horeau, et lui disait bien bas : Ce garçon-là fera un grand sujet.

Cependant notre faiseur d'extraits n'était pas sans inquiétude. Le dîner, arrangé pour le lendemain, l'embarrassait furieusement. Il avait ses petites raisons pour éloigner M. Botte de chez son vieux fermier, et il s'était bien gardé de les déclarer. Il est des secrets qu'un jeune homme ne confie jamais qu'à ceux de qui l'âge et une certaine conformité de caractère lui font attendre de l'indulgence, et M. Botte, avec sa morale austère, ne pouvait manquer de blâmer hautement ce qu'il devait considérer comme une pure étourderie.

Si on remontait à la source des belles actions, en trouverait-on beaucoup, en trouverait-on deux qui fussent dépouillées de tout motif humain ? Celle de Charles, je le dis à regret, mais je vous dois la vérité, celle de Charles était loin d'être désintéressée.

En descendant à la ferme d'Arancey, il fut frappé de l'aspect d'une jeune fille, au point d'oublier le château, les portraits de famille, et même les usages les plus ordinaires. Il était debout devant la jeune personne, le chapeau sur la tête, une main, une jambe et le haut du corps en avant; il la regardait, rougissait, balbutiait, et ne pouvait lier deux idées. Qui donc lui en imposait à ce point? une simple robe de toile, un bas de coton blanc, un petit soulier noir, un chapeau de paille? Hélas! le pauvre enfant n'avait rien vu de tout cela. Mais sous ce chapeau brillait un front modeste. De grands yeux languissans, certain air de tristesse, répandu sur une figure où une légère teinte de rose se mêlait à une blancheur éblouissante, voilà ce qui l'attachait, ce qui faisait battre son cœur, ce qui le rendait muet, ce qui lui donnait l'air d'un sot.

La jeune personne lui demanda enfin ce qu'il désirait. Charles lui répondit qu'il n'en savait rien. Elle lui demanda s'il voulait qu'elle appelât M. Edmond. Charles lui répondit que ce serait comme il lui plairait. La jeune personne sortit, et Charles remarqua un faible sourire qui vint agiter des lèvres auxquelles ce mouvement paraissait étranger.

Guillaume, le plus adroit de ses piqueurs, l'avait suivi dans la maison, et avait laissé les che-

vaux aux soins de ses camarades. « Guillaume,
« lui dit Charles, je crois que je viens de me con-
« duire comme un imbécile. — Cela ne se peut
« pas, monsieur. — Rester immobile et muet
« devant une fille charmante ! — Joli défaut mon-
« sieur, car il est rare. — Et répondre tout de
« travers aux questions les plus simples ! — C'est
« de l'adresse, cela, monsieur. — Oh ! par exem-
« ple, je ne m'en serais pas douté. — Comment
« donc, marquer de l'embarras, beaucoup d'em-
« barras à la vue d'une jolie femme, c'est lui
« faire un aveu dans les formes, et lui sauver le
« désagrément de s'en fâcher. — Oh ! je t'assure
« que je n'ai rien joué. — C'est encore plus flat-
« teur pour la petite paysanne. — Dis-moi, Guil-
« laume, qui t'en a tant appris ? — Mais, mon-
« sieur, je n'ai pas toujours été piqueur. — Ah !
« ah ! — Non, monsieur ; j'ai été aussi proprié-
« taire. J'avais, à vingt ans, une jolie terre, et mon
« petit train de chasse tout comme un autre.
« Voilà pourquoi je suis assez bon piqueur. —
« Diable ! et qu'est devenue la terre ? — La bouil-
« lotte m'en a enlevé la moitié, et une figurante
« m'a débarrassé du reste ; mais avec une ingé-
« nuité, une candeur, qui ne m'ont pas permis
« de lui en vouloir. — Manger son bien à la bouil-
« lotte ! le jeu le plus bête !... — Voilà pourquoi
« il est à la mode. — Et avec une figurante ! —
« Elles sont aussi très en vogue. — Et tu ne t'es
« pas brûlé la cervelle ! — Fi donc, monsieur !

« je n'ai que trente ans, et la bouillotte peut
« me rendre ce qu'elle m'a emprunté. J'ai de la
« figure, et la veuve de quelque nouvel enrichi
« peut me juger très-digne de remplacer son
« époux. — Et faire ainsi rentrer dans la circu-
« lation ce que le défunt en a ôté? — C'est le
« sort des riches veuves qui font une sottise. —
« Malheureux! tromper une femme! — Hé mon-
« sieur, tous les hommes passent leur vie à trom-
« per. Les gens en place cachent leur nullité sous
« des dehors imposans ; les femmes caressent l'é-
« poux qu'elles trahissent ; un directeur de con-
« science prêche la vertu au père d'une adoles-
« cente qu'il va suborner au confessional ; la jeune
« fille ment à sa mère pour échapper à sa sur-
« veillance ; le père de famille sort clandestine-
« ment de chez lui pour aller voir une grisette
« qu'il entretient ; des jeunes gens signent dix
« promesses de mariage à dix filles qu'ils trom-
« pent à la fois ; un rapporteur reçoit mille écus
« pour faire perdre une bonne cause ; un pro-
« cureur occupe pour le demandeur et le défen-
« deur ; un marchand fait banqueroute, et achète
« un palais ; le journaliste qui flagornait Robes-
« pierre et Marat, et les comités et le directoire,
« adore aujourd'hui Bonaparte et Jésus-Christ...
« Je ne finirais pas, monsieur, si je voulais passer
« en revue tous les états de la société. — Mon-
« sieur Guillaume, vous ne me parlez là que de
« fripons. — Ma foi, monsieur, quand on con-

« naît un peu le monde, il est difficile de par-
« ler d'autre chose. — Tais-toi; voici sans doute
« M. Edmond. — J'espère qu'il vous embarrassera
« moins que la petite paysanne. »

En effet, Charles raconta avec facilité au vieillard comment il s'était éloigné de chez son oncle ; il lui fit sentir l'espèce d'impossibilité d'y retourner avant que ses chevaux fussent reposés ; il allait enfin lui demander l'hospitalité, quand Edmond la lui offrit avec cordialité, et vous jugez du plaisir avec lequel Charles se rendit à l'invitation. Edmond le fait passer dans une petite salle très-propre, et une servante allume un grand feu; une autre apporte du pain assez blanc, la tranche de fromage, du vin passable, et Charles est invité à prendre quelque chose en attendant le souper. « Un chasseur, dit Edmond, « a toujours une faim dévorante. » Mais Charles, préoccupé, ne mangeait que pour avoir l'air de faire quelque chose. Il regardait qui ouvrait la porte, qui la fermait ; il attendait, il appelait en secret la jolie villageoise. Tous les gens de la maison lui rendaient des soins; elle seule ne paraissait pas.

Il sentit enfin le ridicule de sa conduite envers le fermier, et il chercha à engager la conversation. Il est rare que des gens qui ne se connaissaient pas aient quelque chose à se dire, s'ils ne sont pas naturellement bavards. Charles parla de la pluie et du beau temps; de la semaille, de la récolte ; enfin, il pensa aux hiboux et aux râteliers du château, et le premier mot qu'il en dit au fermier mit celui-ci à son aise. La vieillesse est verbeuse : Edmond raconta, dans le plus grand détail, l'émigration de M. d'Arancey et ses suites funestes. Charles n'était pas toujours attentif ; mais à travers une foule de choses inutiles, il avait saisi ce que depuis il raconta à son oncle, et ce que vous avez lu.

La jeunesse est compatissante. La générosité du fermier avait intéressé Charles ; la pénurie du digne vieillard le toucha. Soit que l'aimable jeune homme cédât uniquement à un mouvement de bienfaisance, soit qu'il saisît l'occasion de se montrer sous un jour favorable à celle qui déja faisait une impression profonde sur son cœur, il s'empressa d'offrir et le peu qu'il possédait, et ses bons offices auprès des régisseurs.

Edmond connaissait le plaisir d'être utile, et il ne crut pas devoir le faire acheter à Charles par une résistance simulée. Il accepta franchement ce qu'on lui offrait de même, et il ne parut pas mettre plus d'importance aux services de Charles, qu'il n'en attachait à ceux qu'il avait rendus lui-même à M. d'Arancey.

On ouvre la porte ; le jeune homme se tourne précipitamment... Ce n'est encore qu'une servante qui déploie du linge très-blanc sur une table de noyer. Charles est sur les épines ; il brûle de connaître celle qu'il a entrevue ; il brûle d'interroger

Edmond, et il lui semble qu'un mot, un seul mot décèlera le trouble de son ame. Il prend un détour pour arriver à son but.

« Êtes-vous marié, monsieur ? — Je l'ai été, et
« tous les jours je regrette ma bonne femme. —
« Sans doute des enfans vous consolent de l'avoir
« perdue ? — J'ai un fils que Dieu bénira, car il
« me respecte et il m'aime. — Vous n'avez qu'un
« fils ? — Non, monsieur. — Mais j'ai cru... il me
« semble..., oui, j'ai aperçu en entrant une jeune
« personne... — Elle n'est pas de ma famille. —
« Ah! elle n'est pas de votre famille ? »

Ici Charles se tait, et Edmond ranime le feu.

« Ah! elle n'est pas de votre famille ? — Non,
« monsieur. — Pardon, monsieur Edmond, son
« séjour ici peut être un secret, et de nouvelles
« questions seraient déplacées. — Nous n'avons
« pas de secrets, monsieur, et nous tâchons de
« nous conduire de manière à n'en avoir jamais.
« La jeune personne dont vous me parlez est ma-
« demoiselle d'Arancey. — Mademoiselle d'Aren-
« cey, dieu ! mademoiselle d'Arancey chez vous,
« chez son fermier ! — Cet habit grossier cache
« un bon cœur ; c'est le seul qui ait compati à sa
« misère. — Elle n'avait qu'à se faire connaître
« pour les voir tous voler au-devant d'elle. Mais,
« par grace, monsieur Edmond, expliquez-moi,
« racontez-moi par quelle suite d'aventures... Par-
« lez, parlez, je vous en supplie. »

Le ton, la vivacité de Charles, l'expression de

sa figure, auraient suffi pour éclairer tout autre qu'Édmond. Le vieillard avait hérité de ses pères les vertus simples des premiers âges, et il ne vit, dans les instances passionnées du jeune homme, que l'intérêt que doit toujours inspirer le malheur. Il poursuivit :

« Mademoiselle d'Arancey avait six ans lorsque
« son père quitta la France. Il avait prévu les
« peines, les fatigues, les privations qu'il a souf-
« fertes, et il confia sa fille à une parente âgée,
« mais sans fortune, qui en prit soin pendant
« huit ans. Elle mourut. Tous les biens, excepté
« celui-ci, étaient passés en des mains étrangères.
« Plus de parens, plus d'amis. Oubliée, abandon-
« née de ceux qu'avait nourris son père, Sophie
« allait entrer dans un hôpital. — Dans un hô-
« pital, mademoiselle d'Arancey! quelle infamie!
« — Je ne l'ai pas souffert. — Oh! digne et res-
« pectable homme! — Mon fils avait alors dix-
« huit ans. Georges, lui dis-je, notre maître était
« fier; mais jamais il ne nous a fait de mal. Sa
« fille est délaissée. Crois-tu, Georges, qu'on s'ap-
« pauvrisse jamais en faisant du bien? prenons
« notre demoiselle avec nous. Nous avons racheté
« cette ferme, nous la paierons petit à petit.
« Quand mademoiselle sera en âge d'être mariée,
« ce domaine sera sa dot; elle nous en rendra le
« prix quand elle le pourra. En attendant, nous re-
« deviendrons ses fermiers, et le bon Dieu bénira
« nos travaux. Georges me répondit en me pres-

« sant contre son sein. Je montai dans notre car-
« riole d'osier, et je me rendis à la ville. Made-
« moiselle, dis-je à Sophie, nous ne sommes que
« de bonnes gens ; mais ne refusez pas de venir
« avec nous. J'espère que vous nous porterez
« bonheur. Elle pleura en montant dans notre
« carriole ; je pleurai avec elle, et cela parut la
« soulager. Elle a trouvé ici le nécessaire, du res-
« pect et de l'amitié, et sa gaieté est revenue.
« Elle nous aide dans les travaux qui sont à sa
« portée ; elle nous récrée par son esprit ; elle
« nous charme par sa résignation, et, depuis deux
« ans qu'elle est chez nous, elle n'a eu de cha-
« grin que ceux que me font les régisseurs. Mais
« ce chagrin-là, monsieur, elle le sent vivement,
« non qu'elle soit intéressée, mais parce qu'elle
« voit qu'ils prennent chaque jour sur ma santé.
« — Vous n'en aurez plus, cher et vénérable
« vieillard. Je ramenerai la sérénité dans cette
« ame pure, et dans celle de mademoiselle d'Aran-
« cey. Mais dites-moi, M. Edmond, n'aurai-je
« pas l'honneur de souper avec elle ? — Voilà sa
« place, monsieur. C'est celle qu'occupait ma pau-
« vre femme : je ne pouvais lui en offrir de plus
« honorable. »

Edmond ne parlait plus, et Charles écoutait encore. Il était debout devant la cheminée ; ses yeux étaient fixés sur ceux du vieillard, et il semblait lui dire : Encore quelque chose de mademoiselle d'Arancey. Parlez-m'en encore, parlez-m'en toujours.

Le vieillard, recueilli, courbé sur le devant de son grand fauteuil, oubliait et Charles et les pinces dont il agitait machinalement le feu. Sophie seule occupait alors le bonhomme, quand la porte s'ouvrit pour la dixième ou douzième fois : c'était l'intéressante demoiselle.

Elle se présenta avec aisance; elle salua Charles avec politesse, et fut embrasser le vieux Edmond. En la revoyant, Charles s'élança avec la prestesse de son âge, et le respect le cloua sur la planche où il était tombé. Il suivait les mouvemens de Sophie; il n'avait la force ni de l'aborder, ni de détourner ses yeux de dessus elle.

Sophie ne lui marquait aucune attention particulière; mais elle s'occupait de lui en prévoyant les besoins de tous. Elle donna des ordres pour que les gens de Charles ne manquassent de rien, et elle fit les honneurs du souper avec grace, mais sans affectation. Une place n'était pas occupée, et notre jeune homme se douta bien que c'était celle de Georges.

« Il ne vient pas, mon père, dit Sophie. — Il
« ne tardera pas, mon enfant. — Il est tard, et
« il travaille depuis la pointe du jour. — Made-
« moiselle paraît s'intéresser fortement à ce qui
« touche M. Georges. — Mon père, réservons-
« lui ce morceau; c'est celui qu'il préfère. — Ma-

« demoiselle ne me fait pas l'honneur de me ré-
« pondre. — Pardon, monsieur, vous me faites
« sentir mon impolitesse; mais... — J'étais loin,
« mademoiselle, d'avoir cette intention, et... »

Une chanson rustique se fait entendre ; mademoiselle d'Arancey sourit, Edmond se frotte les mains. Georges paraît, et Charles s'attriste involontairement. C'est que Georges est grand, bien taillé ; il est un peu voûté, par l'habitude d'appuyer sur le soc ; mais ses grands yeux noirs sont pleins de vivacité, et font ressortir un teint mâle et basané ; ses lèvres vermeilles laissent voir des dents blanches comme l'ivoire ; des cheveux bruns tombent par boucles sur ses épaules carrées, et le plaisir anime tous ses mouvemens.

Il fait à Charles une inclination de tête, prend la main de son vieux père, la secoue avec cordialité ; il s'approche de Sophie, qui lui présente la joue en rougissant ; Georges l'embrasse d'aussi bon cœur qu'il a serré la main de son père.

Pourquoi cette rougeur, se disait Charles, si elle n'a pour lui que l'amitié qu'elle lui doit à tant de titres ? Elle a été, pour ainsi dire, élevée avec lui ; elle n'a vu que lui ; il est le fils de son bienfaiteur ; elle l'aime, elle doit l'aimer, et cette rougeur est la preuve de son amour.

Cette conclusion n'avait rien de satisfaisant pour Charles. Aussi éprouva-t-il le sentiment le plus pénible qui l'eût jamais affecté. Plus d'appétit, plus même d'attention. Accablé sous une foule de réflexions plus tristes les unes que les autres, il ne s'aperçoit pas de l'intérêt avec lequel Sophie écoute le compte que rend Georges à son père des travaux de la journée.

La voix de la jeune personne le tire enfin de la plus fatigante rêverie. « C'est égal, dit-elle à « Georges, il fallait rentrer au déclin du jour. « On se serait vu, on se serait parlé ; vous m'au- « riez chanté votre romance, et quand je l'en- « tends, j'oublie que j'ai du chagrin. — Mais, « notre demoiselle, c'est demain dimanche. — Hé « bien, ne pouvais-je vous entendre demain et « ce soir ? — Mais, notre demoiselle, c'est aussi « demain la fête du village. — Qu'importe, mon « ami ? — Vous nous faites tous les ans l'honneur « de danser avec nous sous le grand tilleul. L'an « passé, un caillou vous blessa le pied : hé bien ! « mordienne ! je viens de passer une heure à cher- « cher sous l'herbe tout ce qui pourrait vous gê- « ner, et vous trouverez demain la pelouse unie « comme un parquet. » Sophie ne répondit rien ; elle prit la main de Georges entre les siennes, et le regarda avec une expression qui fit un mal à Charles, mais un mal !...

« Je ne danserai pas demain, reprit-elle triste- « ment. — Vous danserez, mon enfant, dit le vieux « Edmond : ce bon jeune homme a des moyens de « finir toutes nos peines. — Monsieur ? demanda « Sophie, en fixant Charles pour la première fois. « — Je serai trop heureux, mademoiselle, si vous

« daignez accepter mes services.—Monsieur, c'est
« à mon bon père à répondre ; il est prudent, et
« je ne fais rien que d'après ses conseils.—J'ai ac-
« cepté, mon enfant. J'assure votre sort, et je ne
« crois pas que les secours d'un honnête homme
« puissent faire rougir ceux qui lui ressemblent ».

Georges était placé entre Charles et Sophie. Il prit une main à notre jeune homme, et la lui serra de façon à le faire crier : c'était sa manière de remercier.

« Hé bien ! notre demoiselle, dit-il ensuite à So-
« phie, vous danserez demain, puisque les affaires
« s'arrangent.—Je danserai, si notre bon père me
« promet de n'être plus triste.—Je ne le serai plus
« mon enfant ; mais aussi promettez-moi.... — Je
« ne souffre que pour vous : votre gaieté me rendra
« la mienne. — Fille céleste ! s'écria Charles en se
« levant..... ».

Confus de ce mouvement inconsidéré, il se laissa retomber sur sa chaise, et baissa les yeux sur son assiette. Sophie rougit encore ; Georges fronça le sourcil. Edmond dit *graces* à haute voix ; il bénit son fils et sa fille adoptive, et prononça la prière du soir. Il salua Charles, et une servante se présenta pour conduire ce dernier à la chambre où il devait coucher.

En sortant de la salle, Charles tourna la tête. Il vit Georges et Sophie se rapprocher du foyer en causant familièrement, et il se retira pénétré de douleur.

Guillaume l'attendait pour suppléer son valet de chambre. « Ah? mon ami! lui dit Charles. — « Qu'est-ce encore, monsieur? comme vous voilà « agité! — Quelle découverte, Guillaume! — Et « qu'avez-vous donc découvert? — Elle aime, « Guillaume. — De qui me parlez-vous? — De ma- « demoiselle d'Arancey. — Mademoiselle d'Aran- « cey? — Oui, cette paysanne qui m'a frappé, « étonné, séduit, est mademoiselle d'Arancey, « dont ces bonnes gens prennent soin. — Tant « mieux! cela rendra l'aventure plus piquante. — « Une aventure, Guillaume! — Hé, quoi donc? « — Avec mademoiselle d'Arancey! — Hé, pour- « quoi pas? — Penses-tu à ce que tu dis? — Pen- « sez-vous à ce que vous allez faire? Semblable « à tous les jeunes gens qui entrent dans le monde, « vous êtes capable de parler d'abord de mariage. « — Oh! si je croyais être écouté! — Si vous le se- « rez, monsieur! — Impossible, mon ami. — Une « fille qui n'a rien... — Elle a tout. — Qui s'ennuie « certainement au village. — S'ennuie-t-on près de « ce qu'on aime? — Elle aime, qui? ce jeune rus- « tre assez bien bâti? Elle a pu s'y attacher par « désœuvrement. — C'est ce que j'ai pensé. — Mais « si vous lui montriez dans la perspective l'abon- « dance, le luxe, la considération, au milieu des- « quels elle est née, croyez-vous qu'elle balançât « un moment? — Il ne serait pas flatteur de ne « devoir la préférence qu'à ces motifs. — A la « bonne heure; mais ce n'est pas de cela qu'il

« s'agit. Écoutez-moi, monsieur : un homme de
« vingt ans ne se marie pas, ou il a tort. Il prend
« une maîtresse ; il la quitte pour en quitter deux,
« six, vingt, et à trente ans il se marie pour dou-
« bler sa fortune, ou rétablir ses affaires. Voilà
« la morale du jour, tout le monde la suit, tout
« le monde s'en trouve bien, et je vous conseille
« de vous conformer à l'usage.—Mais, Guillaume...
« — Mais, monsieur, vous aimez mademoiselle
« d'Arancey, et vous avez raison : elle est fort
« jolie. Vous l'aurez, c'est tout simple ; vous vous
« en lasserez, c'est tout naturel, et alors nous ver-
« rons. — Je n'entends rien à ces systèmes de sé-
« duction. Ils me révoltent, ils m'indignent. —
« Je me chargerai seul des détails. — Et de quoi
« te chargeras-tu, malheureux ? de troubler la
« paix d'une famille estimable ? de tourmenter,
« d'affliger la beauté, l'innocence ? Et je le per-
« mettrais, moi, qui prodiguerais mon sang pour
« l'arracher à un ravisseur ! — Ce sont des mots
« que tout cela, monsieur ; raisonnons. Dans votre
« position, vous avez à choisir de trois choses. —
« Lesquelles ?—La première, et la plus sage, c'est
« d'oublier mademoiselle d'Arancey. — Je ne le
« puis.—Vous le pouvez, si vous le voulez. Soyez
« quinze jours sans la voir, et vous n'y penserez
« plus. — Je la verrai demain, je la verrai après-
« demain, je la verrai aussi souvent que je le pour-
« rai. — Ah ! vous ne voulez pas l'oublier ! Ve-
« nons au second moyen. La séduction...—Jamais,

« jamais.—Parlons donc du troisième, le mariage.
« — Oui, parlons de celui-là. — Vous êtes sans
« fortune, ainsi que votre belle. — Hé, je le sais
« bien. — Vous attendez tout de votre oncle. Il
« est intraitable, et il n'est pas amoureux. Il hait
« M. d'Arancey, et il jettera les hauts cris au
« premier mot que vous lui direz de la demoiselle.
« — Je le crains. — Moi, je vous en réponds, et
« vous savez que quand il a prononcé, il ne re-
« vient jamais. Voyez, monsieur, si vous trou-
« vez un quatrième parti. Pour moi, je n'en con-
« nais point, et j'ai l'honneur de vous souhaiter
« le bonsoir. »

Charles passa la nuit à se tourner, à se retourner, à faire des projets, à les abandonner, à soupirer, à invoquer le ciel, et au retour de la lumière, il était irrésolu, il était pâle, défait, comme doit l'être quelqu'un qui n'a pas dormi, et qui, pendant sept à huit heures, s'est tourmenté la cervelle de toutes les manières. Pauvre jeune homme! Et nous avons tous été comme cela!

Charles s'habille lui-même : Guillaume commençait à lui déplaire. Il arrange ses cheveux devant un petit miroir, posé sur un coin de la cheminée, et il se fait vraiment peur. Il descend; tout le monde était levé, tout le monde agissait avec cet air libre et content que donne un sommeil paisible. Il rencontre Sophie et Georges. Georges, toujours Georges! disait-il entre ses dents. Cependant il salue mademoiselle d'Arancey; mademoiselle d'Arancey lui rend très-poliment sa révérence ; elle prend le bras de Georges, et entre avec lui dans la laiterie. Oh ! Georges, toujours Georges ! répète Charles à demi-voix.

Edmond a vu son hôte, et vient s'informer de sa santé. « Je ne me porte pas bien, M. Edmond.
« — Vous n'avez pas dormi ?—Fort peu.— Déjeu-
« nons, cela vous remettra. — J'en doute, M. Ed-
« mond. — Georges, Georges ! — Oh ! Georges,
« Georges... là-bas, dans la laiterie, avec mademoi-
« selle d'Arancey.—C'est que le dimanche, voyez-
« vous, Georges, au lieu de se reposer, partage avec
« notre demoiselle les petits soins du ménage, et il
« dit que cela lui fait plaisir.—Je le crois bien, par-
« bleu... ils paraissent s'aimer beaucoup ! —Oh !
« comme s'ils étaient frère et sœur.—Peut-être quel-
« que chose de plus. — Hé, peut-on s'aimer davan-
« tage ? — Que sais-je ?... si l'amour... — Jeune
« homme, vous nous faites injure. Mon fils ose-
« rait lever les yeux sur la fille de notre maître ?
« et je le souffrirais ! je permettrais qu'elle des-
« cendît jusqu'à nous ! je lui ferais payer l'asile
« que je lui ai donné ! Non, monsieur, jamais.
« D'ailleurs Georges n'a rien de caché pour son
« père, et s'il était tourmenté de cet amour-là, il
« me le confierait, pour que je l'aidasse à le com-
« battre. — Déjeunons, déjeunons, M. Edmond.
« Je pense comme vous que cela me remettra. »

En effet, le lait et les fruits, que servit mademoiselle d'Arancey, lui parurent délicieux. Rassuré par ce que lui avait dit le vieillard, il se dédommagea de la diète de la veille. Il fut aimable, gai, spirituel. Plus d'une fois il s'aperçut que mademoiselle d'Arancey souriait à ses saillies, et, sans apprêt, comme sans effort, il devenait charmant. Bientôt la jeune personne se mêla à la conversation. Modeste, comme devraient l'être toutes les femmes, elle parlait peu ; mais elle s'exprimait avec justesse, et un mot de Sophie amenait un nouveau trait de Charles. Le temps s'écoulait avec rapidité pour lui, pour la demoiselle et pour le vieillard, qui écoutait et qui souriait aussi à propos. Georges était froid, silencieux ; il examinait attentivement la physionomie de son hôte, qui se développait à mesure qu'il se livrait davantage, et qui s'embellissait à chaque instant. Il soupira et dit à Sophie : « Nous dansons ce soir, et il « nous reste encore bien des petites choses à faire. « — Vous avez raison, mon cher Georges ; je « m'oublie en causant, et je vous remercie de « m'en avoir fait apercevoir. » Elle sort avec le jeune laboureur, et avec elle disparaissent l'esprit et l'enjouement de Charles.

Guillaume s'était ingéré de venir servir à table. L'air mécontent avec lequel son jeune maître l'avait plusieurs fois regardé, lui fit sentir que sa morale avait déplu. Le drôle était trop adroit pour ne pas trouver à l'instant un moyen sûr de se rétablir dans les bonnes graces de Charles. La conversation était tombée depuis que mademoi-

selle d'Arancey était sortie, et M. Guillaume, usant du privilége des confidens, prit sans façon la parole. « J'ai fait un tour dans le village, dit-il
« à Edmond; j'ai vu les apprêts de la fête; elle
« sera vraiment jolie. Oh! répondit le bon homme,
« vous n'en avez pas encore d'idée. Quand le tam-
« bourin animera notre jeunesse, le coup d'œil
« sera superbe. — Et vous n'invitez pas monsieur
« à jouir de l'allégresse générale ? —Monsieur est
« accoutumé aux plaisirs brillans des grandes
« villes; les nôtres sont simples comme nous. Ils
« nous conviennent parce qu'ils nous suffisent.
« M. Edmond, reprit Charles, vos plaisirs sont
« ceux de la nature. Heureux les cœurs qui sa-
« vent les goûter! et je vous assure, sans cher-
« cher à me faire valoir, que j'en ai toujours fait
« le plus grand cas. — Hé bien, monsieur, accor-
« dez-nous cette journée, et partagez la petite fête
« avec de bonnes gens. — J'en profiterai, et de
« tout mon cœur. Vite, Guillaume, monte à che-
« val, cours au bourg voisin, et rapporte tous les
« rubans que tu trouveras. J'espère, M. Edmond,
« qu'il me sera permis d'en orner les chapeaux
« des jeunes gens et les corsets des jeunes filles.
« — Jamais, monsieur, on ne se refuse ici qu'à
« ce qui est mal, et cette marque de prévenance
« plaira, sans doute, à tout le monde. »

Charles hâte, pousse Guillaume; il ne peut seller assez promptement son cheval; il ne peut être assez tôt de retour. Oh! se disait le jeune homme, en suivant de l'œil son piqueur, qui va, qui va... oh! se disait-il, j'offrirai un ruban vert à mademoiselle d'Arancey; elle ne le refusera pas, lorsque j'en présenterai à toutes, et peut-être daignera-t-elle faire attention à la couleur.

Il rentrait dans la salle, lorsque Georges et Sophie revinrent. « Il m'a semblé voir, dit Georges, « plusieurs hommes à cheval, et je croyais mon- « sieur parti. Non, répondit le bon père, monsieur « reste. Ah, monsieur reste! reprit Georges », et il soupira.

La matinée fut employée à des choses indifférentes. Sophie allait et venait. Georges ne la quittait pas d'une minute, et Charles soupirait à son tour. Il s'approchait de la demoiselle, quand les convenances le permettaient; il s'arrêtait quand il craignait de paraître indiscret ou importun. Un sourire qu'obtenait Georges ranimait ses soupçons; une caresse innocente rallumait sa jalousie; un mot affable que Sophie lui adressait le calmait aussitôt, et, lorsque midi sonna, il avait passé cent fois de l'espérance à la crainte, et de la crainte à l'espérance.

A la fin du dîner, Guillaume parut, chargé de rubans de toutes les façons et de toutes les couleurs. Georges s'échappe; il court, il vole, il revient. Il a aussi son ruban à la main. « Celui-ci, « notre demoiselle, n'est pas aussi beau que ceux « d'un monsieur; mais vous ne refuserez pas l'of- « frande de l'amitié. Je l'ai pris blanc pour figu-

« rer la pureté de votre ame. » Oh! s'il aime, pensait Charles, il n'a pas, comme moi, la présomption d'espérer, et cependant il a des droits... Oh! quelle leçon il me donne!

Sophie prend le ruban de Georges d'un air satisfait; elle l'attacha à sa collerette, et Charles jeta sur une chaise le paquet que Guillaume venait de lui remettre. « Aurai-je au moins l'hon« neur, dit-il à Sophie, de danser la première « contredanse avec vous? — Je ne puis, mon« sieur, m'engager que pour la seconde : la pre« mière est toujours avec Georges. » Oh! Georges, Georges, et toujours Georges, dit Charles en se tournant vers la croisée, où il fut ronger ses ongles, les yeux fixés sur un vieux colombier.

Au village, on travaille le jour et on dort la nuit. Les fêtes les plus solennelles ne changent rien à l'ordre établi. On y danse également le jour, parce qu'il faut reposer, pour être en état de reprendre le travail le lendemain, au point du jour; et puis, les jeunes villageoises n'ont pas besoin de flambeaux pour paraître fraîches, et donner de la vérité au rouge de crêpon ou de vinaigre; les femmes s'embarrassent peu qu'on voie leurs rides naissantes; leurs maris ont vieilli avec elles, et elles n'ont pas le temps de chercher à plaire à d'autres. A une heure donc, à une heure après-midi, le tambourin, le flûtet et un mauvais violon se font entendre dans les rues du village.

Et vite, Georges tire ses gants de fil blanc, et

vite, Charles présente la main à Sophie. Il est trop tard, Georges. Mademoiselle d'Arancey ne pouvait, sans impolitesse, refuser le bras de l'étranger. Georges soupire en marchant à côté d'elle. Sophie le regarde ; Georges la regarde aussi, et d'un air si triste ! Sophie passe son autre bras sous celui de Georges ; Georges sourit, et Charles soupire à son tour.

Le bon vieillard les suit, appuyé sur son bâton noueux. Il a pris l'habit de drap d'Elbeuf marron, à grands paniers et à paremens qui couvrent l'avant-bras, et s'arrondissent, en descendant jusqu'aux hanches ; il a la veste de basin blanc, brodée en coton rouge, dont les basques avancent et reculent alternativement, d'après le mouvement des genoux ; ses bas de laine grise sont roulés sur une culotte de velours d'Utrecht noir, et ses boucles de cuivre attachent des souliers carrés. Il marche d'un air prépondérant, parce qu'il a été marguillier, et, bien qu'il n'y ait plus de fabriques, on n'en doit pas moins des égards à un ancien dignitaire.

Ils arrivent sur la place. Le cabaretier du lieu y a porté ses tables, ses bancs, ses pots, ses verres, et une feuillette de petit vin du pays. Le pain blanc, les jambonneaux, les andouillettes flattent la vue et caressent l'odorat des sobres habitans. Sur deux tonneaux vides sont juchés les deux ménétriers, dont les accords provoquent la gaieté. Sous d'humbles toiles soutenues par des perches, le marchand de pain d'épices, de joujoux, le petit mercier et polichinelle, appellent les chalans, que retient le galoubet. Les vieillards s'entretiennent à table, le verre à la main. L'un parle de ses campagnes, l'autre de ses jeunes amours. Les mères observent leurs filles; une agacerie, un coup d'œil lancé à la dérobée, leur font pressentir un mariage qui pourra se faire après la récolte prochaine. Les jeunes filles, les jeunes garçons se disposent à sauter, non pas pour qu'on les regarde, mais pour se divertir.

Lorsque les quatre personnages s'approchèrent du grand tilleul, les vieillards se levèrent et offrirent une place à monsieur le marguillier. Les jeunes gens des deux sexes entourèrent, pressèrent Sophie. Point de révérences, point de complimens; des marques d'intérêt, de déférence, exprimées par des bouches naïves, organes de bons cœurs. « Ah, disait Sophie à Georges, qu'il est « doux d'être aimée ainsi! Ah! mademoiselle, ré- « pondait Charles, qu'il est doux de le mériter! »

Mademoiselle d'Arancey se place avec Georges : trois couples se présentent aussitôt. On danse, on se croise, on s'embrouille, on rit, on recommence. Charles, appuyé contre le gros tilleul, suivait tous les mouvemens de Sophie : on le tire par l'habit. C'est Guillaume, chargé de ses rubans, dont il ne sait que faire. « Hé, parbleu! « lui dit Charles, distribue-les toi-même. »

Guillaume, très-connaisseur, commence par les

plus jolies; toutes refusent. Il passe aux mamans, aux jeunes gens, aux vieillards ; partout même refus; quelquefois même des marques de dédain. Sophie, à qui rien n'échappe, quitte précipitamment son danseur. « Monsieur, dit-elle à Charles, « on n'a pas ici la sottise d'avoir de l'orgueil ; « mais on s'estime ce qu'on vaut, et je vois qu'on « n'a pas cru devoir accepter du valet ce que le « maître a dédaigné d'offrir. Vous êtes un ange, « lui répond Charles; vous instruisez comme vous « savez plaire. »

Il saute sur une table, et demande à être entendu. Un cercle se forme autour de lui. Les nez en l'air, les bouches ouvertes, les yeux fixés sur lui, on écoute et on attend. « Le zèle de mon « piqueur, dit-il, lui a fait commettre une faute « que je n'avais pas prévue. J'avais demandé à « M. Edmond s'il me serait permis de parer de « ces rubans ces jeunes gens et ces demoiselles. « Encouragé par sa réponse, je me proposais de « les placer moi-même, et Guillaume n'a pas ré-« fléchi qu'en cherchant une jouissance, il m'im-« posait une privation. Permettez, mes amis, que « je vous offre ces bagatelles comme une légère « marque de mon estime. »

Charles mentait en accusant son piqueur; mais il avait une bévue à réparer. La réparation indiquée par Sophie lui paraissait d'une nécessité absolue, et on se tire d'un mauvais pas comme on peut.

A peine a-t-il cessé de parler, que les fillettes

se présentent l'une après l'autre, les yeux baissés, les joues vermeilles, et les mains croisées sur le devant du corset. Un petit marchand d'épingles avait saisi l'occasion. Monté sur une pierre, il allongeait le bras, et tenait son papier élevé à la hauteur de Charles. Charles prenait une épingle, déroulait une pièce de ruban, l'attachait; il adressait à toutes des paroles flatteuses, et pas un mot qui pût alarmer la pudeur : Sophie était là, Sophie le voyait, et, pour lui être agréable, il fallait être pur comme elle.

Aux jouvencelles succédèrent les garçons. Ils ont un air décidé, et le chapeau à la main. Tous eurent part aux largesses de Charles; tous le remercièrent, et la contredanse finie, mademoiselle d'Arancey s'approcha à son tour, appuyée sur le bras de Georges : « Tout le monde peut « faire des fautes, dit-elle à Charles; il est beau « d'avoir le courage de les réparer. N'aurai-je pas « aussi mon ruban? — Il ne m'en reste que deux, « mademoiselle; un vert... — Et un souci. C'est « ce dernier que je choisis : la couleur convient « à ma situation. Monsieur, donnez l'espérance à « Georges : dans son état on en a besoin. » Georges entr'ouvrit sa chemise. « Voici, notre demoi- « selle, celui que vous me donnâtes l'an passé : « permettez que je n'en porte pas d'autre. »

Ah! pensait Charles, l'amour ne se cache point; elle a lu dans mon ame. Si je n'ai rien à espérer, pourquoi m'avoir fait sentir mon impolitesse envers ces paysans? Pourquoi me louer quand j'ai réparé une bévue? Pourquoi me demander elle-même un ruban, et l'attacher à côté de celui de Georges? Une jeune personne de seize ans donne-t-elle des conseils et des récompenses à quelqu'un qui ne lui inspire aucun intérêt! Mais la couleur de l'espérance, dont elle voulait que je parasse ce garçon!... Ah! l'espérance d'une vie moins laborieuse, d'une aisance plus marquée, voilà sans doute ce qu'elle souhaite à Georges, et, tout bien examiné, elle n'a pas d'amour pour lui.

Plein de ces idées flatteuses, Charles prend la main de mademoiselle d'Arancey, et se dispose à commencer la seconde contredanse. A l'instant, on abandonne la piquette et les petits gâteaux, et polichinelle, et le marchand de pain d'épices. Voyons, disaient les jeunes filles, comment danse ce beau jeune homme, qui donne de si jolies pièces de ruban.

Charles n'était pas ce qu'on appelle, à Paris, un beau danseur; mais il avait de la précision, et beaucoup de graces naturelles. Le désir de plaire, et le rayon d'espoir qui l'animait en ce moment, devaient donner à sa danse une expression dont l'art n'approcha jamais. Il part, et on s'étonne : léger comme zéphire, à peine effleure-t-il le gazon. Tous ses mouvemens respirent l'amour, qui se peint dans ses yeux, et un murmure d'admiration se fait entendre.

Mademoieslle d'Arancey ne se livre d'abord

qu'avec timidité; mais, électrisée elle-même par une manière de danser qu'on ne connaît pas au village, elle se laisse aller au charme qui l'entraîne. Ses yeux n'expriment que la gaieté; mais sa bouche daigne sourire, et Charles est ivre de plaisir.

Leurs bras s'entrelacent, se détachent, se cherchent, se reprennent et se caressent encore. Cent passes voluptueuses font valoir les contours de deux corps parfaits. Quelquefois ils sont à dix pas l'un de l'autre; mais pour se rapprocher avec la promptitude de l'éclair, s'unir et ne paraître qu'un. Dans une de ces passes, la bouche de Charles touche presque celle de la belle Sophie. C'est son haleine qu'il respire; c'est sa gorge naissante qu'il presse contre son sein... Un cri se fait entendre; la danse est suspendue. On regarde, on cherche... on trouve Georges étendu au pied d'un arbre. La pâleur de la mort couvre ses joues; ses lèvres décolorées sont agitées de mouvemens convulsifs.

Sophie s'élance, court, prend la tête du malheureux jeune homme, et la pose sur ses genoux. Aidée du vieux Edmond, elle le relève, elle lui aide à marcher; elle s'éloigne de la pelouse, sans adresser un mot d'excuse à Charles, sans même paraître penser à lui.

« Oh! répétait alors celui-ci, donnez l'espé-
« rance à Georges; dans son état on en a besoin!
« Quelle espérance elle voulait que je confirmasse!

« Celle de voir combler un jour l'intervalle qui
« les sépare... Elle l'aime, elle l'aime, je n'en sau-
« rais douter. Guillaume, rassemble nos gens;
« que dans cinq minutes les chevaux soient à
« l'entrée de cette place. Tu m'excuseras auprès
« de M. Edmond. Tu lui diras que je crains de
« le déranger dans les soins qu'il rend à son fils...
« Tu lui diras... tu lui diras ce que tu croiras con-
« venir...Je ne veux plus la voir, je ne la verrai
« plus. »

Charles se dérobe à la multitude; il marche au hasard. Il regrette sa première tranquillité; il maudit l'amour, cet amour qui s'est si rapidement emparé de ses facultés. « Oui, ajoutait-il, oui, je
« serai malheureux, parce que Georges l'a con-
« nue avant moi. Il n'a pu supporter l'abandon
« avec lequel elle dansait; il a succombé à sa ja-
« lousie, et, pour le secourir, elle n'a consulté que
« son cœur; elle a oublié cent témoins qui l'en-
« vironnaient, elle a dédaigné les bienséances...
« Ah! Sophie, Sophie! »

Il monte à cheval; il enfonce ses éperons dans les flancs de l'animal; il laisse ses gens bien loin derrière lui. Il arrive chez son oncle, couvert de sueur, de poussière; il dissipe l'inquiétude de M. Botte, en attribuant à la fatigue le désordre qui a dérangé tous ses traits. Il se renferme chez lui, et se jette sur un ottomane. Il y passe une partie de la nuit.

La fraîcheur du matin calme son sang en-

flammé. Il se met au lit, et le sommeil, qui l'avait fui la nuit précédente, vient, malgré lui, fermer ses paupières. Il se réveille assez tranquille, et l'idée de Sophie est la première qui s'offre à son imagination. « Je l'ai promis, dit-il, et je la ser-
« virai. Je lui donnerai tout ce que j'ai, tout ce
« que me donnera mon oncle. Elle sera proprié-
« taire d'un bien qu'elle brûle de partager avec
« Georges. Je serai malheureux toute ma vie ;
« mais elle ne m'ôtera pas la consolation d'avoir
« contribué à son bonheur. »

Il se lève ; il court chez tous ceux qui peuvent être utiles au bonhomme Edmond. Il les persuade, il les gagne. Il rassemble quelques bijoux que son oncle n'a plus l'habitude de lui voir porter ; il en joint le produit à ce qu'il possède d'argent comptant. Il appelle Guillaume, il lui donne ses instructions, car pour lui, il ne verra pas mademoiselle d'Arancey, il ne veut plus la voir.

Le jour se passe sans qu'il ait rien changé à ses résolutions. La nuit vient, et il se trouve seul avec son cœur. « Ne plus la voir, disait-il, ne plus
« la voir ! Hé, le puis-je, bon dieu ! l'effort est
« impossible. » Il sonne, son valet de chambre rentre : « Qu'on m'envoie Guillaume.

« Guillaume, rends-moi le paquet que je t'ai
« remis dans la journée, et demain, de grand
« matin, mon équipage de chasse. — Mais, mon-
« sieur... — Point de mais. — Cette demoiselle

« d'Arancey vous fera devenir fou. — Oui, fou,
« c'est le mot. Sors, et obéis. »

CHAPITRE III.

Autre suite de l'exposition.

Au point du jour la trompe sonne. Les valets, les chevaux, les chiens, tout est prêt. On part, on arrive au *lancer*. « Guillaume, dit Charles, je
« vais à la ferme d'Arancey. Quand on s'apercevra
« de mon absence, tu feindras de croire, comme
« les autres, que je me suis égaré; tu me cher-
« cheras avec eux, et tu me chercheras jusqu'à
« ce que je reparaisse. »

Il parcourt rapidement six à sept lieues de chemin, et, à mesure qu'il se rapproche de Sophie, il jouit du plaisir de la revoir; il éprouve le malaise d'une jalousie qui se rallume à chaque pas. Partout il a vu mademoiselle d'Arancey; partout, hélas! elle a donné à Georges des marques du plus vif attachement.

Il met pied à terre dans la cour de la ferme. La grosse Marguerite, celle qui l'a conduit dans cette chambre d'où l'amour a chassé le sommeil, la grosse Marguerite lui apprend qu'Edmond et son fils sont aux champs. « Au moins, se dit-il, je ne
« verrai pas aujourd'hui ce monsieur Georges,
« pour qui on affecte de tout oublier. »

Il apprend que mademoiselle d'Arancey est seule. La trouver seule était ce qu'il désirait avec ardeur, et maintenant il craint de se trouver tête à tête avec elle. Quel maintien prendre? que dire qui ne décèle un secret qu'il voudrait cacher à tout l'univers, qu'il voudrait surtout cacher à Sophie? Parler de Georges, chercher à pénétrer le secret de mademoiselle d'Arancey, ne serait pas délicat. Se déclarer, lorsque la jeune personne est évidemment prévenue en faveur d'un autre, serait un acte de démence, et le moyen de parler désormais à Sophie, sans lui parler de son amour?

Mademoiselle d'Arancey a été avertie de l'arrivée de Charles; elle s'est avancée au-devant de lui. Elle l'invite à entrer; il la suit. Elle lui montre un siége; il s'assied près d'elle, timide, muet comme il l'était le jour où il la vit pour la première fois. Combien de belles dames eussent voulu être à la place de Sophie? Quel parti une femme *usagée* tire d'un cœur absolument neuf, et qui se donne tout entier! Sophie a les mœurs pures du village; mais Sophie est clairvoyante. Tant de signes d'une passion violente ne peuvent lui échapper; mais cette passion même lui fait partager l'embarras de Charles; elle est muette comme lui.

Assis l'un à côté de l'autre, ils levaient alternativement les yeux, et les baissaient aussitôt. Charles roulait et déroulait l'oreille d'un gros chien de basse-cour, qui s'était couché près de lui. Sophie avait son joli pied appuyé sur les barres d'une chaise qui se trouvait devant elle, et elle en arrachait la paille brin à brin. Quel maintien ils avaient tous deux ! Comme on s'en serait moqué à Paris ! mais à Paris, comme ailleurs, on a quelquefois tort.

Cette position ne pouvait toujours durer. Si l'un disait un mot, la conversation ne manquerait pas de s'engager. Mais qui le dira, ce mot? Le premier est si difficile à trouver ! On s'observe, on est sur ses gardes, on tremble de se compromettre. « Monsieur ne voudrait-il pas se rafraî- « chir, dit enfin Sophie? » Et Charles tressaillit, comme s'il n'eût jamais entendu cette voix. « Oui, « monsieur doit avoir besoin de prendre quelque « chose. » A cette question si simple, Charles ne répondait rien. Il était pourtant bien facile de dire oui, ou non.

Les servantes sont occupées, et c'est Sophie elle-même qui lui verse un verre de vin. — « Ma- « demoiselle, je vous remercie. — Il n'est pas très- « bon, monsieur. — Excellent, quand c'est vous « qui l'offrez. — Vous êtes trop poli. — Peut-on « l'être avec vous? — Vous me flattez, monsieur. « — Je suis vrai, mademoiselle ; quoi qu'on vous « dise de flatteur, on sera toujours loin de la « vérité. »

Mademoiselle d'Arancey arrache encore deux ou trois brins de paille, et levant ses beaux yeux sur Charles : « Je ne présume pas, monsieur, « que vous soyez venu de si loin pour me faire

« des complimens trop exagérés pour que j'y sois
« sensible. — J'apporte à M. Edmond le peu d'ar-
« gent dont je peux disposer. — C'est à M. Edmond
« que vous l'apportez ! — Il est prudent, il est
« votre conseil, il a accepté pour vous... — Et
« je vous remercie pour lui. — Je n'ai encore rien
« en propre ; mais j'espère, avec du temps et de
« l'économie, assurer cette propriété à M. Geor-
« ges. — Pourquoi à lui, monsieur ? ne puis-je pas
« aussi, avec du temps et de l'économie, rem-
« bourser mes bienfaiteurs, et rentrer dans le bien
« de mes pères ? — Pardon, mademoiselle, il vient
« de m'échapper une expression déplacée, déso-
« bligeante peut-être ; mais j'avoue que je ne sau-
« rais m'empêcher de parler de M. Georges. —
« J'en parle aussi avec plaisir, quand je ne le vois
« pas, et quand involontairement je lui donne du
« chagrin, je me fais un devoir de le lui faire ou-
« blier. — Avant-hier, par exemple, n'est-il pas
« vrai, mademoiselle ? — Oui, monsieur, avant-
« hier : vous avez de la mémoire. — Oh, beau-
« coup, mademoiselle. — J'en ai assez, monsieur,
« pour qu'il soit inutile de me rappeler mes torts.
« — Je ne vous entends plus. — Il est certaines
« danses que l'usage peut autoriser dans les ca-
« pitales, et qui paraissent ici déplacées, libres
« même, je tranche le mot. — Qui paraissent
« telles, à M. Georges, surtout. — Oui, à Geor-
« ges. — Il a osé vous faire des reproches ? — Il
« n'ose rien, monsieur ; mais l'état où vous l'a-

« vez vu disait tout. — Oui, tout, mademoiselle.
« — Tout le monde fait des fautes, vous disais-je
« un instant avant; vous avez effacé la vôtre ; je
« me suis empressée de réparer la mienne. — Ah,
« vous êtes comptable de votre conduite à mon-
« sieur Georges? — Non, monsieur; je ne dois de
« compte qu'à moi; mais Georges souffrait... —
« Il n'est pas le seul qui souffre, mademoiselle,
« et vous ne faites rien que pour lui. — Vous me
« faites souvenir moi-même, monsieur, que je
« vous dois des excuses. — A moi, mademoiselle?
« — De l'impolitesse avec laquelle je vous ai quitté
« au milieu d'une contredanse. — Des excuses,
« des excuses! hé, non, mademoiselle, ce ne sont
« pas des excuses que je demande. — C'est pour-
« tant tout ce que je puis; c'est tout ce que vous
« pouvez attendre de moi. — Je n'attends rien...
« Je ne demande rien... Georges pour vous... le dés-
« espoir pour moi. — Remettez-vous, monsieur,
« vous oubliez les égards... — Je suis éperdu,
« égaré, hors de moi... » Et, sans pouvoir ni se
maîtriser, ni même réfléchir, Charles tombe aux
pieds de mademoisselle d'Arancey.

« Relevez-vous, monsieur, et écoutez-moi. Je
« crois devoir à mes malheurs une raison préma-
« turée, et j'ai pris ici beaucoup de la franchise
« de nos bons habitans. Je vous connais peu; mais
« je vous connais par des actions louables, et si
« je vous ai légèrement jugé... — Non, made-
« moiselle, non, je vois trop que je n'ai de droits

« qu'à votre estime ; mais cette estime est fondée,
« j'ose vous l'assurer. — Je ne m'armerai donc
« pas contre vous d'une fierté inutile ; je descen-
« drai bien moins à la dissimulation ; je vais vous
« parler avec franchise. Je me suis aperçue de
« l'impression que j'ai faite sur vous, et j'en ai
« été affligée. — Affligée, mademoiselle ! vous pro-
« noncez mon arrêt. Je vous salue, et je n'aurai
« l'honneur de vous revoir que lorsque vos inté-
« rêts l'exigeront. — Monsieur voudra bien, avant
« que de partir, m'écouter un moment. — Hé,
« qu'entendrais-je, mademoiselle ?... — Rien de
« bien satisfaisant pour vous, monsieur ; mais il ne
« suffit pas à une jeune personne d'être irrépro-
« chable ; il faut qu'on la juge ce qu'elle est, et
« vous êtes du petit nombre de ceux dont je
« compte l'opinion pour quelque chose. Écoutez-
« moi, sans m'interrompre, je vous en prie. —
« Mademoiselle, il ne m'échappera pas un seul
« mot.

« — Vous savez comment je suis entrée dans
« cette maison, comment j'y suis traitée. Il est
« inutile de vous parler de mes sentimens envers
« ces deux hommes respectables, puisque vous
« avez un cœur sensible. Georges et moi, nous
« avons crû ensemble, nous avons partagé les
« mêmes plaisirs, et ces jeux de la première ado-
« lescence ont établi entre nous une intimité à
« laquelle le temps a chaque jour ajouté. Mais
« Georges, plus âgé que moi, avait un sentiment

« naturel des bienséances, et ses égards, ses res-
« pects mêmes, m'ont toujours garantie de toute
« espèce de danger.

« Depuis un an, Georges est devenu triste,
« pensif, distrait, et voilà pourquoi je ne le laisse
« jamais à ses réflexions. Le travail l'occupe seul
« aux champs; ici, je m'efforce d'éloigner de lui
« des idées affligeantes, bien affligeantes, sans
« doute, puisqu'il refuse de me les confier. Son
« père n'a nul soupçon de son état, et moi je
« respecte son secret; je me suis chargée seule du
« soin, du devoir de le consoler. Il m'écoute avec
« douceur, avec reconnaissance, et souvent, assez
« souvent, j'ai ramené le calme dans son cœur,
« et la gaieté sur son front.

« Voilà, monsieur, l'unique cause de mes at-
« tentions soutenues pour Georges, de ces atten-
« tions qui vous ont donné de la jalousie, et vous
« me permettrez de vous observer que vous n'avez
« pas le droit d'être jaloux. — Il est trop vrai,
« mademoiselle; mais M. Georges peut-il l'être
« sans vous déplaire? — L'amitié, monsieur, con-
« naît aussi la jalousie. — Hé, mademoiselle, avez-
« vous pu vous y méprendre? L'autre jour, à
« souper, vous avez paru applaudir à quelques
« saillies, que vous seule m'inspiriez, et monsieur
« Georges est devenu froid, mais d'un froid af-
« fecté. Il n'a pu cacher son mécontentement,
« quand il a su que je restais à la fête; enfin, il
« s'est trouvé mal, très-mal, lorsque j'ai dansé
« avec vous.

« — Voici, à peu près, monsieur, ce qu'il m'a
« dit ce matin : Le jeune homme que nous avons
« reçu vous aime, notre demoiselle. — Ah! il a
« aussi vu cela? — Il a vu cela, et il a ajouté :
« Selon le rapport de ses gens, le jeune monsieur
« sera immensément riche; mais il dépend d'un
« oncle qui calculera sans doute à quelle fortune
« son neveu doit prétendre. — Voilà, mademoi-
« selle, des craintes bien obligeantes et bien pré-
« maturées. — Cet oncle, c'est toujours Georges
« qui parle, cet oncle est opiniâtre, dur même,
« et le jeune monsieur paraît violent. Les obsta-
« cles irriteront un amour qui ne fait que de naî-
« tre. — Et qui est extrême, et qui décidera du
« reste de ma vie. — Le jeune monsieur ne mé-
« nagera rien ; il se brouillera avec son oncle, et
« vous joindrez au chagrin de vous être inconsi-
« dérément attachée à lui, le regret de lui faire
« perdre sa fortune. — Et comment monsieur
« Georges, qui n'ose rien, disiez-vous, prononce-
« t-il que mon oncle ne sera pas, comme moi,
« sensible à tant de mérite, qu'il ne s'empressera
« pas de réparer les torts de la fortune envers
« vous? — Cela n'est pas probable, monsieur. —
« Probable... Non, mademoiselle. — Georges a
« donc eu raison de me parler ainsi. — Georges
« a ses motifs pour m'éloigner de vous. — Nous
« avons ensuite parlé de la danse, et Georges a
« cru voir que vous me respectez peu. — Je ne
« vous respecte pas ! l'insolent ! Voyez-vous,

« voyez-vous, mademoiselle, comme il cherche à
« me perdre dans votre esprit! — Vous m'avez
« promis, monsieur, de ne pas m'interrompre.
« — Pardon, mille pardons, mademoiselle. — Si
« le jeune monsieur, a poursuivi Georges, vous
« respectait comme il le doit, vous aurait-il fait
« faire, en dansant, ce que jamais personne n'eût
« imaginé ici, ce que jamais aucune fille n'osera
« s'y permettre? Toutes se sont insensiblement
« éloignées, et quand j'ai vu cet éloignement, re-
« marqué ce silence d'improbation, il m'a semblé
« que mon cœur se brisait, et j'ai perdu l'usage
« de mes sens. Voilà, monsieur, ce que m'a dit
« Georges, et je ne trouve là que le langage de
« la vraie, de la solide amitié. Il est certain que
« si j'étais moins connue ici, si j'étais moins ai-
« mée, cette malheureuse contredanse me faisait
« un tort irréparable. Je me suis excusée près de
« ces bonnes gens. — Près de ces villageois, ma-
« demoiselle d'Arancey! — Il n'y a plus qu'une
« pauvre Sophie, qui ne trouve qu'ici des amis,
« des compagnes; les détails mêmes dans lesquels
« j'entre avec vous, vous prouvent, monsieur,
« combien je suis jalouse de l'estime de tout le
« monde. — Ah! mademoiselle, qui pourrait vous
« refuser la sienne? — Ceux dont je ne respec-
« terais pas les usages. J'ai tout attribué de votre
« part à la liberté qu'autorisent les villes; je me
« suis prévalue de l'impossibilité de vous laisser
« au milieu d'une contredanse; j'ai fait remar-

« quer que je n'ai pas balancé, quand je me suis
« vue l'objet du blâme public. Il est pourtant vrai
« que je dansais avec plaisir, avec assez de plaisir
« pour ne rien remarquer, et que je n'ai cessé
« que pour secourir Georges.

« — J'avoue, mademoiselle, que ces éclaircis-
« semens que vous ne me deviez pas, que j'étais
« loin d'attendre de vous, me paraîtraient satis-
« faisans, convainquans même, si je pouvais les
« concilier avec le ruban rose que monsieur Geor-
« ges porte sur son cœur, avec le ruban vert que
« vous lui destiniez. — Eh, monsieur, ceci est
« aussi facile à expliquer que le reste. En lui pré-
« sentant le ruban vert, je lui donnais à entendre
« que j'espérais, ou qu'il me confierait son secret,
« ou qu'il surmonterait son chagrin. Il porte le
« petit ruban rose, parce que c'est moi qui le lui
« ai donné ; je porte aussi le ruban blanc que j'ai
« reçu de lui, et si vous mettiez trop d'impor-
« tance à cela, vous vous tromperiez étrangement
« sur la nature de mes sentimens pour Georges.
« — Est-il bien vrai, mademoiselle, est-il bien
« vrai que vous ne l'aimez pas? — Dans le sens
« que vous attachez à ce mot, non monsieur, je
« ne l'aime pas. — Vous ne l'aimez pas! ah! ré-
« pétez-moi, répétez-moi encore que vous ne l'ai-
« mez point. — Si je l'aimais, monsieur, je le
« dirais à son père, à vous, à toute la terre, et
« je ne serais blâmée que de ceux qui ne connais-
« sent pas la reconnaissance. Nous avons épuisé,

« monsieur, tout ce qui peut avoir rapport à
« Georges, je vais maintenant vous parler de vous.

« Je m'estime assez pour penser qu'on ne peut
« avoir sur moi que des vues honorables ; mais
« je suis très-jeune encore, et ma situation ne
« me permet pas de penser à un établissement.
« — Tout, mademoiselle, tout, au contraire,
« semble vous presser de reprendre votre rang
« dans la société. — Personne ne peut me le ren-
« dre, monsieur. Vous-même, qui vous efforcez
« de trouver tout facile, vous oubliez le juste as-
« cendant qu'a sur vous un oncle, qui, très-pro-
« bablement, vous en conveniez tout-à-l'heure,
« n'entrera point dans vos vues, et je vous avoue
« que je me trouverais très-humiliée d'être rejetée
« par le chef d'une famille, dans laquelle je ne
« prétends pas entrer. C'est ce qui m'arrivera ce-
« pendant, si vous ne maîtrisez une impétuosité
« qui vous fait prendre l'exaltation de la tête
« pour les douces émotions du cœur. — Ah! par
« grace, ne calomniez pas ce cœur, où vous ré-
« gnez la première, et où vous régnez sans re-
« tour. — Vous ne me persuaderez pas, monsieur,
« qu'un amour de quarante-huit heures ait jeté
« de profonde racines, et qu'il soit difficile de le
« vaincre. — Mademoiselle, vous vous jugez comme
« une femme ordinaire. Malheur à qui vous con-
« naît comme moi, et qui cesserait de vous ai-
« mer ! — Promettez-moi, du moins, monsieur,
« de ne pas compromettre, envers monsieur votre

« oncle, et ma tranquillité, et une sorte d'orgueil
« qui, peut-être, n'est pas déplacée. Pour vous
« déterminer à m'accorder ce que je vous de-
« mande, je vous prie de bien entendre, de vous
« souvenir que le consentement même de votre
« oncle ne changerait rien à mes résolutions : elles
« sont fondées sur le respect filial, et je veux que
« vous les jugiez. J'ai mon père, monsieur ; il
« est fugitif, malheureux. Depuis long-temps je
« n'en ai plus de nouvelles ; mais je n'en suis pas
« moins sous sa dépendance. Il a quitté la France
« par attachement à des préjugés héréditaires,
« que j'apprécie maintenant à leur juste valeur;
« mais ces préjugés sont l'unique bien qui lui
« reste ; ils sont peut-être sa consolation, et je
« n'ajouterai pas à ses chagrins en faisant un choix
« qui ne s'accorderait point avec sa façon de pen-
« ser. Je vous engage donc, monsieur, à cesser
« des poursuites absolument inutiles ; mais je ne
« renonce pas aux services que vous rendez à
« M. Edmond, et dont, par la suite, je profiterai
« seule. Mon amitié en sera le prix; vous la mé-
« ritez, je vous l'offre, n'attendez rien de plus. »

Qui ne croirait, en entendant parler ainsi mademoiselle d'Arancey, qu'elle a reçu de la nature
une énergie (osons nous servir du mot), une
roideur de caractère qui fait quelquefois des femmes estimables, mais qui est loin de les faire aimer. Notre Sophie, au contraire, douce, bonne,
sensible, incapable de résister dans les choses

indifférentes, notre Sophie n'avait pas la présomption de croire qu'elle pût résister toujours à un jeune homme charmant qui disputait avec Edmond et son fils, de soins, de prévenances et de bienfaits. Elle avait développé à Charles les obstacles réels qui s'opposaient à leur union ; elle s'était armée d'une certaine fierté, parce qu'elle désirait sincèrement alors que le jeune homme l'oubliât.

Cependant elle n'avait pas d'amour pour Georges, et il devenait indifférent que Georges en eût, ou n'en eût pas pour elle. Elle ne marquait pas d'éloignement personnel pour Charles ; elle paraissait seulement effrayée des difficultés que lui présentait sa raison ; elles disparaîtraient à mesure qu'elle serait moins indifférente, et il est très-ordinaire qu'un homme aimable anime une jolie fille de seize ans.

Tels étaient les petits calculs que faisait Charles en revenant avec son Guillaume, ou plutôt telles étaient les vraisemblances que le drôle lui faisait adopter. Il sentait que l'unique moyen de se maintenir auprès d'un maître à principes, est de flatter sa passion : c'est ainsi qu'on mène tous les hommes, et Guillaume n'était pas sot.

Charles s'était engagé sans peine à être discret avec son oncle. Si la jeune personne paraissait le craindre, Charles le redoutait bien davantage. Mais s'en tenir, avec Sophie, à la douce, mais froide amitié ! C'est plus qu'il ne pouvait tenir ;

c'est aussi ce qu'il n'avait pas promis. Il était mal partout où il n'était pas avec elle, et il la voyait presque tous les jours. Il fallait des prétextes. Chez lui, c'était un goût pour la chasse, qui augmentait à chaque instant, et mademoiselle d'Arancey commençait à ne plus trouver extraordinaires ces voyages si répétés. Tantôt il venait rendre compte de ses démarches officieuses; tantôt il venait annoncer un nouveau paiement; une autre fois il était indispensable qu'il se concertât avec la jeune demoiselle sur les moyens de gagner encore un mois, une décade, un jour. Pouvait-elle, sans injustice, se plaindre d'un jeune homme qui lui consacrait tout son temps, tous ses soins? On commençait par raisonner affaires, c'est dans l'ordre; mais, sans qu'on s'en aperçût, la conversation prenait une tournure sentimentale. Sophie ne laissait rien échapper de positif; mais elle écoutait, elle n'interrompait point; elle rougissait quelquefois.

Charles arrivait toujours à l'heure où Georges était aux champs. Il avait cessé de le considérer comme un rival dangereux; mais il évitait un témoin incommode, un ami sévère, qui, de l'aveu de mademoiselle d'Arancey, conservait toute son influence sur son esprit... Pauvre petite! sur ton esprit!... Et ton cœur? qui le fait battre avec cette douce chaleur? Qui excite ces soupirs que tu dérobes encore à l'amant trop passionné pour être observateur? Les lui déroberas-tu long-temps?

Le gouvernement venait de changer de forme. Il était permis d'avoir un château ; on n'était plus obligé de jeter au feu des portraits de famille, uniquement parce que ceux qu'ils représentaient avaient été nobles ; on respirait enfin. M. Botte et l'ami Horeau étaient allés à Paris pour suivre des recouvremens ; Charles était resté maître absolu chez son oncle. Il pouvait s'absenter deux jours, quatre jours, huit jours, sans rendre compte à personne, et cette occasion est de celles qu'un jeune homme amoureux ne laisse point échapper. Il part pour la ferme d'Arancey, et il a pris avec lui les ouvriers nécessaires.

Les moutons, le gros bétail sont rétablis dans leurs étables, où ils doivent se trouver mieux que dans des salons et des boudoirs. Le château est nettoyé, réparé, et les portraits de famille sont honorablement remis à leur place. Tout cela a occasioné des frais ; mais ce qui reste de bijoux au jeune homme les acquitte. Le cher oncle peut remarquer qu'on ne s'en pare plus ; il peut faire des questions embarrassantes ; il peut se fâcher sérieusement ; mais on est auprès de mademoiselle d'Arancey ; on ne doit revoir cet oncle redoutable que dans quinze jours au plutôt, et dans quinze jours on s'avisera.

Les réparations urgentes n'avaient pu se faire en moins d'une semaine. Une semaine tout entière auprès de Sophie ! Charles dirigeait tout, et il avait tant de goût, qu'il faisait recommencer ce qui était très-bien : il craignait qu'on ne finît trop tôt. Sophie ne se mêlait de rien, parce que monsieur Charles ordonnait à merveille ; mais elle était bien aise de suivre les travaux, et rien de plus naturel : c'est dans ce château qu'elle est née, c'est ce château qu'elle espère habiter un jour, et elle se disait tout bas, bien bas : c'est à M. Charles que j'en aurai l'obligation. Peut-être nommait-elle intérieurement celui avec lequel il lui serait doux de l'habiter.

Dès le matin, elle prenait d'une main son sac à ouvrage ; elle portait de l'autre une corbeille d'osier, dans laquelle était le déjeuner commun. Elle s'asseyait sur l'appui d'une croisée, sur un bout de planche, sur une poignée de paille. Elle était toujours à portée de tout voir, de bien voir, et, en travaillant très-attentivement, elle ne perdait rien de ce que faisait M. Charles.

On revenait dîner, et la soirée s'écoulait comme la matinée. On voyait le beau jeune homme, on était contente ; on désirait bien encore quelque chose, quoiqu'on n'en convînt pas avec soi-même. On se rappelait ces conversations expressives auxquelles on se livrait en toute liberté, lors des premières visites de M. Charles. Mais Georges le censeur trouvait le temps détestable, depuis qu'on travaillait au château ; ses chevaux avaient le plus grand besoin de se reposer, et comme il fallait qu'il s'occupât, alternativement maçon, couvreur, ou menuisier, il se mêlait de tout, il gâtait tout ;

mais il était là, toujours là; et son ton glacial effarouchait les amours.

Charles éprouvait des mouvemens de dépit qu'il avait peine à réprimer. Dans toute autre circonstance, il eût brusqué mille paysans ; mais celui-ci est le bienfaiteur de mademoiselle d'Arancey; il est son ami, son ami vrai; Charles ne peut se le dissimuler, et les amis de mademoiselle d'Arancey ont droit à ses égards.

Que résoudre cependant? passer des jours entiers auprès d'elle, c'est bien doux ; mais ne pouvoir lui parler que de choses indifférentes, oh! c'est bien dur! Il y a du papier, deux plumes, une écritoire chez M. Edmond, et tout cela est renfermé dans la grande armoire de noyer! En demander la clé?... il faut mieux qu'un prétexte avec Georges, et une gaucherie peut l'éclairer... Nous y voici. Le menuisier a de la pierre noire; les murs d'un corridor sont chargés d'écussons dont le papier est à demi-rongé par l'humidité; mais on peut en faire sécher un lambeau. Charles fait ses petites provisions sans être remarqué : Georges ne le suit jamais quand il s'éloigne de Sophie. On rentre, on soupe. Charles s'enferme dans sa chambre, et, pour la première fois, il ose écrire à mademoiselle d'Arancey.

Comment lui remettre la lettre, la présenter?... Charles s'aperçoit bien qu'il ne déplaît pas; il espère; mais il n'ose encore compter sur rien, et la jeune personne est rigoureusement attachée à ses devoirs. Si elle rend la lettre en présence de Georges, ce qui est à peu près certain, celui-ci ne manquera pas d'observer qu'on n'écrit point à une demoiselle qu'on respecte, et bien que cette opinion soit exagérée, mademoiselle d'Arancey ne pourra se dispenser de s'y rendre, et peut-être elle éloignera Charles sans retour.

Cependant cette lettre est si bien tournée, elle est si persuasive, et une jeune personne pardonne si aisément les démarches hasardées que fait faire son mérite! Et puis, en amour comme en guerre, il faut bien risquer quelque chose. Le lendemain matin, en allant au château, Charles se glisse du côté de la corbeille, et Georges se saisit du bras qui porte le sac à ouvrage. Georges ne se défie de rien, et Charles n'attend qu'une occasion. Un taureau, qui ne voulait de mal à personne, marchait lourdement au milieu du chemin; Charles tourne vivement la jeune personne, et la tire derrière un buisson. La promptitude du mouvement a obligé Sophie à quitter le bras de Georges; la lettre est au fond de la corbeille, et personne ne s'est aperçu de rien.

Mademoiselle d'Arancey rit de la frayeur qu'elle a fait éprouver à Charles ; Georges remarque, très-judicieusement, que le plus mauvais office qu'on puisse rendre à quelqu'un, c'est de lui inspirer des terreurs chimériques; Charles convient bonnement qu'il a eu tort. On arrive au château; on travaille une heure ou deux; on se rassemble pour déjeuner. Sophie, sa corbeille sur ses genoux, se dispose à faire les honneurs du modeste repas. Georges, assis sur ses talons devant elle, attendait que sa main blanchette lui présentât sa portion. Charles rougit, pâlit, il détourne la tête, il est sur les épines. Il reçoit d'un air gauche son crouton et son petit fromage à la crême. Les ouvriers s'approchent à leur tour, et bientôt il ne reste dans la corbeille que la lettre d'amour.

Charles, inquiet, presque tremblant, s'éloigne, et aussitôt Georges se lève, et va, dans un coin de la chambre, se faire une table d'une vieille escabelle; Sophie retourne sa corbeille, la secoue; le papier tombe; Charles frémit. Les yeux de la fille charmante se portent par hasard sur le beau garçon; il est rouge comme l'écarlate, il indique du bout du doigt le billet, que Sophie aperçoit à la fin. Elle se rappelle la pirouette que lui a valu la rencontre du taureau, et la frayeur de Charles, qui n'était pas naturelle; elle devine aisément comment le papier est entré dans sa corbeille, et l'embarras du jeune homme ne lui laisse aucun doute sur le sujet qu'à traité l'écrivain.

Jamais jeune fille sans art, sans finesse, ne fut, en pareille circonstance, plus irrésolue que mademoiselle d'Arancey. Laisser le billet à terre, c'est le livrer à la curiosité, aux mauvaises plaisanteries du premier venu; le relever, c'est encourager Charles à de nouvelles tentatives... Le relever et le déchirer?... Ah! que cela serait fier! que cela serait beau! mais aussi ne serait-ce pas une marque de mépris que ne mérite pas une imprudence, car enfin, quoi de plus simple que d'écrire quand on ne peut parler? Il faut pourtant prendre un parti... On laisse échapper la corbeille; elle tombe précisément sur la lettre, et la lettre et la corbeille sont ramassées à la fois. Charles tressaille de plaisir; mais la jolie main passe derrière le dos, montre le papier en l'air, et un coup d'œil impératif ordonne à Charles de venir le reprendre. Charles répond par un autre coup d'œil si douloureux, si suppliant! Sophie est émue; elle l'est au point de ne plus réfléchir; le papier se roule entre ses doigts; elle rougit, elle baisse la vue, et la lettre est dans la pochette du tablier.

C'était beaucoup de l'avoir gardée; aussi l'aimable fille ne pensa point à y répondre. Charles était trop satisfait de ce premier succès, pour ne pas continuer. Tous les soirs il écrivait, et tous les matins on ne rencontre pas de taureau; mais on remarquait le linot sur la branche, la pêche qui se colore, un ciel pur. Georges levait la tête; Sophie, je crois, se prêtait un peu; l'officieuse corbeille recevait le dépôt précieux.

Charles se flattait qu'enfin mademoiselle d'Arancey daignerait écrire aussi, et il se plaignait intérieurement de voir chaque jour cet espoir trompé. Il se plaignait, l'ingrat! on lisait, relisait ses lettres; on les savait par cœur. Un entretien, quelque vif qu'il soit, ne laisse qu'un souvenir ; des lettres restent, et la beauté naïve n'en soupçonne pas le poison. Le jour, elle les porte sur son sein ; la nuit, elles reposent sous son oreiller, et toujours, toujours on s'occupe d'un homme qui écrit comme il aime. Fillettes, qui voulez conserver votre repos, votre gaieté, votre fraîcheur, brûlez, déchirez les lettres de l'amant qui vous poursuit ; ne les lisez jamais, surtout si l'écrivain vous paraît aimable.

Sophie ne résistait plus au charme qui l'entraînait. Son amour était sa vie, et l'aveu, si tendrement sollicité, ne s'échappait point encore. Si Charles peut l'entretenir, elle dira sans doute ce que la pudeur lui défend d'écrire. Mais Georges ne la quitte pas, et quelquefois elle le trouve bien importun, bien fatigant ; mais elle est incapable de l'éloigner par une feinte, et Charles est parti sans savoir combien il est heureux.

On ne peut pas toujours conter ses plaisirs et ses peines à l'écho ; il est d'ailleurs très-commode d'avoir quelqu'un qui vous console, qui se réjouisse avec vous, qui vous conseille, qui vous aide dans vos entreprises amoureuses, et depuis que Guillaume ne prêchait plus la séduction, l'inconstance, il s'était rétabli dans son emploi de confident. Charles, à son retour, s'empressa de lui raconter très-longuement les moindres particularités de son voyage. Semblable au Géronte de Gresset, qui ne fait pas grace d'une laitue,

Charles n'oublie pas un soupir, et il n'était pas ennuyeux. C'est qu'une imagination ardente rend éloquent, qu'elle communique à tout ce qu'elle peint une véritable vie, et que ce qui est vrai, et exprimé avec grace, intéresse toujours.

Guillaume, très-familier avec les confidens de tragédie, qui n'interrompent jamais le roi, tant qu'il lui reste quelque chose à dire, et qui ne lui adressent quelques vers insignifians que pour l'exciter à ajouter quelque chose aux belles choses qu'il a déja dites ; Guillaume, lorsque Charles eut cessé de parler, se recueillit, et dit, dans le *medium* de sa voix : « Je conclus deux choses de
« votre récit, monsieur. La première, c'est que
« vous êtes aimé. — Tu le crois, mon ami ? —
« Vous le croyez bien aussi. La seconde, c'est que
« vous vous êtes conduit comme un enfant. —
« Hé, en quoi donc, s'il vous plaît ? — Partir,
« sans obtenir un aveu d'une fille qui reçoit cinq
« à six lettres, qui rougit en les recevant, et qui,
« pour les recevoir, ne balance pas à tromper la
« vigilance de cet ami qu'elle chérit, qu'elle es-
« time tant! Vous n'aviez qu'à vouloir, et croyez
« moi, monsieur, si les femmes n'aiment pas les
« libertins déclarés, elles n'aiment pas non plus
« un respect sans bornes, parce qu'il ne mène à
« rien, et que toute femme sensible veut arriver
« à quelque chose. Savez-vous ce qu'on gagne à
« trop les honorer? on flatte plus l'orgueil que
« le cœur, et on les met dans l'impossibilité de

« se rendre jamais. — Mais qu'aurais-tu fait à ma
« place? — J'aurais été deux jours sans écrire, et
« le troisième on m'eût écrit. Je n'aurais reçu
« peut-être qu'une de ces lettres qui ne disent
« rien, ou pas grand'chose; mais le premier pas
« était fait, et il n'y a jamais que celui-là qui
« coûte. — Oh! avec mademoiselle d'Arancey...
« — Mademoiselle d'Arancey est très-sage, je le
« crois; mais elle a le cœur fait comme une autre,
« et je vous en convaincrai, si vous voulez suivre
« mes conseils. — Hé, que puis-je faire de mieux?
« Depuis quelque temps je n'ai plus ma tête à
« moi. Oui, conseille-moi, Guillaume : voyons,
« que faut-il faire? — Soyez huit jours sans pa-
« raître à la ferme et sans donner de vos nouvel-
« les. Allez-y ensuite, ne vous livrez pas, voyez
« venir, et tout ira à merveille. — Être huit jours
« sans la voir! — Hé, qu'avez-vous gagné à les
« passer auprès d'elle? — Huit jours sans lui écrire!
« — A quoi vous ont mené ces lettres si tendres
« et si respectueuses? — Oh! à rien, je l'avoue.
« — Monsieur, inquiétons les femmes, c'est le
« moyen le plus sûr de les faire parler. — Trou-
« bler le repos de mademoiselle d'Arancey! —
« Eh! a-t-elle craint de vous tourmenter? Depuis
« que vous la connaissez, vous êtes dans un dé-
« lire continuel : qu'a-t-elle fait pour vous rendre
« la tranquillité? — Et si cette supercherie me
« brouillait avec elle? — N'ayez pas peur, mon-
« sieur; on a plus de peine à se défaire des fem-

« mes qu'à les avoir. — Oui, des figurantes, des...
« — Tout ce qu'il vous plaira, à la bonne heure ;
« mais l'amour tient bien autrement dans un cœur
« de seize ans qui aime pour la première fois.
« Essayez de ma recette, vous dis-je, vous en
« verrez l'effet. — Mais que ferai-je pendant cette
« semaine-là? — Vous boirez, cela dissipe. — Fi
« donc! — Vous chasserez. — Je n'aime plus la
« chasse. — Vous en conterez aux fillettes du
« village. — Il n'est plus qu'une femme pour moi.
« — Hé, parbleu! allez passer cette semaine à
« Paris ; vous pourrez l'employer utilement. Vous
« persuaderez à M. Botte que vous n'avez pu res-
« ter ici plus long-temps sans le voir : il est tou-
« jours bon de cajoler un oncle qui est d'âge à
« se marier encore. — Mentir à celui-là, le meil-
« leur, le plus généreux, le plus... — Jugeons
« toujours les choses par leurs résultats. Ce petit
« mensonge-là fera beaucoup de plaisir à monsieur
« Botte. — Jusqu'ici, il n'y a pas grand mal. —
« Il vous glissera un rouleau en vous disant une
« dureté, et ce sera autant de payé sur la ferme
« d'Arancey. Vous voyez bien que rien n'est plus
« innocent que mon stratagême ; tout le monde
« y gagne. Allons, monsieur, en carrosse. — En
« carrosse, donc, dit faiblement Charles », et
l'astucieux confident le conduit à sa voiture.

Cette semaine si redoutée s'écoula comme les
autres. De grands repas, des spectacles, des thés,
l'insipide bouillotte, des femmes agaçantes, qui

flattent au moins l'amour-propre, quand elles n'intéressent pas le cœur; de l'ennui, quelque dissipation; à travers ce chaos, l'image de Sophie, qui quelquefois embellit tout; son absence, qui fait soupirer au milieu du cercle le plus brillant; tel est, en quatre phrases, l'historique de cette semaine.

Le neuvième jour Charles comptait bien partir pour la ferme. M. Botte, qui ne fait rien comme les autres, s'avise tout à coup de vouloir retourner à sa terre. La bienséance ne permet pas de laisser voyager seul un oncle qu'on a été trouver à Paris par excès d'attachement. On avait pris péniblement son parti pendant les huit jours précédens; celui-ci devait être un jour de fête!... Ah! qu'ils paraissent longs les jours perdus pour le bonheur!

On espère au moins jouir du dixième. Nul obstacle, rien de contrariant qu'une nuit éternelle. La répétition a sonné vingt fois, et le soleil ne se montre point. Ah! pourquoi les amans n'ont-ils pas à leur disposition les élémens, les astres et les cœurs?

Un faible crépuscule éclaire l'appartement de Charles, et il est debout. Il court à la chambre de Guillaume : « Tu dors, malheureux! tu dors, « et le jour va paraître »! Il le prend par une oreille, il le tire de son lit. Celui-ci va prendre un palfrenier par une jambe, et le jette au milieu de la mansarde. Le palfrenier s'habille en jurant, et se venge à grands coups, sur les chevaux, de la manière désagréable dont on l'a réveillé. Les chevaux, pleins de feu, sautent, rompent leurs longes, et galoppent à travers la cour. Deux gros chiens, qu'on lâche la nuit, courent sur les pas des chevaux, et leur mordent les jarrets en aboyant. Le palfrenier frappe sur les uns et sur les autres, en heurlant plus haut que les chiens. Le concierge se réveille en sursaut et crie au feu. Les chevaux, plus effrayés que jamais, ruent, et s'élancent au hasard. L'un se casse le nez contre un mur; un autre se jette dans une salle basse, dont il enfonce la porte d'un coup de tête; la porte tombe avec fracas, et renverse une table chargée de bouteilles vides, qui se trouvait aux environs. Les éclats de bouteilles hachent les pieds du cheval; le cheval furieux enfonce une autre porte, et va rouler le long de l'escalier d'une cave ouverte; des cris terribles partent de ce côté, c'est partout un tumulte, un vacarme épouvantables.

Charles et Guillaume accourent; M. Horeau se met à sa croisée, et dit, avec son sang-froid ordinaire : « Voyez, arrangez cela ». M. Botte ne sait rien de ce qui se passe, et il descend bravement en bonnet de coton, en manteau de lit, et une vieille épée de deuil à la main. Il s'informe, et le palfrenier, qui a encore de l'humeur, lui apprend que ce désordre n'a eu lieu que parce que M. Charles veut aller à la chasse avant le jour. M. Botte tempête, s'emporte contre un drôle qui ne respecte pas son sommeil ; il jure qu'il se défera de son équipage de chasse, et il proteste au chasseur qu'il le rélèguera dans ses herbages du Calvados. Le chasseur n'entend rien, et fait des efforts incroyables pour reprendre les chevaux. M. Botte le voit exposé aux ruades, et s'écrie : « Ce cruel enfant va se faire tuer ! »

Il oublie sa colère ; il ne voit pas les dangers auxquels il va s'exposer. Il s'avance au milieu de douze à quinze chevaux ; prend son neveu par un bras ; il l'entraîne, il le conduit à son propre appartement, l'enferme, met la clé dans sa poche, et revient donner ses ordres.

Les palfreniers, les piqueurs, les domestiques sont rassemblés. On saisit un chien par son collier, un autre par la queue, et on les rattache. Le malheureux palfrenier, auteur de ce tumulte, a jeté sa cravache dans un coin ; les chevaux s'apaisent ; on les prend, on les rentre dans l'écurie ; on les compte, il en manque un.

Que diable est-il devenu ! La porte cochère, les grilles des jardins sont fermées ; il est donc dans le château. On regarde, on cherche, on écoute. Des plaintes se font entendre ; elles paraissent venir du côté des caves. On allume des flambeaux ; M. Botte en prend un, et veut descendre le premier. M. Horeau le retient par son manteau de lit. « Ne vous exposez pas, mon ami ; laissez des-
« cendre vos gens. — Hé, pourquoi mes gens,
« monsieur ? Par quelle raison faut-il qu'ils s'ex-

« posent plus que moi? D'ailleurs, pourquoi faire
« ici l'empressé? Vous entendez bien que c'est
« tout simplement un malheureux qui se plaint,
« et il serait plaisant que quelqu'un disputât au
« maître de la maison l'avantage du pas! »

M. Botte descend, tirant après lui le prudent M. Horeau, qui ne lâche pas le manteau de lit, et M. Botte trouve son jardinier renversé, les deux jambes prises sous un flanc du cheval. Il s'afflige, il s'écrie, il ordonne. On apporte des leviers, des cordes, et après bien des efforts infructueux, dirigés par M. Botte, qui prétend, d'après Archimède, qu'avec un levier et un point d'appui, on doit soulever l'univers; après vingt tentatives inutiles, on parvient à mettre sur pied l'homme et le quadrupède. Tous deux ont eu beaucoup de peur et fort peu de mal, ce qui me dispense heureusement d'entrer dans des détails dramatiques, tragiques, épopétiques, soporifiques, etc.

Au moyen du fumier dont on garnit l'escalier de la cave, on en fait une pente douce, que le coursier parcourt sans difficulté. Le jardinier, qui est bien aise qu'on sache comment il se trouve là, était accouru, dit-il, pour savoir la cause de tout ce bruit, et il avait été rencontré par le maudit cheval, qui l'avait entraîné dans sa chute. M. Botte, qui veut être bien servi, et qui aime à bien payer, n'entend pas que le zélé jardinier reste sans récompense; mais ce qui prouve incontestablement une providence qui permet que

tous les crimes se découvrent, à l'exception pourtant de ceux qu'elle ne découvre pas, c'est que M. Botte, en plaçant son flambeau entre deux tonneaux, pour prendre sa bourse, et démêler quelques louis d'une poignée d'argent blanc, M. Botte sent quelque chose de très-limpide et d'assez froid, qui coule en abondance dans une de ses pantoufles de maroquin vert. Il reprend son flambeau, il se baisse : un robinet fiché à une excellente pièce de Bourgogne ; une grande bouteille de grès sous le robinet ; le vin que n'a pu contenir la dame-jeanne, répandu dans la cave, et continuant de couler ; une porte épaisse qui devait être fermée, et que, toutes réflexions faites, le cheval n'a pu enfoncer ; tout dépose contre le jardinier. « Vous aviez raison de m'em-
« pêcher de descendre, dit à voix basse M. Botte
« à l'ami Horeau. Je n'aurais rien vu ; ces drôles-
« là ne m'auraient rien dit, et je ne serais pas
« obligé de faire justice. Viens çà, fripon. Pour-
« quoi voles-tu mon vin ? — Ah, monsieur !... ah,
« monsieur !... — N'as-tu pas de bons gages ? —
« Oui, monsieur. — Ne vends-tu pas à ton profit
« l'excédant de mes légumes et de mes fruits ? —
« Oui, monsieur. — Pourquoi donc me voles-tu,
« coquin ? Sors de chez moi à l'instant. — Pardon,
« mon bon maître... pardon... — Oui, pardon ;
« mais à la négligence, à la faiblesse : pardonner
« le vol, c'est l'encourager. Sors, de chez moi,
« te dis-je, toi, ta femme et tes enfans. Ce n'est

« qu'en leur faveur que je ne te livre point à la
« justice. »

M. Botte remonte en jetant à droite et à gauche des regards furieux ; il avait l'air de dire à ses gens : Voyez comme je sais punir, et tremblez. Il va ouvrir à son neveu, désespéré de n'être pas déja à moitié chemin de la ferme. « Vous ne savez pas,
« monsieur, vous ne savez pas tout le mal qu'à
« produit votre équipée ? — Je me repens bien sin-
« cèrement, mon oncle, d'avoir troublé votre
« sommeil. — Mon sommeil, mon sommeil ! c'est
« bien de cela qu'il s'agit. — Quoi donc, mon
« oncle, un cheval tué ! — J'aimerais mieux qu'ils
« le fussent tous, entendez-vous, monsieur ? —
« Hé, bon dieu ! mon cher oncle, qu'est-il donc
« arrivé ? — Vous êtes cause que je suis descendu
« dans mes caves, où je ne vais jamais. — Jus-
« qu'ici, mon oncle, je ne vois rien d'alarmant. —
« Hé, qui vous dit, monsieur, qu'il y ait de quoi
« s'alarmer ? — Qu'y a-t-il donc, mon oncle ? —
« Ce qu'il y a, ce qu'il y a, monsieur ? j'ai trouvé
« mon jardinier qui me volait mon vin, et il a
« bien fallu le chasser. Sans votre algarade, cette
« ivrogne m'eût bu une feuillette ou deux, que
« mon sommelier m'eût portées en coulage, et il
« faut que je chasse toute une famille, parce que
« monsieur veut courir les bois avant le jour. Que
« vont devenir ces gens-là ? répondez-moi, s'il
« vous plaît. Une femme, des enfans déshonorés,
« manquant de tout, traîneront-ils dans ce canton

« leur misère et leur infamie? Parlez, monsieur,
« parlez donc... Voyez s'il répondra! — Mais,
« mon oncle, je ne sais que vous dire... — Tu
« ne sais que me dire, malheureux, quand j'inter-
« roge ton cœur, quand je t'excite à la sensibilité!
« — Si mon oncle voulait porter la bonté jus-
« qu'à donner à ces infortunés les moyens de
« s'éloigner, et d'attendre qu'ils trouvent de l'ou-
« vrage... —Hé, oui, bourreau, voilà ce que je vou-
« lais que tu me dises, ce que je te demande depuis
« un quart-d'heure! — Mais, mon oncle, vous êtes
« d'une violence qui ne permet pas qu'on ose vous
« dire ce qu'on pense. — Je suis violent, parce
« que je sens avec force, parce que je m'exprime
« comme je sens! Est-ce à mon ton qu'il faut s'en
« rapporter, monsieur? c'est à mon cœur. Prends
« cet argent; que ton Guillaume le porte de ta part,
« de ta part, entends-tu; qu'il le porte à la pau-
« vre femme, comme un dédommagement que tu
« accordes, toi, à une épouse, à des enfans inno-
« cens, et qu'il ne s'avise point de prononcer
« mon nom, ou je le chasse aussi. Allons, mon-
« sieur, venez déjeuner. — Je n'ai besoin de rien,
« mon oncle. — Pardonnez-moi, monsieur, vous
« avez besoin, et vous déjeunerez. » Charles n'a-
vait, en effet, aucun besoin aussi pressant que
celui de revoir mademoiselle d'Arancey, et chaque
instant de retard ajoutait à son supplice. « Si mon
« oncle voulait, maintenant que tout est dans
« l'ordre... — Quoi, monsieur, voyons? — Me

« permettre de partir pour la chasse... — Pour la
« chasse! vous pensez à la chasse, quand vous
« avez sous les yeux une famille dans les larmes...
« La chasse! je vous l'interdis pour huit jours;
« je vous défends de monter pendant huit jours
« aucun de mes chevaux. — Mais, mon ami, dit
« le flegmatique Horeau, que voulez-vous que
« fasse à la campagne un jeune homme désœu-
« vré?... — Ce que je veux qu'il fasse, monsieur?
« ce que vous devriez lui conseiller vous-même,
« au lieu de me contredire. Qu'il prenne Buffon;
« qu'il lise, qu'il compare mes plantes aux gra-
« vures; qu'il travaille dans votre jardin de bota-
« nique. — Mais il n'a pas ce goût-là, mon ami.
« — Qu'il le prenne, monsieur, ou s'il a de l'am-
« bition, qu'il acquière les connaissances qui mè-
« nent aux grandes places. Qu'il étudie, par
« exemple, l'esprit des lois, qu'il ne connaît point.
« — Et qui vont être changées. — Et où est le
« mal de connaître les anciennes? Faudra-t-il qu'à
« cinquante ans ce joli monsieur-là ait l'air d'être
« né de la veille? Au surplus, vous me rompez
« la tête tous les deux. Qu'il fasse ce qu'il voudra;
« mais j'ai prononcé. Point de chevaux pendant
« huit jours; aussi bien faut-il au moins ce temps-
« là pour les guérir des écorchures qu'ils se sont
« faites contre les murs. — Ah! mon ami, si c'est
« là le motif qui vous détermine... — Je n'ai point
« de raisons à donner; je n'en donnerai point;
« je n'en dois à personne. Allons, et qu'on dé-

« jeune sans bouder, entendez-vous, monsieur
« mon neveu. — Moi, je ne boude pas, mon on-
« cle. — Je vous dis, moi, que vous boudez,
« monsieur; mais corbleu, vous n'y gagnerez rien.
« Vous déjeunerez, parce que je le veux ainsi. »

Il fallait céder, et faire au moins semblant de manger et de boire, sans quoi cette scène se fût prolongée jusqu'au soir. A dix heures, Charles était libre, sans en être plus avancé. Il avait encore plus de temps qu'il ne lui en fallait pour galoper à la ferme et revenir; mais point de chevaux! La défense est positive, et on ne désobéit pas à monsieur Botte. Le pauvre enfant se désolait. A toute force, il se soumettrait à huit jours de privation encore; mais laisser croire à mademoiselle d'Arancey qu'il a pu être aussi long-temps sans s'occuper d'elle; qu'il n'aime que faiblement, et armer sa fierté contre le penchant que, peut-être, elle nourrissait en secret, c'est à quoi Charles ne peut se déterminer. Il écrit avec la chaleur d'une passion trop long-temps renfermée, et il s'exprime avec la franchise d'une ame bonne et pure. Il avoue le stratagême qu'il a employé pour s'assurer des sentimens de Sophie; il s'accuse, il se repent, il demande grace.

Il remet sa lettre à Guillaume; il lui répète naïvement ce qu'elle renferme; il lui ordonne de partir à pied, et de lui rapporter une réponse telle qu'elle puisse être. « Vous voulez donc, mon-
« sieur, perdre en un instant tout le fruit de la

« contrainte que vous vous êtes imposée ! Céder
« une fois aux femmes, c'est vouloir être mené
« toute sa vie. — N'importe, elle doit m'accuser
« d'inconstance, de mauvais procédés : si je ne suis
« pas aimé, qu'au moins je ne sois pas haï. Pars,
« te dis-je. — Je ne partirai point. — Que signifie
« cette résistance ? — C'est vous qui partirez. Votre
« oncle ne vous a pas traité militairement, il ne
« vous a pas mis aux arrêts. — Hé, tu as raison,
« mon cher Guillaume, je pars, je pars à pied.
« — Non, monsieur, à cheval. — Et la défense
« de mon oncle ? — Et la poste voisine ? — Et moi
« qui ne pensais à rien de tout cela ! ce que c'est
« que d'être préoccupé ! Mon cher Guillaume, je
« ferai ta fortune un jour. — Oh ! j'espère bien la
« faire avant. J'ai tâté la déesse pendant notre
« séjour à Paris. — Et tu as gagné ? — J'ai perdu
« tout ce que j'avais. — Ce n'est pas là le moyen
« de t'enrichir. — Hé, monsieur, pour gagner il
« faut jouer, et je ne serai pas toujours malheu-
« reux ; mais revenons à notre affaire.

« D'abord, déchirez-moi cette lettre, qui ne
« signifie rien du tout. — Oh, bien volontiers.
« — Rappelez-vous le petit plan que nous avons
« concerté. — Je ne l'ai pas oublié. — Du cou-
« rage dans l'exécution. — Je crois que j'en aurai.
« — Il faut me le promettre. — Soit. — Ne vous
« rendez point à quelques larmes. — Des lar-
« mes, dis-tu, des larmes ! — Oui, monsieur,
« c'est le grand moyen des femmes, et il n'est pas

« de petite fille qui ne sache cela. — Et je les ver-
« rais couler de sang-froid! — Vous en ferez sem-
« blant. — Oh! jamais, jamais. — Restez donc ici.
« — Je veux partir. — C'est renoncer à tous vos
« avantages. — Je veux la voir, l'adorer, le lui
« dire, tomber à ses pieds, y attendre mon arrêt.
« — Allez, monsieur; rangez-vous dans la classe
« de ces amans vulgaires que le sexe traîne pieds
« et poings liés à son char. Allez, monsieur, par-
« tez : je ne ferai jamais rien de vous. »

Tout en discourant, ils ont traversé le jardin; ils sont sortis par une petite porte qui ouvre sur les champs, et ils vont arriver, par un détour, à la poste, qui est à l'extrémité du village. Guillaume entreprend de nouveau de ramener Charles à ce qu'il appelle les *vrais principes*. Charles ne discute pas; il proteste qu'il ne poussera pas l'épreuve jusqu'aux larmes, et il n'oppose que son cœur aux subtilités de son confident. Il enfourche le bidet, et Guillaume le suit des yeux, en plaignant sincèrement un jeune homme qui a tout ce qu'il faut pour *rouer* les femmes, et qui s'en tient platement à un amour honnête.

Ce n'est pas que Guillaume fut un très-méchant homme. Né de parens aisés, il avait cependant reçu une éducation vicieuse, et il avait abusé de tout, parce qu'il fut maître de lui à un âge ou les passions sont à peine développées : les lois nouvelles l'ont voulu ainsi.

Ah! si ces faiseurs de lois, au lieu de flatter et

d'étendre leur parti par des décrets absurdes, eussent rendu celui-ci : *Nous n'entendons rien à tout cela, et nous levons le siége,* on eût dit : Ces gens-là ne sont pas si sots, puisqu'ils en conviennent, et au moins ils ne sont pas méchans.

Pourquoi Montesquieu, avec autant de génie, se trompe-t-il aussi souvent? Pourquoi affirme-t-il, par exemple, que les monarchies sont établies sur l'honneur, et que les républiques sont fondées par la vertu? Les républiques fondées par la vertu! Nous en savons quelque chose, citoyens républicains.

La nature de l'honneur, dit Montesquieu, chapitre VII du livre III, *est de demander des préférences, des distinctions : l'honneur est donc, par le fait même, placé dans le gouvernement monarchique.* Hé, je vois tous les jours solliciter des places au conseil d'état, au sénat conservateur, une préfecture, une ambassade : certes, ce sont là des distinctions dont on peut s'enorgueillir, lorsqu'on les obtient après les avoir méritées, et je souhaite que, dans tous les gouvernemens possibles, on ne nomme aux grands emplois que ceux qui savent au moins se conduire eux-mêmes.

Pourquoi Montesquieu... mais pourquoi Montesquieu plus qu'un autre? L'homme de génie doit-il être exempt de l'erreur qui tient à sa nature, lorsque partout on ne voit que du mal, des contradictions, des sottises?

6.

Pourquoi, lorsque nos plaies ne sont pas fermées encore, nous occupons-nous déja de disputes théologiques?

Pourquoi mon gazetier, que je paie pour m'apprendre des nouvelles, farcit-il tous les jours sa gazette de plats sermons?

Pourquoi insulte-t-il tous les jours les déistes et les athées, qui vivent tranquilles et le méprisent?

Pourquoi les feuilles de ces imbécilles périodistes sont-elles dévorées par des béats qui prétendent à l'esprit?

Pourquoi ces gens-là, si on les laissait aller, ne deviendraient-ils pas persécuteurs?

Pourquoi inhumons-nous toujours nos morts en plein jour, comme si, pour honorer un cadavre, il était indispensable d'attrister les vivans?

Pourquoi, quand je rentre chez moi à neuf heures, des vidangeurs m'infectent-ils de leur travail dégoûtant, qui devrait ne commencer qu'à minuit?

Pourquoi, lorsque nous redevenons pieux, avons-nous l'irrévérence de tourner en ridicule le calembourg, qui a une origine si respectable? Jésus n'a-t-il pas dit : Vous êtes Pierre, et sur cette pierre j'établirai mon église?

Pourquoi y a-t-il des gens qui préfèrent le vol ou la mendicité au travail, qui les ferait vivre honnêtement?

Pourquoi tant de fripons prospèrent-ils?

Pourquoi l'honnête homme indigent est-il méprisé de tous ceux qui sont dans l'aisance?

Pourquoi des enragés vont-ils se faire tuer à la guerre pour des souverains qui les dédaignent?

Pourquoi les souverains trouvent-ils des courtisans qu'ils abreuvent de dégoûts?

Pourquoi l'homme qui n'a besoin de rien va-t-il ramper à la cour?

Pourquoi y a-t-il des filles publiques, à qui leur métier ne vaut que de l'ignominie, de la misère et des coups?

Pourquoi tant d'hommes courent-ils après ces filles, qui font semblant de les aimer pour trente sous comme pour trente louis, lorsqu'il est si facile d'avoir une femme à soi?

Pourquoi ces filles sont-elles sujettes à une maladie honteuse?

Pourquoi la femme la plus vertueuse est-elle exposée à la gagner d'un mari libertin?

Pourquoi l'enfant en est-il infecté dans le sein maternel?

Pourquoi existe-t-elle cette maladie opposée à la multiplication de l'espèce?

Pourquoi les femmes accouchent-elles avec des douleurs affreuses?

Pourquoi, lorsqu'elles nourrissent, ont-elles des maux de sein cruels?

Pourquoi, lorsqu'elles ne nourrissent point, ont-elles des laits répandus, des cancers?

Pourquoi l'enfant nouveau-né souffre-t-il pendant six semaines, pendant trois mois?

Pourquoi périt-il en faisant des dents, dont il ne peut se passer?

Pourquoi, s'il parvient à l'âge mûr, tient-il à la vie, dont il se plaint avec raison?

Pourquoi pleure-t-il la mort de ses enfans, qui n'étaient pas nés pour être plus heureux que lui?

Pourquoi la terre produit-elle des poisons?

Pourquoi ses exhalaisons produisent-elles la fièvre jaune et la peste?

Pourquoi pleut-il dans la mer, et jamais dans les déserts de la Syrie?

Pourquoi y a-t-il de vastes contrées stériles, lorsque souvent nous manquons de pain?

Pourquoi la grêle détruit-elle, en une heure, le fruit des travaux d'un an?

J'avoue bonnement que je n'en sais rien. Mais adressez-vous au théologien du coin, il vous expliquera tout cela. Au surplus, de quoi vais-je me mêler? J'ai un amoureux à cheval, qui court, qui court... Attendons-le à la porte de la ferme, et voyons ce qui va s'y passer.

CHAPITRE IV.

Fin de l'exposition.

Mademoiselle d'Arancey avait compté les jours, les heures, les minutes. Tous les matins elle portait des yeux inquiets sur la route; elle y retournait à midi, elle y retournait le soir; elle rentrait en se promettant de combattre un amour, qui faisait, dès sa naissance, le malheur de sa vie, et tout ce qu'elle pouvait faire, c'était de cacher son chagrin à tout le monde, et à Georges surtout, à Georges qu'elle aimait tant!

Ce jour-là, jour remarquable, puisqu'il va décider du sort de deux petits êtres à peu près parfaits, ce jour-là, Sophie était allée, à l'ordinaire, sur le chemin, et elle était rentrée aussi triste que les jours précédens. Après le dîner, Edmond et Georges étaient retournés à leurs charrues; êtres utiles et laborieux, qui, toute l'année, arrosent de leurs sueurs une terre dont les fruits les plus beaux ne parent jamais la table du cultivateur. Sophie les avait accompagnés jusque dans la cour, où elle était restée immobile et pensive. « C'est que je l'ai vu vingt fois; c'est ici que j'ai
« remarqué son trouble naissant; voilà les tou-
« relles de ce château, où j'avais l'air de travailler,
« quand je ne voyais que lui; où ses yeux me
« disaient ce que j'avais tant de plaisir à croire,
« ce que dix jours d'abandon démentent si for-
« mellement; voilà le chemin où il glissait dans
« ma corbeille ces lettres qui peignent un amour
« si vrai, si fortement senti. Insensée! ah, ce
« sont ces lettres qui m'ont perdue. » Et en disant cela, mademoiselle d'Arancey tirait de son sein la plus passionnée de ces lettres; elle la baisait,

elle la relisait; elle la baisait encore, et une larme de tendresse, de regrets, d'inquiétude, tombait sur le papier précieux.

Le lourd galop de deux chevaux résonne au loin sur le pavé ; le fouet du postillon se fait entendre. Sophie doute ; Charles ne vient jamais en poste. Cependant le cœur de la jeune personne est vivement agité ; ses joues se colorent ; la lettre est promptement remise sous le fichu discret ; la charmante fille est à la porte.

C'est lui, c'est lui... on ne peut plus s'y méprendre... On respire à peine ; les genoux ploient ; on est obligé de s'asseoir. Charles a entrevu sa Sophie, il a doublé de vitesse ; il a sauté de son cheval ; il est près de ce qu'il aime. « Ah ! c'est « vous, monsieur. Voilà tout ce que Sophie peut « dire. — Plus tendre, plus empressé que jamais, « répond Charles, qui oublie toutes les finesses « de son Guillaume. — Empressé, vous, mon- « sieur ! — Et peut-être importun ? — Ah, ce « n'est plus votre défaut. — Je conçois que quel- « ques jours d'absence... — Quelques jours !... Oui, « monsieur. Au reste, vous avez vos plaisirs, j'ai « mes occupations : de cette manière le temps « passe vite. — Mademoiselle ne s'est pas aper- « çue de sa lenteur ? — Monsieur m'interroge, « je crois ? — Si vous saviez ce que j'ai souffert, « vous me trouveriez trop puni. — Prenez garde, « monsieur ; vous allez me rendre compte de vos « sentimens secrets. — Je le dois, je le veux. —

« Qu'ai-je fait, qu'ai-je dit qui vous y autorise ?
« — Ah ! vous ne prenez nul intérêt à ce que je
« pourrais vous dire ? — Aucun, monsieur, je
« vous assure. — Permettez-moi cependant de
« vous rappeler, mademoiselle, que vous m'avez
« permis de vous écrire. — Moi, monsieur ? —
« Vous avez daigné recevoir une première lettre...
« — L'ai-je reçue, monsieur ? — Vous l'avez
« gardée, au moins. — Qui vous l'a dit ? »

Les réponses sèches de mademoiselle d'Arançey ont piqué Charles; il commence à se rappeler les leçons de son confident.

« Je peux croire, mademoiselle, que vous avez
« daigné lire la première et les autres. — Parce
« que je n'ai pas fait d'éclat? Pouvais-je vous les
« rendre sans amener, entre Georges et moi, des
« explications fatigantes ? — Toujours Georges,
« mademoiselle, toujours Georges ! — Ah ! s'il
« écrivait, lui, il n'écrirait que ce qu'il pense. —
« Comparer ma conduite à ce que j'ai écrit, c'est
« avouer que vous m'avez lu. — Vos observations
« sont dures ; elles sont malhonnêtes, monsieur.
« —Ah, mademoiselle, que je suis loin d'en avoir
« l'intention ! —Si vous n'aviez balbutié en m'adres-
« sant des choses que je ne devais pas entendre;
« si, à chaque mot, votre cœur n'eût visiblement
« démenti votre bouche, je ne vous reverrais de
« la vie. — Mademoiselle... en vérité... croyez...
« je ne peux... — Vous ne pouvez être faux, je
« le vois, et je m'en applaudis. Pourquoi cher-

« cher à le paraître ? Pourquoi vous dépouiller
« volontairement de cette candeur, votre arme
« la plus dangereuse ?... Renvoyez vos chevaux,
« monsieur, et appelez Marguerite. Il me semble
« que la conversation peut se continuer ailleurs
« que dans la rue. »

Les deux jeunes gens avaient fait jusque-là des efforts incroyables pour s'en tenir au ton froid ou piqué qu'ils trouvaient convenable à leurs petits intérêts. Ils ne pouvaient soutenir davantage ces traits mordans, plus propres à tout brouiller, qu'à produire un rapprochement, dont l'un et l'autre avaient le plus pressant besoin. Sophie prend Charles par la main, le fait entrer, lui montre un siége, et s'assied près de lui. « Il est inutile,
« monsieur, de passer le temps à dire et à en-
« tendre des choses qu'on ne pense pas ; laissons
« ces puérils et vains détours, où l'esprit ne brille
« qu'aux dépens du cœur. Je n'ai qu'une question
« à vous faire; elle est de la plus haute impor-
« tance, pour moi du moins, et je vous prie de
« me répondre franchement. Vous m'avez montré
« un sentiment trop vif, pour avoir été dix jours
« sans me donner de vos nouvelles, si un motif
« que je ne démêle pas ne vous y eût déterminé.
« Je vous préviens que je ne croirai pas aux ob-
« stacles : vous n'eussiez pas manqué de m'en
« parler en arrivant. Répondez-moi, monsieur,
« comment avez-vous manqué, je ne dirai point
« à la délicatesse, mais aux plus simples bien-

« séances ? Comment me suis-je attiré des procé-
« dés aussi humilians ? — Mademoiselle... made-
« moiselle... c'est que... — Le motif ne vous fait
« pas d'honneur : votre embarras me le prouve.
« N'importe, parlez, je suis indulgente ; mais ne
« me trompez pas, je ne le mérite point. — Vous
« n'avez répondu à aucune de mes lettres. —
« Vous savez, monsieur, que je ne le devais pas.
« — J'ai cru... j'ai cru... — Qu'avez-vous cru ? —
« Que je vous... que je vous déplaisais... — Non
« monsieur, non, vous ne l'avez pas cru ; je con-
« viens que vous n'avez pas dû le croire, et ce
« n'était plus le temps de m'éviter. Vous pouviez
« fuir quand l'amitié suffisait à mon bonheur ;
« cette conduite eût été louable. Mais pendant
« des mois entiers, faire tout pour persuader
« qu'on aime ; l'écrire d'un style enchanteur ; pour-
« suivre, par des lettres brûlantes, une fille esti-
« mable, jusque dans le silence des nuits ; chercher
« à exciter en elle des sentimens qu'on a feints,
« ou qu'on ne veut partager qu'un moment, voilà
« un plan tracé par la perfidie la plus consom-
« mée, et ce n'est pas à vingt ans qu'on se joue
« froidement de la bonne foi, de la tendresse et
« de l'honneur : ce plan n'est pas de vous. — Ma-
« demoiselle... je suis un malheureux. Je ne peux
« soutenir vos reproches, ni votre vue... Je pars,
« je m'éloigne pour jamais. — Vous ne partirez
« point, je vous le défends... Restez par grace,
« restez, ou rendez-moi le repos que vous m'avez

« ôté. — Qu'ai-je entendu, grand dieu ! — Char-
« les, je cède au moment, à mon cœur qui m'a
« trahi cent fois, et dans lequel vous avez craint
« de lire ; je ne dissimule plus un sentiment hon-
« nête, que, malgré les apparences, je me flatte
« que vous méritez. — Je m'en suis rendu indi-
« gne. Je le mériterai, n'en doutez pas. — Ah !
« mon ami, quel mal m'ont fait votre éloignement
« et votre silence ! Dix jours, dix jours entiers !...
« ingrat ! et personne à qui je pusse parler de
« mon amour ; personne à qui j'osasse prononcer
« librement votre nom ! Vos lettres, mon cœur
« et mes larmes, voilà tout ce que j'avais... Vous
« êtes à mes pieds, Charles, vous embrassez mes
« genoux ; le repentir se peint sur votre front...
« Mon ami, mon cher ami, non, l'idée de me
« tourmenter n'est pas de vous : quel est le cruel
« qui vous l'a donnée ? »

Charles ne se possédait plus. Ivre d'un aveu formel, qu'il attendait cependant ; pénétré, confus de la bonté de mademoiselle d'Arancey, il ne tenait que des discours sans suite, et elle écoutait, l'œil humide de plaisir. Il est si flatteur ce désordre, pour celle qui l'inspire ! il est si doux de le partager !

Charles parla long-temps à son tour, et la vérité, que sollicitait, qu'attendait mademoiselle d'Arancey, s'échappe enfin de sa bouche : il a nommé Guillaume. « Voyez, lui dit-elle, lors-
« qu'il eut cessé de parler, voyez à quoi on s'ex-

« pose en plaçant mal sa confiance. Déja, par une
« ruse indigne d'un amour vrai, vous vous êtes
« rendu aussi malheureux que moi. Plus d'inti-
« mité, je vous prie, avec des valets sans délica-
« tesse, dont l'attachement servile déshonore le
« maître qui en est l'objet. — Je le renverrai,
« mademoiselle. — Non, mon ami, vous ne le
« renverrez pas. Mais à présent que nos cœurs
« s'entendent, tout doit se renfermer entre nous
« deux. Confiez-moi désormais vos inquiétudes,
« vos chagrins, vos plus secrètes pensées : cela
« vous sera bien facile, si vous ne faites, si vous
« ne pensez que ce qu'un honnête homme peut
« avouer sans rougir. — Oui, je vous confierai
« tout, tout sans exception, et si je m'écartais un
« moment de la vertu, ce serait vous, fille cé-
« leste, qui, d'un mot, m'y rameneriez. Que mon
« sort est heureux, qu'il est digne d'envie! Je
« trouve en vous la beauté, la sagesse, l'amour
« et le bonheur. — Le bonheur! ah! mon ami,
« que d'obstacles je prévois; que de peines nous
« nous préparons! Je renfermerai les miennes,
« j'adoucirai les vôtres, et si nous ne pouvons pas
« être époux... — Nous le serons, j'en jure par
« mon amour, par l'honneur, par vous. — Jurez-
« moi aussi de respecter les volontés de votre
« oncle, de ne pas exposer ma réputation par des
« éclats indiscrets, de n'exiger jamais que je mé-
« connaisse les droits d'un père malheureux. —
« Je le jure à la face du ciel, et je tiendrai mon

« serment. — Je jure, moi, de n'être jamais à
« personne, si je ne peux être à vous ; de vous
« aimer toute la vie, et de faire pour votre féli-
« cité, tout ce que me permettent la vertu et le
« respect filial. »

En prononçant ces derniers mots, ils étaient à
genoux, les bras étendus vers le ciel, et la pureté
de leurs ames brillait sur deux visages qu'embellissaient l'amour et l'innocence.

« Quel jour ! mademoiselle, dit Charles en se
« levant. — Appelez-moi Sophie ; je le permets,
« je le désire. — Ah ! ma Sophie, quel jour ! —
« Puissiez-vous n'oublier jamais ce qu'il a de
« charmes, et ce qu'il nous a coûté ! — Jamais,
« non jamais il ne sortira de ma mémoire. — Ainsi,
« plus de longues absences, mon ami. — Tous les
« jours... — Oh, non, non, ce serait trop. — Ja-
« mais assez, jamais assez. — Sept lieues pour
« venir, autant pour s'en retourner ! — Et qu'im-
« porte ma Sophie ? — Et puis, Georges et son
« père ne manqueraient pas de remarquer que le
« seul désir de rendre service ne rend point aussi
« assidu. Ils me trouveraient déraisonnable, et le
« blâme de ceux qu'on estime et qu'on aime est
« difficile à supporter. — On peut les tromper sur
« le motif... — Oh, non, mon ami, ne trompons
« personne. — On peut au moins ne pas tout dire.
« — Et pour cela il ne faut pas donner lieu aux
« questions. — Hé bien, prononcez, réglez les jours.
« Vous aimer est mon bonheur, vous obéir est

« mon devoir. — Deux fois la semaine... — Oh,
« c'est bien peu. — Je le sens comme vous ; mais
« je vous en prie, et vous ne me refuserez pas.
« — Et les autres jours? — Vous pourrez écrire.
« — Et vous répondrez? — Il le faut bien. — Et
« nous écrirons tous les jours. — Tous les jours,
« mon ami. — Guillaume portera mes lettres. —
« Je voudrais bien ne plus employer ce Guillaume.
« — Il faudra en chercher un autre, et Guillaume
« n'oubliera pas ce que je lui ai confié. — Guil-
« laume soit. — A qui remettra-t-il mes lettres?
« qui lui remettra les vôtres? — Je ne sais. — Ni
« moi. — Ah!... — Ah!... — Pourquoi ne vien-
« drait-il pas tout simplement à la ferme pendant
« qu'on est aux champs? — Tous les jours, bon
« ami? Et le berger, et le petit pâtre, qui ne
« s'éloignent jamais assez ; et les filles de basse-
« cour, et les passans? — Ah! mon dieu, mon
« dieu, commment donc faire? — Ah! ah!... Char-
« les! — Hé bien? — J'ai remarqué... — Quoi? —
« Sur la route, à deux pas du château... — Ache-
« vez. — Un orme creux... — J'y suis, j'y suis.
« Guillaume y déposera mes lettres ; il y trouvera
« les vôtres. — Je ne vois que ce moyen-là, mon
« ami. — Il n'en faut qu'un, ma Sophie. »

Pendant que nos aimables enfans se livraient
aux épanchemens les plus doux, M. Botte pensait
à la famille de son jardinier. Triste, soucieux, il
faisait une partie d'échecs avec son ami Horeau,
et le brusquait quand il perdait, ah, il fallait

voir. Horeau s'en vengeait en le faisant de nouveau échec et mat, ce qui ne calmait pas du tout l'humeur du cher oncle. On vient délivrer le pauvre Horeau, en avertissant M. Botte qu'il est servi. Tous deux en sont fort aises, parce que la table fait diversion à tout. Notre oncle ne crie jamais quand il mange, et le pacifique ami jouit au moins d'une heure de repos.

M. Botte entrait dans sa salle à manger; le jardinier, chargé de son modeste mobilier, sa femme, jeune encore et gentille, tenant un enfant par la main et portant l'autre à la mamelle, traversaient lentement le parterre. La mère pleurait en regardant ce château où ses enfans étaient nés, et dont elle s'éloignait pour toujours. « Ah! mon ami, dit
« M. Botte, que cette femme me fait de mal!
« partir ainsi avec cent écus pour toute ressource!
« — Vous n'avez donné que cela : cette fois,
« vous ne vous en prendrez à personne. — Hé,
« morbleu, monsieur, vous savez qu'on a remis
« cette bagatelle au nom de mon neveu, et un
« jeune homme de vingt ans n'a pas des monts
« d'or. — On pourrait ajouter quelque chose. — Et
« le prétexte? car enfin il en faut un qui s'accorde
« avec ma juste sévérité : le prétexte, vous dis-je,
« vite, dépêchez-vous, — Ma foi, mon ami, je
« n'en vois pas, — En ce cas, taisez-vous donc,
« monsieur le conseiller. »

« Grace, grace, crient huit à dix domestiques
« qui entrent à la fois, et tombent aux genoux

« de leur maître ; grace, dit aussi Horeau, qui
« voit son ami pressé du besoin de pardonner.
« — Non, s'écrie avec effort M. Botte ; non, pas
« de grace aux voleurs. Qu'ils partent, qu'ils souf-
« frent, qu'ils meurent de honte et de misère. —
« Mais, mon ami, la femme et les enfans... —
« Qu'on ne m'en parle point, qu'on ne m'en parle
« jamais. Sortez, sortez tous, et profitez de la
« leçon que vous avez devant les yeux. »

Horeau reste seul avec son ami, qui se laisse
aller sur un fauteuil, et qui cache son visage de
ses deux mains : « Ah! Charles, Charles, dit-il
« d'une voix altérée, si tu voyais ce tableau d'in-
« fortunes, quels regrets tu éprouverais! Allez
« me le chercher, monsieur, qui ne trouvez pas
« de prétexte; amenez-le à cette croisée ; qu'il
« voie ces malheureux ; que ce soit sa punition. »

M. Horeau sort, et monte à l'appartement de
Charles ; M. Botte court à son office, qui est à
l'angle du bâtiment. A un pied du plafond, est
un œil-de-bœuf, uniquement destiné à renouveler l'air ; aucun bâtiment en face, et la vue est
bornée de tous côtés par un plant de peupliers.
M. Botte monte sur une chaise, et appuie un pied
sur un rayon chargé de porcelaines. Il s'accroche
des deux mains au rayon supérieur ; il s'élance
pesamment. La planche, sur laquelle est son pied,
manque sous lui, la porcelaine tombe et se brise;
il reste suspendu par les mains. Il cherche avec
les jambes les tasseaux qui doivent être restés

dans le mur ; il trouve un nouveau point d'appui. Hâletant, tout en sueur, il parvient de rayon en rayon jusqu'à l'œil-de-bœuf. Il peut à peine y passer la tête et un bras, et il compte bien n'être vu de personne du château.

A l'instant où il a ouvert la petite croisée, la pauvre mère tournait le coin du bâtiment. M. Botte jette à ses pieds une bourse d'or, et veut se retirer. Sa précipitation le trahit ; sa tête et son bras agissent en sens contraire. La bonne femme lève les yeux, et reconnaît son maître, qui lui fait signe de ramasser la bourse, et de ne rien dire. Elle la ramasse en effet, et retourne sur ses pas, les mains élevées vers le ciel. « Ah! mon dieu, « mon dieu ! s'écrie M. Botte, vous verrez que « la mal-adroite va venir me remercier. » Il se presse de descendre ; mais il remarque qu'il y a trois pieds au moins du parquet à la planche qu'il a culbutée. Gros et court, il n'ose risquer un tel saut. Il y a bien un marche-pied dans le fond de l'office ; mais il ne l'a pas vu en entrant ; maintenant il ne peut y atteindre : il est forcé de rester là.

Bientôt il entend du bruit dans sa salle à manger, et, semblable à un écolier qu'on prend en maraude, il se pelotonne sur sa planche. La pauvre mère, qui connaît l'intérieur du château comme les jardins, entre dans l'office, suivie de M. Horeau et des domestiques, qu'elle a instruits de l'acte de bienfaisance du maître. On trouve le

parquet couvert des débris de la porcelaine, et
M. Botte juché sur une file de pots de confitures,
honteux et colère à la fois de se voir ainsi surpris.

« Que me voulez-vous? crie-t-il à Horeau. Ne
« puis-je prendre l'air à ce trou, sans qu'on vienne
« m'y tourmenter? — Mais, mon ami, l'endroit
« est singulièrement choisi. — Cela se peut; mais
« je veux être singulier. — Vous seriez plus com-
« modément ailleurs. — Que vous importe? moi;
« je veux être ici. — Recevez au moins les actions
« de graces de cette bonne femme. — Des actions
« de graces, et pourquoi? — Cette bourse que
« vous lui avez jetée... — Qui a dit cela? — Mais
« c'est elle. — Elle a menti. Je ne donne rien à
« ceux que je chasse. C'est mon neveu, sans doute,
« qui lui aura jeté cela de chez lui. — Mon ami,
« je ne l'y ai pas trouvé. Il est sorti depuis onze
« heures du matin, reprend Guillaume. — Tu
« mens fripon; je lui ai parlé il n'y a pas une
« demi-heure. — Je vous assure, monsieur... —
« Tais-toi, ou par la corbleu... Au reste, la bourse
« ne m'appartient pas; quelqu'un la réclame-t-il
« ici? Personne ne dit mot? Allez, ma bonne,
« emportez ce que la Providence vous envoie, et
« que votre mari pense bien que c'est à vous seule,
« qui êtes laborieuse, et honnête, qu'elle a adressé
« ce secours. — Oh, le bon maître! oh, le digne
« maître! s'écrient tous les domestiques à la fois.
« — Que me veulent encore ces marauds-là? Je
« vous répète qu'il m'a plu venir prendre l'air ici,

7.

« que je n'ai rien donné, que je ne donnerai
« rien, et que j'abandonne ces malheureux-là à
« leur triste sort. Allons, qu'on m'approche ce
« marche-pied. »

Le marche-pied placé, M. Botte fait un effort violent pour se lever; un de ses pieds glisse, et il envoie un pot de gelée de groseille, directement sur la tête de la pauvre mère. Elle jette un cri, et tombe sur ses genoux. M. Botte ne pense plus au marche-pied; il saute, de la hauteur de l'œil-de-bœuf, pour secourir la pauvre mère. Le pied porte à faux; il se donne une entorse. Il crie à son tour comme un enragé. Tout le monde s'empresse autour de lui. « A cette femme, ma-
« rauds, à cette femme, à qui j'ai cassé la tête.
« Ne voyez-vous pas que j'ai seulement mal à un
« pied, et tout cela, parce que M. Horeau, l'homme
« réfléchi, ne sait pas trouver un prétexte. — Ma
« foi, mon ami, il vaut mieux, je crois, n'en pas
« trouver, que d'en imaginer de la nature du
« vôtre. — En voilà assez, monsieur le raisonneur.
« Qu'on porte cette femme dans le lit de mon
« neveu. — De votre neveu, mon ami? — C'est le
« meilleur du château, après le mien. Ce n'est
« pas que je m'intéresse à cette femme, au moins,
« mais j'apprendrai à monsieur mon neveu à par-
« tir pour la chasse avant le jour, et à n'être pas
« ici quand le dîner est servi. Qu'on appelle le
« chirurgien du lieu; qu'il panse cette femme,
« qu'il la visite exactement. — Mon bon maître,

« dit la femme d'une voix faible, si vous vouliez
« permettre... — Quoi ? — Que mon pauvre Jac-
« ques me soignât pendant les premiers momens?
« — Allez au diable avec vos demandes imperti-
« nentes. Ne faut-il pas que je fasse guérir votre
« tête, n'y suis-je pas obligé en conscience, et
« parce que je suis en colère, ai-je le droit de sé-
« parer la femme de son mari, les enfans de leur
« mère? Qu'on me loge toute cette race dans l'ap-
« partement de mon neveu ; mais que je n'en
« rencontre pas un individu sur mon passage, ou
« corbleu... Et vous, madame ma femme de charge,
« que faites-vous là, la bouche ouverte et vos
« grands yeux fixés sur moi? des compresses et
« de l'eau-de-vie camphrée sur ce pied-là : il me
« fait un mal de tous les diables. »

On place M. Botte dans un grand fauteuil; on
glisse un coussin sous son pied. La femme de
charge le déchausse, et décide gravement que le
secours du chirurgien est nécessaire. M. Botte
réplique qu'il a l'articulation libre, et qu'un
chirurgien est plus nécessaire à une tête cassée,
qu'à un pied foulé. Les domestiques, les uns par
zèle, les autres pour paraître zelés, insistent sur
la nécessité du chirurgien. M. Botte les envoie
tous *faire lanlaire;* la femme de charge finit ce
qu'elle a commencé, et on approche la table à
manger du grand fauteuil.

Malgré sa douleur, monsieur Botte mange de
grand appétit, et, à chaque morceau il s'écrie :

« Mauvais, détestable; tout est froid, tout est
« gâté, et cela, parce que M. Horeau ne sait pas
« trouver de prétexte. »

Horeau prenait le seul parti qu'il y eût à prendre
avec M. Botte quand il avait de l'humeur : c'était
de le laisser dire, et de boire un ou deux coups
de plus. « Ah ! ça, mon ami, dit-il à la fin du
« repas, où voulez-vous qu'on loge votre neveu?
« — Qu'il couche où il a dîné. — Vous avez rai-
« son, mon ami. Un neveu qui ne fait que des
« bévues, involontairement à la vérité, mais dont
« les bévues ont des suites aussi désagréables, mé-
« rite toute votre sévérité. Je vais défendre, de
« votre part, au concierge, de le laisser rentrer.
« — Et de quoi diable vous mêlez-vous? Est-ce à
« vous qu'il appartient de modifier mes humeurs?
« Un homme de vingt ans ne peut-il dîner de-
« hors sans l'aveu de son oncle? Faut-il que je
« l'aie sans cesse à mes côtés, comme une fille
« s'accole à sa mère? et Dieu sait encore ce qu'y
« gagnent les mères! — Ah, mon ami, soyez donc
« d'accord avec vous-même. Vous me brusquez
« quand je vous porte à l'indulgence ; vous me
« brusquez quand je vous excite à la sévérité. —
« Hé, morbleu, monsieur, c'est que je suis bien
« aise d'avoir une opinion à moi; que je veux,
« que je prétends me conduire à ma manière, et
« que je ne suis pas, ne vous en déplaise, un
« homme à mener par le nez. Au reste, j'en veux
« à Charles plus que jamais : j'ai été pris au tré-

« buchet quand j'ai dit que la bourse venait de
« son appartement ; personne n'a été m'a dupe,
« et voilà ce qui me fait enrager. — Enrager quand
« on fait une action louable... — C'est bon, c'est
« bon. — Une action qui vous honore dans l'es-
« prit de vos gens... — Je ne veux pas qu'on
« m'honore, entendez-vous, monsieur ; je ne veux
« pas que ces gens-là me croient bon : ils abu-
« seraient bientôt de ma bonté, et, après tout, je
« n'ai besoin ni de leurs éloges, ni des vôtres. »

« — Revenons à votre neveu. — Hé bien, mon
« neveu? — Que décidez-vous à son égard? — Je
« n'en sais rien ; ne m'en parlez plus, et sonnez,
« s'il vous plaît. »

Un domestique entre. « Hé bien, le chirurgien
« est-il venu? — Oui, monsieur. — Qu'a-t-il dit?
« — Rien, monsieur. — Qu'a-t-il fait? — Il a pansé
« Javotte. — Après? — Il est parti. — Comment,
« morbleu, il est parti sans me voir ! — Vous
« nous avez dit à tous que vous n'en vouliez pas.
« — Hé, non, maraud, je ne veux pas être pansé ;
« mais cette femme, cette femme... — Si nous
« avions su l'intérêt que vous y prenez... — Je ne
« m'intéresse pas à elle, je le répète ; je l'ai bles-
« sée par inadvertance ; mais que venait-elle cher-
« cher dans mon office, lorsqu'elle devait être
« sur le grand chemin? Aussi je ne m'en inquiète
« guère, et je ne parle que du chirurgien, car
« enfin, quand je paie un homme, je veux savoir
« s'il gagne son argent. Qu'a-t-il fait? voyons.

« A-t-il coupé des cheveux ? — Non, monsieur. —
« Ah ! il n'y a pas de plaie à la tête ? — Non, mon-
« sieur. — A-t-il saigné ? — Oui, monsieur. — Il
« craint donc un contre-coup ? — Je ne sais,
« monsieur. — Et il n'a rien dit ? — Non, mon-
« sieur. — Et le nourrisson ? — Il ne cesse de
« pleurer. — Le chirurgien l'a-t-il visité ? — Non,
« monsieur. — Imbécile, pourquoi ne le lui as-tu
« pas dit ? — Monsieur, je n'entends rien à tout
« cela. — Animal ! un enfant qui tombe avec sa
« mère ne peut se briser un membre, n'est-il pas
« vrai ? Cours chez ce frater, ramène-le à l'in-
« stant, et fais-le courir devant toi. »

Le domestique sort. M. Botte, appuyé sur sa canne et sur l'épaule d'Horeau, gagne sa chambre à coucher, après avoir mandé son concierge, et lui avoir ordonné de l'avertir au moment où son neveu rentrerait.

En l'attendant, il eut le petit plaisir de gronder, pendant une heure, le pauvre chirurgien. Le chirurgien répétait, jusqu'à s'enrouer, que l'accident de la mère était peu de chose, et que l'enfant, qu'il venait de voir, n'avait rien. Le chirurgien parti, M. Botte querella Horeau, qui, faute de trouver un prétexte, avait failli causer mort de femme ; il querella sa femme de charge, qui, en humectant ses compresses, s'était avisée de dire un mot de son bon cœur ; enfin il s'endormit, car un bourru se lasse de gronder comme d'autre chose.

A minuit, on vient lui apprendre que M. Charles est rentré. « Qu'il paraisse », dit M. Botte. Charles, prévenu par Guillaume, s'attendait à une explication orageuse, qu'il eût bien voulu s'épargner. Il restait en dehors de l'appartement, et quand il avait avancé d'un pas, il reculait de deux. Horeau, qui avait réussi en proposant de faire coucher le neveu à la belle étoile, se promettait bien de suivre son thème, et ne disait mot.

M. Botte, ennuyé d'attendre, répéta d'une voix terrible : « Qu'il paraisse, qu'il paraisse donc,
« ou, corbleu, je l'irai chercher, en dépit de
« mon entorse. » Il fallut s'exécuter; Charles parut, très-embarrassé de sa personne. « Ah, vous
« venez de vous promener, monsieur ! — Oui,
« mon cher oncle. — Et en vous promenant, avez-
« vous récapitulé vos hauts faits de la journée ?
« — Qu'ai-je donc fait, mon oncle ? — Ce qu'il a
« fait ! le malheureux ! vous vous êtes levé avant
« le jour, et à trois heures après midi, voici ce
« qui était arrivé : tous mes chevaux estropiés;
« mon jardinier et sa famille chassés; mes porce-
« laines brisées, une femme assommée, mon pied
« presque démis, et un dîner mangé froid ; voilà
« ce que vous avez fait ou causé, monsieur. —
« J'en suis au désespoir, mon cher oncle... — Hé,
« monsieur, ce n'est pas là ce que je vous de-
« mande. — J'espère que votre accident n'aura
« pas de suite. — Je ne vous ai pas mandé, mon-

« sieur, pour vous parler de moi; c'est de vous
« qu'il s'agit. Où avez-vous passé le reste de la
« journée? — Près de quelqu'un que je considère
« beaucoup. — Ah, diable! et quel est ce quel-
« qu'un? — C'est... mon cher oncle, rassurez-
« moi, je vous prie. Votre accident... — Paix.
« Quel est ce quelqu'un que vous considérez assez
« pour m'abandonner au milieu de mes embarras?
« — Mais, mon oncle, votre pied?... — Paix,
« paix : quel est ce quelqu'un? un homme de
« poids?—Non, mon oncle.—Ah, c'est une femme,
« peut-être?—Mon oncle...—Oui, c'est une femme
« que monsieur considère. Quelque amourette,
« sans doute? — Ah, mon oncle, de quel mot
« vous vous servez! — Comment, monsieur, de
« quel mot je me sers? Vous aviseriez-vous d'ai-
« mer sérieusement? Avez-vous étudié les fem-
« mes? Vous flattez-vous de connaître le cœur
« féminin, que personne ne connaît encore? Avez-
« vous la présomption de croire que vous ne se-
« rez pas dupe de votre profonde considération?
« —Hélas! mon cher oncle, je ne me suis pas fait
« toutes ces questions. — Et vous avez eu tort,
« monsieur; c'est par là que doit commencer tout
« homme prudent, qui rencontre femme un peu
« trop jolie. Au reste, celle-ci est honnête, ou
« elle ne l'est pas. Si elle est sage, il serait affreux
« de chercher à la séduire ; si elle ne l'est pas,
« vous vous avilissez en la fréquentant, et dans
« tous les cas, monsieur, je vous défends de pen-

« ser à l'amour, et surtout au mariage, jusqu'à
« ce que j'aie prononcé, et je ne prononcerai
« que quand je rencontrerai les avantages aux-
« quels vous devez prétendre.

« Ah, ça, dites-moi donc à quel jeu vous avez
« joué avec cette femme que vous considérez
« tant? — Moi, mon oncle? — Vous, monsieur.
« Vos cheveux en désordre, votre front couvert
« de sueur, vos habits chargés de poussière...
« Elle a de singuliers goûts, cette femme-là. —
« Mais, mon cher oncle, votre pied?... — Mon pied
« va bien, bourreau. A quel jeu as-tu joué? ré-
« ponds. — Hé, mon ami, il n'a pas joué. — Qui
« vous l'a dit, monsieur Horeau? — Regardez ce
« poil collé à l'intérieur de ses bottines; monsieur
« descend de cheval, et vous lui aviez défendu d'y
« monter. — Je lui ai interdit mes chevaux et la
« chasse. — Et il a éludé votre défense... — Que
« vous importe, à vous? — Pour courir, Dieu sait
« après qui. — M. Horeau, mon neveu se respecte,
« et je ne conçois rien à l'acharnement avec le-
« quel vous le poursuivez aujourd'hui. — Je ne
« conçois pas davantage votre extrême indulgence.
« — M. Horeau, il est allé dîner chez une femme
« qu'il considère, et je n'interdirai pas, pour flat-
« ter votre caprice inconcevable, la société du
« sexe à mon neveu. Ne sont-ce pas les femmes
« estimables qui forment la jeunesse? ne me l'a-
« vez-vous pas répété jusqu'à satiété?—A la bonne
« heure, reprit Horeau, qui voyait Charles se re-

« mettre, et, par conséquent, en état de mentir;
« mais, mon ami, vous ne connaissez seulement
« pas cette femme estimable. — Ai-je besoin de
« la connaître ? Est-ce moi qui vais dîner chez
« elle ? Au reste, Charles, et, pour en finir, son
« nom ? — Mon cher oncle, c'est madame Duport.
« — T'y voilà pris, mon pauvre Horeau. Une
« femme de cinquante ans, qui a été belle comme
« le jour, à qui jamais on n'a connu d'amans, et
« qui jamais n'a perdu un ami. Charles, madame
« Duport mérite en effet toute ta considération.
« Va dîner tous les jours chez elle; mais couche-
« toi à l'instant, tu as besoin de repos. — Hé,
« où voulez-vous qu'il couche ? vous avez mis
« cette famille dans son appartement. — Je n'en
« ai pas dix encore, où il n'y a personne, n'est-ce
« pas ? — Et qui n'ont pas été ouverts depuis trois
« mois. A la vérité, un air renfermé, un peu d'hu-
« midité, la privation de ses commodités habi-
« tuelles, ne sont rien pour un homme de vingt
« ans. — Et pourquoi un homme de vingt ans
« ne prendrait-il pas ses aises, quand il peut se
« les procurer ? Qu'on donne demain de l'air à
« tous mes appartemens, et que ce soir on réta-
« blisse mon neveu dans son lit. — Et la famille
« du jardinier ? — La femme n'a qu'une légère
« contusion, on les reconduira chez eux. — Et,
« comme une légère contusion n'empêche point
« de marcher, demain, au point du jour, ils s'é-
« loigneront d'ici. — Demain... demain... Mais

« qu'a-t-il donc ce chien d'homme-là? Mon jar-
« dinier a commis une faute; je l'ai puni. — Et
« vous avez raison. — J'ai failli casser la tête de
« sa femme... — Oui, vous avez failli. — J'ai dû
« la faire soigner.—Hé bien, vous l'avez fait.—Son
« mari n'a pas manqué depuis. — Je le crois bien;
« il n'en a pas eu le temps. — Le punirai-je deux
« fois pour une seule faute; le chasserai-je deux
« fois en vingt-quatre heures? — Je vous vois ve-
« nir, vous allez le garder. — Et vous-même,
« vous m'en pressiez tantôt! — La compassion
« m'avait saisi. — Elle me saisit à mon tour, qu'a-
« vez-vous à dire?.— Bien des choses. — Horeau,
« je ne suis pas content de vous. Je suis brusque,
« je suis dur; j'ai besoin de quelqu'un qui me
« calme; vous l'avez fait jusqu'à ce moment, et
« ce soir vous cherchez à m'animer contre tout
« ce qui m'entoure. »

M. Botte, un peu confus de revenir ainsi,
donne, en hésitant, ses ordres à sa femme de
charge. Il les colore des prétextes les moins gau-
ches qu'il peut trouver, et nous savons qu'il n'est
pas heureux en prétextes. La femme de charge,
à qui Horeau a fait signe, sort sans louer son bon
maître, selon sa coutume. Le bon maître la rappelle : « Que demain toutes les clés soient chan-
« gées, et que personne n'insulte ce drôle-là : il
« a été assez humilié. Bonsoir, M. Horeau. Vous
« venez de jouer un fort sot personnage. »

Horeau et Charles, se retirèrent très-satisfaits

d'un double dénouement dont ils n'eussent osé se flatter. Horeau fit à Charles quelques représentations amicales sur l'inconvenance du moment qu'il avait choisi pour courir la poste, et il fut dormir paisiblement. Charles, moulu d'avoir couru à toutes selles, se coucha de son côté, en se promettant bien de revoir au plutôt madame Duport. M. Botte s'endormit en réfléchissant à ce qui s'était passé pendant la soirée. Tout ce qu'avait dit Horeau lui était revenu à l'esprit, et, le lendemain matin, il l'envoya chercher.

« Monsieur, vous m'avez joué hier au soir. — « Moi, mon ami? — Vous, monsieur. Vous êtes « évidemment sorti de votre caractère, et vous « avez affecté de toujours dire non, pour m'a- « mener à toujours dire oui. Cela ne vous réussira « plus, je vous en avertis; d'abord, parce que je « suis sur mes gardes, et ensuite, parce que je « vous prie très-expressément de ne jamais user de « ces petits moyens, qui détruisent la confiance, « déshonorent l'amitié, et me donnent à moi l'air « d'un sot. — Ah, mon ami! — Oui, monsieur, « l'air d'un sot. Que voulez-vous qu'on pense « d'un homme qui veut, et ne veut plus; qui pu- « nit et qui récompense? Souffrez que je sois « moi, promettez-moi d'être toujours vous, tou- « jours calme, toujours bon, ou rompons dès ce « moment. — Rompre, mon cher Botte, rompre « une amitié de trente ans! — Je sais ce qu'il « m'en coûterait; ainsi pas d'observations. —Vous

« ne le pourriez pas plus que moi, mon ami. —
« Hé, non, je ne le pourrais pas; mais cela vous
« autorise-t-il à me traiter comme un Géronte
« de comédie? — J'en suis fâché, bien fâché, mon
« ami, et cela ne m'arrivera plus. — Tu me le pro-
« mets? — D'honneur. — N'y pensons plus, et
« déjeunons. »

Pendant quinze jours ou trois semaines, il ne se passa rien que de très-ordinaire au château. M. Botte, en faisant, par-ci, par-là, quelque bien, criait à son ordinaire. Horeau, fidèle à sa promesse, ne cherchait à l'apaiser qu'en combattant ses idées, ce qui le faisait crier plus haut, et je crois qu'il serait mort d'ennui, si on eût cessé de le contredire.

Charles, lui, n'avait plus qu'une occupation, d'écrire à mademoiselle d'Arancey, ou de l'aller voir. Toujours plus chéri, parce qu'on le connaissait mieux, il s'attachait aussi tous les jours davantage. Il ne voyait, ne pensait, ne rêvait que Sophie. Il relisait, il commentait ses lettres; il les trouvait toutes charmantes, et elles l'étaient en effet, parce qu'elles étaient l'ouvrage du cœur, et que l'esprit n'y entrait pour rien. Une seule phrase lui faisait mal, et il s'y arrêtait malgré lui, bien qu'elle se répétât tous les jours. « Ah! mon
« cher ami, que d'obstacles je prévois! Que de
« peines nous nous préparons! »

Cependant le temps passe, à travers ces alternatives de plaisir, de craintes, d'espérances. On était arrivé, sans trop savoir comment, à l'époque des mille écus empruntés à dix personnes, et à la grande colère de l'oncle, ainsi que je vous l'ai appris dans mon premier chapitre.

Ah! mon cher ami, que d'obstacles je prévois, que de peines nous nous préparons, écrivait encore ce jour-là mademoiselle d'Arancey, et Charles jugea, en soupirant, que l'accomplissement de la prophétie pourrait commencer le lendemain. Que dirait, que penserait monsieur Botte, qui s'entêterait à aller dîner chez le bon fermier, qu'il voulait connaître, que dirait-il, en trouvant là une belle demoiselle, que son neveu connaissait sans doute, et dont il ne lui avait pas parlé? A la première surprise, succéderaient les questions sur le nom, la fortune, les qualités de l'esprit et du cœur. Ce n'était pas le dernier article qui embarrassait Charles; mais les deux premiers! et ces paroles si redoutables qui revenaient à sa mémoire : « Je vous défends de penser à l'amour, « et surtout au mariage, jusqu'à ce que j'aie pro- « noncé, et je ne prononcerai que quand je ren- « contrerai les avantages auxquels vous devez « prétendre. » Ces mots étaient désespérans.

Le pauvre jeune homme passa une partie de la nuit à réfléchir, à imaginer, et à se plaindre; enfin, il écrivit à mademoiselle d'Arancey. Il lui annonçait l'étonnante visite qu'elle allait recevoir. Il ne lui donnait aucun conseil; il laissait tout à sa prudence, et quelque chose qui arrivât, il jurait amour éternel.

Il réveilla Guillaume, avec beaucoup de précautions cette fois ; il lui dit de sortir doucement, de prendre un bidet de poste, d'aller à toutes jambes, et de remettre directement sa lettre à mademoiselle d'Arancey, Georges fût-il encore à la ferme, car enfin, comme l'observait Charles, il fallait bien que tôt ou tard M. Georges s'accoutumât à voir mademoiselle d'Arancey être aimée et aimer à son tour.

CHAPITRE V.

La curiosité, la pièce curieuse.

Le lendemain, M. Botte, toujours impatient, s'est levé de grand matin, c'est-à-dire, à sept ou huit heures. Comme il n'est pas prudent de se mettre en route avec un estomac vide, il avait ordonné la veille un succulent déjeuner. Sa calèche, attelée de quatre chevaux, était prête dans sa cour, et bien qu'il dînât à merveilles avec des œufs, de la franchise et de la gaieté, ainsi qu'il l'avait dit à son neveu au commencement de cette histoire, il avait fait emplir le coffre et la cave de la calèche de viandes froides et d'excellent vin.

Charles, très en peine de ce qui se passerait à la ferme, avait prolongé le déjeuner, ce qui n'était pas difficile, en osant contredire M. Botte une fois ou deux, et Charles l'osa. Mais comme on ne peut pousser loin la contradiction avec son oncle, et que l'oncle le plus gourmand, ou le plus gourmet, finit par quitter la table, M. Botte se leva. Il fallut que Charles le suivit, et Horeau ferma la marche avec l'insouciance d'un homme à qui il est égal de filer sa vie à droite ou à gauche ; qui ne se trouve jamais parfaitement bien ; mais qui ne se déplaît nulle part.

Comme on ouvrait la portière, M. Botte vit sortir de chez le concierge un homme chargé d'une grande caisse. Il demanda ce que c'était. On lui répondit que c'était un pauvre diable qui vivait en montrant ce qu'il appelait la *Pièce curieuse*; qu'il l'avait fait voir à tous les gens de la maison, et que sa *curiosité*, qui ne ressemblait à aucune de celles qu'on voit sur les quais de Paris, lui avait valu le souper, et un coin sur la soupente du concierge.

« Hé voilà, se mit aussitôt l'homme à crier en
« faux-bourdon, voilà la curiosité, la pièce cu-
« rieuse ! Voyez, mes bons messieurs, voyez, vous
« y reconnaîtrez plus d'un original. — Vraiment,
« nous y reconnaîtrons plus d'un original? reprit
« M. Botte. — J'en ai bien reconnu, moi, mon-
« sieur, poursuivit le cuisinier. Ah, voyons cela,
« dit Charles, qui espérait que la curiosité ferait
« manquer le dîner ; voyons cela, dit Horeau, qui
« sentait le besoin d'être réveillé par quelque
« chose de piquant ; hé bien, voyons cela, dit
« M. Botte. Nous arriverons une heure plus tard,
« voilà tout. »

Charles tire sa montre. Il est onze heures. La pièce curieuse peut durer jusqu'à midi ; on a sept lieues à faire ; on n'arrivera guère qu'à quatre heures. On aura dîné chez le père Edmond; mademoiselle d'Arancey, qui aura eu tout le temps de se consulter, sera dans le village, ou au moins dans sa chambre. Rien ne l'obligera à paraître, et peut-être n'en parlera-t-on pas.

On rentre au château. L'homme à la curiosité monte pesamment l'escalier, et gagne l'appartement, dont le parquet résonne sous ses souliers ferrés. Il ouvre son pied pliant ; établit dessus la précieuse caisse; démasque ses verres d'optique ; enferme nos trois messieurs, assis derrière son rideau tournant, et se dispose à commencer.

« Hé, regardez bien, messieurs, la curiosité,
« la pièce curieuse. Voilà d'abord le soleil et la
« terre... Que le diable t'emporte, dit M. Botte,
« cela commence comme la Lanterne magique.

« Voilà le soleil et la terre, non pas tels qu'on
« les a toujours vus, mais tels qu'ils doivent être
« désormais. Voilà le soleil plat comme un fro-
« mage de brie, et brun foncé, parce qu'il n'est
« pas lumineux. Le voilà sur son char, tiré par
« douze chevaux, au lieu de quatre, en raison de
« l'augmentation d'espace qu'il est condamné à
« parcourir dorénavant. Voilà la petite terre,
« pour qui seule tout a été fait, qui ne ressem-
« ble pas mal à un fromage de Neuchâtel, et voilà
« le grand homme qui a rêvé tout cela (1). Le

---

(1) L'auteur du *Tableau de Paris*.

« voilà arrivé au bord de son plateau, et, ne pou-
« vant plus faire un pas sans rouler dans le vide,
« il attache une échelle de cordes, afin de des-
« cendre en sûreté chez les Antipodes.

« Passons à des sujets moins relevés.

« Regardez, messieurs, le bas du tableau. Voilà
« un grand homme sec, fardeau inutile de notre
« globule ; il ne possède au monde qu'un habit
« rapé, mais assez propre. Il dîne où l'on veut
« le recevoir, et il se plaint quand on ne lui fait
« pas grande chère. Il emprunte à tout le monde,
« n'a jamais rendu, et se fâche quand on ne lui
« prête pas.

« Près de lui sont des voleurs qui cherchent à
« s'introduire chez un riche marchand. Plus ha-
« bile qu'eux, il a volé ses créanciers. Il est parti
« pour Londres avec sa caisse, et n'a pas même
« daigné déposer son bilan.

« Cet autre, qui crève d'embonpoint, s'est pro-
« digieusement enrichi au moyen de trois ban-
« queroutes. La quatrième fut si scandaleuse, que
« la justice a été forcée de s'en mêler.

« Regardez cette belle dame qui se baigne dans
« de l'eau de rose. Elle va courir Paris à demi-
« nue ; elle entendra, sur la modestie, un sermon
« qui ne lui fera pas mettre un fichu ; elle gagnera
« un rhume qui ne lui fera pas mettre un jupon ;
« elle jugera de l'opéra nouveau, quoiqu'elle ne
« se mêlât ni de musique, ni de vers à la place
« Maubert, et ce soir elle couchera avec son co-

« cher, parce que son mari fait le bel esprit, et
« qu'elle ne sait que répondre quand on ne lui
« parle pas en jurant.

« Faites attention à cette autre femme qui se
« désespère. Elle a dix-huit ans, et elle est jolie
« comme les amours. Son mari s'est noyé, après
« avoir perdu au jeu sa dot, ses diamans, et même
« ses dentelles. On croit qu'elle mourra du cha-
« grin, non d'être rúinée, mais d'avoir perdu ce
« mari dissipateur. Qu'elle est bonne! n'est-ce
« pas, mesdames?

« Que dites-vous de cette jeune personne
« pleine de candeur? elle introduit son amant
« chez elle, et sa conscience est tranquille, parce
« que, dit-elle naïvement, il lui a fait une pro-
« messe de mariage. Tant pis pour lui s'il la
« trompe.

« Voyez ce pauvre homme qui est tombé en
« apoplexie, et qu'une saignée guérirait. Il n'a
« jamais voulu se marier. Il n'a auprès de lui que
« des domestiques qui le laissent mourir; qui
« emportent tout ce qu'il a de précieux, et qui
« ameuteront ensuite les voisins à force de san-
« glots.

« Diable! diable, dit M. Botte, en se frottant
« l'oreille. — Donnez de votre vivant, lui dit tout
« bas Horeau. — Je n'ai pas besoin de vos con-
« seils, monsieur. Poursuis, l'homme à la pièce
« curieuse.

« Changement de tableau ; suite des bigarrures
« de l'esprit humain. Remarquez cette vieille qui
« rentre chez elle, un gros sac d'écus sous le bras.
« Elle marie des jeunes gens ruinés à de riches
« veuves imbéciles, et elle fait tomber tous les
« bureaux qui annoncent, aux coins des rues, les
« femmes lasses du célibat, que les buralistes n'ont
« jamais vues ; mais c'est ainsi qu'en parlant de
« ses bonnes fortunes, aussi brillantes qu'imagi-
« naires, on tente une beauté facile de se faire
« inscrire sur la liste, et c'est ainsi qu'à force de
« vanter son baume, on tente les passans de s'em-
« poisonner. C'est ainsi, enfin, qu'en placardant
« l'immoralité, on espère gagner de l'argent, en
« effaçant ce qu'il nous reste de morale.

« Voyez-vous ces braves *remplaçans* qui em-
« mènent une femme aux crins noirs, à l'œil ha-
« gard, à la bouche écumante? c'est une tireuse
« de cartes qui faisait effrontément distribuer son
« adresse sur le Pont-Neuf ; qui levait des impôts
« assez forts sur les cuisinières, qui les reprenaient
« au marché ; sur les femmes galantes, qui savaient
« bien où les reprendre ; sur les dévotes, à qui
« leur religion défend d'interroger les sorciers ;
« sur les imbéciles de toutes les classes, qui sont
« nés pour être dupes, mais qu'il n'est pas per-
« mis de voler.

« Observez cet homme qui paraît si content de
« lui. Il a une femme aimable, des enfans inté-

« ressans. Il les laisse mourir de faim, pour en-
« tretenir une fille qui le trompe et se moque de
« lui, selon l'usage.

« Regardez cette autre fille qui trompe, tout
« différemment. Elle vante à toutes les jeunes per-
« sonnes la pureté et les avantages du célibat, et
« depuis quarante ans elle pleure, en secret, sur
« sa virginité, qu'elle a encore, parce que per-
« sonne ne lui a proposé de s'en défaire.

« Que pensez-vous de cette femme, qui a es-
« sayé de tout, et qui aime tant son chien, qu'elle
« ne conçoit pas qu'on puisse aimer les hommes?

« Et celle-ci, qui n'ose pas dire qu'elle préfère
« son chat à son mari et à ses enfans; mais qui
« caresse le chat et qui rudoie les autres ?

« Ah! ah! ah! regardez bien ce tableau-ci.

« Aux pieds de ce prêtre, que vous voyez là-
« bas dans le coin, est un homme qui ne croit
« pas en Dieu, et qui va publiquement à confesse,
« par esprit de parti.

« Dans cette chambre meublée, avec une sim-
« plicité recherchée, est un vieux docteur en Sor-
« bonne, qui ne peut reconnaître de gouverne-
« ment que celui qui se soumettra à la thiare. Il
« a rayé de l'Évangile : *Rendez à César ce qui*
« *appartient à César*, et il a substitué à ces mots :
« *Rendez à l'église ce qui appartenait à l'église.*
« Il est rentré en France clandestinement, il ne
« veut pas jurer; il espère obtenir la palme du
« martyre, et il est malade de peur d'être arrêté.

« Voyez ce troupeau de brebis saintes, ces béa-
« tes qui s'empressent autour de son lit, qui rem-
« plissent son buffet de provisions, et sa bourse
« d'argent.

« Voyez celles qui font *queue* à la porte, et
« qui ne peuvent pénétrer dans la chambre du
« saint homme, qu'elles révèrent, parce qu'il n'y
« a que ses messes de bonnes, s'il y en a.

« Voyez le cher homme qui s'endort, et qui
« rêve voluptueusement qu'il est grand inquisi-
« teur en France, et qu'il fait brûler à petit feu,
« non les ennemis de la religion, mais ceux des
« prérogatives du clergé.

« Cette jeune dame qui repose mollement sur
« l'édredon, n'est pas dévote du tout. Elle est
« attaquée d'une insomnie, et, par une profana-
« tion condamnable, elle a pris une des homélies
« du révérend père ***, et elle a ronflé au com-
« mencement de la troisième page.

« Près d'elle, au bout de ma baguette, est le
« révérend père en personne. Athée, ou peu s'en
« faut, avant la révolution; bonnet rouge pendant
« la terreur; enfin, royaliste et capucin, le voilà
« traduisant le Psautier de David, pour la com-
« modité de ceux qui ne savent pas le latin. C'est
« dommage : il avait du génie.

« Celui que vous voyez en chaire est un fa-
« meux prédicateur. Il n'annonçait que le dieu
« des vengeances, quand le clergé était riche et
« puissant ; il ne prêche que le dieu des miséri-

« cordes depuis qu'il a besoin de tout le monde :
« il est toujours bon d'avoir deux poids et deux
« mesures.

« Celui que vous voyez sous la chaire, en ha-
« bit brodé d'argent, est un homme sans vices
« et sans vertus. Affable et doux envers tout le
« monde, il est parvenu à la tête d'une adminis-
« tration, sans presque s'en mêler. Il ne mécon-
« naît encore aucun de ses anciens amis ; mais il
« ne fait rien pour eux, parce qu'il craint d'user
« son crédit, et il en a besoin pour se maintenir.

« Cet autre, qui est à côté de lui, va au ser-
« mon comme au spectacle ; on le trouve partout.
« Il a la réputation de connaître particulièrement
« tous les gens en place. Il suit, dans les bureaux,
« toutes les affaires bonnes ou mauvaises de ceux
« qui ont de l'argent à perdre. Il tient ainsi une
« maison et une bonne table, où il admet quel-
« quefois des cliens qui ont manqué l'avance-
« ment ; mais à qui il fera indubitablement obte-
« nir une gratification.

« A un autre, messieurs, à un autre ; hé, hé, hé !

« Voilà d'abord un plaideur qui, pour un ca-
« pital de trois cents livres, compte six cents
« francs à l'huissier, au greffier, à son avoué ; et
« rien aux juges, parce que la justice est gratuite.

« Regardez ce gros papa. Il a volé quatre mil-
« lions à la république, et il pense sérieusement
« à se réconcilier avec le ciel, qui redevient à la
« mode comme les chapeaux à trois cornes. Il va

« doter deux pauvres filles, à chacune desquelles
« il a fait un enfant.

« Un coup d'œil à cet imprimeur. Il s'enferme
« dans un cabinet dont il laisse la croisée ouverte.
« Vis à vis demeure un officier de paix, et l'im-
« primeur affecte de travailler avec précaution.
« Il est ruiné, et il imprime un libelle contre le
« gouvernement, pour en obtenir du pain à la
« Guyane ou ailleurs.

« Dans ce corps-de-garde, on retient un homme
« qui allait chercher l'accoucheur pour sa femme
« en travail d'enfant, et qui a oublié sa *carte*.
« L'officier, Bas-Breton entêté, prononce que la
« femme n'accouchera que lorsque le mari aura
« été réclamé.

« Dans cette prison, repose un homme qui a
« divorcé trois fois, et qu'on a convaincu d'avoir
« épousé une cinquième femme sans avoir léga-
« lement chassé la quatrième. Son voisin a très-
« légalement divorcé ; mais il est redevenu amou-
« reux de sa femme. Or, comme il s'était marié
« à l'église, et que, selon cette sainte mère, le
« mariage est indissoluble, il a prétendu être tou-
« jours le mari de sa femme, et agir en consé-
« quence. La pauvre femme s'était remariée, et,
« pour tout concilier, elle consentait à vivre avec
« ses deux maris. Mais l'époux de par Dieu était
« jaloux de l'époux de par la loi, et lui dit un
« jour, grossièrement, qu'il n'était qu'un adultère.
« Celui-ci répondit par un coup de poing ; le ja-

« loux riposta par un coup de chenet, qui le dé-
« livra de son adversaire, mais qui le logea ici.

« A la porte de la prison, est un honnête
« homme qui prête sur de bons gages, à deux
« et demi pour cent par mois. Je l'ai placé là d'a-
« vance, parce que la force de l'habitude lui fera
« continuer son trafic, quand nous aurons des
« lois contre l'usure.

« Celle qui le tient par la basque de son ha-
« bit, est une femme célèbre, qui a fait mourir
« de plaisir ou de remords cinq à six sots, qu'elle
« a préalablement ruinés. Elle court de porte en
« porte avec cinq ou six bâtards, au nom des-
« quels elle s'empare des successions.

« A côté d'elle est une autre femme qui a en-
« trepris le même genre de commerce, et qui se
« hâte, parce qu'elle craint le nouveau code civil.

« De l'autre côté du tableau, est un *ex-conven-
« tionnel*, qui était furieux jadis quand on ne
« l'appelait pas citoyen, et qui se mord les lèvres
« aujourd'hui quand on ne l'appelle pas monsieur :
« il avait sa fortune à faire.

« La belle dame, qui le regarde d'un air de
« connaissance, se désolait quand une duchesse,
« à qui elle allait essayer une robe, lui disait : On
« ne fait pas attendre une femme de ma qualité.
« Elle dit aujourd'hui à sa couturière : Mon dieu,
« ma mie, que vous êtes gauche! — Oui, madame,
« je suis toujours pauvre. — Vous ne saurez ja-

« mais habiller une femme comme il faut. — Vous
« ne savez pas, madame, comment je les habille.

« Cet homme, que vous voyez si honteux,
« vient d'être rencontré par un tribun dans un
« carrosse de place. Il se rengorgeait, il y a douze
« ans, quand le savetier de son coin le voyait
« dans une vinaigrette, et le savetier se donne
« encore des airs avec son chien.

« Celui-là a déclamé douze ans contre la révo-
« lution, parce qu'il croyait aux revenans. Il croit
« se mettre en faveur en publiant un ouvrage où
« il prouvera que Hugues Capet étant un usur-
« pateur, aucun de ceux qui lui ont succédé n'a
« été roi légitime.

« Changement, messieurs, changement de dé-
« coration.

« Traversons les boulevards ou les Champs-
« Élysées. C'est là qu'il faut se gorger de pous-
« sière, ou étouffer en levant les glaces de sa
« voiture, quand on en a une. C'est là qu'on ren-
« contre des mendians à infirmités révoltantes,
« et dont la place est marquée aux incurables.
« C'est là, comme partout, que des échoppes occu-
« pent les deux tiers de la voie publique ; c'est
« là que les marchands barreraient même le pavé,
« s'ils ne craignaient plus les chevaux que les
« hommes. Mais il faut se montrer sur le boule-
« vard avant dîner : c'est le *genre*.

« Avez-vous vu sur ces boulevards les polichi-

« nelles, les arlequins et les poissardes du car-
« naval dernier? Les avez-vous entendus vomir,
« à tue-tête, des obscénités que les filles publi-
« ques se permettent à peine dans leurs plus sales
« orgies? Avez-vous vu ces mères qui croyaient
« procurer à de jeunes filles un passe-temps in-
« nocent, et qui ont été obligées de s'enfuir avec
« elles? Pourquoi les agens de la police ne peu-
« vent-ils être partout?

« C'est sur les boulevards, ou aux Champs-
« Élysées qu'on se rassemble, pour aller étaler un
« luxe ruineux à Long-Champs, où on n'allait,
« dans l'origine, que pour entendre les lamenta-
« tions de Jérémie, lamentations bien lamentables.

« Le boulevard nous mène droit aux specta-
« cles. Passons les *Bouffes*, qui croient se soute-
« nir, quoiqu'on n'entende que peu ou point leur
« langue; quoique leurs poëmes soient détesta-
« bles; quoique ces musiques ravissantes aient
« toutes un air de famille; quoiqu'enfin on n'aille
« là que par ton.

« Arrêtons-nous dans la rue Feydeau. Deux
« théâtres, qui faisaient d'assez mauvaises affaires,
« mais qui faisaient deux recettes, se sont réunis
« pour en partager une : c'est spéculer en artistes.
« Voyez sous le péristile ce groupe d'auteurs, le
« cure-dent à la main. Ils veulent persuader aux
« passans qu'ils dînent tous les jours, lorsqu'ils
« sont joués moitié moins qu'ils l'étaient avant
« la réunion; mais

Des hommes tels que nous tombent dans la misère,
Et ne démentent point leur noble caractère.

« Allez entendre là les ouvrages de Grétry, que
« petit à petit on remet au répertoire, tant il est
« vrai que, malgré la mode, le bon est toujours
« bon.

« Un tour au foyer Montansier, la réunion la
« plus bizarre, la plus ridicule et la plus scanda-
« leusement gaie qu'on connaisse.

« Nous voilà au spectacle par excellence. C'est
« ici que nos anciens chefs-d'œuvre sont joués
« par les premiers talens ; c'est ici qu'on fait des
« recettes avec Molière et Racine, ce qui prouve
« que nous ne sommes pas encore si bêtes que
« le prétendent certains hommes d'un caractère
« bilieux. On pourrait jouer un peu plus souvent
« à ce théâtre les auteurs vivans. Mais pourquoi
« payer des vivans médiocres, quand on ne doit
« rien à des morts qui valent mieux ? Que répon-
« dre à cela ? Allons sous le péristile, le cure-dent
« à la main.

« Voulez-vous arrêter au Vaudeville ? ne vous
« trompez pas sur le mot ; ce n'est plus le vau-
« deville des Chaulieu, des Panard, des Lattai-
« gnant. Ce sont communément sept vers qui ne
« servent qu'à amener la pointe du huitième ; ce
« sont des épigrammes, chantées sur des airs re-
« battus. C'est ainsi maintenant que nous faisons
« le vaudeville : on fait ce qu'on peut.

« Avez-vous l'humeur atrabilaire ? retournez au
« boulevard. Voyez sur ces théâtres, cachés entre
« des guinguettes et des pâtissiers, toutes les hor-
« reurs qu'a imaginées Anne Radcliff, traduites
« par des gens de lettres qui tiennent à la littéra-
« ture comme un tambour-major tient à l'état-
« major de son bataillon.

« Un mot sur ces messieurs et dames que vous
« voyez là-bas. Le premier est un auteur qui loue
« sans cesse l'élégante simplicité de Racine, et qui
« fait des tragédies avec des métaphores et des
« maximes. Il se dit esclave de la rime, et il a
« raison : il n'y a que cela qui distingue ses ou-
« vrages de la prose.

« Celui-ci parle à tout le monde de son éton-
« nante fécondité : elle n'est connue que de lui,
« de son libraire, et de l'épicier.

« Cette actrice, aujourd'hui si maigre, était, il
« y a un mois, du plus appétissant embonpoint ;
« mais une jeune personne a débuté dans son em-
« ploi et a réussi, quoique son ancienne ait acheté
« cent billets pour la faire tomber.

« Cet acteur est persuadé qu'il est le premier
« homme du monde, et cependant il est modeste
« quelquefois : c'est quand on le siffle.

« Il serre la main à un dramaturge que le pu-
« blic traite plus inhumainement encore, et tou-
« jours, dit l'auteur, par les efforts d'une cabale
« acharnée : ils se consolent ensemble.

« Celui qui les regarde d'un air d'ironie, est

« un travailleur infatigable. Il joue presque tous
« les jours, et ne se fait jamais doubler : c'est que
« ses doubles valent mieux que lui.

« Son camarade s'est érigé en juge suprême de
« la littérature. Il fait hardiment de mauvais vers;
« il taille, il coupe les ouvrages nouveaux; il ga-
« rantit un plein succès à l'auteur docile, et la
« pièce ne finit pas.

« Ce petit homme, que vous voyez là-bas, est
« un petit directeur qui, les bons jours, ne joue
« que ses œuvres, parce qu'il est persuadé qu'il
« se soutiendra toujours seul. Il travaille à une
« petite pièce en cinq actes, où il se fait encore
« un petit bourgeois tracassier, parce qu'il ne sait
« jouer que cela. »

« Voilà, messieurs, voilà mon sixième ta-
« bleau.

« Passons un moment aux hôpitaux. On y ar-
« rive quelquefois par la comédie qu'on fait, et
« par la comédie qu'on joue. Vous y verrez des
« tableaux cruels, du bien et du mal, car il y en
« a partout. Vous y verrez, et ceci ne vous plaira
« pas, des gens qui pourraient se traiter chez
« eux, et qui sont mieux à l'hôpital que les vé-
« ritables indigens, parce qu'ils sont recomman-
« dés par les médecins.

« Vous y verrez des amphithéâtres, où on ex-
« pose des femmes nues aux regards de deux
« cents jeunes gens, qui causent, qui rient, que
« l'habitude a rendus insensibles. Un seul de ces

« jeunes gens suit l'opérateur, et sera utile à son
« tour. C'est quelque chose; mais la malade a
« bien payé son traitement.

« Voulez-vous voir dans le même lieu le der-
« nier degré de perfection où l'humanité puisse
« atteindre? Regardez ces filles qui pourraient
« vivre honnêtement de leur travail, et jouir des
« douceurs de la maternité; elles se vouent au cé-
« libat, pour soigner le jour et la nuit des malades
« dégoûtans, attaqués quelquefois de maux pes-
« tilentiels : voilà de la vraie vertu, ou il n'y en
« a point.

« La rue des Prêtres n'est pas loin d'ici, et nous
« pourrions condamner cette vieille et laide église
« qui dépare la colonnade du Louvre, et qui mé-
« rite bien autant la démolition que le Châtelet.
« Mais ne passons pas là.

« Pourquoi cela? dit M. Botte.

« —Je pourrais être reconnu par cet abbé cau-
« stique, qui, avec de l'esprit, de l'érudition et un
« style pur, n'est célèbre que par des méchan-
« cetés. Or, comme la méchanceté n'a guère qu'un
« langage, et que l'uniformité fatigue, pour con-
« server ses abonnés, il dit quelquefois un peu de
« bien de ceux dont on en pense beaucoup. Il a
« même fait, il y a quelques mois, une espèce
« d'amende honorable à Voltaire, dont il outra-
« geait la mémoire régulièrement tous les jours;
« mais le lendemain il s'est livré, de nouveau, à
« son ridicule et puéril acharnement.

« Tantôt il reproche au grand homme de faire
« parler Nérestan en fanatique. Hé, qu'était-ce
« qu'un croisé?

« Tantôt il s'étend avec complaisance sur quel-
« ques invraisemblances dramatiques, et il sait
« bien, le taquin, qu'il y en a partout. Quel bruit
« il eût fait, si Voltaire eût employé le moyen
« trivial et choquant dont se sert le roi de Pont
« pour tirer les vers du nez de Monime? Mais
« Racine a fait Esther et Athalie. Oh, le bon temps
« que celui où les prêtres égorgeaient les chefs
« dont ils n'étaient pas contens!

« Qu'a fait, à la vérité, ce pauvre Voltaire pour
« mériter leur indulgence? Mahomet, l'Épître à
« Uranie, le Dictionnaire et des mélanges philo-
« sophiques, etc.

« L'irascible abbé se plaint de ce que Voltaire
« ne put pas supporter la critique des feuillistes
« de son temps. Hé, parbleu, il est bien permis à
« un homme qu'une fourmi pique au talon, de
« se retourner et d'écraser l'insecte.

« Le malin abbé nous conte, dans je ne sais
« quel feuilleton, que Collin est un homme très-
« pieux pour avoir fait les mœurs du temps, et
« que Molière, au contraire, s'est toujours mon-
« tré très-mauvais chrétien. Ah!... Molière a fait
« le *Tartuffe*.

« Nous trouvons, dans un autre numéro, que
« les *Précepteurs* sont une plate bêtise. Ah! men-
« teur, il y a dans cette pièce dix scènes que vous

« voudriez-bien avoir faites, et que trouve-t-on
« dans vos feuilles, qui justifie votre ton tran-
« chant? perfidie et lâcheté. Perfidie, parce que
« vous dites ce que vous ne pensez pas ; lâcheté,
« parce que vous attaquez des gens qui ne peu-
« vent plus se défendre.

« Le drôle de corps d'abbé va quelquefois bien
« plus loin que tous les feuillistes, qui ne déchi-
« rent ordinairement que les ouvrages qu'ils ne
« peuvent pas faire, puisqu'ils ne font que des
« journaux. Il s'avise de diffamer des individus.
« Nous n'avons pas oublié ce qu'il a dit d'un des
« auteurs du Lovelace : on a été traduit pour moins
« à la police correctionnelle. »

« — Oh! s'écria M. Botte, il ne finira pas sur
« le chapitre de l'abbé. »

« — Allons, allons, mes bons messieurs, pas-
« sons de la rue des Prêtres aux Petites-Maisons :
« il n'y a pas si loin qu'on le pense.

« Le premier est devenu fou, parce que, comp-
« tant sur une guerre éternelle, il s'était approvi-
« sionné, en conséquence, de marchandises colo-
« niales, sur lesquelles il a perdu trente pour
« cent.

« Son voisin avait une femme beaucoup plus
« jeune que lui, et extrêmement ingénue. Pour
« s'étayer d'une ancienne réputation, au défaut
« d'autre chose, il faisait à sa moitié l'énuméra-
« tion des maris qu'il avait... Vous êtes bien heu-
« reux d'en avoir tant fait, lui répondit naïvement

9.

« sa femme ; jusqu'à présent je n'en ai pu faire
« qu'un. Il est le seul ici qui ait perdu la tête pour
« semblable vétille.

« Celui qui vient ensuite a été de toutes les
« assemblées populaires, de tous les clubs, de
« tous les comités, et le regret de n'avoir pu
« attraper seulement une petite mission, lui a
« brouillé la cervelle. Comme il tenait infiniment
« à l'égalité, il s'est imaginé être roi de France ;
« il s'est fait une couronne de papier; il est sans
« bras et sans souliers, et il se promène majes-
« tueusement dans sa loge, en se criant à lui-même :
« *Vive le roi!*

« Ce vieux général a eu la fantaisie de se ma-
« rier il y a six mois. Il a demandé à son apothi-
« caire un breuvage irritant, et la future s'était
« fait préparer des herbes astringentes. La liqueur
« prolifique n'a pas fait assez d'effet ; les astrin-
« gens en ont fait trop, et le désespoir de son
« impuissance a conduit ici le nouveau marié.

« L'autre qui suit est un marchand qui a perdu
« la tête en étudiant les nouveaux poids et me-
« sures. Dame, c'est que cela n'est pas aisé.

« Près de lui est l'auteur de l'art de procréer
« les sexes à volonté.

« Cette femme est une vieille marquise, que
« son porteur d'eau s'est avisé d'appeler citoyenne.

« Sa voisine, après avoir régenté les enfans
« d'un prince, a voulu régenter ses compatriotes.
« On vient quelquefois l'entendre prêcher ici, et

« elle assure, très-sérieusement, que les femmes
« doivent être pieuses, même par coquetterie,
« parce que les libertins aiment beaucoup les dé-
« votes qui cèdent, et qui pleurent après.

« Celle-ci est une mère qui n'a pu supporter
« qu'un joli homme de vingt ans lui préférât sa
« fille, qui n'en a que seize.

« En voilà dix, vingt, trente, qui sont deve-
« nues folles, l'une, parce que son mari, qu'elle
« a ruiné, lui a refusé une loge à l'Opéra, où elle
« allait lorgner un jeune danseur, en attendant
« mieux ; l'autre, parce qu'une voisine, qu'elle
« aimait à la fureur, lui a enlevé un amant dont
« elle ne se souciait plus ; celle-ci, parce qu'elle
« ne trouvait plus à emprunter, pour jouer, sur
« aucun effet, pas même sur sa personne; celle-
« là, parce que son mari a eu la grossièreté de
« se plaindre d'une galanterie qu'elle lui a don-
« née, ce qui a été cause qu'elle n'a pu la faire
« circuler davantage, etc., etc., etc.

« Hé! hé! hé! voici le laboratoire d'un chi-
« miste. Examinons le contenu de quelques-uns
« de ses bocaux. »

« Le désintéressement d'un homme d'affaires.

« La fidélité entre époux.

« La docilité des enfans.

« La chasteté d'une prude.

« La froideur d'une fille de quinze ans.

« L'amitié entre acteurs.

« La bienfaisance en action.

« Les vœux satisfaits d'un avare.

« L'impartialité d'une mère pour les défauts de
« ses enfans.

« L'éloignement des grandes places.

« Le désir de les mériter.

« La modestie après son élévation.

« L'affabilité d'un protecteur.

« La reconnaissance d'un grand.

« La modération des souverains.

« Les lumières d'un cagot.

« La tolérance d'un prêtre.

« La clarté d'une thèse théologique.

« Une véritable relique.

« Un miracle constaté.

« Et nombre de jolies petites choses qu'on ne
« trouve plus dans le monde, depuis que le chi-
« miste les a mises en bouteille.

« Voyez, messieurs, voyez, pour dernière pièce,
« la fin du monde ou le chaos. Voyez l'Éternel
« qui a fait l'homme à son image, ou que l'homme
« a fait à la sienne ; voyez-le, brisant, d'un tour de
« main, son ouvrage, comme un enfant fait d'un
« joujou, et détruisant sans retour la haine, la
« fureur, l'envie, l'ambition, la perfidie, l'hypo-
« crisie, l'intempérance, la luxure, tous les vices
« contre lesquels s'est vainement élevé Moïse dans
« ses livres, qu'il n'a point écrits, tous ces vices
« que n'a pu déraciner le sang de notre divin
« maître, qui n'a pourtant été répandu que pour
« cela. Voyez rentrer, pêle-mêle, dans le néant le

« potentat et le charbonnier ; la princesse et sa
« blanchisseuse ; la jolie femme et la guenon ; le
« vieillard et l'enfant nouveau-né. Voyez la pous-
« sière de tous les hommes voler, confondue dans
« l'espace, et vous présenter l'image de l'égalité
« absolue, la seule peut-être qui ne soit pas ab-
« solument impossible, et que je ne souhaite à
« personne. »

DEUXIÈME PARTIE.

CHAPITRE PREMIER.

Départ pour la ferme ; ce qu'il s'y passe.

« Pitoyable, pitoyable, dit Charles, pour en-
« gager une discussion qui lui fît gagner encore
« une heure. — Pitoyable n'est pas le mot, mon-
« sieur, reprit l'oncle; incomplète, à la bonne
« heure. Dis donc, l'homme, qui t'a fourni toutes
« ces carricatures? — Mon bon monsieur, c'est
« un marchand bijoutier, qui demeure rue Quin-
« campoix, n° 73. — Bah! un marchand bijoutier
« qui veut faire de l'esprit! qu'il fasse de l'or avec
« de la rosette. — Il ferait beaucoup mieux, mon
« cher oncle, car ce qu'il y a de bien là-dedans
« est pris du Diable-Boiteux. — Cela n'est pas
« vrai, monsieur. Les originaux que j'ai reconnus
« appartiennent au bijoutier, comme certains ta-
« bleaux de Lesage n'appartiennent pas à l'auteur

« espagnol qu'il a imité. D'ailleurs, monsieur le
« critique, tout est imitation dans les arts. Il n'y
« a pas d'idées neuves, parce qu'il n'y a rien de
« nouveau dans la nature, et que, hors la nature,
« il n'y a rien. Le mérite des artistes, en tout
« genre, se borne donc nécessairement à donner
« un air de nouveauté à des choses rebattues. —
« — Mais mon oncle... — Un moment, monsieur;
« je finis, et par une comparaison. Un peintre
« imagine-t-il le chêne qu'il peint, après que mille
« autres ont peint des chênes? Il a donné son
« coloris au sien, et les peintres futurs peindront
« encore des chênes, qu'ils coloreront à leur ma-
« nière. » Charles soutenait assez vigoureusement
son opinion ; M. Botte soutenait la sienne en
homme qui, définitivement, veut qu'on lui donne
raison, et l'ami Horeau disait, quand il trouvait
le moment de dire quelque chose : c'est assez
drôle, cette *Pièce curieuse* ; allons, c'est assez
drôle.

L'heure s'écoula, en effet, comme Charles l'a-
vait prévu. Quand l'homme à la pièce curieuse
fut payé et parti, le jeune homme tira sa montre :
« Midi et demi, mon cher oncle, et sept lieues à
« faire. — Qu'importe, monsieur? — A quelle
« heure dînerez-vous ? — Quand je serai arrivé.
« — Il sera l'heure de souper. — Je souperai. — Et
« quand reviendrez-vous ? — Quand je le pourrai.
« Finissez vos interpellations, monsieur. Si je
« laissais faire ce drôle-là, il me mettrait en cu-

« ratelle. — Ah, mon oncle !... — Paix, et qu'on
« monte en voiture. »

Guillaume était de retour depuis deux ou trois heures. Il avait trouvé mademoiselle d'Arancey seule avec Marguerite ; il avait glissé adroitement sa lettre, et il s'était amusé ensuite à faire, à la grosse fille, quelques contes qu'elle avait écoutés avec avidité, car les filles qui ont passé trente ans, ont l'oreille très-active, et pendant que Marguerite souriait bêtement aux platitudes impertinentes de monsieur le piqueur, mademoiselle d'Arancey était allée lire la lettre de Charles, et y répondre.

Elle écrivait en quatre lignes qu'elle redoutait l'aspect de M. Botte ; qu'elle irait dîner chez un fermier du village, et qu'elle ne rentrerait qu'après le départ de l'équipage. Elle finissait par sa malheureuse phrase : « Ah, mon cher ami, que
« d'obstacles je prévois ; que de peines nous nous
« préparons ! » Charles avait reçu le billet et le lisait, pendant que l'ami Horeau soulevait M. Botte sous les bras, et le mettait dans sa calèche.

On part au grand trot de quatre vigoureux chevaux, et on s'enfile dans des chemins de traverse, toujours détestables, parce qu'un paysan ne veut pas combler, pour les autres, une ornière qui l'arrêterait au plus dix minutes. On est égoïste à la ville ; on l'est à la campagne, à la cour, et le *primo mihi* est le grand régulateur des actions de tous les hommes.

Nos voyageurs sont cahotés pendant une lieue ou deux; leurs épaules, leurs genoux, leurs fronts se heurtent, et Charles s'écrie à chaque secousse : « Mon cher oncle, vous souffrez; retournons chez « vous. — Je suis assez de cet avis, dit enfin Ho- « reau, en passant la main sur deux bosses que « l'os frontal de M. Botte lui avait faites au-dessus « de l'oreille droite.—Allons donc, reprit l'homme « opiniâtre, vous êtes des femmelettes : fouette, « cocher. »

Le cocher fouette. Une roue s'engage dans une ornière plus profonde que les autres; un ressort mal trempé s'allonge, la calèche penche; il faut s'arrêter, remonter la soupente : encore une demi-heure de perdue.

On se remet en marche. Les roues de devant enfoncent jusqu'aux moyeux; deux des chevaux tombent sur les genoux et se couronnent. Il faut que le postillon gagne, à travers les champs, un village qu'on aperçoit à mi-côte. Il en rapporte de l'eau-de-vie et de la grosse toile; il bande les genoux de ses chevaux : encore une heure de perdue.

On repart, mais au petit pas. M. Botte pense bien qu'il ne couchera pas dans son lit, et que la franchise et la gaieté du bon homme Edmond ne le dédommageront pas des aisances qui, dans son château, se multiplient à chaque pas. Mais il a reproché à ses compagnons de voyage d'être des femmelettes, et il s'est imposé l'obligation de montrer du caractère. Il chante, pour la première fois de sa vie, afin de prouver qu'il est au-dessus des accidens multipliés qui ralentissent sa marche ; il jurerait, s'il l'osait, à faire abîmer la voiture.

Horeau ne s'occupait plus de rien, parce qu'il avait pris le parti de s'endormir, et comme son sang-froid lui permettait de penser à tout, il avait préalablement mis son mouchoir en quatre doubles entre son chapeau et son oreille, pour que le crâne de M. Botte ne le réveillât pas en sursaut.

Charles ne pensait pas à dormir. Il n'avait d'abord cherché à filer le temps que pour faire manquer net la partie, et il s'affligeait en silence, en réfléchissant qu'on arriverait à une heure où mademoiselle d'Arancey ne pouvait plus attendre personne, et où elle serait rentrée à la ferme. Ses pressentimens n'étaient que trop fondés.

On arriva enfin, et il était huit heures du soir. La tendre Sophie avait passé la journée dans une maison, d'où elle pouvait voir ce qui arrivait à la ferme, et ce qui en partait. Elle était rentrée à la nuit tombante, et elle prenait le frais dans le jardin, en pensant à Charles, à son amour, aux obstacles, aux chagrins imprévus, et surtout à ces momens si doux où elle oubliait tout auprès du cher ami. Elle ne doutait plus que son adresse eût détourné le bizarre projet de l'oncle ; elle s'en applaudissait ; ses petites craintes étaient dissipées, quand la calèche arrêta à la porte de la cour.

Charles toussait, crachait, criait après le postillon, après le cocher, pour avertir à l'intérieur de l'approche de l'ennemi. La pauvre Sophie regagna précipitamment la ferme, avec un battement de cœur extraordinaire. Elle dit, en passant, à l'ami Georges, qu'elle ne se trouvait pas bien, ce qui était vrai; qu'elle ne souperait pas, et elle n'en avait pas besoin. Pendant que ce bon Georges, alarmé, attentif, lui fait dix questions de suite, auxquelles il ne lui donne pas le temps de répondre, elle le pousse doucement de la main, et s'enferme chez elle. Elle se déshabille, elle se couche en répétant : « ah ! cher, trop cher ami, « que de peines nous nous préparons ! »

Charles présente la main à son oncle; il lui aide à descendre de voiture; il le conduit à la maison, et, à chaque pas, il tremble de rencontrer mademoiselle d'Arancey.

M. Botte salue Edmond, comme s'il le connaissait depuis vingt ans, et s'assied sans plus de cérémonie. Ses gens vident la voiture, et chargent, des provisions choisies qu'on y a mises, la table de noyer que vous connaissez. Horeau, qui a dormi assez, et qui n'a rien à dire, arrange le couvert. Charles sort, rentre, sort encore, promène partout un œil inquiet, ne voit pas la charmante fille, et ne désespère point de se tirer de ce mauvais pas. Edmond et Georges, étonnés de ce qui se passe chez eux, fixent M. Botte, et attendent l'explication d'une installation aussi extraordinaire.

Le cher oncle prend enfin la parole : « Vous « paraissez surpris, brave homme, de la manière « dont je me présente chez vous.—J'en conviens, « monsieur. — C'est ainsi que j'en use avec le « petit nombre de ceux que j'estime. Touchez-là ; « des gens comme nous sont amis avant de se « connaître, et s'aiment davantage quand ils se « sont parlés. — Monsieur, vous me faites trop « d'honneur. — Vous ne savez ce que vous dites. « Je ne puis vous honorer ; mais je m'honore, « moi, en vous rendant justice. — Par où, mon- « sieur, avons-nous mérité... — Ce jeune homme, « mon neveu, m'a raconté ce que vous avez fait « pour votre ancien seigneur.—Et c'est-là, mon- « sieur, ce qui m'attire ces marques d'estime? « Vous n'en eussiez donc pas fait autant à ma « place?—Si, parbleu, je l'aurais fait.—Ma con- « duite n'a donc rien qui doive vous étonner. — « Vous avez raison, brave homme; mais les beaux « traits sont si rares! — Moi, monsieur, je les « crois communs. — Parce que vous jugez les au- « tres d'après vous. — D'après qui les jugez-vous « donc, monsieur? — D'après l'expérience. — Je « vous plains d'en avoir tant. — Je vous félicite « de n'en point avoir. »

Ces réponses du père Edmond avaient fait à

M. Botte un plaisir singulier. Il serrait, en silence, les mains du vieillard ; il le regardait avec attendrissement. « Parbleu, s'écria-t-il tout d'un coup, « si j'en avais cru ces messieurs, je serais retourné « chez moi, et je m'applaudis d'avoir opiniâtre- « ment voulu vous connaître ; mais vous avez des « chemins de tous les diables, et, entre amis, on « doit partager les corvées : il faut me promettre, « M. Edmond, que vous viendrez me voir à votre « tour. —Moi, monsieur, avec cet habit grossier... « — Que m'importent les habits ? c'est l'homme « qu'il me faut. — Mais, monsieur..... — Vous « dînerez, avec votre habit de gros drap, dans « mes appartemens dorés, et vous coucherez sous « mes rideaux de damas. — Et les gens du bel air « que vous recevez chez vous ? — Je vous mar- « querai des égards, et les hommes sont toujours « de l'avis de celui dont ils mangent la soupe. — « Je sais mener une ferme, monsieur ; vous êtes « fait pour conduire un château : restons chacun « à la place où la Providence nous a mis. — Oh, « le drôle de corps ! c'est votre dernier mot ? — « Absolument. — Hé bien, n'en parlons plus. Ho- « reau, le bon homme pourrait bien avoir raison, « et il est plus philosophe qu'il ne se l'imagine : « on ne descend jamais que pour avoir voulu « monter trop haut. »

Il fallait que M. Botte fût de bien bonne humeur pour se rendre aussi facilement ; mais, dans quelque moment qu'on le prît, il n'était pas homme à rien céder, sans obtenir d'amples dédommagemens : il proposa ces conditions, qui, après quelques observations, furent acceptées par le papa Edmond.

1° D'abord que lui, M. Botte, viendrait, quand bon lui semblerait, respirer à la ferme un air patriarcal : ce sont ces expressions. Cet article passa sans difficulté.

2° Qu'il lui serait permis d'apporter son dîner. Accordé, à condition que le dîner du vieillard sera joint au sien.

3° Que les bouteilles de vieux Beaune et Bordeaux qui demeureront intactes, resteront à la ferme, attendu que le vin vieux est le lait de la vieillesse. Le présent article refusé net.

Et par amendement : Comme le père Edmond n'est pas fait pour recevoir de cadeaux, il lui sera loisible de donner aux gens de M. Botte autant de pintes de son crû, qu'il en recevra de Saint-Émilion ou de Côte-Rôtie. Accepté par le bon homme, mais avec une répugnance marquée.

Enfin, pour prévenir tous retards et accidens, des journaliers rempliront une trentaine de trous qui rendent la route impraticable, et ce, aux frais de M. Botte.

A cette dernière proposition, le vieillard serra à son tour la main du cher oncle, parce que, disait il, le bien qui en résulterait serait commun à tous les habitans du canton.

Ce petit traité, arrêté et juré, M. Botte cria

d'une voix de Stentor : à table, à table. Il plaça Edmond à sa droite, et il fit asseoir à sa gauche M. Georges, dont il loua la figure, le maintien décent, et qu'il engagea à suivre la profession de son père, et à l'honorer comme lui. S'il eût connu Georges, il ne lui eût rien recommandé.

Horeau, pour qui une conversation sentimentale n'avait rien de restaurant, et qui mourait de faim, brisa, avec le manche de son couteau, la croûte d'un excellent pâté. M. Botte s'était mis en devoir de découper une daube à la gelée transparente, quand il s'aperçut enfin que son neveu n'était pas là. A peine en a-t-il fait l'observation, que Georges est levé, et qu'il se met à parcourir tous les recoins. Il trouve notre pauvre Charles, l'oreille fixée au trou de la serrure de la porte de mademoiselle d'Arancey, qui l'entendait agiter la clé, qui ne savait pas que ce fût lui, et qui retenait son haleine. Georges le prend très-poliment par la main, et le tirant après lui, il le fait entrer dans la salle, et le jette sur sa chaise, en lui faisant une profonde révérence.

On avait avalé les premiers morceaux; on avait bu quelque coups. Le bon cœur de M. Botte se dilatait ; il disait des duretés à tout le monde, mais il les disait avec une gaieté originale, ce qui ne lui arrivait pas tous les jours. Le bon homme Edmond se faisait à son ton, qu'il commençait à trouver drôle, et, de temps en temps, il riait de tout son cœur... Tout à coup il joignit ses mains

avec force, et se levant : « Ah ! mon dieu, Geor-
« ges, qu'avons-nous fait ? — Qu'est-ce donc, mon
« père ; — Nous voilà à table, mon garçon, et
« notre demoiselle qu'on n'a pas avertie !... — Je
« ne l'avais pas oubliée, mon père ; mais elle n'a
« pas voulu souper, et elle s'est couchée. Qu'est-
« ce que c'est que cette demoiselle ? demanda
« M. Botte à Charles, et il avait un air sévère !!! »
Charles rougit, pâlit, baissa les yeux, et ne répondit rien.

M. Botte se tourna du côté d'Edmond, et répéta son interrogation. Le bon homme raconta simplement, et avec un air modeste, ce qu'il avait fait pour mademoiselle d'Arancey. M. Botte lui jeta les bras au cou, et le tint long-temps embrassé. Il regarda ensuite son neveu, mais d'un œil... ah ! quel œil ! Charles tremblait, et Horeau disait, à part lui, en mâchant sa croûte de pâté : il y a quelque chose, il y a quelque chose.

M. Botte n'articula plus un son jusqu'à la fin du souper. Ses regards tombaient continuellement sur Charles ; il fronçait ses sourcils gris-noirs ; ses joues étaient enluminées et son front menaçant : le malheureux jeune homme se sentait prêt à défaillir. « On ne m'attendrit pas avec des gri-
« maces, monsieur, dit le cher oncle en se levant
« de table. Pourquoi ne m'avez-vous rien dit de
« mademoiselle d'Arancey, que vous connaissez
« depuis un an ? — Mon oncle... c'est que... —
« Pas de réponse évasive, s'il vous plaît. Parlez,

« répondez net ; vous voyez bien que je ne suis
« pas en colère. Pourquoi, monsieur, ne m'avez-
« vous rien dit de mademoiselle d'Arancey? —
« Je sais, mon oncle que vous n'aimez pas le père,
« et j'ai craint de vous déplaire en vous parlant
« de sa fille. — Vous deviez bien plus craindre,
« monsieur, de me déplaire en la voyant. Je crois,
« monsieur, reprit Georges, qu'il n'est personne
« qui ne doive se féliciter de la connaître.—Ceci,
« M. Georges, est entre mon neveu et moi, et
« ne regarde que nous ; souvenez-vous en, s'il
« vous plaît. Charles, ordonnez qu'on mette les
« chevaux.

« Hé, monsieur, dit le père Edmond, où vou-
« lez-vous aller à cette heure ! — Chez moi. —
« Vous verserez dix fois en route. — C'est le pis-
« aller. — J'ai fait préparer pour vous et pour
« monsieur votre ami, mon lit et celui de Geor-
« ges. — Raison de plus pour que je parte. —
« Mais, monsieur... —Mais, monsieur, je ne suis
« pas ici prisonnier, je l'espère. — Voilà donc
« comment vous traitez ceux que vous estimez,
« que vous aimiez avant de les connaître, que vous
« deviez aimer davantage après les avoir connus?
« et une larme tomba des yeux du père Edmond.
« M. Botte la vit cette larme... Je reste, digne
« vieillard ; je reste ; mais vous garderez votre lit,
« je le veux, je l'ordonne. Je m'arrangerai avec
« Horeau de celui de votre fils. —Vous serez mal,
« monsieur. — Hé, vous m'excédez à la fin. Je

« serais bien plus mal encore, si vous n'étiez pas
« bien. »

Il prend un flambeau; il sort sans ajouter un mot; il marche, guidé par la grosse Marguerite, et Horeau le suit en bâillant. Georges reprend la main de Charles; il le conduit à la grange, où il s'enferme avec lui. Il met la clé dans sa poche; il se jette sur un tas de gerbes, et il laisse notre jeune homme s'arranger comme il le pourra.

Quelle nuit il passa le malheureux! Si du moins il avait eu son Guillaume près de lui! mais c'est Georges qui ronfle à ses côtés : il faut souffrir et se taire.

Messieurs Botte et Horeau avaient l'esprit fort tranquille et le corps très-agité. « Quel lit, disait « Horeau! — Plaignez-vous, je vous le conseille, « quand le fils unique est couché sur la paille. — « On jurerait que ces matelas sont faits avec des « noyaux de pêches. — Que vouliez-vous qu'on « fît, que vous donner ce qu'on a de mieux. — « Hé, que pouvait-on nous donner de pis? je ne « fermerai pas l'œil. — C'est bien dommage. — « Vous ne dormirez pas plus que moi. — J'ai pris « mon parti; tâchez de prendre le vôtre. Bonsoir, « M. Horeau. — Bonsoir donc. »

Le lit était dur, très-dur, et il était étroit; et il donnait au-dessus des bergeries; et le plancher était à claires-voies; et les agneaux bêlaient en tétant leurs mères qu'ils n'avaient pas vues de la journée; et des insectes très-actifs sautaient de

la bergerie aux solives, et des solives au lit. Horeau restait immobile et droit comme une planche, de peur de gêner M. Botte ; M. Botte frétillait comme une anguille, et se disait, en grommelant : le bon homme avait bien affaire de pleurer; je serais maintenant dans ma calèche, où je dormirais d'un bon somme : « Dors-tu, Horeau? — « Hé! qui diable dormirait ici ? — Puisque vous
« ne dormez pas, il faut que je vous communique
« une idée qui me passe par la tête. — Qu'est-ce
« que c'est, voyons ? — Est-il bien sûr que ma-
« dame Duport soit vraiment celle chez qui Char-
« les va dîner si souvent ? — Ma foi, je n'en sais
« rien. — Cette demoiselle d'Arancey, qu'il con-
« naît depuis un an, et dont il ne m'a rien dit,
« ne serait-elle pas cette dame que le drôle con-
« sidère tant ? — Cela peut être... ahie, ahie, ahie!
« — Qu'avez-vous donc ? — Cinq cents épingles
« m'entrent à la fois dans le corps. Quels sont
« donc ces animaux voraces que j'enlève à la dou-
« zaine de dessus ma poitrine? — Les mêmes sans
« doute que j'écrase à coups de poings sur mon
« estomac, sur mes bras, sur mes cuisses. — Et
« pas de lumière! — Tant mieux, c'est bien assez
« de sentir. — Je vais me jeter tout nu dans cette
« source qui est là bas en entrant. — Certes, je
« ne le souffrirai point. — Bah! — Je vous laisserai
« courir après une pleurésie, une paralysie, n'est-
« ce pas? et puis il n'est pas défendu de penser

« un peu à soi : la totalité de ces cruelles bêtes
« s'acharnera sur moi seul quand vous n'y serez
« plus. Je gagne moitié à vous avoir à mes côtés,
« et corbleu, vous y resterez. — Mon ami, ayez
« pitié de moi, je souffre le martyre. — Paix donc,
« monsieur, vous n'avez pas de caractère. — Hé
« bien, je l'avoue; mais laissez-moi sortir. — Que
« diriez-vous si vous étiez dans la position d'un
« saint Laurent, d'un Guatimozin ? — J'y resterais,
« parce que je ne pourrais faire autrement ; mais
« rien ne m'oblige à rester ici, et je m'en vais. »

En effet, Horeau roule son ami dans la couverture et dans les draps; il lui jette sur le corps les oreillers, le traversin et leurs habits communs; il ouvre la porte, et il trouve l'escalier. M. Botte se dépêtre le plus promptement possible de ses entraves, et il suit Horeau en lui disant à demi-voix, par égard pour le sommeil d'Edmond : « Le
« froid va te saisir; tu en mourras, malheureux. »

Horeau n'entend rien; il veut noyer tous ses ennemis à la fois. Il marche toujours, et il entend M. Botte sur ses talons. Il se hâte, il arrive dans la cour au petit trot, et il s'oriente vers la source par la ligne droite, qui est la plus courte en mathématiques, comme d'après la raison. Il disparaît tout à coup, et M. Botte, qui s'est mis aussi au petit trot, disparaît presque en même temps. Ils sont tombés tous les deux, d'un petit mur au niveau du sol, dans la mare, dont l'eau verdâtre ne réfléchit aucune lumière, et les voilà dans la fange jusqu'aux hanches.

« Ah, mon dieu, dit Horeau, nous voilà noyés. — Hé, non, poltron, puisque tu parles. — Si cela n'est pas fait, cela ne tardera point. — J'ai bien autre chose qui m'inquiète. — Moi, je ne vois rien de plus inquiétant. — Si mon coquin de neveu nous trouvait là l'un et l'autre? — Hé bien, il nous en tirerait. — Et les ris, et les réflexions malignes, et ma dignité compromise! car enfin, je n'ai pas l'air d'un oncle dans l'état où me voilà.... Vous aviez bien affaire, monsieur, de vouloir vous lever. — Et vous, monsieur, de vouloir me suivre. — Allons, pas de jérémiades; tâchons de nous tirer de là. — Hé bien, aidez-moi un peu. — Hé, je suis pris comme dans de la poix. — C'est sûrement de la terre glaise, mon ami. — C'est le diable, si tu veux; mais il faut en sortir. »

Ils firent de longs efforts qui n'aboutirent qu'à enfoncer davantage deux corps des plus solides. Monsieur Botte, qui jamais n'avait connu d'obstacles, entra vraiment en fureur; Horeau, à qui la frayeur faisait perdre la tête, criait aussi haut que son ami. Charles, qui ne dormait pas, reconnut l'organe rauque de son oncle. Il poussa rudement Georges, et lui demanda la clé de la grange; Georges qui croyait avoir de bonnes raisons pour la garder, la refuse net. Charles s'échauffe; Georges se possède; mais il persiste dans son refus. Querelle dans la grange, querelle dans la mare.

Marguerite battait le beurre pour le marché du lendemain. Elle prête l'oreille, elle sort, portant en avant sa lampe, et faisant *réverbère* d'une main. Le bruit confus des voix la conduit vers la mare; elle s'approche, elle regarde... Elle pose sa lampe à terre, et se serrant les côtés de ses deux bras, elle éclate de rire au nez de l'irascible M. Botte.

M. Botte tourne alors toute sa colère sur Marguerite. Il la querelle plus vivement que jamais, et Marguerite, en riant toujours, disait à mots entrecoupés : « Je vous demande pardon... mon« sieur; mais... c'est que vous êtes si drôle !!! »

Mademoiselle d'Arancey avait aussi ses raisons pour ne pas dormir. Ne sachant que penser de certains gros jurons qu'interrompaient des ris immodérés, elle saute de son lit, passe une robe, et va réveiller le père Edmond. Le père Edmond passe sa culotte, descend, voit de quoi il est question, fait la morale à Marguerite, et la lui fait longuement, bien que M. Botte l'interrompît à chaque mot pour lui dire : M. Edmond, tirez-« nous d'abord d'ici. »

Lorsque M. Edmond eut méthodiquement prouvé, à sa servante, qu'elle avait manqué aux lois de l'hospitalité, en lui répétant ce qu'il avait retenu d'un sermon de son curé, dont les auditeurs n'étaient pas dans une mare, il fut frapper à la porte de la grange, et il parla en père qui veut être obéi. Georges ouvrit, sans répliquer; Charles sortit avec lui. Ils sautèrent tous les deux dans l'eau, et commencèrent par mettre les deux infortunés à califourchon sur deux futailles vides. Ils les poussaient vers le talus pavé par où descendait le bétail pour s'abreuver, et ils riaient l'un et l'autre, bien que fortement préoccupés; mais il était difficile de ne pas rire.

Ces deux messieurs, en sortant de la mare, ressemblaient au fleuve Scamandre. Nus comme lui, crottés comme lui, grognant comme lui, il ne leur manquait, pour que la ressemblance fût parfaite, que l'élégance vigoureuse des formes, et la couronne de roseaux.

« Riez, monsieur, riez, disait M. Botte à son
« neveu, en traversant la cour. Il est plaisant,
« sans doute, de me voir dans cet état grotesque;
« mais apprenez que je ne me suis *englaise* ainsi,
« que pour avoir voulu empêcher un fou de pren-
« dre un bain glacial à minuit. — Le motif est
« très-louable, mon oncle. — Il l'est, sans doute,
« et de quelque manière que je me présente de-
« vant vous, apprenez, monsieur, que j'ai tou-
« jours droit à vos respects. »

Charles suivit, dans un profond silence, son oncle et son ami, qu'on éclairait de manière à ce qu'ils pussent ramasser un petit écu. Le père Edmond les consolait très-sérieusement d'une disgrace co-

mique, et parlait toujours, quoique M. Botte lui répétât : « C'est bon, c'est bon, en voilà assez :
« de l'eau chaude et une chemise. »

Mademoiselle d'Arancey les croyait tous partis. Elle restait tranquillement à sa fenêtre, parce qu'il lui semblait voir deux hommes en pantalons jaunes, et qu'elle était bien aise de savoir ce que tout cela signifiait. La lampe de Marguerite et les reparties de l'oncle l'instruisirent, la troublèrent, et la modestie lui donna, cette fois, un prétexte tout naturel pour se renfermer. Elle rentra chez elle, en se demandant pourquoi ces messieurs étaient au milieu de la mare, au lieu de dormir dans leur lit, et ne pouvant résoudre une question, qui au fond l'intéressait peu, elle se recoucha en pensant à Charles, toujours à Charles, rien qu'à Charles, et elle répétait de temps en temps : « Ah, mon ami, que de peines nous nous
« préparons ! »

Edmond avait conduit les deux amis dans la salle où il avait allumé du feu. Marguerite apporte un grand chaudron, dans lequel chauffait l'eau destinée à laver les ustensiles de la laiterie ; Georges arrive avec l'éponge de ses chevaux ; il aide à M. Botte à enjamber les bords du chaudron. Il commence à éponger vigoureusement, et son vieux père de retourner toute son armoire de noyer pour trouver deux chemises fines, celles où il y a des manchettes festonnées, celles qu'il mettait pour tourner, le dimanche, les feuillets du missel, lorsqu'il était marguillier et qu'il chantait au lutrin.

M. Botte souffrait impatiemment une opération nécessaire. Il regardait son neveu en grondant, en hochant la tête, et le jeune homme, qui, depuis un quart-d'heure, n'osait plus rire, ni parler, ne put s'empêcher de lui dire : « Au moins, mon « cher oncle, vous avouerez qu'ici il n'y a pas « de ma faute. — Pardonnez-moi, monsieur ; c'est « encore vous qui êtes cause de tout ceci. — Ah! « par exemple, mon cher oncle.'. — Si vous ne « m'aviez pas fait un éloge emphatique de ce « vieillard, je n'aurais pas été tenté de le connaî- « tre, et je ne serais pas debout dans le chau- « dron de Marguerite, obligé de me laisser éponger « le derrière par Georges, qui ne devait jamais le « voir. »

Pendant que ces messieurs, décrottés et passés dans des chemises blanches, attendent leurs habits, pendant que Marguerite les cherche, Edmond entreprend de leur persuader que cette foule d'insectes n'est rien du tout; qu'il ne leur manque qu'un peu d'habitude. Il ajoute qu'il est indispensable que le plancher soit à claires-voies, pour que son fils entende ce qui se passe dans la bergerie et dans l'écurie, qui est contiguë. Il finit par offrir encore son propre lit, et M. Botte de s'écrier : « Plus de lit, morbleu, je n'en veux « plus. Ce sont mes culottes que je demande. »

Marguerite rentre, chargée des vêtemens de ces messieurs. Elle n'en avait trouvé qu'une partie dans la chambre. Le reste avait coulé à travers les ouvertures du plancher; était tombé dans la bergerie; avait été foulé aux pieds des brebis, et était arrangé, comme vous l'imaginez sans peine. M. Botte retomba encore sur le pauvre Horeau. Il lui reprocha, dix fois de suite, et sans reprendre haleine, sa manie des bains froids à minuit, et enfin il observa, avec beaucoup de sagacité, que ces habits étant hors d'état de servir, il fallait en envoyer chercher d'autres à son château.

Cette observation guérit radicalement Charles de ses envies de rire. Il jugeait, d'après le temps nécessaire pour aller et revenir, qu'on dînerait au moins le lendemain à la ferme, et que sa tendre Sophie, qu'il plaignait avec raison, n'était pas encore sortie de sa pénible situation. Il fallut pourtant obéir au cher oncle; aller dénicher, dans un grenier à foin, le postillon, que les insectes laissaient fort tranquille, et qui dormait très-profondément; le faire monter à cheval; lui enjoindre d'aller ventre à terre, au risque de se rompre le cou, et de ramener un valet de chambre et une malle garnie.

Le papa Edmond, dans son imperturbable patience, retournait encore son armoire de noyer. Il en tire, et il présente à M. Botte l'habit de drap d'Elbeuf marron, la veste de basin brodée, et la culotte de velours d'Utrecht noir : c'est ce qu'il a de plus beau. Il offre à M. Horeau le gilet et les guêtres de coutil, la belouse bleue au tour de col brodé de rouge : c'est ce qu'il a de plus propre.

Il n'y avait qu'à choisir, de passer le reste de la nuit en chemise, ou de se servir de ce qui se trouvait. Ces messieurs firent ce que nous aurions tous fait à leur place, et ils ne se seraient pas mieux déguisés pour aller au bal de l'Opéra : ils étaient à faire mourir de rire. Georges n'y tint pas, et ce fut à lui, cette fois, que s'en prit M. Botte : « Hé, morbleu, monsieur, au lieu de
« rire comme un nigaud, comblez-moi ce trou
« qui ne sert à rien, et apprenez que quand on
« a une excellente source dans un coin de sa
« cour, on ne creuse pas une mare dégoûtante
« au milieu. » Il prend Horeau par un bras; il pousse son neveu par les épaules, et marche droit à la grange. Georges va reprendre son lit; Charles se remet dans un coin; l'oncle et son ami s'arrangent sur la paille fraîche, et M. Botte disait à Horeau, en bâillant de toute la latitude de sa mâchoire : « Je suis fort aise que la demoiselle
« ne nous ait pas vus : la considération dépend
« du premier coup d'œil. Nous voilà fagottés de
« manière à n'être pas très-considérés, et je pré-
« vois que demain j'aurai un grand rôle à jouer
« ici. —Mais demain, mon ami!.. nous ne resterons
« pas dans la paille jusqu'à midi, peut-être, que
« le postillon reviendra. — Avec quel sang-froid

« il me dit cela! — Que gagnez-vous à vous fâ-
« cher? nous n'en sommes pas moins aussi ridi-
« cules l'un que l'autre. — Hé, vous devriez l'être
« seul, monsieur, vous qui avez commis la faute,
« et qui n'avez pas à faire l'oncle. » Ici les bâil-
lemens redoublent, les paupières s'appesantissent,
se ferment, et le silence règne dans la grange
comme dans le reste de la maison.

Il était grand jour lorsque ces messieurs se ré-
veillèrent. Charles était sorti dès l'aurore. Il avait
cherché, trouvé et saisi l'occasion de glisser quelques mots à mademoiselle d'Arancey. « Ils sont
« encore ici, ma Sophie. — Hé, je le sais bien,
« mon ami. — Ils y passeront une partie de la
« journée. — Ah, mon dieu! — Qu'allez-vous
« faire? — Je m'enfuis. » Georges parut, et on
n'osa pas en dire davantage. Sophie sortit en disant au jeune paysan qu'elle passerait encore cette
journée chez Claudine, qui l'aimait tant, et dont
l'enfant était si mal! Georges approuva beaucoup
sa demoiselle : il était fort aise de la voir sortir,
par la raison que Charles était là.

Le déjeuner était servi; M. Botte avait faim. Il
fallut qu'il se décidât à paraître en marguillier
devant mademoiselle d'Arancey, au hasard de
compromettre ses droits à la considération. Il arrangea de son mieux ses basques et ses grands
paremens; il inclina son bonnet de coton sur une
oreille; il mit une main dans une poche de la
veste, dont il ne put trouver le fond; il carressa

de l'autre le jabot festonné, et il entra d'un air assez libre dans la salle, où il fut fort aise de ne pas trouver la jeune demoiselle. Il en demanda des nouvelles, assez poliment pour lui. On lui répondit qu'elle ne rentrerait pas de la journée.

Il sourit d'un rire plein d'amertume; il boit, il mange, il se lève, et dit à Edmond qu'il sera bien aise de voir les portraits de la famille d'Arancey. Edmond ne le fait pas répéter; il prend son bâton, Horeau le suit; M. Botte ordonne à son neveu de l'accompagner, et on s'achemine vers le château.

Notre oncle avait toujours présent à l'esprit la description que son neveu lui avait faite du délabrement du manoir du marquis d'Arancey, et il trouve tout réparé, tout en état, tout en ordre, tout de la plus grande propreté. Il oublie les portraits de famille, et, revenant à ses premières idées, il demande sèchement, à Edmond, qui a fourni aux dépenses des réparations. « Monsieur, « c'est votre neveu. — Où avez-vous pris cet ar- « gent-là, monsieur? — Mon oncle... je... j'ai... — « Ces réparations étaient-elles faites quand vous « avez emprunté certains mille écus?... — Non, « mon oncle. — Vous avez donc emprunté de « nouveau? — Non, mon oncle. — Où diable avez- « vous donc pris cet argent? — Mon oncle... j'a- « vais... j'ai tiré parti... — Et de quoi, ventrebleu? « Parlez donc. — Des bijoux, mon cher oncle... « — Que je vous ai donnés? — Oui, mon oncle. —

« Ah, vous vendez les bijoux que je vous donne !
« Vous les vendez, quand j'ai tout fait pour exciter
« votre confiance ! et pourquoi les vendez-vous ?
« pour faire restaurer un château qui ne sert à
« personne. — Mais, monsieur, votre neveu es-
« père bien que mademoiselle d'Arancey l'habi-
« tera un jour. — Il a dit cela, père Edmond ? —
« Il a dit cela, monsieur. — Venez, brave homme,
« faisons un tour de jardin ensemble. Votre gé-
« nérosité est furieusement suspecte, monsieur
« mon neveu. Restez là, monsieur, restez avec
« Horeau. — Permettez, mon oncle, que je vous
« accompagne. — Je vous le défends. Restez là,
« vous dis-je, et que je vous y trouve à mon re-
« tour. »

Charles se doute bien qu'Edmond va subir un interrogatoire dans les formes. Edmond est incapable d'un mensonge, et ne soupçonnant pas l'intimité de Charles et de Sophie, il donnera sans doute dans tous les piéges qu'on va lui tendre. Ces réflexions désespérantes avaient troublé notre jeune homme à un point... Il était dans un désordre tel, qu'il ne pouvait échapper à Horeau, qui ne se mêlait pas de deviner. Il s'approcha de Charles, le questionna d'un ton si caressant ; il le pressa avec tant d'amitié ; il lui marqua tant d'intérêt, que le malheureux jeune homme hasarda de lui confier ce que, sans doute, il eût appris de son oncle une heure plus tard, et, comme il n'est pas défendu d'user d'un peu d'adresse, il se fit un mérite d'une confidence qui devait lui assurer un protecteur. Laissons Charles soupirer, raconter, supplier, et suivons Edmond et M. Botte.

M. Botte s'était persuadé que pour avoir l'air d'un homme de poids, en dépit de son accoutrement, il fallait qu'il se possédât, et qu'il prît ce ton de dignité froide qui fait distinguer l'homme de ses habits. Ah! pourquoi, dit le lecteur, M. Botte ne s'habillerait-il pas toujours en marguillier? Hé, qu'y gagnerions-nous? un homme du caractère de notre oncle ne peut se contraindre qu'un moment, comme certain abbé qui fait la grimace quand il est obligé de dire du bien, et surtout de Voltaire.

Les voilà dans le jardin. M. Botte tousse, crache, en regardant Edmond; une ame pure brille dans les yeux sereins du vieillard, et notre oncle ne doute pas que la vérité jaillisse de sa bouche.

« M. Edmond, mon neveu vient-il souvent ici?
« — Mais, monsieur, deux ou trois fois la se-
« maine à peu près. — Mademoiselle d'Arancey
« est madame Duport, que le drôle considère
« tant : je m'en étais douté. — Madame Duport,
« monsieur? — Est-ce bien vous que mon neveu
« vient voir? — Il le dit, monsieur. — Et vous le
« croyez? — Mais... oui, monsieur. — Vous n'y êtes
« pas. Qui est-ce qui reçoit ses visites? — C'est
« moi, quand je suis au logis. — Et, le plus sou-
« vent, vous êtes aux champs avec votre fils? —

« Oui, monsieur. — Et alors c'est mademoiselle
« d'Arancey qui fait les honneurs de chez vous?
« — Oui, monsieur. — Diable, diable! Et pour-
« quoi souffrez-vous, monsieur, qu'un homme
« de vingt-un ans vienne chez vous trois fois la se-
« maine? —Il m'a rendu de grands services, mon-
« sieur, et je le reçois comme un bienfaiteur. —
« Ces bienfaiteurs-là sont dangereux, M. Edmond.

« Dites-moi un peu, bon vieillard... — Mon-
« sieur? — Mademoiselle d'Arancey a-t-elle l'habi-
« tude d'aller passer les journées chez cette dame
« Claudine? — C'est la première fois que cela ar-
« rive, monsieur. — Ah! elle ne s'absentait jamais
« avant que j'arrivasse chez vous? —Jamais, mon-
« sieur. — Il y a connivence. Diable, diable!

« Quel âge a mademoiselle d'Arencey? — Bien-
« tôt dix-sept ans. — Elle est jolie? — Oh, mon-
« sieur, il n'est pas possible de l'être davantage.
« — Tant pis. Est-elle sage? — Je ne lui connais
« que des vertus. — Tant pis. A-t-elle de l'esprit?
« — Je ne m'y connais pas trop. — Hé, monsieur,
« vous vous y connaissez comme un autre. Tous
« les hommes sont, à peu près, susceptibles des
« mêmes idées; leur différence essentielle est dans
« la manière de les rendre, et, si vous êtes inca-
« pable de bien dire, vous ne l'êtes pas de bien
« entendre. Trouvez-vous du plaisir dans la con-
« versation de mademoiselle d'Arancey? — Oh,
« beaucoup, monsieur. — Tant pis. Est-elle aimée
« dans le village? —Aimée, considérée, respectée.

« Tant pis, morbleu, tant pis. — Hé, monsieur,
« nous serions tous bien fâchés qu'elle fût autre-
« ment. Pourquoi vos *tant pis*, s'il vous plaît? —
« Cela me regarde, père Edmond », et M. Botte
se gratte l'oreille, et il frotte ses joues rubicondes
et dodues.

« Vous parle-t-elle quelquefois de Charles? —
« Jamais, monsieur. — Tant pis. Écoute-t-elle
« quand vous en parlez? — Oh, très-attentive-
« ment. — Tant pis, ventrebleu, tant pis. — En
« vérité, monsieur, je ne vous conçois pas. —
« Connivence! parlons d'autre chose.

« Combien vous ont coûté la ferme et le châ-
« teau? — Soixante-dix mille francs. — Com-
« bien croyez-vous avoir réellement payé? —
« Quinze mille livres environ. — Combien un fer-
« mier peut-il payer de redevance ici en faisant
« ses petites affaires? — Mais, monsieur, de qua-
« tre à cinq mille francs. — Vous avez fait là un
« bon marché, père Edmond; mais vous vous êtes
« gêné. — Beaucoup, monsieur, et sans votre ne-
« veu... — Ce n'est pas de mon neveu que je vous
« parle.

« Vous êtes, dit-on, dans l'intention de rendre
« ce bien au marquis d'Arancey? — Oui, si Dieu
« nous l'a conservé. — Il était dur votre seigneur.
« — Un peu, monsieur. — Beaucoup. Orgueil-
« leux. — On le dit. — Je le sais. Empruntant de
« toutes mains... — Oh, monsieur, toutes ses det-
« tes ont été payées sur le produit de la vente

« de ses biens. — Tant mieux. S'il revient, il
« n'aura à rougir que de sa pauvreté, et il en
« rougira : ces petits grands-seigneurs sont si sots !
« En avez-vous des nouvelles ? — Non, monsieur.

« — M. Edmond, je n'aime pas les d'Arancey ;
« mais votre excellent cœur mérite un bon con-
« seil, et je vais vous le donner. Vous faites
« votre opération tout de travers. — Comment
« cela, monsieur? — Le marquis est mort civile-
« ment. Vous ne pouvez rien lui donner, ni lui
« par conséquent à sa fille. — Mais nous donne-
« rons à notre demoiselle. — Quand ? — Quand
« elle se mariera, monsieur. — Et si vous mourez
« avant? — Mon fils pense comme moi. — Et s'il
« meurt aussi? — Ah, mon dieu, monsieur, qu'elle
« idée vous vient là ? — Avez-vous un notaire
« dans le village? — Oui, monsieur. — Qu'il dresse,
« sans délai, un acte par lequel vous ferez une
« donation absolue à mademoiselle d'Arancey,
« sous la condition que vous jouirez gratuitement
« de la ferme pendant six ans, pour vous remplir
« des quinze mille francs, et des intérêts, que la
« demoiselle reconnaîtra vous devoir, et dont elle
« sera quitte, si votre fils et vous mourez dans
« l'intervalle. Au moins vos héritiers ne la force-
« ront point à revendre son bien, et, d'après ce
« que vous m'avez dit d'elle, elle les paiera peu
« à peu, et elle aura du pain à donner à son
« père, s'il en a encore besoin. — Ah! monsieur
« que je vous ai d'obligation ! jamais ces bonnes

« pensées ne me seraient venues. Que je vous ai
« d'obligation ! — Je demande une récompense,
« M. Edmond. — Hé, monsieur, que puis-je pour
« vous? — Défendre l'entrée de votre maison à
« mon neveu. — Ah! monsieur, cela serait d'un
« dur!... — Vous le devez à la réputation de ma-
« demoiselle d'Arancey. — Quoi, vous croyez?...
« — Oui, monsieur, oui, je crois qu'une fille de
« dix-sept ans ne doit pas recevoir un jeune
« homme, lorsque ceux qui veillent sur elle sont
« aux champs. Rentrons, brave homme. »

Ils rentrèrent. Charles, tremblant, n'osait fixer son oncle; Horeau cherchait sur le front de son ami ce qui se passait dans ce cœur si irascible et si bon. M. Botte ne les regarda ni l'un ni l'autre; ne leur dit pas un mot; traversa les appartemens; sortit du château; marcha aussi vite que le permettait son gros ventre, et laissa bien loin derrière lui le père Edmond, qui faisait tous ses efforts pour le suivre.

Le cher oncle n'était pas d'un caractère à s'occuper d'autre chose que de l'idée du moment. Animé par ce qu'il a dit, plein de ce qu'il veut dire encore, il oublie ses grands paremens et sa longue veste, et son bonnet de coton; il s'approche du premier enfant qui se trouve sur son passage, et il demande la maison de dame Claudine. La maison bien désignée, bien reconnue, M. Botte poursuit son chemin; il n'est plus qu'à trente pas de la chaumière.

Mademoiselle d'Arancey s'y croyait bien en sûreté. Elle eût fui au bout du village, au village voisin, je ne sais où elle n'eût pas été, plutôt que de paraître devant cet oncle si terrible. Loin de soupçonner que M. Botte pût faire un pas pour la trouver, elle attendait avec impatience le moment où il remonterait en voiture. Elle regardait, à chaque instant, si la porte charretière de la ferme s'ouvrirait à la fin. Elle reconnut l'habit des dimanches d'Edmond. Il l'avait sans doute mis pour faire honneur à ses hôtes; la pauvre enfant le croyait ainsi, et, sans y faire plus d'attention, elle retourna près de Claudine. Oh, si elle n'eût pas été trompée par le déguisement; s'il eût été possible de le prévoir, le toit, la cave, le puits... qui sait jusqu'à quel point la frayeur domine la raison, et quel bonheur, dans cette circonstance critique, que M. Horeau ait voulu se baigner à minuit.

M. Botte avait jugé, d'après ce que lui avait dit Edmond, que la jeune personne l'évitait, et il fondit, comme un hussard, dans la maison. Mademoiselle d'Arancey croyait voir paraître le bon fermier, et elle ne sut que penser de l'habit de drap d'Elbeuf sur le corps d'un inconnu. Elle regarde M. Botte; M. Botte la regarde à son tour; l'examine de la tête aux pieds, et j'ai su de Claudine qu'un sourire involontaire agita ses lèvres, qu'il mordit aussitôt.

« Vous ne me connaissez pas, mademoiselle?

« — Non, monsieur. — Je m'appelle Botte. Je
« suis l'oncle... Hé, mon dieu, qu'avez-vous donc?...
« Vite, la bonne, secourez-là... coupez ces cor-
« dons... du vinaigre aux tempes... allons donc,
« vous n'agissez pas. » Mademoiselle d'Arancey
était tombée sans connaissance dans les bras de
Claudine.

Monsieur Botte, toujours bouillant, administre
lui-même les secours, et quand le fichu ou le
corset trahissait les secrets de l'innocence, il disait à Claudine : « L'empressement d'un homme
« de mon âge ne peut paraître suspect. Coupons
« ce cordon-ci; encore celui-là... c'est du satin
« que cette peau!... Voyons donc le vinaigre. »

Sophie, en revenant à elle, vit M. Botte à genoux, suant à grosses gouttes, et versant le vinaigre à flots. Elle crut démêler un air d'intérêt
dans les yeux qu'elle redoutait tant; elle se remit,
et honteuse d'une faiblesse, qui ne pouvait la
mener à rien, elle résolut d'opposer une fermeté
modeste à un orage inévitable.

« Elle revient, Claudine, elle revient. Ses yeux
« se rouvrent; ses joues se colorent; ses lèvres
« s'agitent; elle va nous parler. Vous me craignez
« donc beaucoup, mademoiselle? — Oh, beau-
« coup, monsieur. — Et pourquoi me craignez-vous,
« si vous ne vous reprochez rien? — Je ne crois
« pas, monsieur, avoir de reproches à me faire.
« — Je suis donc un homme grossier, brutal,
« extravagant? — Je ne dis pas cela, monsieur. —

« Vous le pensez? — Non, monsieur. — Qui vous
« a donné de moi cette opinion? — Personne, mon-
« sieur. — Pourquoi donc l'avez-vous? — Mais je
« ne l'ai pas, monsieur. — Pourquoi donc trem-
« blez-vous en me parlant? — Ce ton, auquel je
« ne suis pas faite... — Ne vous met pas à votre
« aise, n'est-il pas vrai? Hé bien, mademoiselle,
« expliquons-nous franchement. Vous pensez bien
« d'ailleurs que je suis venu ici pour quelque
« chose : mon neveu vous aime. — Je n'ai pu l'en
« empêcher, monsieur. — Vous l'aimez? — mon-
« sieur... — Vous l'aimez. — Je ne puis pardonner
« qu'à son oncle cette manière de m'interroger.
« —C'est répondre cela, mademoiselle. Vous vous
« aimez, j'en suis fâché ; mais ce n'est pas une
« raison pour abandonner vos foyers, pour vous
« évanouir à mon aspect, pour ne me parler
« qu'avec défiance. Prenez mon bras, mademoi-
« selle, et venez dîner chez vous. »

Il ne lui donna pas le temps de le prendre ce
bras ; ce fut lui qui prit le bras de la timide Sophie ; il la tira de la chaumière, et fit tomber la
conversation sur des choses indifférentes. Dès
qu'il ne fut plus question d'amour, Sophie re-
trouva sa présence d'esprit ; elle répondit avec
justesse, avec grace, et M. Botte ne marchait plus
qu'au très-petit pas. Il s'arrêtait de temps en temps ;
il écoutait, et, de temps en temps, il avait l'adresse
de tourner l'entretien sur un sujet nouveau. Mademoiselle d'Arancey se flattait qu'il prenait quel-

que plaisir à l'entendre ; cette persuasion faisait naître sa confiance, et la pureté des expressions, et les tours heureux, et la finesse des idées, tout était employé, bien innocemment, sans doute. M. Botte souriait quelquefois : c'était beaucoup.

Ils arrivèrent à la porte de la ferme. M. Botte s'arrêta, et fixant la jeune personne d'un air sévère : « Mademoiselle, qu'est-ce que la vertu ? — « Je ne vois pas, monsieur, à propos de quoi...
« — Je n'ai pas besoin d'à propos, mademoiselle.
« Qu'est-ce que la vertu ? — C'est, je crois, mon-
« sieur, la pratique exacte de ce qu'on doit aux
« autres et à soi. — N'oubliez donc jamais, ma-
« demoiselle, ce que vous devez à vous, à Ed-
« mond, à moi, et rappelez-vous sans cesse que,
« dans votre position, il n'est pas d'amour inno-
« cent. »

Charles parlait avec feu à Horeau dans un coin de la salle. On ouvre la porte : c'est son oncle et mademoiselle d'Arancey. Charles est frappé de cette apparition ; mais sa tendre amie paraît calme, et il ose espérer. Il prend les mains de ce cher oncle, et il tombe à ses genoux. Que dira-t-il qui rende ce qu'il éprouve ? Ses regards supplians disent tout.

« Je n'aime pas les scènes dramatiques, mon-
« sieur, levez-vous. — Je vous prie de croire,
« monsieur, dit Sophie, que je n'approuve point
« cette démarche de votre neveu. — Si je vous

« en croyais capable, mademoiselle, je vous mé-
« priserais, et je ne vous répondrais pas. »

Le dîner ne fut pas gai. Tout le monde, excepté Edmond, était dans un état de contrainte, qu'on ne savait pas également dissimuler. M. Botte avait juré d'être impénétrable; il le fut pour la première fois, et peut-être par ostentation. Mais Horeau était ému, autant qu'il pouvait l'être; mais Charles ne tenait pas sur sa chaise; mais Sophie ne levait pas les yeux, de peur de rencontrer ceux du bon ami et de le regarder... comme on regarde ce qu'on aime. M. Botte observait tout, et glaçait toutes les langues. Il y avait là un autre observateur qui n'était pas moins à craindre : c'était Georges, qui, ne sachant que penser de l'entretien particulier du cher oncle et de son père, de la visite rendue à mademoiselle d'Arancey, de la manière presque amicale dont on avait fait le trajet de la chaumière à la ferme, cherchait la vérité sur tous les visages. Il la trouvait sur celui de Charles, et ce visage ne lui disait rien qu'il ne sut déja. Mais celui de M. Botte ne disait rien du tout, et c'était lui surtout que Georges eût voulu pénétrer. Il sentait qu'il ne lui convenait pas de prendre la parole où étaient son père et M. Botte; mais, en cédant au respect dans lequel on l'avait élevé pour la vieillesse, il ne put empêcher des soupirs, qu'il s'efforçait d'étouffer, de s'échapper avec violence.

Le retour du postillon termina le dîner le plus ennuyeux, et mit fin à l'embarras général. Ces messieurs sortirent pour prendre des habits à eux, et Charles, qui comptait bien profiter de leur absence, ne put trouver mademoiselle d'Arancey seule une minute, une seconde. Toujours Georges, l'opiniâtre Georges. Il la suivait partout; il désolait nos pauvres jeunes gens : ils avaient tant de choses à se dire!

Ils se plaignaient intérieurement de l'importunité de Georges, et ils vont se trouver bien plus malheureux encore : il fallait que la prophétie de mademoiselle d'Arancey s'accomplît dans toute son étendue. Monsieur Botte, en prenant congé d'Edmond, lui recommanda de ne pas oublier le notaire, et le pria de notifier de suite ses intentions à son neveu. Le bon vieillard ne savait comment s'y prendre pour dire quelque chose de désagréable : cela ne lui était peut-être arrivé de sa vie. Cependant il s'agissait de la réputation de sa demoiselle, et cette considération l'emporta sur sa répugnance. Il tira Charles à l'écart, et lui déclara, avec tous les ménagemens qu'il put imaginer, que l'entrée de la ferme lui était désormais interdite.

Charles ne se posséda plus. Il cria à l'injustice, à la tyrannie; il articula même le mot ingratitude. Georges, instruit par ces exclamations, respira avec plus de liberté. M. Botte, pour prévenir les scènes tragiques, qu'il n'aimait pas, ordonna à son neveu de le suivre; il glissa, en passant, un louis dans la main de la grosse Marguerite; il monta en voiture, et partit.

Que devint la tendre Sophie à cette défense, aussi extraordinaire qu'inattendue? Comment expliquer la conduite d'Edmond? Elle ne se permit pas un murmure. Mais ne plus voir l'homme qu'elle chérissait uniquement, qu'elle aimerait toute sa vie; cacher sa douleur à Georges surtout, qui n'eût pas manqué de vouloir prouver combien cette interdiction était sage et nécessaire... Quelle situation! elle avait prévu des obstacles, des peines : elle n'en était pas moins inconsolable.

Charles, de son côté, était au supplice. Il n'osait faire éclater son dépit dans la voiture, et les efforts qu'il faisait pour se contraindre, altéraient visiblement tous ses traits. « Vous ne voyez donc
« pas, mon ami, dans quel état est votre neveu?
« —Pardonnez-moi, monsieur.—Ce jeune homme
« m'afflige. — Et moi aussi. — Et c'est là tout ce
« que vous voulez faire pour lui? — Monsieur
« Horeau, vous allez me conseiller de l'éloigner
« à jamais de mademoiselle d'Arancey, afin que
« je les rapproche. — Vous m'aviez promis, mon
« ami, d'oublier ma petite ruse en faveur de votre
« jardinière. — Ne m'en faites donc pas souvenir.
« —Je ne vous conseille pas.—Et vous avez raison.
« — Mais vous me permettrez de vous faire observer... — Je ne permets rien. — Que vous devez au moins des consolations... — A un homme

« de vingt-un ans? S'il a du caractère, qu'il s'en
« serve; s'il n'en a pas, qu'il s'en fasse un. Bri-
« sons-là, s'il vous plaît. »

Horeau leva les épaules, appuya sa tête dans
l'encoignure de la calèche, s'endormit, et, à force
de détours dans les terres, le cocher évita les or-
nières, et on arriva au château sans accident.

CHAPITRE II.

Fuite, voyage.

M. Horeau trouva, en rentrant, une lettre de
sa femme. Elle se plaignait de ses longues absences, et elle remarquait que, si on doit beaucoup
à son ami, on doit plus encore à son épouse et
à ses enfans. Horeau les aimait tendrement; il
n'était pas fâché de garder une exacte neutralité
entre l'oncle et le neveu, et il annonça son départ pour le lendemain matin.

Charles employa sa nuit à remplir sept à huit
feuilles de papier, qui furent remises à Guillaume,
et, comme il lui restait mille choses à dire, il
passa à écrire encore toutes les heures de la journée où il n'était pas obligé de paraître devant
son oncle. Il ne lui restait que cette consolation,
et plus il en usait, plus il sentait qu'elle ne suffisait pas à un cœur dévoré d'amour et de chagrin.

M. Botte croyait avoir tout prévu; mais les

amans ont aussi leur providence. Le cher oncle n'imaginait pas qu'un vieil orme fût l'entrepôt de la ci-devant si douce, et maintenant si triste correspondance : il l'eût fait abattre indubitablement. Guillaume revint avec la lettre, la très-longue lettre que Sophie avait écrite de son côté. Jamais son style n'avait eu ce feu brûlant, cet abandon. Tel est l'effet des obstacles inattendus : ils électrisent, ils irritent. La raison se tait, la passion parle seule.

« Ah, disait Charles à Guillaume, faut-il ne
« plus revoir celle qui écrit ainsi! — Pourquoi,
« monsieur, ne la verriez-vous plus? — Je suis
« banni de la ferme. — Edmond, son fils et leurs
« gens dorment la nuit. — Et les chiens veillent.
« — On les empoisonne. — Mais, mademoiselle
« d'Arancey... — Elle résistera d'abord, c'est dans
« l'ordre ; elle cédera ensuite, c'est dans la na-
« ture. — Je n'oserai jamais lui proposer... — Je
« le proposerai, moi. — Et comment? — J'écrirai;
« je vous ferai malade, et j'assurerai qu'une en-
« trevue vous rendra la santé. — Mentir à made-
« moiselle d'Arancey! — C'est moi qui mentirai
« pour vous. — Mais c'est moi qui t'autoriserais.
« Non, Guillaume, non, je ne descendrai pas au
« mensonge ; on ne trompe pas une femme qu'on
« respecte. J'ai promis d'ailleurs de ne plus suivre
« tes conseils. »

Guillaume n'entendait rien à cette délicatesse, par la raison très-simple qu'il en était incapable.

Il ne la croyait pas même sincère, et il imagina que le service le plus signalé qu'il pût rendre à son maître, était de le servir malgré lui, en lui laissant la ressource de le désavouer, si les circonstances l'exigeaient. Or, comme un homme, malade d'amour, ne cesse d'écrire que lorsqu'il n'a plus la force de tenir sa plume, Guillaume ne trouva pas d'inconvénient à remettre à l'ordinaire les lettres de Charles, et il en composa une tout-à-fait propre à ajouter, à ce que souffrait déja la malheureuse Sophie, le tourment de l'inquiétude. Beaucoup de tendresse, l'humeur des contrariétés, et avec cela des alarmes nouvelles, il n'en fallait pas tant, selon Guillaume, pour déterminer la jeune personne à recevoir son amant en secret.

Il part avec son double paquet, et il arrive au pied de l'orme, enchanté de rendre la tranquillité à un maître, tel qu'il n'en trouverait pas un second. Depuis qu'on ne chassait plus, il n'avait absolument rien à faire que ses courses à la ferme, et il serait dispensé de courir, du moment où Charles prendrait la peine de courir lui-même.

Il avait déposé ses dépêches dans le creux de l'arbre, avec les précautions accoutumées; il n'y avait rien trouvé, ce qui lui paraissait extraordinaire, et il regagnait le chemin, lorsqu'il vit arriver, du côté de la ferme, une voiture qu'il crut reconnaître. Il s'arrête, il regarde... il ne peut en croire ses yeux... c'est M. Botte, seul, dans un cabriolet. Qu'a-t-il été faire là, si mystérieusement? Serait-il aussi frappé du mérite de mademoiselle d'Arancey, et penserait-il à jouer le tour le plus cruel à son collatéral? Au reste, la jeune personne est sa maîtresse; elle ne consentira pas à déshériter son amant. Il est probable que M. Botte n'a pas vu cacher les lettres, et si on consent aux visites nocturnes, il est à présumer que le cher oncle se trouvera bientôt dans l'impossibilité d'épouser.

Ainsi raisonnait Guillaume, et Guillaume se trompait à bien des égards. D'abord, M. Botte avait reconnu le piqueur d'assez loin, et il avait rangé son cabriolet derrière une haie, pour le laisser passer sans en être aperçu, et pour observer ensuite sa manœuvre. Il l'avait vu quitter la route battue, s'approcher de l'orme, descendre de cheval, tirer quelque chose de sa poche, se remettre en selle, regagner le chemin, et tourner vers son château. M. Botte ne soupçonnait pas les détails; mais il jugeait, en gros, que cette conduite équivoque annonçait quelque nouvelle ruse d'amour, et, sans s'embarrasser davantage d'être vu ou non de Guillaume, il résolut d'éclaircir encore cette affaire. Il s'arrêta en face de l'orme, et fit signe au coureur, qui ne le perdait pas de vue, de venir à lui.

Guillaume s'approcha aussi tranquillement que s'il n'eût pas eu de reproches à se faire : ces demi-coquins sont toujours d'une sécurité inaltéra-

ble. « Que fais-tu si loin du château? — Monsieur,
« votre neveu ne chasse plus, les jambes de vos
« chevaux s'engorgent, et je les promène. — Ah,
« tu leur fais faire des promenades de quatorze
« lieues! Aide-moi à descendre, maraud. »

M. Guillaume saute à terre, d'un air tout-à-fait
gracieux; il présente le poignet, et M. Botte lui
ordonne de passer son bras dans les rênes de
son cheval. « C'est cela, astucieux valet; garde
« maintenant mon cabriolet jusqu'à mon retour. »
Guillaume reste bravement, en sifflottant un petit
air, et M. Botte marche droit à l'orme. Guillaume
ne siffle plus, et M. Botte tourne autour de l'arbre, regarde en bas, en haut, et Guillaume se remet à sifflotter. M. Botte voit le creux que vous
connaissez bien, et il s'avise d'y allonger un bras
tout entier; Guillaume éprouve quelque inquiétude. M. Botte en tire un paquet, et Guillaume
fait une grimace... Ah!

Le cher oncle revint d'un air triomphant, en
tournant et retournant le paquet. Point d'adresse;
mais pas de doute sur sa destination L'ouvrira-
t-il? Non, les secrets de son neveu lui appartiennent, et il ne doit juger que ses actions. Cependant les gouvernemens se permettent souvent ces
sortes de licences, et M. Botte gouverne sa maison. « Non, dit-il, non, n'imitons jamais les au-
« tres dans ce qu'ils font de blâmable; restons
« purs, si nous exigeons que nos subordonnés le
« soient. » Il remonte dans son cabriolet, et, sans

daigner adresser un mot au piqueur, il reprend le chemin de la ferme.

Guillaume le regardait aller, et ne sifflotait plus : ce n'est pas qu'il fût embarrassé de se justifier d'avoir obéi à Charles, dont il dépendait plus directement, et qui seul était comptable de ce qu'il écrivait. Mais son billet, à lui Guillaume, l'intriguait singulièrement ; il n'était pas facile d'y donner une tournure innocente. Aussi incapable de s'affliger sérieusement que de se repentir, il se remit à siffler, et se proposa, en cas d'évènement, de se retirer chez certaine veuve du village, très-éveillée et très-confiante, à laquelle, ce qui pouvait arriver de pis, était d'être ruinée un peu plutôt, si la bouillotte et la fortune continuaient de lui être cruelles.

Il rentra au château, et rendit à Chârles un compte exact de ce qu'il avait vu et entendu. Pas de lettres de Sophie, premier sujet de réflexion ; une visite clandestine de l'oncle, sujet de méditation plus grave encore. Ce fut sur ces deux points que roula une conférence très-longue et très-inutile, puisqu'on ne savait pas ce qui s'était passé à la ferme. Guillaume prétendait que la présence de M. Botte avait empêché mademoiselle d'Arancey d'approcher de l'orme maudit. Charles soutenait que, pendant que son oncle causait avec Edmond ou son fils, elle avait dû trouver plus d'un moment favorable, et comme les amans ne connaissent que les extrêmes, qu'ils se désespèrent

sans raison, comme ils se flattent sans motifs, Charles prononça net que Sophie n'aimait que faiblement, et qu'elle cédait aux obstacles qui se multipliaient à chaque instant. Ils défendaient tous deux leur opinion avec chaleur, lorsqu'une voiture arrêta à la porte cochère, et que cinq à six claquemens de fouet se firent entendre. Charles voulait se cacher dans les entrailles de la terre; Guillaume lui démontra que la chose était impossible, puisque le président de l'académie de Berlin n'y avait pas réussi, et il ajouta que, lorsqu'une scène est inévitable, il est plus sage d'aller au-devant, et d'en finir, que de s'enterrer vif. « Je reste, moi, monsieur, pour recevoir mon
« congé à l'instant, si on doit me le donner, et
« n'y plus penser dans une heure. »

M. Botte entra dans l'appartement de son neveu avec un air de dignité qui ne lui allait pas des mieux, mais qui ne laissait pas d'être imposant. Il avait jugé que dans les grandes occasions il faut, pour se rendre respectable, se respecter soi-même. « J'ai remis, monsieur, à mademoiselle d'Arancey
« deux lettres que j'ai trouvées dans un trou d'ar-
« bre, et qu'elle n'a pas fait difficulté de déca-
« cheter et de lire devant moi. — Deux lettres,
« mon oncle ! — Il m'est dur, monsieur, d'ajouter
« des reproches à ceux que vous vous faites peut-
« être à vous-même; mais je condamne ouverte-
« ment... — Deux lettres, dites-vous mon oncle !
« —Je condamne votre persévérance à égarer cette

« jeune personne, à l'avoir amenée à entretenir
« une correspondance que l'honneur n'approuve
« pas. Sa réputation est le seul bien qui lui reste
« au monde, et vous faites tout pour le lui ravir.
« — Moi, mon cher oncle! — Vous, monsieur.
« Que serait-il arrivé, si quelque autre que moi
« eût trouvé ces lettres, sans suscription, à la
« vérité, mais dont les expressions sont tellement
« claires, qu'il serait impossible, à quiconque
« connaît mademoiselle d'Arancey, de n'être pas
« convaincu de son intelligence avec vous. — Par
« grace, mon cher oncle, permettez-moi de dire
« un mot. — Voyons ce mot, monsieur. — Je n'ai
« écrit qu'une lettre. — Je le sais, monsieur; mais
« avez-vous connaissance de la seconde? — Mon
« cher oncle, je vous jure que non. — Mademoi-
« selle d'Arancey me l'avait juré pour vous. Voici
« sa réponse, monsieur. — Comment, mon on-
« cle, vous avez daigné... — Oui, monsieur, j'ai
« mieux aimé être votre commissionaire, que de
« vous voir compromis avec ce faquin, qui pâlit
« en affectant une contenance ferme. Monsieur,
« qui confie ses secrets à son valet est un sot;
« qui lui livre l'honneur de sa maîtresse est cri-
« minel. J'ai fini, monsieur. Que je ne vous gêne
« pas : voyez ce qu'on vous écrit. »

« Votre piqueur, monsieur... Monsieur, répète
« Charles en soupirant. — Lisez, lisez donc. —
« Votre piqueur, monsieur, a la hardiesse de
« m'écrire. Monsieur votre oncle me rassure sur

« votre santé, et on s'appuie cependant d'une
« maladie imaginaire pour me faire des proposi-
« tions indignes de moi... Ah, Guillaume, ah,
« malheureux! s'écrie Charles. — Poursuivez,
« monsieur, poursuivez. — Vous les ignorez, sans
« doute, ces propositions, car, si je vous ai mon-
« tré de la faiblesse, je n'ai pas du moins mérité
« votre mépris. Ce billet est le dernier que vous
« recevrez de moi. Monsieur votre oncle le veut
« ainsi, et je me soumets.

Je vous salue.

Sophie d'Arancey.

« Mon oncle, je ne peux m'y méprendre, c'est
« vous qui lui avez dicté ce billet. — Non, mon-
« sieur; mais je l'ai décidée à l'écrire. — Et vous
« n'avez pas craint de me désespérer. — Je ne
« crains jamais rien, quand je fais mon devoir.
« — Votre devoir, cruel... votre devoir! — N'ou-
« bliez pas les vôtres, monsieur. Le premier est
« la soumission, et mademoiselle d'Arancey vous
« en donne l'exemple. Insensé, vous parlez de
« mariage! Comment exigerez-vous de vos en-
« fans ce respect que vous êtes prêt à me refuser.
« Vous parlez de mariage! et vous ne savez pas
« encore qu'il faut honorer avant, celle qu'on
« veut estimer après. — Mon oncle, mon cher
« oncle, je suis sans excuse, je le sens; mais ayez
« pitié de votre infortuné neveu; ne m'accablez
« pas de toutes les manières à la fois. Laissez-moi

« du moins la satisfaction de lui écrire, de sa-
« voir qu'elle ne m'oublie pas. Vous n'avez jamais
« aimé, mon oncle... — Non, jamais. — Et vous
« ne soupçonnez pas quel trait empoisonné vous
« enfoncez... — Finissons, finissons, s'il vous plaît.
« Est-ce un roman que nous faisons ici ? » Et
M. Botte sonne.

Tous ses domestiques entrent à la fois. « Je
« vous ai fait dire de vous tenir prêts au premier
« signal, et je vais vous notifier mes intentions :
« elles sont invariables. Je défends, à qui que ce
« soit, de monter à cheval, pour quelque cause
« que ce puisse être, sans mon ordre positif. Je
« défends qu'on se charge d'aucun message écrit
« ou verbal qui ne sera point émané de moi. Je
« défends qu'on laisse entrer qui que ce soit au
« château, sans m'en prévenir à la minute, et
« qu'on y reçoive personne en mon absence, Ho-
« reau excepté. Je veux bien vous déclarer qu'il
« s'agit ici d'autre chose que d'une cruche de vin
« volée, et si quelqu'un transgresse mes ordres,
« il encourra, sans espoir de retour, toute mon
« indignation.

« Guillaume, je vous chasse, et j'interdis, à vos
« anciens camarades, toute communication avec
« vous. L'affaire que vous savez n'est connue
« que de moi, de mon neveu, de certaine dame
« et de vous. S'il en transpire quelque chose,
« c'est que vous aurez parlé, et alors, malheur à
« vous. »

Ses domestiques retirés, il dit à son neveu :
« Il m'en aurait trop coûté de vous humilier de-
« vant mes gens. Je vous ai ménagé, autant que
« je l'ai pu; mais j'en ai dit assez pour que per-
« sonne ne vous obéisse. Je vous laisse votre li-
« berté, parce que je vous ai mis dans l'impossi-
« bilité d'en abuser : mademoiselle d'Arancey ne
« vous recevra plus.

Allons, allons, se disait M. Botte, en rentrant dans son appartement, il faut que j'avoue qu'il m'en a coûté pour jouer le père noble pendant un quart-d'heure ; mais j'aime à me rendre justice : je n'ai, parbleu, pas mal rempli mon rôle.

Il est inutile de peindre ce que souffrait Charles, privé de toute espèce de communication avec son amie. Ceux qui aiment se feront un tableau fidèle de son état ; les gens indifférens ne comprendraient pas l'espèce de frénésie qui l'égarait. Il accusait, et son oncle, et Sophie, et le ciel, et ne sachant plus à qui s'en prendre, il s'accusait lui-même. Il semblait se complaire à chercher tous les raisonnemens qui pouvaient éteindre jusqu'au dernier reste d'espérance. C'est ce qu'on appelle, je crois, en tragédie, en drame et en roman nourrir sa douleur. Il la nourrissait en pure perte; l'oncle barbare n'était pas témoin de ses transports; il n'y avait pas seulement d'écho dans sa chambre.

Le matin, il était défait, pâle, abattu comme une fleur frappée d'un coup de soleil, et il s'en applaudit : c'est ainsi qu'il faut être pour intéresser. Il descend, persuadé que son oncle, qui ne veut pas l'entendre, le regardera du moins. Il apprend qu'il vient de partir encore dans son cabriolet. Ce nouveau coup remonte sa tête affaiblie. « C'en est fait, dit-il, elle me sacrifie à la « fortune. Elle est indigne de m'occuper davan- « tage : qu'elle s'efface de ma mémoire et de mon « cœur. »

Ces choses-là sont très-faciles à dire. Je ne connais pas d'homme qui n'en ai dit autant au moins une fois en sa vie; mais l'exécution?..... Charles, en parlant ainsi, courait de chambre en chambre, et il ne s'apercevait pas que deux ruisseaux de larmes venaient de s'ouvrir, et qu'il se donnait en spectacle aux gens de la maison qui se trouvaient sur son passage. Ils l'aimaient, parce qu'il était bon, et, à cent questions différentes, dictées toutes par un intérêt vrai, il répondait : « Qu'elle s'efface de ma mémoire et de « mon cœur. »

Cette manière de répondre n'était pas propre à dissiper les inquiétudes. On le crut fou, et on commença hautement à déplorer son sort. On se confirma dans cette opinion, lorsque Charles, qui entendait à merveille, confus du ridicule qu'il se donnait, s'enfuit à toutes jambes, et fut se renfermer chez lui. Quand le maître est absent, et le neveu en démence, la femme de charge est vice-reine, et comme l'autorité est le hochet des gens de toute espèce, la femme de charge donna emphatiquement ses ordres. On ne grille pas des croisées en une heure ; mais il ne faut pas tant de temps pour les boucher avec des matelas, et pour ôter à un malade tous les meubles et les instrumens qui peuvent lui être nuisibles : voilà ce que prescrivit la dame, et sept à huit domestiques menaçaient déja Charles d'une obscurité absolue : « Vous vous trompez, mes amis, leur dit-« il avec un sourire plein de douceur. Ma raison « n'est pas aliénée ; je serais trop heureux de l'a-« voir perdue. » Comme tout le monde sait qu'un homme qui sourit avec douceur n'est pas maniaque, la femme de charge, qui se piquait d'avoir du caractère, osa s'approcher de Charles. Elle lui parla ; il répondit juste. Elle s'assit près de lui, le consola, l'encouragea, sans savoir de quoi il était question. Mais il y a un protocole qui s'applique à toutes les maladies de l'ame. C'est ainsi que ceux qui visitent, par politesse, ou par intérêt un moribond, à qui ils ne savent que dire, lui répètent le mot *patience* jusqu'à satiété. C'est avec ce mot qu'on calme quelquefois le prisonnier qui soupire après sa liberté ; le plaideur qui attend un jugement ; le mari qui a une femme acariâtre ; le papa devenu grand-père avant le mariage de sa fille, etc., etc.

Quelque violens que soient nos chagrins, nous aimons à être plaints ; nous savons gré à ceux qui nous entourent d'entrer dans notre situation. Le cœur s'ouvre, alors, à un sentiment doux qui le soulage. Charles, qui, dans toute autre position, aurait ri des contes de la femme de charge, lui prêtait une oreille attentive ; il lui contait ses peines sans s'en apercevoir. Il semble qu'on en diminue le poids, en croyant les verser dans le sein d'un autre, et le malheureux, qui n'avait plus son Guillaume, avait besoin de quelqu'un qui l'écoutât. La femme de charge savait tout, excepté le nom de la demoiselle, et les vues que Charles soupçonnait à son oncle.

Les femmes sont compatissantes. On les en loue, comme on applaudit à leur beauté, sans réfléchir que ce sont deux dons de la nature, où leur volonté n'est entrée pour rien. Elles sont compatissantes, surtout pour les peines d'amour, parce que ce sont celles qu'elles éprouvent le plus fréquemment, et par l'impossibilité de prévenir l'aveu d'un amant, et par les combats que l'amour livre à la vertu, lorsqu'elles se sont déclarées, et par l'inconstance des hommes, qui ne leur laisse souvent que le regret de s'être rendues. La confiance de Charles lui valut des soins plus affectueux, plus suivis. Les conseils vinrent ensuite, car nous avons tous l'amour-propre de vouloir conseiller : il semble que celui qui se rend à notre avis, reconnaisse en nous une sorte de supériorité.

De mille et un conseils que reçut Charles, et auxquels on joignait, tantôt un consommé, tantôt la gelée de pommes, un seul lui parut bon à suivre : c'était d'écrire à son oncle, puisqu'il ne voulait pas l'entendre. Il était à présumer, qu'à travers ses fréquentes exclamations, il lirait une lettre du commencement à la fin, et Charles se mit à son secrétaire.

C'est une grande affaire que d'écrire à ceux qu'on craint. Il faut ménager leurs opinions, leurs faiblesses, et quelquefois leur bêtise. Il faut leur dire qu'ils ont tort, sans les heurter, sans les offenser, et il faut plus que de l'esprit pour cela. Aussi Charles déchirait, recommençait et déchirait encore. Ce n'est pas qu'il manquât d'esprit; mais il était très-amoureux, et nous savons ce qu'est un amoureux aux yeux de tout le monde, sa maîtresse exceptée. La journée se passa à causer, à prendre des restaurans et à écrire. Cette lettre, si difficile à faire, se fit enfin, et la dernière ne valait pas mieux que les autres. Mais Charles ressemblait alors à ces auteurs qui sont persuadés d'avoir fait un excellent ouvrage, quand ils ont tourmenté long-temps une imagination bien ingrate.

La femme de charge, qui met de l'importance à tout, vient lui dire, à l'oreille, que M. Botte est rentré. Il se lève pour aller remettre sa lettre, et il donne, en passant, un coup d'œil à la glace; bien involontairement sans doute, car un amant malheureux ne doit pas s'occuper de sa figure. Il se trouve, au moins, aussi laid que le matin;

plus, ses cheveux en désordre, le col de la chemise ouvert; il est presque tenté d'être content de lui.

Il se présente à l'appartement de son oncle ; le valet de chambre lui dit que monsieur s'est trouvé incommodé, qu'il s'est couché, et qu'il repose. Charles s'en retourne tristement ; la femme de charge lui fait bassiner son lit, l'engage à se reposer, et Charles se laisse déshabiller, bien décidé à ne pas dormir pour être plus mal encore, s'il est possible, le lendemain. Mais la nature, qui ne se prête pas à nos petits arrangemens, agit d'après ses lois ordinaires : Charles dormit et profondément. Il était très-beau en se réveillant, et il n'en fut pas plus gai.

Il se présente de nouveau à l'appartement de M. Botte. « Il est parti, monsieur. — Quand ? — « Au point du jour. — Comment ? — Dans son « cabriolet. — Pour aller où ? — Il ne me l'a pas « dit, monsieur. »

Charles, excédé de tous ces contre-temps, et ne sachant à quoi s'arrêter, fut consulter la femme de charge, qui, prenant goût à un rôle qui lui donnait une certaine consistance, lui conseilla, après avoir réfléchi long-temps, de placer sa lettre sur le bureau de son oncle, qui ne manquerait pas de la trouver le soir. C'est que les bons conseillers ne sont pas faciles à trouver, et voilà pourquoi nos rois ne consultaient leur conseil que pour la forme.

Le valet de chambre n'avait pas de raison pour empêcher Charles de déposer une lettre sur le bureau de son oncle. Le pauvre jeune homme cherche l'endroit où sa supplique sera mieux en vue, et son nom le frappe sur un papier qu'il rangeait pour mettre le sien en évidence. Il était clair que cet écrit avait rapport à lui, et s'il y avait de l'indiscrétion à le lire, il était constant que personne n'en saurait rien. Nous connaissons bien des gens que la certitude de l'impunité a conduits bien plus loin. Charles lit :

« Envoyez-moi de suite, monsieur Horeau,
« mon tapissier et mon peintre. Que le premier
« apporte deux ameublemens de la première élé-
« gance, et l'autre des couleurs de toutes les fa-
« çons : le prix n'y fait rien.

« Charles, à ce que m'a dit mon valet de cham-
« bre, fait des extravagances qui me déplaisent
« autant qu'elles me donnent d'inquiétude. Déci-
« dément, il a besoin d'une femme, et je veux
« le marier, pour en finir. Demain, je le pré-
« sente à sa future, qu'il ne connaît pas encore... »

« C'en est trop, c'en est trop, s'écrie le jeune
« homme : je n'obéirai pas. » Il déchire sa lettre,
« et écrit au bas de celle de son oncle :

« Vous n'avez pas le droit de disposer de moi.
« Gardez vos bienfaits; ils sont trop chers à ce
« prix. Soyez heureux, si vous pouvez l'être après
« avoir causé ma mort. »

Il sort; il rencontre le valet de chambre, et

lui applique un vigoureux soufflet, pour le guérir de la manie des rapports; il se fait ouvrir la porte; il traverse une partie du village. Guillaume était devant la maison de sa petite veuve, sur le compte de laquelle on jasait... ah! « Hé, où allez-vous, « monsieur, dans ce désordre effrayant? — Je « vais me noyer. — Comment vous noyer! — « Mon oncle veut me marier... — Je ne vois là « rien de désespérant. — A une femme que je ne « connais pas. — On fait connaissance. — Et que « je déteste déja. — Il n'est pas nécessaire d'aimer « sa femme, et puis, n'avez-vous pas la ressource « du huitième sacrement? — Lequel donc? — « Le divorce est le sacrement de l'adultère. — « Pas de mots. Tu dois aussi être las de la vie. — « Moi, monsieur? pas du tout. — Viens te noyer « avec moi. — Écoutez-donc, monsieur, il est « toujours temps d'en venir là. Réfléchissons un « peu, s'il vous plaît. — Mes réflexions sont faites. « Veux-tu te noyer? — Non, monsieur. — Adieu « donc, Guillaume. » Et Charles s'en allait droit à la rivière.

Le piqueur l'arrête par le bras. « Un moment « donc, monsieur. Vous avez réfléchi, c'est à mer- « veille; mais je suis bien aise aussi de vous com- « muniquer mes idées. Il ne faut pas vous ma- « rier, puisque vous avez tant d'aversion pour la « future, et il faut bien moins vous noyer, parce « qu'il n'y a pas de remède à cette sottise-là. — « Il n'y a pourtant qu'un de ces deux partis à

« prendre. — Bah! Vous sentez-vous la force
« de résister à votre oncle en face? — Non. —
« Hé bien, partons. — Pour aller où? — Je n'en
« sais rien. — De quoi vivrons-nous? — Deux
« jeunes gens aimables sont-ils jamais embarras-
« sés? — Mais tu as une maîtresse... — Nous com-
« mençons à être las l'un de l'autre. Et puis, elle
« n'a presque plus rien. Je veux être généreux,
« et lui laisser quelque chose. Avez-vous de l'ar-
« gent? — Trente louis, environ. — Avec cela et
« mon activité, nous ferons le tour du monde. »

On n'est pas très-fâché, quand on veut se noyer, de rencontrer quelqu'un qui en empêche. Par désespoir et par ostentation, Charles se fût jeté à l'eau. Gagné par des raisons qui n'étaient pas fort bonnes, mais qu'un reste d'amour pour la vie lui faisait trouver excellentes, il se laissa conduire. Guillaume le fit entrer chez sa veuve; lui fit prendre un verre de vin; mit deux ou trois chemises dans ses poches; sortit sans prendre congé de la délaissée; mena son désespéré à la poste, le monta à bidet, et fouette, postillon.

M. Botte rentra à son heure ordinaire, très-satisfait des opérations de sa journée. Qu'avait-il fait? Vous le saurez plus tard. Il ordonne qu'on lui envoie son neveu : « Il est sorti, monsieur.
« — Quand? — Ce matin. — Comment? — A
« pied. — Pour aller où? — Il ne me l'a pas dit,
« monsieur. »

Le cher oncle, sans s'inquiéter davantage, passe

dans sa chambre pour finir son épître à Horeau, et l'expédier par un de ses gens. Il lit les deux ou trois lignes de son neveu, et il demeure anéanti. Revenant bientôt à sa vivacité naturelle, il se lève, en s'écriant avec violence : « Oh, le mal-« heureux ! il me fera mourir. » Il court le château à son tour, en répétant : « Le malheureux ! « le malheureux ! » Il s'en va dans le village, et laisse ses gens persuadés qu'une maladie particulière est attachée à cette famille-là.

Il entre dans toutes les maisons. Il s'informe. Les uns ont seulement vu passer Charles ; les autres ne l'ont pas vu du tout, et, à chaque démarche infructueuse, il s'écriait : « Le malheureux « me fera mourir. »

Il interrogea enfin la petite veuve, dont il ignorait les petites intrigues, et là, il commença à respirer. Il apprit que Charles avait voulu se noyer ; que Guillaume l'en avait empêché, et qu'ils étaient allés prendre des chevaux à la poste.

« Je n'aurais pas cru, dit M. Botte, en allant à « la poste, que ce coquin de Guillaume put faire « une bonne action. Ces gredins-là ressemblent « apparemment à ceux qui ont la fièvre intermit-« tente : ils ont leurs bons et leurs mauvais jours. »

Il fait appeler le postillon qui a conduit son neveu. « Quelle route a pris mon drôle ? — Celle « de Mantes, monsieur. — Vite, des chevaux à « ma chaise, et un courrier en avant. »

Il se donne à peine le temps de prendre du linge,

son couteau de chasse, une volaille froide et un flacon de son meilleur vin. La femme de charge, son valet de chambre lui font mille observations sur les inconvéniens de ce départ précipité, sur la fatigue qu'il doit causer, sur les accidens qui peuvent en résulter. Une transpiration arrêtée... « Je m'en moque. — Une attaque de goutte dans « un cabaret de village. — Je m'en moque. — Une « sciatique, une paralysie, une apoplexie. — Un « diable qui vous emporte. — Si M. Horeau était « ici... — Il n'y est pas. — Vous pourriez faire « partir quelqu'un de sûr... — Hé, le fugitif se « moquerait de tout le monde. Il n'y a que moi « qui puisse le ramener, et il faut que je le trouve. « Si ce malheureux peut vivre sans moi, je sens « que je ne peux vivre sans lui. » Il ordonne au postillon, qui court en avant, de s'informer à chaque poste de la route que suit son neveu, et le voilà lui-même roulant sur le chemin de Mantes, au grand galop de deux forts chevaux.

Charles et Guillaume allaient de leur côté comme des gens qui craignent d'être suivis, et ils étaient toujours parfaitement montés, parce qu'ils payaient partout en grands seigneurs. Leur manière de voyager avait bien ses désagrémens : des bottes à la hussarde, des pantalons de velours, et à toutes selles ; mais des déserteurs n'y regardent pas de si près. Le grand air, le mouvement du cheval, la variété des objets, tout contribuait à rafraîchir le sang salpêtré de Charles. Il ne disait rien à

Guillaume; mais, en dépit de douleurs causées par une excoriation naissante au coxis, il se félicitait intérieurement de ne s'être pas noyé.

En arrivant à Mantes, le piqueur, qui s'était érigé en *factotum*, demanda la poularde fine, et Charles en mangea sa moitié sans trop se faire prier. Quelques verres de Bourgogne, que son compagnon versait à de courts intervalles, dissipèrent, en partie, les nuages qui embrunissaient son imagination, et en arrivant à Vernon, c'était presque un homme comme un autre.

M. Botte payait comme eux, allait aussi vite qu'eux, et ne s'arrêtait nulle part; mais ils avaient sept à huit heures d'avance, et, probablement, il ne les eût joints que sur les bords de l'Océan, ou en Angleterre, ou aux grandes Indes, sans un accident qui peut arriver à tout le monde; mais qui dérangea singulièrement les projets des uns, en servant ceux de l'autre.

Charles avait donné quelques louis à Guillaume pour payer leur dépense commune, et le reste de son or était dans une poche de son gilet. Les soubresauts continuels du précieux et lourd métal avaient enfin percé la poche. Charles, en descendant de cheval à Vernon, reconnut qu'il était ruiné.

Dans toutes les contrariétés qu'il éprouvait, son premier mouvement était de s'affliger, et celui de Guillaume de chercher un remède au mal. Il vide ses poches, rassemble sa grosse et sa me-

nue monnaie, et se trouve encore possesseur de dix-huit francs. Charles se désole, en contemplant ces tristes restes, et Guillaume se met à rire.
« Écoutez donc, monsieur, il fallait en venir là
« un mois plus tard : supposons que nous avons
« vécu un mois de plus, et puis misère est mère
« d'industrie. Tant que j'ai de l'argent je suis pa-
« resseux comme un maître. — Si du moins je
« savais un métier. — Fi donc, monsieur, c'est
« la ressource de ceux qui n'en ont point. Je joue
« très-bien au billard, pas mal du violon, parfai-
« tement le piquet, et nous avons deux figures
« avec lesquelles on se présente partout. D'abord,
« monsieur, nous allons renoncer aux chevaux de
« poste, par la raison très-simple que nous n'a-
« vons plus de quoi les payer, et que nos posté-
« rieurs se refusent à cette manière de voyager.
« Nous monterons sur la galiote de Rolleboise,
« qui est bien la plus jolie petite voiture... Vous
« ne la connaissez pas, monsieur? — Non, Guil-
« laume. — Vous en serez enchanté. Une diver-
« sité, une odeur, des aisances !... et ce qui est
« à considérer, dix à douze sous par personne,
« pas davantage, pour faire dix à douze lieues.
« — C'est quelque chose que ce dernier article.
« — Et comme les situations les plus désastreuses
« en apparence, ont toujours un beau côté, si
« monsieur votre oncle fait courir après nous,
« ce qui est possible, et même probable, ses li-

« miers se trouverons en défaut à Vernon, parce
« que nous allons nous embarquer incognito. »

Charles n'avait pas d'idée de cette galiote de Rolleboise, et, en y entrant, il se crut dans l'arche sainte, où s'entassèrent tous les animaux que le Père-Éternel voulut conserver, et d'où fut exclus le serpent, maudit pour avoir tenté Ève, ce qui fait que je suis très-embarrassé pour savoir d'où viennent ces beaux serpens à sonnettes, qui font tant de peur aux voyageurs, et ces nègres, et ces Albinos, et ces Caffres, qui ne sont ni de la structure, ni de la couleur de Noé. Supposons, pour tout concilier, que madame son épouse et mesdames ses brus enfantèrent des monstres pour multiplier les espèces; admettons que les controversistes et les inquisiteurs sont aussi descendans de Noé, et Dieu nous garde de toutes les espèces de monstres qu'il a mises au monde pour ses menus plaisirs.

Revenons à la galiote, aussi mal bâtie et aussi dégoûtante que l'arche. Vingt à trente nourrices, chantant chacune leur air pour apaiser le nourrisson qui crie, le torchant, en lui présentant un bouton couleur de suie de cheminée, et serrant précieusement, sous leur siége, et la couche et le contenu; des soldats fumant, buvant, jurant; des marchands de bœufs jouant à la *quarante de rois*, avec des cartes grasses, et tout le monde parlant à la fois; un air épais, dont les poumons repoussent en vain les impuretés, et enfin la courbe du bâtiment, qui contraint ceux qui sont assis le long du bordage à passer vingt-quatre heures les reins ployés en deux, voilà la galiote de Rolleboise. On y trouvait autrefois des capucins, dont le fumet s'alliait à merveille aux autres odeurs.

« Allons, monsieur, dit Guillaume, un peu de
« courage. Vous n'avez jamais fait de réflexions
« sur les avantages d'un air doux et pur. Vous
« verrez demain avec quel plaisir vous respirerez
« celui de la campagne : il n'est pas de petite ob-
« servation pour le sage. » Après cette courte exhortation, Guillaume s'approcha des marchands de bœufs. Il raisonna sur les coups, pour entamer la conversation; il parla du marché de Poissy; il se récria sur l'énormité des droits qu'on y perçoit, et il prouva, avec sagacité, que les droits excessifs sont la ruine d'un gouvernement, parce qu'ils produisent la fraude. Il ajouta que les droits modérés ne laissant pas au fraudeur un bénéfice proportionné aux risques, le trésor public y gagne et par des rentrées plus considérables, et par des gages de moins à payer aux employés. Les marchands de bœufs, charmés de sa logique, posèrent leurs cartes, et, pour gage de leur bienveillance, le régalèrent d'un petit verre de détestable eau-de-vie, que dans la galiote, comme dans les maisons d'arrêt, on vend très-cher aux prisonniers.

A la faveur de ses gentillesses, Guillaume parvint à faire son cent de piquet, et c'est là qu'il en voulait venir. Je ne sais si la fortune lui fut favorable, ou s'il en savait plus que le jeu; mais, en deux ou trois heures, il gagna de quoi payer la barque, et vivre grandement le lendemain, séance remarquable pour des gens à qui il ne restait presque rien.

Comme on n'allume qu'une chandelle dans la galiote, qu'on ne la mouche jamais, qu'on ne peut pas jouer, sans y voir, avec des cartes dont les signes sont couverts d'un glacis de crasse, Guillaume renonça à pousser sa chance; il se coucha sous son banc, parce qu'il ne pouvait plus tenir dessus; il appuya douillettement sa tête sur un paquet de couches, qui se trouva à sa portée, et il s'endormit en répétant : « C'en est, dé-« cidément c'en est. »

Depuis long-temps Charles, à qui l'intérieur était insupportable, s'était établi sur le pont. Étendu sur des cordages, il regardait les étoiles en pensant à mademoiselle d'Arancey. Une nuit se passe de cette manière comme au bal. Qu'importe, quand le jour paraît, qu'on se soit amusé ou non la veille? Le passé n'est plus, le présent nous flatte peu, et notre imagination nous pousse dans l'avenir.

C'est en se jetant dans cet avenir, que M. Botte supportait la continuité d'un voyage, dont le succès était fort incertain. Lorsqu'il arriva à Vernon,

il avait gagné une heure ou deux sur les fuyards,
et il espérait les joindre le lendemain soir : c'est
beaucoup que d'espérer. Mais que le prophète-
roi a raison de dire que les projets des hommes
ne sont que vanité. M. Botte se désespère, en
apprenant que son neveu a quitté la poste à Vernon, et qu'on ne sait de quel côté il a tourné. Il
met en l'air tous les domestiques de l'auberge ;
il caresse, il gronde, il promet ; il va lui-même
de cabaret en cabaret ; il dépeint son déserteur
et son compagnon. Ses émissaires courent à l'entrée des différentes routes. On se réunit sans
avoir le moindre renseignement, et M. Botte finit
par se dépiter, s'emporter, tempêter et se mettre
à table.

En faisant honneur à un copieux repas, il
pensait au parti qu'il avait à prendre. Le plus
court était de retourner à son château, et, en
effet, que pouvait-il gagner à imiter ces héros de
roman, qui vont sans savoir où, et qui cherchent,
sur la route de Calais, leur dame, qui a pris le
chemin de Bordeaux ? Il interrompait ses réflexions
par des imprécations énergiques contre son neveu, contre ceux qu'il venait de payer largement,
et qui n'avaient rien découvert, et il se félicitait
intérieurement qu'au moins Guillaume fût avec
Charles pour l'empêcher de se noyer.

Il avait passé le reste de la journée à penser,
à manger, à crier, comme Charles passait la nuit
à compter les étoiles, et il se disposait à se cou-

cher, lorsqu'un domestique avisé lui dit tout à coup, en bassinant son lit : « Monsieur, il me vient
« une idée lumineuse. — Voyons-la, maladroit.
« — Personne n'a pensé à la galiote, et... — Un
« louis pour toi, si tu me fais découvrir quelque
« chose. » Il sort en manteau de lit, sans penser à reprendre sa perruque; le valet court après lui, un falot à la main; ils entrent au bureau. Les signalemens donnés avec la plus scrupuleuse exactitude, le buraliste répond avec humeur qu'il est là pour faire sa recette, et non pour guetter au passage les enfans de famille, qui font des frasques à leurs parens. M. Botte envoie le receveur au diable; le receveur réplique sur le même ton. M. Botte lui jure qu'il le fera casser; le receveur lui rit au nez. M. Botte veut lui couper les oreilles : il a laissé son couteau de chasse à l'auberge.

Le valet, qui veut gagner son louis, ne se rebute pas, et conduit le cher oncle chez un de ces êtres qui ne font rien de toute la journée, à l'exception de deux heures, où ils attendent les voitures de terre et d'eau, pour s'emparer des paquets des voyageurs, et les faire contribuer. Celui-ci se rappela très-bien d'avoir vu monter sur la galiote les deux hommes qu'on lui désignait.
« Prends bien garde de te tromper. — Oui, mon-
« sieur. — Habit vert, paremens, collet et poches
« galonnés. — Oui, monsieur. — Chapeau bordé.
« — Oui monsieur. — Cinq pieds six pouces. —
« Oui, monsieur. — Cheveux châtains. — Oui, mon-

« sieur. — Figure heureuse. — Oui, monsieur. —
« Puisque tu as si bien observé, tu me diras
« comment l'autre est fait. — Rien de remarqua-
« ble, monsieur... — Comment, maraud ! — Qu'une
« très-belle tête... — A la bonne heure. — Un peu
« de votre air. — Peut-être bien. — La taille admi-
« rable. — C'est cela, mon ami, c'est cela. Le
« malheureux enfant est sur la galiote. »

La vérité est que le crocheteur n'avait rien
observé du tout; mais on l'avait prévenu qu'il
serait bien payé, et de l'argent qu'on escroque
n'est pas de l'argent volé, selon le code de la canaille, et de bien des gens dits comme il faut. Au
reste, le crocheteur avait deviné juste, c'est tout
ce qu'il fallait à M. Botte, qui paya, qui rentra,
et qui se consulta ainsi qu'il suit.

D'abord, il était excédé d'avoir couru en chaise
et à pied; ensuite, il y avait environ douze heures
que la maudite galiote était partie; enfin, il était
impossible de se trouver au débarquement. Ce
qu'il y avait de mieux à faire était donc de se
coucher, et c'est ce que fit M. Botte. Il s'endormit
en pensant que deux hommes, qui ne vont qu'à
petites journées, sont bientôt pris, surtout quand
on a des renseignemens aussi positifs que ceux
du crocheteur.

Le lendemain, Charles et Guillaume étaient
entrés modestement, à pied, aux Andelys, ville
assez ignorée du vulgaire; mais très-connue des
antiquaires par un puits, que Caligula, qui aimait

l'extraordinaire, fit percer sur une pointe très-élevée, dont la Seine baigne la base. Or, comme la pointe est d'un accès assez difficile, les habitans puisent tout bonnement de l'eau à la rivière, et abandonnent le puits de Caligula, ou d'un autre, qui n'en est pas moins une extravagance remarquable.

« Personne, monsieur, dit Guillaume, ne viendra nous chercher ici. — Je ne le crois pas. — Ce trou est éloigné des grandes routes. — Je le sais. — Passons-y la journée. — Soit. — Vous vous reposerez. — J'en ai besoin. — Et moi, qui ai la tête et le cœur libres, je ferai la petite partie. — Tu perdras notre reste. — Si je ne le joue pas, nous le mangerons dans deux jours, et je ne trouve encore ici qu'une très-petite différence. — Tu as raison. — Et puis, monsieur, des jeunes gens, aimables comme nous, se tirent toujours d'affaire. Les femmes des petites villes aiment beaucoup les étrangers, parce qu'ils emportent le secret avec eux. — Oh, ne me parle plus des femmes. — Je m'étais promis de ne plus manger de truffes, qui m'avaient donné une indigestion de tous les diables : deux jours après j'en étais fou plus que jamais. — Oh, j'ai du caractère. — Chanson. — Les femmes me sont odieuses. — Cela ne durera pas. — Toute ma vie. — Tarare ! » Et en causant ainsi, ils entrèrent à l'auberge de *l'Égalité*, où on est considéré et servi à l'égalité de ses moyens.

CHAPITRE III.

Aventures.

On ne s'annonce pas fastueusement quand on a vingt ou trente francs à deux, et on prend naturellement sa place au coin du feu de la cuisine.

C'est là que Charles pensait, en déjeunant, à sa splendeur éclipsée, aux désagrémens qui l'attendaient, aux difficultés d'exister, et à l'humiliation de vivre en égal avec un valet, assez mauvais sujet. Mais, lorsqu'il se rappelait les procédés affreux de mademoiselle d'Arancey, et, surtout, ce mariage arrêté, il sentait la nécessité de fuir, n'importe comment, et il se résignait.

Guillaume, toujours content de son sort, caressait sa bouteille à l'autre coin de la cheminée, et suivait des yeux tous les mouvemens du cabaretier, qui allait et venait, qui arrosait son rôt, sans faire beaucoup d'attention à lui. Il était pourtant nécessaire de connaître les ressources qu'offrait la ville à l'indigence adroite, et le gargotier s'obstinait au silence. Guillaume le rompit par une exclamation. « Parbleu, monsieur, « c'est une bien belle ville que les Andelys. — Su- « perbe, monsieur. — Deux mille ames au moins. « — Mais peu s'en faut. — De la société ? — Bril- « lante. — Des cafés, des billards ? — Et un spec- « tacle !... Ah ! c'est cela qu'il faut voir. — Un

« spectacle?... Ah, j'entends les marionnettes, les
« ombres chinoises... — Qu'est-ce que c'est, mon-
« sieur, qu'est-ce que c'est? des marionnettes,
« des ombres chinoises! la tragédie, monsieur, la
« comédie, jouées par des gens du premier mé-
« rite ; la troupe de Mortagne, entendez-vous,
« monsieur, la troupe de Mortagne. La salle de
« plein pied, tapissée dans le pourtour d'un point
« d'Hongrie ; huit pieds d'élévation du théâtre à
« la charpente ; *Castigat ridendo mores* écrit en
« lettres noires sur un rideau gris, et douze sous
« aux premières places. Des marionnettes, des
« marionnettes !

« Je n'ai pas eu l'intention de vous offenser,
« monsieur. — Non, mais c'est que des marion-
« nettes... — Et les actrices sont-elles un peu jolies ?
« — Charmantes, monsieur. Il faut voir madame
« Floridor avec sa robe de gaze chinée, son jupon
« de damas jaune, son chignon retroussé, son
« chapeau à la bibi, et sa grande mouche à côté
« de l'œil gauche ; ses bras nerveux, son re-
« gard téméraire ; la voix un peu fatiguée ; mais
« des qualités ! point de domestiques, point de
« femme de chambre ; faisant tout elle-même, et
« faisant tout bien ; aimant son mari, ses cama-
« rades, son public ! oh ! madame Floridor est
« une femme accomplie. — Ce que vous m'en
« dites me donne la plus grande envie de la voir.
« Et où est ce spectacle enchanteur ? — Dans mon
« grenier, monsieur. » Guillaume, qui n'y tenait

plus, s'en fut sur la porte, pour ne pas rire au nez de l'impertinent louangeur.

Non-seulement le gros Thomas tenait spectacle dans son grenier; mais il logeait et hébergeait la troupe, ce qui ne plaisait pas du tout à madame Thomas, parce que ces messieurs et ces dames mangeaient beaucoup, buvaient de même, ne payaient pas, et que madame Floridor pinçait quelquefois les joues de son mari. Elle ne laissait échapper aucune occasion de marquer son mécontentement, et, choquée des éloges que son époux prodiguait à l'actrice, elle accourut les points sur les hanches : « Il te sied bien de te mêler de tout « cela. Fais la cuisine, animal. — Je la fais aussi, « ma femme. — Oui, et tu donnes ton bien à « manger à ces gens-là. — Ils me paieront. — Ja- « mais. — Voilà comme vous êtes, madame Tho- « mas. Et la pièce nouvelle qu'ils donnent ce soir, « où il y a du chant, de la prose, des vers, trois « combats, et deux empoisonnemens; et madame « Céphise qui débute dans cette pièce, et qui « arrive de Gisors, précédée d'une étonnante ré- « putation ; et le char du roi de Maroc qu'on « promène en ce moment par les rues, hem ? « d'ailleurs, ces messieurs m'abandonnent la re- « cette, et je la ferai moi-même à la porte. »

La contestation n'eût pas fini de long-temps, si Charles, que ses réflexions ne rendaient pas sourd, ne l'eût interrompue en riant aux éclats. Guillaume rentra, et se mit tout-à-fait à son aise.

Monsieur et madame Thomas, qui ne concevaient pas qu'on trouvât le mot pour rire dans ce qu'ils avaient dit, fronçaient déja le sourcil. Guillaume, qui avait toujours un moyen prêt, demanda une seconde bouteille, et la sérénité se rétablit sur les deux grosses faces.

Guillaume, voyant Charles en belle humeur, saisit le moment en homme habile, et le tira à l'écart. « Monsieur, lui dit-il, vous vous plaignez
« d'être sans asile, sans moyens, sans consistance.
« — Oui, cela m'affecte, Guillaume. — Ayons
« l'air de tenir à quelque chose. — C'est la diffi-
« culté. — Rien de si aisé, faisons-nous comédiens.
« — Es-tu fou? — Pourquoi donc, monsieur? les
« sots les recherchent, les gens d'esprit s'en amu-
« sent, et qu'a-t-on à craindre quand on a pour
« soi ces deux espèces-là? — Mais des comédiens
« des Andelys! — N'en faites pas fi, monsieur:
« nous ne serons peut-être pas les meilleurs de
« la troupe. — Ah, Guillaume! — Vous êtes pi-
« qué, j'en augure bien. — Allons, va finir ta
« bouteille, et fais-moi grace de tes contes. —
« Je n'en démordrai pas, monsieur. Nous serons
« comédiens pour avoir un état, et je jouerai au
« billard pour vivre, car je prévois que les bé-
« néfices sont maigres dans le grenier de mon-
« sieur Thomas. Vous prendrez les amans pas-
« sionnés, c'est votre genre, et toutes les femmes
« soutiendront à leurs benêts de maris que vous
« êtes excellent. Moi qui ai l'esprit vif, une gaieté

« inaltérable, je jouerai les valets. Je serai de
« plus auteur : deux talens médiocres se sou-
« tiennent mutuellement. Je mettrai en vaude-
« villes la chronique scandaleuse de l'endroit. —
« On t'intentera des procès. — Je n'ai rien à per-
« dre. — On te mettra en prison. — On se lassera
« de m'y nourrir. Enfin, monsieur, nous n'avons
« rien, l'oisiveté ne vous vaut rien, et il faut
« jouer la comédie, ou vendre des chansons, ou
« nous faire prédicateurs. »

Et sans attendre la réponse de Charles, Guillaume va chercher monsieur Thomas, jusque dans son garde-manger. « Je suis touché, notre cher
« hôte, des scènes scandaleuses que vous fait
« votre femme. — Cela ne regarde personne. —
« Laide et vieille, elle doit être acariâtre. — Vous
« n'êtes pas obligé de coucher avec elle. — Mais
« je le suis, en conscience, de rétablir la paix
« dans le ménage. — Impossible, mon ami. —
« Pourquoi donc ? Madame Thomas craint que
« vos acteurs ne la paient pas, et je prétends,
« moi, doubler, tripler, quintupler leurs recettes.
« — Ah, parlons, monsieur, parlons. — Il faut
« que vous sachiez... Ah, qu'est-ce que c'est que
« ce violon, pendu entre ce gigot et ce jambon ?
« — C'est celui du musicien unique que nous
« possédons aux Andelys. Il s'est démis le poignet
« en tombant de dessus une escabelle, d'où il
« faisait danser la jeunesse du lieu. — C'est mal-
« heureux cela. — Et comme j'avais eu le malheur

« de lui fournir quelques pintes de cidre sur ses
« émolumens de la soirée, ma femme a mieux
« aimé les avoir données sur le violon que sur
« rien. — Permettez-vous, monsieur Thomas?...
« Diable! il n'est pas mauvais cet instrument-là.
« — Vous en jouez comme un ange. — N'est-ce
« pas? — Si je pouvais ajouter ce soir le mérite
« d'un orchestre aux charmes d'une pièce nou-
« velle. — Ah, j'entends, je ferais l'orchestre à
« moi tout seul. — Par conséquent pas de rivalité,
« pas de jalousie, pas de mauvais tours à craindre
« de vos camarades. Les applaudissemens pour
« vous, absolument pour vous. — Ce n'est rien,
« M. Thomas, que ces applaudissemens-là : je
« prétends à d'autres succès. »

Ici Guillaume prend cet air prépondérant, au
moyen duquel la nullité en impose aux imbécilles.
« Tel que vous me voyez, M. Thomas, je jouais
« avant-hier l'*Impromptu de Campagne*, à Rouen.
« — En vérité? — Je me suis sauvé en habit de
« costume, parce que le commissaire de police,
« dont la femme avait des bontés pour moi, vou-
« lait me faire arrêter à la sortie du spectacle,
« *par mesure de sûreté générale.* Vous sentez
« combien il est avantageux de se sauver en ha-
« bit de costume : on est toujours prêt à entrer
« en scène. Mon camarade n'est pas de ma force ;
« mais il promet, et puis la figure la plus heu-
« reuse, un air si décent... Oh, nous tournerons
« à nous deux toutes les têtes des Andelys. M. Tho-

« mas, il faut à l'instant même nous présenter à
« la troupe. »

Madame Thomas, qui ne se souciait pas du tout que la troupe se recrutât, vint dire à Guillaume, en le regardant sous le nez : « Que mon
« mari vous présente ou non, je vous déclare
« que je n'ai plus de place chez moi, et surtout
« à table. — Paix donc, ma femme, paix donc.
« Un acteur de Rouen!... — Fût-il de Paris : ils
« ne paient pas plus leurs dettes les uns que les
« autres. — Madame Thomas, voilà six francs.
« Prenez vos deux bouteilles et vos côtelettes de
« mouton », et Guillaume, en proférant ces mots en vrai héros de théâtre, jette majestueusement, et d'un bras arrondi, son écu sur la table.

Rien ne touche les humains de toute les classes comme de l'argent comptant. Pendant que madame Thomas rendait, Guillaume faisait sonner les deux ou trois écus qui restaient dans sa poche, et la cabaretière lui rendit sa monnaie avec assez de politesse. Guillaume osa l'embrasser d'un air moitié tendre, moitié badin, et madame Thomas ne tint pas à ce dernier trait. Elle sourit aussi agréablement que peut sourire une femme laide, et le cabaretier de s'écrier : « Hé bien, ma femme,
« je suis un imbécille, je suis une dupe, je dois
« me borner à faire la cuisine, je ne me connais
« pas en hommes... Non-seulement celui-ci est
« grand acteur, mais il joue du violon!... un petit
« air à ma femme, s'il vous plaît, monsieur. —

« Je n'ai rien à refuser à madame, » et Guillaume reprit le violon. Madame Thomas l'écoutait avec un plaisir, un ravissement, une extase... elle lui jeta tout à coup les bras au cou; puis, tournant sur un pied comme sur un pivot, elle crie à tue-tête, Baptiste, Baptiste ! Ce Baptiste était le garçon d'écurie.

« Baptiste, cours chez le tambour de ville, qu'il
« fasse un bruit d'enfer à tous les coins de rues,
« et qu'il annonce pour ce soir un violon... D'où
« vous ferai-je venir ? — Ma foi, madame d'où
« vous voudrez. — De l'Opéra. — Ah, ce serait
« trop fort. — Mais la recette sera faite. — Mais
« on se moquera de moi. — Mais la recette, mon-
« sieur, la recette ! — Mais le ridicule, madame, le
« ridicule ! — Vous viendrez de l'Opéra, monsieur,
« ou mon mari ne vous présentera point. — Al-
« lons, Baptiste, le sort en est jeté : je viens de
« l'Opéra. »

Ces derniers mots sont à peine prononcés, que M. Thomas quitte son tablier et son bonnet de coton. Il conduit Guillaume à son billard, où il était permis à ces messieurs de jouer pour rien, jusqu'à l'heure où les paysans arrivaient. Madame Thomas suivait son mari et le protégé, pour ajouter son mot en cas de nécessité.

Guillaume fait d'un coup d'œil la revue de la majorité de la troupe. Un grand drôle avait une redingotte de soie cramoisie, percée au coude; ses cheveux retroussés étaient encore chargés de

la poudre rousse de la veille, et la moitié du visage était couverte d'une brûlure qui disparaissait le soir, sous le blanc d'Espagne et le vermillon. Un autre était en bottines jaunes, probablement parce qu'on raccommodait ses souliers. Le troisième avait un habit noir, un gillet blanc rayé de rouge, une culotte de lustrine, et un vieux bas de soie lui servait de cravatte. La marque était tenue par une dame en petites mules vertes, en bas couleur de chair, en jupon court, piqué, blanc-sale; une gorge délabrée se laissait voir dans les intervalles d'un fichu de gaze éraillée, et à l'énorme mouche qui lui couvrait la tempe gauche, Guillaume reconnut madame Floridor. Il la salua très-respectueusement, et il allait commencer une harangue propre à lui concilier les bonnes graces de la princesse, lorsque le grand homme à la joue brûlée apostropha durement M. Thomas, et priva madame Floridor des jolies choses qu'on allait lui adresser. « Il est bien ex-
« traordinaire, M. Thomas, que vous soyez dans
« l'inaction à l'heure qu'il est. — Qu'y a-t-il donc,
« M. Floridor? — Le fourgon de Gisors va arriver,
« et la chambre de madame Céphise n'est pas
« prête. — On l'arrangera, M. Floridor. — Allons,
« allons, monsieur, un peu de vivacité. Votre
« table de noyer, vos six chaises de serge jaune,
« votre fauteuil à grand dossier, et qu'on pende
« au plancher votre lustre de fer-blanc, garni de
« ses quatre chandelles. Il est inouï, monsieur,

« il est inoui qu'un homme comme moi soit obligé
« de tout dire à un homme comme vous. — Vous
« le prenez avec mon mari sur un ton bien haut,
« M. Floridor. — C'est celui qui me convient,
« madame. — Apprenez qu'un homme comme
« monsieur Thomas vaut tous les comédiens du
« monde. — Présomptueuse cuisinière! — Cette
« cuisinière-là ne doit rien à personne, enten-
« dez-vous, monsieur? elle ne doit rien à per-
« sonne. — Parce que les gens de cette ville pré-
« fèrent le cabaret à la bonne comédie. Mais on
« a des ressources, madame, des effets, une garde-
« robe, et une pièce nouvelle ce soir. — Un salon
« dont la pluie a lavé la couleur sur vos charet-
« tes; un habit rose-pêche, broché en vert, dont
« une fleur vous couvre les deux épaules, et dont
« la queue se perd dans votre poche; une robe
« de procureur; un habit d'arlequin; un... — Du
« vin frelaté, des viandes passées, des sauces dé-
« testables, et de l'impudence, voilà vos ressour-
« ces, madame Thomas. — Que vous épuiseriez
« bien vite, M. Floridor, si je vous laissais faire.
« Ne soyez pas si dédaigneux, monsieur, ou je
« garde la robe de chambre d'indienne de mon
« mari, et ce soir vous jouerez votre empereur
« turc comme il vous plaira. — Ah, ma chère ma-
« dame Thomas, si je n'ai pas la robe de chambre,
« je suis perdu d'honneur, de réputation. — Vous
« apprendrez, monsieur, qu'il faut être civil, quand
« on a besoin des gens, et qu'on leur doit. — Vous

« avez raison, ma chère madame Thomas; mais
« je joue ce soir un tyran, et j'entrais dans l'es-
« prit de mon rôle. — Hé, monsieur, tyrannisez
« votre souffleur, vos accessoires votre femme,
« et laissez-moi tranquille. — Je reconnais mes
« torts, je m'en repens : que diable voulez-vous
« de plus? — Du vin frelaté, des sauces détesta-
« bles! — Mais entendez donc, barbare, que je
« vous fais mes excuses.

« — Allons, allons, ma femme, un peu de mo-
« dération. Ce qui prouve que monsieur ne pense
« pas ce qu'il dit, c'est qu'il fait tous les jours
« fête à notre vin et à nos sauces; ainsi pas de
« rancune. Il aura la robe de chambre, et tu y
« faufileras la bordure de ta pelisse, n'est-ce pas
« mon cœur? — Ah, M. Thomas, que de graces!
« — Mais j'y mets une petite condition. — Je l'ac-
« cepte, foi de premier rôle. — Je vous présente,
« monsieur, joli garçon comme vous voyez, qui
« s'est sauvé de Rouen en habit de costume, pour
« être toujours prêt à entrer en scène, et je vous
« ferai voir son camarade, le plus intéressant
« blondin... — Ah, mon cher Thomas, proposer
« deux sujets à une troupe déja surchargée. Cinq
« hommes et deux femmes! — Vous m'avez promis
« de vous soumettre à la condition imposée. —
« Et puis cela ne dépend pas de moi, mon cher
« Thomas : je n'ai qu'une voix au comité. — Ob-
« servez que monsieur, qui, avant-hier, jouait
« l'*Impromptu de Campagne*, à Rouën, manie un

« violon comme vous votre Corneille. — Ah, il
« joue du violon? — Ce joli cavalier joue du vio-
« lon? dit en minaudant madame Floridor. Mon-
« sieur joue du violon, répète la troupe en chœur. »

On se disposait à aller aux voix, et le comité, enchanté des politesses et des propos flatteurs de Guillaume, paraissait décidé en sa faveur, lorsqu'un petit homme, à jambes torses, entre dans le billard, frappant du pied, écumant de colère, et s'arrachant les cheveux : c'était le Crispin de la troupe. Ses camarades, terrifiés à son aspect, pressentirent quelque coup inattendu, et on oublia le récipiendaire, lorsqu'on entendit M. Poisson s'écrier d'une voix glapissante : « Tout est « perdu, désespéré. Nous sommes ruinés, égor- « gés, anéantis. » On se presse autour de lui, on le conjure de s'expliquer, et on apprend qu'on vient de rapporter Grandval avec une entorse qui ne lui permet pas de se tenir debout.

« Ciel, juste ciel! s'écrie à son tour Floridor! et
« il joue ce soir le coureur du roi de Maroc! il
« avait bien affaire d'aller au-devant de madame
« Céphise. Ce n'est rien, reprend Poisson, que
« l'accident de Grandval. Il aurait bien joué son
« coureur assis; mais madame Céphise est enle-
« vée. — Madame Céphise est enlevée! — Dieu!
« — Ciel! — Et pour comble d'horreur, elle était
« d'intelligence... Écoutez ce funeste récit. La per-
« fide n'a feint de venir aux Andelys, que pour
« se soustraire à un mari brutal. Un hussard su-

« perbe l'attendait sur la route, et l'a prise en
« croupe presque aux portes de cette ville. Grand-
« val, toujours grand, toujours magnanime, saute
« du fourgon, et saisit Céphise par la jambe. Elle
« s'attache à son ravisseur; le hussard pique des
« deux; le coursier s'élance. La violence du mou-
« vement enlève Grandval, et le jette à dix pas
« de là. Il tombe; le pied porte à faux; il enfle.
« Grandval veut se relever; il retombe aussitôt.
« On le remet dans le fourgon, et, dans cet in-
« stant, on le descend à la porte de l'auberge. »

La troupe éplorée court à la porte, pour s'assurer de l'état de l'infortuné Grandval. Il avait le pied gros comme la tête; les douleurs lui faisaient faire des grimaces épouvantables, et il lui était aussi impossible de jouer assis que debout. Il y avait d'ailleurs un coup de théâtre auquel on ne pouvait pas renoncer : le coureur du roi de Maroc sautait par-dessus la tête du soudan d'Égypte. « Quel effet perdu! disaient les uns. Quel
« revers! disaient les autres. Quelle fatalité! di-
« sait madame Thomas. Manquer une recette aussi
« considérable, une recette que je croyais tenir.
« Vous la toucherez, madame, dit Guillaume en
« se balançant le corps et en grossissant sa voix.
« Je jouerai le rôle du coureur, et mon camarade,
« plus petit que moi, jouera celui de la sultane.
« Bravo, s'écrièrent les comédiens, s'écria ma-
« dame Thomas, s'écrièrent les passans. » La réception des deux candidats fut proclamée à l'una-

nimité des suffrages, et le tambour de ville, qui passait en annonçant le violon de l'opéra, reçut ordre d'annoncer en même temps deux acteurs de Rouen, qui devaient remplir les principaux rôles.

Guillaume ne s'était pas informé si le sien était long ou court, difficile ou non : c'était un garçon qui ne doutait de rien. Il s'était beaucoup amusé jusque là, et il comptait sur un *crescendo* de plaisir. Une seule chose le chiffonnait un peu : c'était de savoir comment il déterminerait Charles à jouer la sultane.

Il fut le trouver, en se grattant l'oreille : c'est la grande ressource des gens embarrassés. « Ma
« foi, monsieur, je n'ai rien vu d'aussi original
« que cette troupe des Andelys, et je vous ré-
« ponds que la comédie vous amusera. — Oh, tu
« reviens à tes folies. — Convenez, monsieur, que
« nous n'avons guère à choisir que de la folie ou
« de la tristesse. Que gagnez-vous à être mélan-
« colique? — Oh, rien. Mais fais tes sottises tout
« seul. — Non, monsieur, vous serez de moitié.
« — Je te réponds que non. — Je vous réponds
« que si. D'abord, vous êtes enrôlé dans la troupe.
« — Oh, il est fort celui-là. — Et vous débutez
« ce soir. — De mieux en mieux. Et quel est le
« rôle que M. Guillaume me destine? Vous jouez
« la sultane Aliza, favorite du roi de Maroc. —
« Quelle extravagance ! — Soit, mais vous serez
« sultane. — Mais... — Pas de mais, monsieur. —
« Quand je me prêterais à cela, est-il possible que

« d'ici à ce soir?... — Un commençant ne connaît
« pas de difficultés. Me voyez-vous inquiet de
« mon rôle? — T'inquiètes-tu jamais de rien? —
« Vous aurez une brochure en poche; vous pren-
« drez l'esprit de chaque scène dans les coulisses,
« et vous direz... vous direz ce que vous voudrez.
« Vous aurez toujours plus d'esprit qu'un auteur
« qui me fait sauter par-dessus la tête du soudan
« d'Égypte, lorsque rien ne m'empêche de passer
« à côté de sa majesté. — En voilà assez. Je suis
« ennuyé et de ton soudan, et de ta sultane fa-
« vorite, et de tes sornettes. — Oh, vous y mettez
« bien de l'entêtement. Savez-vous ce qui en ar-
« rivera? — Et que peut-il en arriver? — Vous
« êtes annoncé au son du tambour. — Que m'im-
« porte? — Le public compte sur vous. Il fera
« tapage; le commissaire s'en mêlera. Il voudra
« vous forcer de jouer; vous ne voudrez pas cé-
« der à un commissaire, c'est tout simple; celui-
« ci vous emprisonnera. Il faudra que vous dé-
« cliniez votre nom, et on vous réintègrera dans
« le château de votre oncle, qui vous mariera
« dans les vingt-quatre heures. — Tu crois que
« les choses iraient jusque-là, Guillaume? — Hé,
« monsieur, ces imbéciles de magistrats sont-ils
« jamais de l'avis des jeunes-gens? — Hé, de quoi
« diable aussi vous avisez-vous de me faire an-
« noncer? — Ma foi, monsieur, j'ai tout fait pour
« le mieux, comme lorsque j'ai écrit à mademoi-
« selle d'Arancey. — Ne m'en parle plus, Guil-

« laume, ne m'en parle jamais. — C'est bien dit,
« monsieur ; oublions-la. Venez vous mettre à
« table avec vos nouveaux camarades, et faisons
« connaissance le verre à la main. »

Charles se laisse entraîner, et Guillaume l'introduit dans une espèce de halle, qu'on appelait la salle à manger, où dix tables étaient toujours prêtes à recevoir le marchand, le roulier, l'officier, le postillon, et tous les animaux sujets aux droits de passe et d'auberge. Madame Floridor avait des vues sur Guillaume, et elle était connaisseuse. Madame Grandval, qui n'avait pas encore paru, était une brunette de vingt-deux à vingt-cinq ans, dodue, potelée, vive comme la poudre, et jolie comme un petit diable, en dépit de ses gazes et de ses linons reblanchis. Elle jouait les soubrettes. Elle fixa Charles, et décida qu'il jouerait les amoureux comme un ange. M. Floridor, qui ne se passionnait pas pour les beaux garçons, examina Charles avec la sévérité d'un premier rôle. Il lui trouva l'air novice, et lui fit faire, avec le plus grand sérieux, les évolutions théâtrales. « Présentez-vous à droite,
« à gauche... tournez toujours sur la pointe du
« pied de derrière ; restez là. Le profil beau, très-
« peu de barbe, la taille médiocre et svelte. Mar-
« chez, monsieur ; doucement, plus doucement,
« à petits pas. Les mains croisées sur la poitrine,
« l'air modeste, embarrassé. Pas mal, pas mal.
« Voilà ce qu'il faut pour une sultane. Vous riez,

« monsieur, vous riez! Si j'étais connu à Paris,
« j'y aurais mes quinze cents livres comme un
« autre, et mes camarades seraient mes élèves.

« A propos, messieurs, savez-vous vos rôles?
« —Non, monsieur. — Vous vous en occuperez
« après dîner. D'ailleurs, pas d'inquiétude. Ici
« comme partout, avec de l'effronterie, on fait
« de son public ce qu'on veut.

« A table, à table, dit Poisson. » Madame Grandval jeta un coup d'œil en dessous à Charles, qui fut machinalement s'asseoir auprès d'elle, bien qu'il détestât les femmes. Madame Floridor s'empara ouvertement de Guillaume, qui se plaça, et répondit, à de continuelles agaceries, de toute la force de ses genoux et de ses pieds.

Madame Grandval disait ce qu'il fallait pour intéresser; elle irritait par des mines piquantes; elle se servait aussi du genou quand la conversation languissait; elle acheva d'animer son voisin par des œillades, qui n'étaient pas étudiées, parce que le voisin lui plaisait, et le voisin, stimulé d'une manière tout-à-fait nouvelle pour lui, finit par attaquer à son tour, et de façon à attirer l'attention de Guillaume. « Je vous le disais bien,
« monsieur: une indigestion de truffes n'empêche
« pas de les trouver bonnes. A propos de truffes,
« M. Thomas, est-ce là le dîner ordinaire? Oui,
« monsieur, quand on ne demande pas d'*extra*.
« — Hé bien, j'en demande, monsieur. Donnez-
« nous ce dindon que vous arrosiez ce matin, et

« quelques bouteilles du meilleur. — Je vous ob-
« serve, monsieur, dit madame Thomas, que les
« *extra* se paient comptant. — Jamais de crédit
« avec nous, madame, et nous sommes trop heu-
« reux que la société nous permette de payer notre
« bien-venue. »

Deux jeunes-gens beaux, bien faits et qui paient! que de titres à la reconnaissance du sexe! Les avances de madame Floridor devenaient à chaque instant plus positives, et Guillaume y répondait de manière à lui donner des espérances : il était bien aise de s'établir tout-à-fait dans la troupe avant que de se moquer d'elle. Charles se laissait aller aux charmes de sa voisine, et la comédie ne lui paraissait plus si ridicule. Le pauvre jeune homme était si neuf! Floridor ne voyait rien, c'est assez l'usage au théâtre. Grandval était au lit, et les absens ont toujours tort.

On se leva de table. Je ne sais trop ce que devinrent Charles et madame Grandval. Je crois qu'elle avait, comme lui, un goût décidé pour les petits coins... Guillaume fit servir le café au billard, où se rassemblaient déja les agréables de la ville. Tout payé, il lui restait six francs, et il défia le plus habile. Madame Floridor était là; madame Grandval y venait ordinairement, et comme les petits bourgeois sont enchantés de fixer, à leurs dépens, l'attention des actrices, le défi fut accepté par un *quidam*, que Guillaume mène, de petit écu en petit écu, jusqu'au double louis, qui lui fut payé à regret, parce que madame Grandval n'avait pas vu qu'on pouvait sacrifier quarante-huit livres à l'occasion.

On peut, sans être trop modeste, s'occuper, à deux heures d'un rôle qu'on doit jouer à six. La partie terminée, Guillaume s'empara des deux seules brochures que possédât la troupe, et chercha le camarade Charles. Le camarade ne se trouvant pas, il chercha la camarade Grandval, à peu près sûr que l'un lui ferait découvrir l'autre. Ne découvrant aucun des deux, il fallut bien appeler à haute voix. Charles sortit enfin d'un certain réduit, où on ne logeait ordinairement que le bois et la paille. Il avait les joues très-colorées, et madame Grandval, qui ne s'amusait pas seule, sortit aussi dans un certain désordre, qui signifiait bien des choses, sur lesquelles, Guillaume, enchanté que monsieur s'amusât, eut la discrétion de se taire.

Charles se mit à l'étude d'assez bonne grace, et Guillaume, en riant de tout son cœur, se servait de ses épaules pour répéter le saut qu'il devait faire par-dessus la tête du soudan d'Égypte. Rien ne lui paraissait si plaisant que cette équipée, que Charles eût difficilement partagée, si les agrémens de la petite brune n'eussent appuyé, d'une manière victorieuse, les raisonnemens du piqueur.

Lorsque ces messieurs eurent saisi l'esprit de leurs rôles, et les répliques marquantes, ils jugè-

rent à propos de donner relâche à leurs mémoires fatiguées, et, comme il n'y avait pas de temps à perdre, M. Guillaume s'occupa des costumes. Il s'adressa à M. Floridor, qui joignait à l'emploi de premier rôle, celui, très-désagréable, de régisseur. M. Floridor observa qu'il jouait un souverain magnifique, vivant dans les délices, tenant la cour la plus brillante, et que, quelque envie qu'il eût de rendre à Guillaume les politesses qu'il en avait reçues à table, il ne pouvait se dessaisir de la robe de chambre de M. Thomas. « C'est trop juste, mon
« camarade; mais voyons, que me donnerez-vous?
« — Un coureur maroquin, comme un coureur
« français, ne saurait courir en habit long.— C'est
« démontré jusqu'à l'évidence. — Vous prendrez
« mon habit rose-pêche. — Fort bien. — Et, pour
« lui donner un air étranger, vous mettrez le de-
« vant derrière. — A merveille, et avec quoi ca-
« cherai-je cette file de boutons qui ira du chi-
« gnon à la chute des reins? — Avec le petit
« manteau d'abbé du *Mercure galant*. — Char-
« mant, M. Floridor, délicieux. — Une serviette
« roulée en turban, les babouches fourrées de
« Thomas, et vous voilà en scène. — Impayable,
« impayable! Et notre jeune sultane, M. Floridor?
« — Les cheveux tressés sur le haut de la tête,
« et la petite bande de gaze bleue et argent, de
« madame Grandval, chiffonnée là-dessus; le ju-
« pon piqué de ma femme, faufilé par le milieu
« du haut en bas, et servant de grande culotte;

« le gilet de l'honnête criminel en tunique, et la
« robe de procureur en doliman ; pour poignard,
« le couteau à gaîne de notre hôte, et au lieu de
« me l'enfoncer dans le flanc, comme l'ordonne
« l'auteur, votre camarade me le passera adroi-
« tement sous le bras gauche, et vous lui recom-
« manderez de prendre garde de m'estropier.
« Allez. »

Guillaume riait comme un fou, en rassemblant toutes ces guenilles des quatre coins de la maison. Charles rit aussi, en voyant les apprêts de cette espèce de mascarade ; ils rirent à n'en pouvoir plus en se regardant ainsi fagottés ; ils rirent en repassant leurs rôles : une seule leçon de madame Grandval avait fait de Charles un homme tout nouveau.

Pour faire honneur à ces messieurs, on les avait mis dans une chambre qui servait de foyer, et où se rendaient régulièrement, dans les entr'actes, les partisans du vin chaud et de l'eau-de-vie brûlée. Le prévoyant Guillaume crut qu'il était sage de mettre en sûreté les habits qu'ils venaient de quitter. Il fut les serrer dans la commode de madame Floridor, qui l'assura, avec un sourire enchanteur, qu'il avait pris, avec le petit manteau d'abbé, l'air piquant et coquet de cette classe d'hommes, que les femmes ne sauraient trop regretter.

Le soleil avait parcouru la moitié de la course qui lui est assignée par l'astronome nouveau; ou selon le baron de Feneste, plus savant encore, le soleil, arrivé aux bornes de l'horizon, rétrogradait vers le lieu de son lever, et si on ne le voit pas revenir, c'est qu'il revient de nuit, ce qui prouve incontestablement que le soleil n'est pas lumineux. De quelque façon, enfin, que ce phénomène quotidien s'opère, il faisait nuit aux Andelys; les amateurs du vrai beau arrivaient à la porte de l'auberge; le bureau était ouvert; la salle éclairée, et Guillaume se disposait à prendre son violon, et à aller jouer un air d'Opéra dans une coulisse, lorsque une grosse voix, qu'il entendit sur l'escalier, fixa toute son attention. Le bruit approche; Charles est frappé comme Guillaume. Ils se regardent, ils pâlissent; ils ne peuvent plus douter... c'est M. Botte qui va traverser le foyer. Guillaume ne balance point; il prend Charles par le bras, l'entraîne, de chambre en chambre, à l'autre bout de la maison, et Charles disait, en respirant à peine : Je suis perdu... je suis perdu. — « J'avoue, monsieur que le moment est critique ; « mais je ne désespère pas encore. Il faut retenir « votre oncle ici, et nous sauver sans perdre une « minute. Attendez-moi là. »

Il court chez Floridor. « Ah, mon ami... l'évè-
« nement le plus incroyable... le plus heureux...
« Ah, mon dieu !... à peine puis-je le croire !...
« — Qu'est-ce donc ? — Avez-vous été quelquefois
« aux Français ? — Jamais; pourquoi ? — Et vos
« camarades ? — Hé, non, monsieur. Donner de

« l'argent pour voir ce que nous jouons tous les
« jours, et fort bien, sans prétendre faire de com-
« paraison... — Ah, mon cher Floridor, quelle
« délicieuse surprise la fortune nous réservait ! —
« Mais expliquez-vous donc. — Monsieur Molé
« vient de descendre dans cette auberge. — Mon-
« sieur Molé ! — Monsieur Molé.

« — Quel évènement ! mon ami. — Il faut en
« tirer parti, M. Floridor. Ce rôle que je ne sais
« pas, où je resterai court vingt fois, je le lui ai
« vu remplir, à Paris, avec une finesse, une in-
« telligence, une force ! il l'a choisi, bien qu'il
« soit court, certain d'en tirer un parti prodigieux.
« Et le saut, le saut, M. Floridor, le saut, c'est
« à lui qu'il faut le voir faire. — A son âge ! —
« Comme s'il n'avait que vingt ans. — Ah, s'il
« voulait... s'il daignait... — Ce serait là le coup
« de maître. — On tiercerait dans la salle, à l'in-
« stant même. — Sans doute ; mais il est capri-
« cieux, original, bourru, et plutôt que de s'ar-
« rêter aux Andelys, il est homme à cacher son
« nom. — Peut-être, peut-être. L'honneur de re-
« lever une petite troupe ; la générosité, la bienfai-
« sance... — Il faudra arracher son consentement
« à force d'instances, d'opiniâtreté. — Oh, par-
« bleu, je n'en démordrai pas. — C'est justement
« au premier rôle de la troupe à lui offrir les
« respects de ses camarades, et à se charger de
« la proposition... — Je vais rassembler ces mes-
« sieurs et ces dames. »

VII. 15

Guillaume, enchanté d'avoir monté la tête à Floridor, le laisse, va reprendre Charles, sort avec lui par une porte de derrière, et enfile le premier chemin qui se présente. « Hé, où allons-« nous, Guillaume ? — Où M. Botte n'est pas. — « Et nos habits, qui sont restés là-bas ? — J'ai « cinquante-deux livres dans mon gousset. — Et « comment nous habiller avec cette bagatelle ? — « Comme nous pourrons. — Et si on nous ren-« contre, faits comme nous voilà. — On rira, et « nous laisserons rire. Allons, monsieur, mar-« chons ; nous avons la nuit à nous : profitons-en, « et demain on verra. »

Les cabaretiers des Andelys n'ont pas tous les jours des voyageurs qui arrivent en poste, et dont on peut porter le tintamare sur le mémoire. Thomas, ravi du ton tranchant de M. Botte, le conduisait au bel appartement, le bonnet dans une main, et une chandelle allumée dans l'autre. Madame Thomas suivait avec la mouchette de cuivre, le pot à l'eau, la cuvette de faïence et la serviette blanche, et M. Botte répétait les questions qu'il avait faites dans toutes les auberges où il s'était arrêté. « N'est-il pas arrivé deux jeunes « gens ce matin ? — Oui, monsieur, deux acteurs « de Rouen. — Ce n'est pas de cela que je vous « parle. — Ils vont jouer dans une pièce nouvelle. « — Morbleu, laissez là vos comédiens. — Ils vous « feront le plus grand plaisir. — Paix. — Et si « vous voulez vous délasser... — Te tairas-tu, « bourreau ! — Comme il vous plaira, monsieur.

« — N'as-tu pas vu, bavard, un jeune homme
« en habit vert galonné?... — Oui, monsieur;
« c'est avec cet habit-là qu'il joue le valet de l'*Im-*
« *promptu de campagne*. — Réponds par oui, ou
« par non. N'est-il arrivé dans la journée que tes
« deux comédiens? — pas davantage, monsieur.
« — Envoie tes gens s'informer partout de deux
« jeunes gens qui doivent avoir passé par ton
« bourg, et, en attendant leur retour, prépare-
« moi un bon souper et un bon lit. — Oui, mon-
« sieur. »

Floridor, ennuyé d'attendre ses camarades,
était allé leur apprendre lui-même la grande nouvelle. L'arrivée de M. Molé excita le ravissement,
le délire. — Madame Floridor fit lever le rideau,
et annonça au public l'acteur incomparable, et
l'espoir qu'on avait de le voir jouer le soir même.
Le public applaudit avec un enthousiasme qui
allait jusqu'à la fureur, et toute la troupe, en
habits de costume, s'achemina vers la chambre
de M. Botte.

Floridor, décoré de sa robe de chambre d'indienne, marchait fièrement à la tête des siens.
Poisson, taquin comme un comique, cherchait
à se glisser en avant, et à ravir à son premier
rôle une prérogative que chacun lui enviait. Floridor, vaniteux et jaloux, s'arrête, et toisant le
petit homme d'un air dédaigneux : « Je n'imagine
« pas, monsieur Poisson, que vous prétendiez
« haranguer M. Molé.—Je peux y prétendre comme

« un autre, monsieur. — Et de quel droit, mon-
« sieur ? — Du droit qu'a l'orateur en titre... —
« L'orateur en titre ? oui, quand il s'agit d'annon-
« cer une pièce changée, un rôle à jouer la bro-
« chure à la main ; mais l'honneur de rendre
« hommage à un homme célèbre m'appartient ;
« je m'en saisis, et j'imposerai silence aux rai-
« sonneurs. — Toujours orgueilleux, M. Floridor.
« — Peut-on l'être avec vous M. Poisson ? — Vous
« n'étiez pas si arrogant quand vous vendiez des
« pillules. — Ni vous, quand vous dansiez sur la
« corde. — On ne m'a jamais menacé de me faire
« danser dessous. — Insolent ! — Faquin ! »

Thomas sortait de la chambre de M. Botte.
« Mes amis, vous me faites trembler. Que le grand
« homme n'entende rien de vos démêlés, je vous
« en conjure. » Le grand homme, qui n'était ni
sourd, ni patient, ouvre sa porte, et demande,
avec son ton ordinaire, ce que lui veulent ces
masques, et ce que signifie le carillon infernal
dont on lui fatigue les oreilles.

M. Floridor range ses camarades en demi-cer-
cle, et s'avançant de deux pas, et portant la main
à son turban : « Ainsi que les habitans d'un cli-
« mat nébuleux languissent dans la froidure et l'hu-
« midité ; ainsi que les premiers rayons d'un soleil
« brillant réchauffent et raniment... — Que veut
« dire ce galimatias ? Croyez-vous avoir affaire
« à un bouffon ? — Un bouffon, non, M. Molé.
« Nous savons de reste que ce n'est pas votre

« genre. — Monsieur Molé ! mon genre ! — Re-
« fuserez-vous de faire les délices de cette ville,
« et de rétablir nos affaires ? — Mais je crois, le
« diable m'emporte, qu'ils me prennent pour un
« comédien. — Comédien sublime ! — Étonnant !
« — Admirable, et nous vous admirons. — Finis-
« sons cet impertinent badinage : je me nomme
« Botte. — Botte ! ah, ah, ah ! — Oui, corbleu,
« Botte, négociant connu, et considéré dans les
« deux mondes. — On nous a prévenus, M. Molé,
« que vous cachiez votre nom. Faites-nous seu-
« lement la grace de jouer le coureur du roi de
« Maroc, dans lequel vous faites tant d'effet. —
« Allez au diable.

« — M. Molé, nous vous avons marqué tous
« les égards, tous les respects auxquels un demi-
« dieu peut prétendre ; observez, s'il vous plaît,
« que nous avons épuisé les moyens doux. — Au-
« riez-vous l'intention d'en employer d'autres ?
« — Vous jouerez la comédie, malgré vous, s'il
« le faut. — Mais c'est un coupe-gorge que cette
« maison. — Je vais déclarer au sous-préfet que
« nous partons sans payer nos dettes, s'il ne dé-
« termine monsieur à se prêter à la circonstance.
« — Et moi, dit madame Thomas, je vais briser
« une roue de sa voiture. — Par la mort, s'il vous
« arrive d'y toucher, je fais murer votre porte,
« dût-il m'en coûter vingt mille francs. »

Baptiste arrive, rouge, blanc, violet, une joue

enflée, un œil tout noir. « Criez, criez bien fort ;
« il s'est passé de belles choses, pendant que vous
« disputez. » On donne un moment de relâche à
M. Molé pour écouter Baptiste.

« Je venais d'abreuver mes chevaux, et je chas-
« sais les pauvres bêtes devant moi, lorsque je
« me trouve nez à nez avec vos acteurs, qui paient
« des dindons, et qui cajolent vos femmes. — Au
« fait, dit Floridor. — Je leur demande poliment
« ce qu'ils font à l'autre bout de la ville : le plus
« grand m'allonge un coup de poing... (vous voyez
« ma joue et mon œil) et ils se mettent à courir,
« comme si le diable les poussait. Je prends mes
« sabots à la main, et je cours après eux, en
« criant au voleur. Le plus grand s'arrête, et me
« dit que si je continue à crier, ou si je fais un
« pas de plus, il m'assommera sur la place. Je
« reste immobile, je me tais, et je les vois tirer
« du côté de Louviers. »

« Ah, mon dieu, s'écrie Floridor, et le ju-
« pon piqué de ma femme, et mon habit rose-
« pêche ! Et la recette ! dit madame Thomas en
« sanglottant. Et le manteau d'abbé, dit Poisson,
« et la robe de procureur ! Au moins les Floridor
« sont nantis. Ils ont les habits des deux traîtres ;
« mais le magasin?... —Je suis nanti, je suis nanti !
« je jouerai le *Misanthrope*, le *Dissipateur*, le
« *Glorieux*, avec un habit de livrée, ou avec un
« frac bleu-barbeau, n'est-ce pas ?... Mon cher ha-
« bit rose-pêche ! »

M. Botte secoue les oreilles en entendant parler du frac bleu-barbeau.

« Ce n'est pas tout, dit Baptiste. Voilà un porte-
« feuille que j'ai trouvé près de la porte de der-
« rière, qui était ouverte contre la coutume, et
« par laquelle les nouveaux venus se sont, sans
« doute, envolés. — Voyons, voyons, dit Flori-
« dor ; ces gens-là paraissaient à leur aise, et nous
« pourrions trouver ici quelque billet de banque,
« qui nous dédommagerait amplement de toutes
« nos pertes... Bah! un billet doux, un second,
« un troisième... Sophie d'Arancey aurait bien
« mieux fait de signer des lettres de change.

« — C'est mon coquin de neveu, crie M. Botte
« en frappant avec force ses deux genoux de ses
« deux mains. — C'est votre neveu ! vous paierez
« le jupon piqué de ma femme, et mon habit
« rose-pêche. — Et les effets du magasin. — Je
« ne paierai rien. Ce qu'on vous a laissé vaut
« mieux que toutes vos guenilles. Qu'est-ce que
« c'est donc que ces saltimbanques-là ? — Des
« guenilles, des saltimbanques ! fussiez-vous à la
« fois Molé, Préville, Lekain, vous nous ferez
« raison de vos refus, de vos mépris, de vos in-
« jures. — Je vous ferai tous coucher en prison.
« Et toi, l'homme à la joue enflée, va me cher-
« cher des chevaux à la poste ; que je prenne à
« l'instant la route de Louviers.

« Vous ne partirez pas, vous ne partirez pas,
« s'écrient tous les comédiens ensemble. » Et ce

grand diable de Floridor porte la main sur la garde de son sabre tragique. M. Botte a laissé son couteau de chasse sur sa table ; mais furieux de se voir traiter ainsi, il arrache un balai des mains de madame Thomas, et il allait frapper à droite et à gauche, lorsque Charles et Guillaume entrent précipitamment, et saisissent à la gorge Floridor et Poisson. Ils allaient étrangler chacun leur homme, si quelques cavaliers de gendarmerie, qui leur servaient d'escorte, n'eussent séparé les combattans.

Ces messieurs partaient pour faire une patrouille sur le chemin de Louviers, et ils n'étaient point à cent toises des dernières maisons, lorsqu'ils entendirent quelqu'un crier au voleur : c'était Baptiste. Ils retournèrent au galop, et tombèrent sur la sultane et le coureur du roi de Maroc, très-mortifiés de cette rencontre. Leur accoutrement annonçant quelque chose d'extraordinaire, on s'empara de leurs personnes, le pistolet au poing, et on leur fit subir un interrogatoire sur la grande route.

Un des principes de Guillaume était que, de deux maux, il faut choisir le moindre. Il jugea qu'il valait mieux tomber dans les mains de M. Botte, en disant la vérité, que d'aller en prison par des mensonges : il déclara donc les choses précisément comme elles étaient. Leurs gardes, toujours prudens, voulurent constater les faits, et ils ramenèrent nos Turcs à l'auberge, où ils arrivèrent fort à propos pour tirer le cher oncle d'embarras.

« Messieurs, dit M. Botte aux gendarmes, gar-
« dez bien ce drôle-ci, je vous en conjure; pre-
« nez garde qu'il n'échappe encore. Pour celui-là,
« ce n'est qu'un valet libertin auquel je ne m'in-
« téresse pas. Vous pouvez le lâcher, et je vous
« réponds de tout. Je me nomme Botte, et je le
« prouve. »

Ce nom était connu partout, et l'examen de quelques papiers constata l'identité. M. Botte ne reçut de l'officier que des marques de considération et de condescendance, et les pauvres comédiens, confus d'être joués, désespérés de la perte de leur recette, se regardaient avec des visages allongés. Madame Thomas était allée retirer leur éclanche de la broche, et son mari, courbé jusqu'à terre, pressait les genoux de M. Botte, et les mouillait des larmes de la cupidité. « Voilà, monsieur, dit l'officier, bien des
« infortunés qu'il vous serait facile de rendre à
« la gaieté. — Oui, en payant la recette, n'est-ce
« pas? — C'est une bagatelle pour vous. — Je don-
« nerais mon argent à des gens qui ont débauché
« mon neveu ! — Non pas, monsieur, c'est lui
« qui s'est présenté à la troupe, et, franchement,
« il n'avait pas d'autre ressource. — Des gens qui
« ont voulu me forcer, moi, à faire la parade
« avec eux ! — Ils rendaient hommage au talent
« qu'ils vous supposaient. — Des gens qui vou-

« laient briser ma voiture! — Pardonnez un éga-
« rement causé par l'enthousiasme. — Je ne par-
« donne rien, je ne donnerai rien. — Faites cela
« pour moi, à qui vous devez peut-être quelque
« chose. Je vous ai ramené un neveu que vous
« aimez, que peut-être vous n'auriez trouvé de
« long-temps. — J'ai prononcé, je ne donnerai
« rien ; mais je dois une gratification à vos cava-
« liers. Voilà dix louis, distribuez-les comme vous
« le voudrez. » C'était au moins le double de la
recette.

« Monsieur, reprit l'officier, mes cavaliers ne
« reçoivent rien que du gouvernement, qui les
« paie toute l'année pour faire leur devoir. Vous
« m'avez autorisé à distribuer l'argent comme je
« le voudrais ; voilà l'usage que je crois en de-
« voir faire. » L'officier s'approche de Floridor et
lui donne les dix louis.

« Vous êtes un brave homme, monsieur, lui
« dit tout bas le cher oncle. Faites-moi le plaisir
« de souper avec moi. »

Ici la scène changea tout-à-fait. M Botte reçut
au moins une révérence et une bénédiction par
écu. « C'est assez, criait-il : ils vont me fatiguer
« de leurs politesses autant que de leurs extra-
« vagances. Je ne vous ai rien donné : adressez vos
« remerciemens à monsieur.

Floridor fut gaîment rendre l'argent au public ;
Guillaume attendait le dénouement dans la cuisine ; Charles restait pétrifié dans un coin. L'of-

ficier le prit par la main, et le présenta à son oncle, qui était brusquement rentré dans sa chambre. « Enfin, vous voilà donc, monsieur, vous
« qui me faites courir de toutes les manières ;
« vous qui avez failli à me faire couper les oreilles
« d'un receveur de galiote, et qui êtes cause qu'ici
« on me turlupine, on m'insulte. Vous êtes un
« joli garçon, monsieur. — Mon cher oncle... —
« Hé, malheureux, je le sens trop que je suis votre
« oncle ; c'est vous qui l'oubliez. Pourquoi, mon-
« sieur, vous êtes-vous sauvé de mon château ?
« — Mon cher oncle, cette lettre... — Hé bien,
« cette lettre ? — Cette demoiselle que je ne con-
« nais pas encore... — Qui vous l'a dit ? — Mais
« cette lettre, mon oncle... — Pourquoi jugez-
« vous, monsieur, sur une phrase qui n'est pas
« terminée ? — Il me semble qu'elle l'est, mon
« cher oncle. — Elle ne l'est pas, monsieur. —
« Ah, je me la rappelle trop pour mon repos et
« mon bonheur : demain je le présente à sa fu-
« ture qu'il ne connaît pas encore. — Je vais vous
« dire la fin de la phrase, monsieur, ce que j'au-
« rais ajouté, s'il n'eût pas fallu vous chercher
« par monts et par vaux : Je le présente à sa fu-
« ture qu'il ne connaît pas encore comme moi.
« J'ai étudié la tête et le cœur de mademoiselle
« d'Arancey : je suis content d'elle, et elle sera
« ma nièce. Hé bien... hé bien... Monsieur l'offi-
« cier, à moi... venez donc. A quel homme ai-je
« affaire, bon dieu ! il est prêt à se noyer quand

« on ne fait pas ce qu'il veut, et il se trouve mal
« quand on lui cède. — Non... non, mon oncle...
« c'est que la surprise, le ravissement... — Prenez
« ce verre de vin, et allez quitter vos chiffons.
« Que dirait votre Sophie, si elle vous voyait dans
« ce grotesque équipage? Que doit-elle penser
« depuis deux jours qu'elle n'a entendu parler de
« moi? La pauvre enfant souffre horriblement,
« j'en suis sûr, et cela, parce que monsieur ne
« donne pas aux gens le temps de finir leurs
« phrases. »

Charles, passant en un instant d'un état désespéré au comble du bonheur, Charles ne se possédait pas. Il embrassait son oncle, il embrassait l'officier; il revenait à son oncle, et les plus douces étreintes, et les caresses les plus tendres, et les expressions de la plus touchante reconnaissance, tout concourait à faire oublier à M. Botte ses fatigues et ses inquiétudes. « Allons, Charles,
« allons, en voilà assez : nous ne sommes pas
« des femmelettes. Allez reprendre vos habits; je
« vous parlerai raison à votre retour. »

En revenant de chez Floridor, Charles rencontra sa petite Grandval, qui le cherchait peut-être. Elle le regarda d'un air qui voulait dire : C'en est donc fait, je vous perds. Charles baissa les yeux et rougit. La petite lui prit la main :
« Non, lui dit-il, non. Vous m'avez fait oublier
« un moment ce que j'adore; mon égarement
« n'ira pas plus loin. »

Lorsque le jeune homme rentra, M. Botte était plongé dans une profonde méditation. « Asseyez-
« vous là, dit-il à son neveu ; ne m'interrompez
« point, et n'oubliez pas ce que je vais vous
« dire : vous pourrez le redire à vos enfans.

« L'engagement que vous allez contracter est
« le plus saint que je connaisse ; il est la base
« de tous les liens sociaux, et celui-là seul est
« digne d'être père, qui s'est montré enfant sou-
« mis. Si malgré ma défense, vous fussiez retourné
« à la ferme ; si vous vous fussiez permis le moin-
« dre éclat qui eût pu nuire à mademoiselle d'Aran-
« cey, vous ne seriez pas digne d'être son époux ;
« jamais vous ne l'auriez été : j'en avais fait le ser-
« ment, et vous savez si je l'aurais enfreint.

« Je sais que l'amour n'est pas éternel... Vous
« ne le croyez pas aujourd'hui : le temps vous
« convaincra de cette triste vérité. Vous sentirez
« alors que pour être toujours estimable, une
« épouse jolie a quelquefois des sacrifices à faire
« au devoir. J'ai voulu m'assurer que mademoi-
« selle d'Arancey sût toujours remplir les siens.
« Je lui ai successivement imposé toutes les pri-
« vations qui devaient froisser son cœur. Au mot
« vertu, elle s'est soumise, sans connaître mes
« vues sur elle, et je me suis dit : Elle sera tou-
« jours respectable. Elle réunit tous les avantages
« que je peux désirer pour mon neveu ; elle sera
« sa femme. Dans huit jours vous serez unis, et

« puissiez-vous être les modèles des époux, comme
« vous l'êtes des amans ! »

M. Botte se leva et fut embrasser Charles. Le jeune homme crut que le moment pouvait être favorable à Guillaume ; il hasarda de parler du service qu'il en avait reçu. « Je sais que vous lui
« devez la vie ; il recevra des marques de ma re-
« connaissance ; mais il n'a pas de mœurs, et rien
« dans mon esprit ne peut balancer un tel vice :
« il ne rentrera jamais chez moi.

« Allons, mon officier, à table, et que la réu-
« nion de l'oncle et du neveu soit célébrée le verre
« à la main. »

CHAPITRE IV.

Départ des Andelys. Projets de mariage.

Charles était couché dans la chambre de son oncle : on se loge comme on peut aux Andelys. Il était éveillé ; il prêtait l'oreille, et M. Botte paraissait disposé à ronfler encore long-temps. Charles était pressé, très-pressé de partir ; mais éveiller son oncle ! il n'y avait personne qui l'osât. Cependant le temps s'écoule ; Charles s'impatiente, et dans son impatience, il renverse la table de nuit et son contenu. M. Botte saute du lit, et se jette bravement sur son couteau de chasse ; Charles se met à rire ; l'oncle se met en colère. « Ce drôle-là ne fera jamais que des sot-

« tises. — Mon cher oncle, c'est un accident. —
« On prend garde à ce qu'on fait, monsieur. — Je
« vous demande mille pardons, mon oncle. —
« Pardon, pardon! c'est toujours là son refrein.

« — Nous allons partir, n'est-ce pas, mon cher
« oncle? — Monsieur me donnera, je l'espère, le
« temps de déjeuner. — Oui, mon cher oncle. —
« C'est bien heureux. — Mais... — Quoi, mais? —
« Vous disiez hier que, depuis deux jours, ma-
« demoiselle d'Arancey n'a entendu parler de vous.
« — Est-ce une raison pour que je ne déjeûne
« point? — Me voilà habillé, mon oncle, et je
« vais vous faire servir. — A la bonne heure. —
« Mon oncle... serez-vous long-temps à table? —
« Corbleu! j'y passerai le temps qu'il me plaira.
« Il est unique que monsieur prétende disposer
« de mon estomac comme de mon cœur. Allez,
« monsieur, allez donner vos ordres. »

Charles descendit à la cuisine. Guillaume, de son côté, pensait aussi au déjeuner, et paraissait aussi gai que si l'avenir le plus brillant se fût présenté à lui. Charles attribua sa gaieté à l'ignorance où il était encore de l'inflexibilité de son oncle, et il l'aborda d'un air assez triste. « Qu'est-
« ce, monsieur, je vous croyais réconcilié avec
« M. Botte? — Et j'épouse ma Sophie. — Votre
« grand sérieux est donc un effet anticipé du
« mariage? — Mon ami, je ne m'afflige que pour
« toi. — Moi, monsieur, je ne m'afflige de rien.
« — Mon oncle ne veut pas absolument te re-

« prendre. — Il a raison ; un homme comme moi
« n'est pas fait pour être valet. — Mais je n'ai pas
« d'argent à te laisser. — Est-il dans l'ordre qu'un
« comédien en ait? — Quoi, tu restes dans cette
« troupe? — Il faut commencer quelque part. —
« Je te quitte à regret. — Nous nous reverrons
« quand je serai aux Français. — Tu comptes ar-
« river là ? — C'est le but de tout comédien,
« comme la papauté est celui du dernier moine
« italien. — Adieu donc, mon cher Guillaume. —
« Adieu, monsieur. — Je te souhaite bien du bon-
« heur. — Je souhaite que vous ne vous noyiez
« pas du regret d'avoir reçu le sacrement... —
« Oh, ciel, que dis-tu là? — Ce serait bien plus
« sage que d'avoir voulu mourir, parce qu'on vous
« le refusait. »

L'oncle et le neveu déjeunèrent et partirent. Charles demanda à M. Botte où il le conduisait. Droit à la ferme, répondit le bon parent. Charles tressaillit de joie ; mais bientôt des souvenirs presque effacés se retracèrent à sa mémoire. Il tomba dans une foule de réflexions, qui répandirent un froid glacial sur sa jolie figure. « Que diable y
« a-t-il donc encore, monsieur? Je vous marie
« selon vos vœux, et vous paraissez mécontent.
« — Mon cher oncle, je crains, je tremble... —
« Finissons, qui peut vous faire trembler? — Ma-
« demoiselle d'Arancey est-elle instruite de vos
« projets? — Je ne me suis pas positivement ex-
« pliqué. — Elle résistera, mon cher oncle. — Je

« voudrais bien voir cela, par exemple. — Mais
« si cela était, mon cher oncle? — Hé, quelle se-
« rait la raison de cette résistance? — Son respect
« pour son père... — Elle a raison de respecter
« son père; elle aurait tort de ne pas se marier.
« — Elle ne se mariera jamais sans son consen-
« tement. — Peut-elle le lui demander? — Doit-
« elle s'en passer, mon oncle? — Elle doit accep-
« ter une alliance qui relève une famille ruinée;
« elle le doit par considération même pour son
« père. — Elle sait combien M. d'Arancey tient a
« la noblesse, et, malheureusement, nous ne som-
« mes pas nobles. — Qu'est-ce que c'est, mon-
« sieur, qu'est-ce que c'est? Une famille, illustrée
« par un demi-siècle de probité et de travaux
« utiles, serait au-dessous de gens qui ne peuvent
« se targuer que de vieux parchemins, et qui
« traînent un nom qu'ont illustré leurs ancêtres?
« Mademoiselle d'Arancey mépriserait-elle notre
« honorable roture? Rougirait-elle d'être la femme
« d'un homme qu'elle n'a pas honte d'aimer? —
« Sophie vous estime, elle vous respecte, et ne
« sera retenue que par la crainte d'offenser son
« père. — Dites-moi, monsieur, dans quel temps
« vous a-t-elle parlé de ses scrupules? est-ce lors-
« qu'elle vous portait le fromage à la crême dans
« sa petite corbeille d'osier? — Non, mon oncle.
« — Qu'elle recevait vos lettres, en allant ou en
« revenant du château? — Non, mon oncle. —
« Est-ce dans le temps qu'elle s'échappait de la

« ferme pour aller déposer ses billets dans le creux
« du vieux orme? — Non, mon oncle. — Ah! j'en-
« tends, c'est lorsqu'elle ne vous aimait pas en-
« core. Apprenez, monsieur, que l'amour parle
« plus haut que des lettres de noblesse, et qu'elles
« ne feront pas rejeter un jeune homme char-
« mant... — Ah, mon cher oncle!... — Oui, mon-
« sieur, vous êtes charmant, vous le savez de
« reste; votre Sophie le sait mieux que vous, et
« de vieux préjugés... — Ah, mon cher oncle,
« Sophie avoir des préjugés! — Hé, pourquoi pas?
« la croiriez-vous parfaite? La perfection, mon-
« sieur, n'est pas le partage de l'humanité, et la
« versatilité des opinions nous est commune à tous.
« Apprenez à voir les choses telles qu'elles sont,
« et ne dites pas : Ma femme est sans défaut; dites,
« au contraire : Elle en a, mais je les supporterai,
« parce qu'il faudra qu'elle supporte les miens. Au
« reste, de toutes les femmes que je connais, ma-
« demoiselle d'Arancey est celle qui approche le
« plus de la perfection; elle y parviendrait, s'il
« était dans notre nature d'y atteindre. Elle vous
« convient à tous égards; je veux que ce mariage
« se fasse, et corbleu, il se fera. »

Il n'est pas difficile de persuader un homme
qui ne propose des difficultés que pour le plaisir
de les voir résoudre. Charles se garda bien de
combattre plus long-temps une opinion qui ber-
çait si agréablement ses rêves les plus doux. Il
revint à ces sentimens toujours si vifs et si purs

qu'inspire un bonheur prochain et légitime. Une
gaieté franche succéda aux craintes qui l'avaient
bannie un instant, et M. Botte, aussi vif que son
neveu, aussi pressé de jouir à sa manière, riait,
en jurant après les postillons, qui ne secondaient
pas son impatience. Son imagination prévoyait
tout, arrangeait tout, faisait succéder un tableau
à un autre. D'abord, mademoiselle d'Arancey, incertaine de son sort, doit être cent fois le jour
sur la porte de la ferme, et le recevra à la des-
cente de sa chaise; et puis, elle ne saura que penser, quand on lui présentera Charles, avec qui
on lui avait interdit toute espèce de relation.
M. Botte déclare ensuite ses vues avec la dignité
d'un grand parent; on ne répond rien, parce
qu'on est modeste; mais un sourire qui s'échappe,
un tendre embarras, trahissent l'incarnat de la
pudeur. Vient ensuite la lecture du contrat. Une
grande fortune et tous les agrémens qu'elle procure, ne rendront pas Charles plus aimable; mais
feront aimer un peu l'oncle à qui on les devra; et ce château, où on est né, rétabli dans sa
première splendeur; et la cérémonie nuptiale; et
le rideau du mystère, tiré de la main du bienfaiteur des jeunes époux; et le moment du réveil
donné encore à l'amour, et celui de la réflexion
tout entier à la reconnaissance; Sophie embrassant tendrement son oncle, et le pressant contre
son cœur; Charles, radieux et fier, levant sur son
épouse des yeux pleins de feu encore; la jeune

épouse baissant langoureusement les siens..... M. Botte trouvait cela charmant, et, tout en courant, il oubliait les heures de repas, et il mangeait en courant, il dormait en courant, et Charles, qui ne dormait pas, avait, à peu près, les mêmes idées que son oncle, et les sentait bien plus vivement.

M. Botte n'arrêta à son château que le temps nécessaire pour expédier, à Horeau, cette lettre qui avait tourné la tête de Charles, et qui l'avait poussé droit à la rivière; cette lettre qui demandait au jour, à l'heure, à la minute, le tapissier, le peintre décorateur, vernisseur, badigeoneur; qui demandait des meubles, des stucs, des couleurs, des pinceaux. En vain le valet de chambre s'épuisait en questions sur la santé de monsieur; en vain la femme de charge fatiguait un bras potelé, qui s'allongeait, et offrait respectueusement un bouillon. A la ferme d'Arancey, à la ferme, criait M. Botte, et le postillon fouette ses chevaux, et le valet de chambre reste la bouche ouverte et une main en l'air, et la femme de charge stupéfaite, laisse tomber l'écuelle d'argent sur le pavé.

Mademoiselle d'Arancey n'avait pu voir dans M. Botte qu'un homme d'une probité rigide. Ces hommes-là forcent notre estime, lors même qu'ils nous contredisent; on voudrait les aimer, et mademoiselle d'Arancey sentait qu'elle n'aimerait jamais que la vertu aimable. Quelquefois elle avait cru démêler, à travers la brusque sévérité du cher oncle, une teinte de sensibilité, qui ne s'accordait pas avec ses expressions. Elle saisissait, avec vivacité, l'ombre du plus faible espoir, et M. Botte, en fronçant le sourcil, faisait tout évanouir. Quelquefois elle retenait, combinait, pesait, calculait des mots échappés qui annonçaient de secrets desseins. C'est sur sa couche solitaire, d'où l'inquiétude et l'amour avaient banni le sommeil, qu'elle espérait et désespérait tour à tour. Attendait-elle quelque chose de M. Botte? les préjugés de son père lui arrachaient des larmes. Ne voyait-elle qu'un long avenir partagé entre l'amour et les privations? ses pleurs coulaient encore, et elle répétait ces tristes mots : « Ah, mon ami, « que de peines nous nous sommes préparées! »

Elle n'aimait plus Georges du tout. Toujours très-réservé sur ses propres secrets, il était d'une pénétration fatigante, et disait sa façon de penser avec une franchise qui devenait désagréable. Il ne concevait pas qu'un homme très-riche visitât tous les jours une demoiselle très-pauvre, pour lui répéter à chaque visite qu'elle n'épouserait jamais son neveu. Il rougissait, il pâlissait, en ajoutant que M. Botte disait tout le contraire de ce qu'il pensait, et Sophie, la bonne, la douce Sophie, dépitée de ce qu'on voulût la deviner malgré elle, rougissait, pâlissait à son tour; elle allait, dans sa chambre, réfléchir en liberté, combiner de nouvelles idées sur les observations de

Georges, et des larmes, toujours des larmes étaient le résultat des plus tristes réflexions. Il ne lui restait, pour appui, que le témoignage d'une conscience pure, qui répand un charme jusque sur la douleur. C'est ainsi qu'une femme estimable arrive à la vieillesse, sans avoir connu les jouissances; mais c'est alors qu'elle est payée de ses sacrifices par les soins de l'amitié et les hommages des gens de bien. C'est au milieu d'eux qu'elle passe de la vie au néant sans crainte et sans regrets, après avoir vu ces victimes des illusions passagères perdre tout avec leurs charmes, être livrées à un abandon effrayant, et poursuivies jusque dans la tombe par la honte et le mépris.

Le père Edmond, étranger, depuis long-temps, aux mouvemens tumultueux du cœur, ignorant ce qui se passait dans celui de sa demoiselle, et dans ceux de quelques personnes qui l'intéressaient fortement, le père Edmond jouissait du bien qu'il avait fait, de celui qu'il se proposait de faire encore, et il se délassait de ses travaux en relisant sa vieille Bible couverte en veau, et garnie en lames de cuivre. Souvent il levait les yeux vers le ciel, et il disait avec foi et onction : Voilà ma patrie; une vie sans tache m'en assure la jouissance. Telles étaient les situations différentes des membres de cette famille que nous avons perdu de vue depuis long-temps.

On préparait une fête, une très-grande fête au

village. Le curé, persécuté, banni, proscrit, allait rentrer dans sa cure. C'était un bien honnête homme que ce curé-là!

Il n'était ni cagot, ni exigeant, car il savait que les hommes les plus simples n'aiment pas qu'on ne leur conte que des sornettes, ni qu'on prétende les mener par le nez.

Il ne questionnait jamais les petites filles à confesse, ce qui plaisait fort aux mamans, qui se souvenaient d'avoir appris certain petit péché au tribunal même de la pénitence. Il ne recevait jamais de femmes au presbytère, ce qui plaisait fort aux maris. Il ne s'informait jamais des secrets des familles, ce qui plaisait fort à tout le monde.

Il enseignait littéralement le catéchisme, tel qu'il avait plu à monsieur l'évêque de le faire, et il n'entreprenait jamais de rien expliquer, parce que, disait-il, les articles de foi n'ont pas besoin d'explication.

Mais tous les dimanches il prêchait contre un vice, ou il louait une vertu, et on le croyait comme l'évangile, parce qu'on ne lui connaissait pas de vices, et qu'on le voyait pratiquer toutes les vertus. D'autres disent tous les jours : Ne faites pas ce que je fais, faites ce que je vous dis. Hé, de quel droit me prêches-tu, si tu ne vaux pas mieux que moi?

Notre curé soignait, consolait les malades; il secourait ses pauvres; il arrangeait les procès; il réconciliait les époux, et il engageait celui qui avait tort à se corriger, et l'autre à être patient.

L'office du dimanche terminé, il permettait, il encourageait le travail, parce qu'il croyait qu'on fait moins de mal en conduisant sa charrue, qu'en s'enivrant de mauvais vin. Il répondait à un curé du voisinage, qui lui reprochait son indulgence : Je serai de votre avis, mon cher confrère, quand le soleil cessera de se lever le septième jour. Mais si la nature est sans cesse en activité, pourquoi l'homme, qui n'en est qu'une faible émanation, cesserait-il d'agir, surtout si son travail est nécessaire à l'existence de sa famille?

Il ne défendait point qu'on dansât quelquefois, parce qu'une gaieté décente n'a rien que d'innocent ; que le violon rapproche les jeunes filles des jeunes garçons, et qu'en facilitant les mariages, ce rapprochement tend à l'exécution du précepte : *Croissez et multipliez*, et il répondait au curé son voisin : Mon cher collègue, il faut qu'un jeune homme bien constitué se marie promptement, ou qu'il porte le trouble dans les familles.

Il ne haïssait pas le plaisir, et, de temps en temps, il rassemblait chez lui quelques-uns de ses paroissiens. Un dîner frugal, et une pointe de bonne humeur, délassaient le pasteur, en civilisant le troupeau. La chansonnette n'était pas interdite, pourvu qu'elle ne fût pas grivoise. L'harmonie, le travail et la santé étaient fixés dans le village.

Un malheureux, hypocrite depuis sa naissance jusqu'en mil sept cent quatre-vingt-neuf, avait fait chasser le bon curé, dont il convoitait le presbytère, et tous ces villageois regrettaient leur digne père.

Quand il put reparaître *sans danger*, car notre curé n'avait jamais ambitionné la palme du martyre, il écrivit à ses paroissiens une lettre affectueuse, et il l'adressa au père Edmond, parce qu'il était le plus âgé du village, celui qui chantait le mieux au lutrin, et qui figurait avec le plus de dignité aux processions, qualités qui ne lui paraissaient pas indifférentes, car, disait-il, c'est par les yeux et les oreilles qu'on arrive à l'imagination, et c'est par l'imagination qu'on mène les hommes. Loués soient ceux dont les efforts ne tendent qu'à les mener au bien.

Le père Edmond, flatté de la préférence que lui accordait son curé, commença par mouiller sa lettre de ses larmes, puis, il alla la lire de maison en maison. Partout on lui présentait le grand fauteuil. Il s'asseyait, tirait ses lunettes, relisait la lettre, recommençait à pleurer, et gagnait une autre chaumière.

Ceux à qui il avait lu le suivaient en chantant, l'un l'*Alléluia*, un autre le *Te Deum*, un troisième le *Magnificat*, un quatrième le *Rorate cœli*, ce qui faisait un concert aussi discordant qu'il était pur et naïf ; de sorte que, lorsque le père Edmond sortit de la dernière cabane, tous les habitans étaient rassemblés autour de lui.

Comment recevra-t-on monsieur le curé? quels honneurs lui rendra-t-on? On propose, on discute, on délibère, on parle tous à la fois. On sonnerait bien la cloche ; mais on en a fait des gros sous, ou la culasse d'un canon. On tendrait bien l'église ; mais on fait des guêtres avec la draperie noire, et on a doublé des habits avec la draperie blanche... Que diantre fera-t-on, car, enfin, il faut faire quelque chose?... Ah, illuminer comme à Paris, mordienne!.. Non, non, c'est trop mondain cela... Mon dieu, que ferons-nous?

Le père Edmond se fait soulever sous les bras pour monter sur une escabelle. Dès que sa tête blanchie est élevée au-dessus de celle des autres, on juge qu'il veut parler ; le tumulte s'apaise, un profond silence règne dans l'assemblée, parce que, dans ce village-là, on a conservé l'habitude de respecter les vieillards.

« Mes amis, dit le bon pere, croyez-vous que
« le son d'une cloche, et que des murs garnis de
« drap blanc ou noir, soient ce qu'il y a de plus
« agréable à Dieu ? Ce sont les cœurs purs qu'il
« aime, ce sont ses temples les plus chers : les
« nôtres sont dignes de s'élever vers lui. Remer-
« cions-le d'abord de nous avoir rendu notre bon
« curé, et nous verrons après. »

Tous les chapeaux sont à terre, tout le monde

est à genoux. Edmond prie à haute voix au nom de tous, et chacun s'unit intérieurement à lui.

« Avisons-nous maintenant, dit le père Ed-
« mond, en remontant sur son escabelle. Dieu a
« paré la nature de fleurs; les fleurs lui sont donc
« agréables : des guirlandes de barbeaux, de ro-
« ses, de jasmin, décoreront son église. Il a béni
« nos moissons : des gerbes orneront son autel.
« Chacun mettra la main à l'ouvrage, et ces pre-
« miers préparatifs terminés, tous les habitans,
« en habit de dimanche, sortiront du village, et
« iront à la rencontre de monsieur le curé. La
« marche sera ouverte par les derniers jeunes
« gens qu'il a mariés, et la jeune femme lui dira,
« en lui faisant la révérence : Le bon Dieu a reçu
« nos actions de graces; recevez, monsieur le
« curé, les vœux et l'hommage de vos paroissiens.
« Ils ont voulu que la parole vous fût adressée
« par les derniers que vous avez bénis. Le ciel
« vous a entendu, et il a répandu sur nous ses
« graces : venez bénir les autres à l'église, dont
« nous vous présentons les clés dans ce plat d'é-
« tain. Ce n'est pas, mes amis, que je croie
« mauvais les mariages faits seulement d'après la
« loi (car j'ai vu, dans ma vieille Bible, que le
« consentement mutuel suffisait aux patriarches,
« et les patriarches nous valaient bien); mais la
« bénédiction d'un honnête homme est comme la
« rosée qui féconde nos plantes, et leur fait por-
« ter de bons grains.

« Entouré de ses enfans, monsieur le curé se
« rendra à l'église ; il la purifiera, chantera une
« grand'messe, fera la cérémonie des mariages,
« et nous le mènerons sous le grand ormeau, où
« seront dressées des tables. Chacun apportera
« son plat et son broc, et ce sera la fête des
« épousailles, de la reconnaissance et de l'amitié.

« Son presbytère est vendu : puisse-t-il profiter à
« celui qui l'a acheté ! Comme l'ancien du village,
« je logerai monsieur le curé le premier, et je le
« garderai six semaines. Les autres feront après
« moi, selon leurs moyens. — Oui, oui, nous le
« logerons tous. »

« M. Edmond, dit modestement mademoiselle
« d'Arancey, vous m'avez remise en possession
« du château de mon père. Trop jeune pour l'ha-
« biter encore, permettez que j'y reçoive mon-
« sieur le curé. Il y sera commodément et ne dé-
« rangera personne. — Brave demoiselle !... — Di-
« gne demoiselle !... — Oui, au château... — Vive,
« vive mademoiselle d'Arancey !... — Et notre bon
« pasteur. — Le laitage... — Les œufs... — La meil-
« leure volaille... — Nous lui porterons tout... —
« Nous lui offrirons tout... — Et il ne refusera
« pas ses amis. »

Le temple était paré, les habitans *endimanchés*,
les villageoises dans leurs atours, et le cortége
était en marche. Georges, l'honnête et tracassier Georges, avait passé à son bras le bras joli
de mademoiselle d'Arancey. On avançait en si-

lence et dans le recueillement. Un homme d'un extérieur vénérable paraît dans l'éloignement : est-ce lui, se demandait-on tout bas ?

Autant qu'on en peut juger, il porte un habit de camelot gris, et ce n'est pas la couleur d'usage; il a des guêtres de toile écrue, et un bâton noueux à la main, et jamais on n'avait vu de curé en guêtres, armé comme un marchand de bœufs... Mais ses cheveux paraissent frisés en rond; mais son chapeau, à demi-retroussé, marque trois pointes; mais sa démarche est noble et grave... ce pourrait bien être lui.

On n'était plus qu'à cinquante pas les uns des autres. Le voyageur s'arrête, regarde, tire son mouchoir, essuie ses larmes, tombe à genoux sur la route, dans la poussière, et s'écrie : « Mon dieu, « mon dieu, je vous remercie; vous m'avez con- « servé leurs cœurs. »

Les villageois ont entendu cette exclamation. C'est lui, c'est lui, crient cent bouches à la fois, et on oublie ce qu'on devait faire, et l'ordre de la marche est rompu, et on court, et les plus jeunes se précipitent, et les vieillards se plaignent, pour la première fois, du fardeau des années.

Le bon curé est entouré de ses paroissiens; c'est à qui baisera ses mains, touchera ses vêtemens, ce bâton, qui rappelle la simplicité, la pauvreté de l'apostolat. Les anciens arrivent enfin. Le pasteur aperçoit Edmond, ouvre ses bras et le presse contre son sein.

La chaise de M. Botte approchait, précédée d'un nuage de poussière. Le cher oncle, frappé à la vue d'un homme dont l'extérieur annonçait l'indigence, et que pressaient l'amour, le respect, la reconnaissance de toute une peuplade, le cher oncle fait arrêter son postillon, et lui ordonne d'aller savoir ce qui se passe.

« Descendons, monsieur, descendons, dit-il à
« son neveu, après avoir entendu le rapport de
« son messager. J'honore la vertu sous une sou-
« tane, comme sous un habit brodé, et partout
« j'aime à lui rendre hommage. »

Charles a distingué mademoiselle d'Arancey dans la foule. Il s'élançait... son oncle le retient par un bras. « Monsieur, vous avez toute votre vie
« pour l'amour, et le vertueux curé ne retrouvera
« jamais un jour comme celui-ci. Gardons-nous
« de rien déranger », et M. Botte et son neveu oublient leur impétuosité ; ils prennent la queue de la marche ; ils suivent, le chapeau à la main.

Notre aimable Sophie a l'œil aussi actif et aussi perçant que Charles. Elle a vu la voiture, que personne n'a remarquée ; elle en a vu descendre les voyageurs. Elle ne conçoit pas que M. Botte lui ramène un amant avec qui il l'a forcée de rompre ; elle se rappelle les observations de Georges. Mille idées différentes l'assaillent à la fois ; elle rit, elle pleure, elle tremble ; elle s'appuie si fortement sur le bras du jeune paysan, qu'il s'inquiète, se retourne, regarde, aperçoit monsieur Botte, et Charles, devient réservé, rêveur, et ne prononce plus un mot.

Jamais procession n'avait paru, à Charles, aussi longue, aussi fastidieuse que celle-ci. Tantôt il s'écartait de la file, et son oncle lui faisait reprendre son rang ; tantôt il marchait sur les talons de celui qui le précédait, et son oncle le faisait rétrograder ; tantôt il s'élevait sur la pointe des pieds, et il rencontrait quelquefois les yeux de sa Sophie. Ils exprimaient tout ensemble, et le plaisir de le revoir, et la crainte de l'avenir. Que n'eût-il pas donné pour la rassurer !

On était enfin dans l'église ; on s'était rangé. M. Botte s'était laissé conduire par son neveu, qui, n'ayant pu se placer à côté de mademoiselle d'Arancey, s'était mis précisément vis à vis d'elle. Séparés par un intervalle qu'occupaient le curé, le magister, Edmond et le lutrin, que pouvaient de pauvres jeunes gens, observés, gardés, l'un par son oncle, l'autre par Georges ? Charles adressa à Sophie une profonde révérence ; Sophie la lui rendit très-exactement. Dès lors leurs yeux se fixèrent, non pas sur l'autel, et, s'ils pensaient au créateur, c'était pour l'adorer dans ce qu'il avait fait de plus beau.

Quelque parfait qu'on soit, il faut payer le tribut à la faiblesse humaine. Depuis long-temps le bon curé n'avait rempli les fonctions du sacerdoce. On le comblait d'honneurs ; sa tête était exaltée, et il crut que c'était le cas ou jamais d'officier pontificalement, avec un calice de bois et une chasuble de serge. Il imagina qu'au défaut du luxe, il en imposerait par la longueur de l'office, et il le prolongea tellement, que le bon père Edmond s'enrouait à ne pouvoir plus se faire entendre; que le fervent auditoire bâillait très-involontairement, et que M. Botte, qui ne voulait rien déranger, trépignait d'une manière très-sensible. Charles et Sophie ne voyaient qu'eux.

L'imperturbable curé allait toujours son train; mais, comme il faut que tout finisse, il s'arrêta, quand il n'eut plus rien à dire ni à chanter, et la séance finit par une bénédiction. Alors commença la fête de l'amitié.

TROISIÈME PARTIE.

CHAPITRE PREMIER.

Évènemens, obstacles imprévus.

La cordialité, la bonne franchise, avaient succédé au silence respectueux qui régnait dans le temple. On sortait sans ordre, et Charles allait aborder sa charmante amie : « Alte-là, monsieur,
« lui dit son oncle. Permettez, s'il vous plaît, que
« les choses se fassent selon les bienséances. C'est
« à moi à vous présenter à mademoiselle d'Aran-
« cey ; à lui demander sa main. — A la bonne
« heure, mon cher oncle ; mais je puis de mon
« côté...—Quoi, monsieur ? lui dire cavalièrement,
« mademoiselle, je viens vous épouser ! Il est des
« usages reçus, dont un amoureux peut faire très-
« peu de cas ; mais que je maintiendrai, corbleu !
« On ne saurait mettre trop de dignité dans ce
« qui tient au mariage, parce qu'on ne saurait
« trop respecter ce lien. Venez avec moi, mon-

« sieur, » et il s'avança vers Edmond, tenant son neveu par la main. Il allait former une demande dans les règles, lorsqu'Edmond s'adressa au curé au nom des habitans, et lui offrit toutes les douceurs qui peuvent flatter un homme qui se contente de peu.

« Celui-là va-t-il aussi prêcher? dit impétueuse-
« ment M. Botte. J'en aurai aujourd'hui pour six
« mois. » Mais quand il entendit Edmond s'exprimer avec simplicité, offrir les dons de tous avec effusion et tendresse, demander comme une grace qu'on ne les refusât pas; quand il vit les larmes d'attendrissement du bon prêtre, il s'adoucit considérablement, et lorsque mademoiselle d'Arancey joignit, avec une douceur modeste, ses instances à celles d'Edmond; qu'elle présenta les clés de son château au pasteur, et qu'elle le supplia de l'habiter, M. Botte ne se posséda plus. Il interrompit la belle, la respectable Sophie, en criant de toutes ses forces : « Elle a donc juré
« d'avoir toutes les vertus! Charles, si tu ne
« l'adores pas toute ta vie, la nature t'a refusé
« une ame, » et il embrasse Sophie, il embrasse le curé, il embrasse Edmond, il embrasse tout le monde. Pendant l'espèce de tumulte qu'a causé cette saillie, ou cette incartade, on n'a pas remarqué que Georges, frappé des dernières paroles de M. Botte, s'est éloigné, la tête penchée sur la poitrine, les mains jointes et serrées. Infortuné! cette Sophie, qui t'est si chère, ne peut-elle être

heureuse qu'en déchirant ton cœur? Trop faible elle-même pour soutenir l'effet de ces dernières paroles, ses genoux ployèrent sous elle; elle se laissa aller sur un banc.

Lorsqu'il ne resta plus à embrasser que quelques vieilles, qui espéraient bien l'être aussi, M. Botte s'arrêta; l'ordre se rétablit, et le curé essaya de parler. Trop ému pour faire un discours suivi, il exprima, par des mots sans suite, par des gestes qui peignaient sa profonde sensibilité, ce que les fleurs de rhétorique, dont il parait ses prônes, n'auraient jamais pu rendre. Il accepta les offrandes de ses ouailles, en se réservant de mettre des bornes à leur générosité; mais il refusa absolument de loger au château. « Vous y logerez, ventrebleu, lui dit M. Botte. — « Je ne le puis, monsieur. — Et la raison, mon- « sieur? — Que dirait-on d'un ministre qui habi- « terait un palais, lorsque le temple de Dieu est « en ruines, et qu'il manque des choses les plus « nécessaires? — Je restaurerai votre temple; je « le rebâtirai s'il le faut; je l'embellirai; je le ren- « drai digne du serment que la sagesse y pronon- « cera à l'amour; mais, parbleu, vous logerez au « château. »

Le serment que la sagesse y prononcera à l'amour! répète mademoiselle d'Arancey, et elle perd l'usage de ses sens. Charles, tremblant pour sa Sophie, se fâche tout de bon contre son oncle : « Vous m'avez fermé la bouche, monsieur, pour

« vous conformer à l'usage. Mais l'usage veut-il
« qu'on tue les gens en leur annonçant, sans mé-
« nagement, une nouvelle aussi inattendue? Ne
« pas l'y disposer, ne pas... — Vous avez raison,
« M. le docteur ; mais ce n'est pas de cela qu'il
« s'agit : il faut la faire revenir. Ma nièce, ma
« chère nièce, le temps des épreuves est passé.
« Revenez à vous; ouvrez ces beaux yeux; fixez-
« les sur un oncle qui ne veut que votre bon-
« heur, et qui vient l'assurer. »

Mademoiselle d'Arancey était adorée dans le village, et des cris de joie s'élèvent de toutes parts. Quel homme, disait-on, quel homme qui marie notre demoiselle, et qui restaure notre église ! « C'est assez, c'est assez, disait M. Botte ;
« ces exclamations m'ennuient. Je restaure votre
« église, parce qu'un curé comme le vôtre ne doit
« pas officier dans une grange ; je propose mon
« neveu pour mademoiselle d'Arancey, parce que
« c'est une fille accomplie. Ainsi vous ne me de-
« vez rien, et laissez-moi tranquille. »

L'émotion de la joie n'a jamais de suites funestes, dit Beaumarchais. Sophie revint à elle plus belle que jamais, et pendant qu'on chargeait les tables, rangées autour du grand ormeau, M. Botte conduisit le père Edmond et le curé vers un petit tertre, et Sophie, nonchalamment appuyée sur le bras de Charles, se laissait conduire, les yeux baissés, et le visage couvert d'une aimable rougeur.

M. Botte, affectant le cérémonial de la vieille cour, montra le tertre à Edmond, et l'invita à s'asseoir. « Après vous, monsieur, dit Edmond. — « Non, monsieur, vous vous asseoirez, et je par- « lerai debout et découvert. — Mais, monsieur... « — Hé, corbleu, asseyez-vous donc, » et, poussant Edmond par les deux épaules, il le fait tomber sur le gazon.

Le père Edmond paraissait étonné de ce genre de politesse. M. Botte, que rien ne déconcerte, poursuit en ces termes : « Monsieur, vous avez « élevé cette demoiselle ; vous avez formé son « cœur à la vertu ; vous êtes donc son véritable « père. Je vous la demande en mariage pour « Charles Montemar, mon neveu. Je lui donne « trente mille livres de rente ; après moi, le reste « de ma fortune, que je lui ferai attendre le plus « que je pourrai, et le jour du mariage, je vous « rembourse de ce qui vous est dû sur le prix « du château et de la ferme. Ma demande, mon- « sieur, vous est-elle agréable ? — Ah, monsieur, « il n'y a qu'une ame comme la vôtre... — Il n'est « pas question de mon ame. Ma demande, mon- « sieur, vous est-elle agréable ? — Ah, jamais « je n'oublierai... — Ma demande vous est-elle « agréable ? ventrebleu, répondez oui ou non. — « Oui, monsieur, elle m'est agréable, et très-fort. « — A la bonne heure. Mademoiselle, je n'ai point « de parchemins à vous montrer ; mais je crois « que tous les honnêtes gens sont nobles, et qu'il

« n'y a que le vice de roturier. Vous pensez sans
« doute comme moi ; ainsi vous agréez la recher-
« che de mon neveu. »

L'intéressante Sophie ne savait où elle en était. Elle pouvait être heureuse, parfaitement heureuse ; elle n'avait qu'à le vouloir. M. Botte lui tenait la main, et attendait son aveu. Charles était à ses genoux ; il avait pris son autre main, et la couvrait de baisers ; le curé, debout derrière eux, avait les yeux et les bras élevés vers le ciel, et il disait : Mon dieu, bénissez-les un jour, comme je les bénis dès ce moment.

Le premier mouvement de mademoiselle d'Arancey avait été pour l'amour ; le second l'avait reportée vers son père, fugitif, errant, malheureux, n'ayant pour consolation que des chimères, dont son mariage allait dissiper l'illusion ; mais bientôt son cœur la ramenait à l'homme qu'elle adorait. Il était à ses pieds ; elle le voyait suppliant, paré des charmes qu'ajoute le désir à une figure déja trop séduisante. Elle n'avait pas la force de l'affliger ; elle ne pouvait se résoudre à se rendre malheureuse, et, cependant, ses principes arrêtaient un consentement qu'elle brûlait de prononcer.

M. Botte commençait à froncer le sourcil ; Charles était plus pressant ; le père Edmond encourageait sa demoiselle, et l'engageait à répondre. Forcée de rompre le silence, elle répéta les objections dont son amant avait entretenu son oncle dans la voiture. Elle hésitait, elle s'exprimait faiblement; ses yeux démentaient sa bouche. M. Botte ne fut pas moins très-mécontent d'une résistance à laquelle, pourtant, il était préparé. A une assez laide grimace succédèrent l'emportement, les instances, la colère, les supplications. La timide Sophie ne répondait rien; elle pleurait en regardant Charles.

« Parbleu, curé, s'écria M. Botte, ne savez-
« vous que bénir les gens? Il est bien extraordi-
« naire que vous vous taisiez dans une semblable
« circonstance. On me considère comme partie
« intéressée, et on juge mes argumens mauvais.
« Mais vous, qui êtes neutre dans cette affaire,
« qui êtes l'homme de tous, qui êtes générale-
« ment respecté, usez donc de votre influence;
« parlez, de grace, et parlez bien. »

Le bon prêtre ne se mêlait jamais d'affaires de famille qu'il n'y fût invité; mais il avait, comme un autre, son petit amour-propre, et il était secrètement flatté de vaincre une résistance, qu'il jugeait n'être que de forme; mais que n'avaient pu surmonter ni M. Botte, ni même l'amant aimé. Il répéta très-gravement une partie des raisonnemens du cher oncle, parce qu'en effet ils étaient fondés. Il appuya sur la nécessité où était mademoiselle d'Arancey de relever sa fortune pour l'offrir à son père, dans le cas où il rentrerait en France. Il lui représenta combien il est doux de tenir tout de l'homme qu'on préfère. Il dit qu'une simple irrégularité ne pouvait balancer des avantages aussi réels, et que, puisqu'on ne pouvait avoir le consentement de son père, il était naturel de se contenter de celui de l'homme qui l'avait si dignement remplacé. Il protesta qu'il ne voyait rien dans ce procédé qui pût blesser le ciel ni les hommes. Il ajouta que le malheur avait probablement changé les idées de M. d'Arancey sur la noblesse; qu'il approuverait une alliance vraiment convenable ; enfin, il laissa pressentir que sa longue absence et son silence absolu avaient une cause beaucoup plus forte que celles qu'on avait supposées, et il finit en observant qu'on ne doit pas aux morts, quelque précieuse que soit leur mémoire, le sacrifice de toute sa vie.

Sophie était trop raisonnable, elle aimait surtout trop tendrement, pour n'être pas de cet avis. Elle paraissait ébranlée; mais elle ne se prononçait pas. M. Botte enrageait.

Le père Edmond se leva : « Notre demoiselle, « mon cœur, ma petite fortune, mes soins, je « vous ai tout donné, et en échange vous m'avez « nommé votre père. Pour la première, pour la « dernière fois, j'en prends l'autorité : obéissez, « je vous l'ordonne. »

Sophie regarda Charles avec un doux sourire; elle le baisa au front, et lui dit : Soyez mon époux.

A ces mots, M. Botte fit un saut proportionné à la joie présente, qui remplaçait subitement des craintes et une humeur très-marquée, c'est-à-dire qu'il sauta aussi haut que le permettait le volume d'un corps que la nature n'avait pas destiné à fendre l'air. Or, comme le cher oncle n'avait pas l'habitude des *gargouillades*, et qu'il n'avait pas calculé les effets de celle-ci, il tomba pesamment sur les jambes de Charles, qui, pieusement agenouillé devant sa divinité, exprimait maintenant son ivresse et sa reconnaissance. Le curé, qui veut retenir M. Botte, se sent entraîné après lui, et s'accroche aux larges pans de l'habit d'Edmond. Le vieillard, cédant à l'impulsion générale, roule sur le pasteur, qui roule sur M. Botte, lequel roule sur Charles, lequel faisait d'incroyables efforts pour empêcher que le tout ne roulât sur mademoiselle d'Arancey.

Sophie ne pouvait pas se relever, et entrevoyait l'instant où elle allait être écrasée. Elle repoussait de toutes ses petites forces M. Botte, dont la tête s'allongeait par-dessus celle de son neveu; elle appuyait, sur sa grosse face, des mains blanchettes, que le cher oncle, sans s'embarrasser de se position, baisait de tout son cœur.

Comme personne n'était blessé, tout le monde riait aux éclats; mais comme le père Edmond occupait le haut de la pile, et qu'il n'était plus du tout *ingambe*, personne ne se relevait. Comme les villageois étaient à très-peu de distance, et qu'on est curieux dans ce village-là comme ailleurs, ils accoururent pour voir ce qui avait pu déterminer ces messieurs à s'empiler ainsi, et comme la curiosité peut quelquefois être utile à ceux qui en sont l'objet, le curé, Edmond et M. Botte furent aussitôt rétablis sur leurs jambes.

Charles présenta la main à sa charmante future, et on allait gaîment prendre sa part du champêtre repas, lorsqu'on s'aperçut que M. Botte avait perdu sa perruque dans la mêlée. Le cher oncle était dans un de ces momens de bonne humeur, que ceux qui vivaient près de lui pouvaient facilement compter; mais il reprit son sérieux à l'instant, en pensant qu'on ne représente pas dignement, à une fête publique, coiffé en enfant de chœur. Il regarde, il cherche à lire dans tous les yeux quel est le mauvais plaisant qui lui a escamoté sa perruque. Les paysans, qui le pénètrent, protestent de leur innocence, et cherchent partout le respectable couvre-chef, qui ne se trouve nulle part.

M. Botte fronçait le sourcil et grommelait déjà entre ses dents, lorsqu'il découvrit son voleur. La perruque était poudrée à blanc, et enduite d'une pommade de première qualité. Un chien de berger s'en était accommodé, et la rongeait paisiblement, en attendant les os de jambons et de poulardes, qui n'étaient pas encore à sa disposition.

M. Botte, furieux, arrache des mains d'un paysan un lourd bâton d'épines, et en décharge un coup terrible sur le dos du chien. Les chiens, comme les moines, n'aiment pas qu'on les dérange dans leurs repas. Celui-ci s'élance sur M. Botte, qui, très-heureusement pour lui, fait une volte, et en est quitte pour le derrière de son habit et le fond de sa culotte, que le chien emporte en triomphe, en secouant la tête, et en foulant de ses pattes de devant la dépouille du vaincu.

Cependant la chemise de M. Botte vole au gré du vent. Ce n'est plus sa tête tondue qui l'occupe, ce sont les mœurs publiques qu'il blesse involontairement. Son chapeau, fixé de ses deux mains sur la partie découverte, ne suffisait pas pour cacher le plus dodu des postérieurs, et il n'avait que le choix de la moitié qu'il lui plairait exposer aux regards du public.

Il tempêtait, il jurait, il rudoyait Edmond, le curé, son neveu, qui s'empressaient autour de lui. Tout à coup il jette des cris furieux, et grince des dents de manière à faire fuir tout un département. Une malheureuse guêpe, attirée par la chair fraîche, s'était glissée le long de l'épine du dos, et arrangeait l'omoplate de M. Botte, comme le chien avait fait la perruque. M. Botte se jette à terre, se roule sur l'herbe, en continuant de crier. Il écrase son ennemi, et il n'en souffre pas moins.

Au hasard de ce qui pourrait lui arriver, Charles, vraiment inquiet de l'état où était son oncle, s'approcha de lui, et voulut achever de le déshabiller. M. Botte se releva, jura, et tenant toujours son chapeau derrière lui, il prit en trotillant le chemin de la ferme. Edmond le suivit d'aussi près que le permettait son âge, et le curé, qui se mêlait un peu de médecine, le suivit d'aussi loin qu'il le fallait pour être à l'abri des évènemens : il croyait le cher oncle maniaque.

Mademoiselle d'Arancey aurait bien voulu être utile à l'homme à qui elle devait son bonheur. L'intérêt qu'il inspirait la faisait avancer d'un pas; la décence la faisait reculer de deux; elle s'adressa enfin à deux femmes, qui, depuis quinze ans au moins, n'étaient plus d'aucun sexe. Mais, à défaut d'autres passions, les vieilles ont de la rancune. M. Botte n'avait pas embrassé celles-ci : elles ne bougèrent pas.

En avançant vers la ferme, le patient s'était un peu calmé. Il avait expliqué la cause de ses cris et de ses contorsions, et le bon pasteur, rassuré, protestait qu'il enleverait l'aiguillon, et que la douleur cesserait à l'instant

En effet, l'opération faite, M. Botte se trouva soulagé. Mais il observa qu'il était loin d'être dans un état présentable; il protesta qu'il dînerait à la ferme, et il exigea, très-impérieusement, qu'Edmond reconduisît aussitôt le curé à la fête qu'on lui donnait. Son ordre était motivé sur deux raisons : la première, c'est qu'un dîner froid ne vaut rien ; la seconde, c'est qu'un chien et une guêpe ne doivent pas mettre tout un village au régime. Le père Edmond cherchait pour la seconde fois, dans l'armoire de noyer, de quoi couvrir au moins M. Botte ; le curé prétendait que la fête la plus brillante ne peut empêcher un homme d'en soulager un autre, et il voulait bassiner la piqûre avec du vinaigre; monsieur Botte avait pris le vase, l'avait jeté à l'autre bout de la chambre, et invitait son médecin, avec son gros juron, à se rendre sans répliquer sous le grand ormeau, lorsque Charles trouva sur une table une lettre à l'adresse du vieux Edmond.

Le bon vieillard prend la lettre, et s'étonne en reconnaissant l'écriture de son fils, de Georges, qui était disparu, et dont l'absence n'avait encore été remarquée de personne. Le cachet est rompu ; le malheureux père lit quelques lignes, et laisse tomber la lettre en s'écriant : Je n'ai plus de fils !

M. Botte s'irrite contre la fortune quand il voit des malheureux. Il oublie le curé, il oublie la fête, il oublie qu'il est sans culotte; il découvre tout en ramassant le papier ; mais il le ramasse, et il lit :

Mon père.

« J'ai pu aimer notre demoiselle autant qu'il
« est possible d'aimer, et avoir la force de me taire.
« Je n'ai pas celle d'être témoin du bonheur d'un
« autre. Je pars. Pardonnez-moi, mon bon père,
« pardonnez-moi de vous quitter dans votre vieil-
« lesse; mais il fallait mourir à la ferme, ou aller

« souffrir au loin, et dans les deux cas votre fils
« était perdu pour vous.

« Ne me retirez pas, je vous le demande à ge-
« noux, les bénédictions que vous avez si sou-
« vent prononcées sur moi. Gorges vous honore
« et vous chérit toujours ; mais il ne pouvait res-
« ter. »

« Faites donc des enfans, disait M. Botte. Non,
« ventrebleu, je n'en ferai jamais. Les coquins,
« les coquins! Voilà comme ils sont tous. Pauvre
« père! pauvre père! ajoutait-il, debout, à côté
« d'Edmond, dont il pressait affectueusement la
« main. Dieu me l'avait donné, dit en pleurant
« le vieillard ; Dieu me l'a ôté ; que son saint
« nom soit béni. Il vous le rendra, mon cher Ed-
« mond, reprit le pasteur; il vous le rendra.
« Votre vie n'a été qu'une longue suite de jours
« paisibles et purs, et l'Éternel se complait à éprou-
« ver ses saints. — Que je revoie mon fils un mo-
« ment; rien qu'un moment; que je l'embrasse
« encore, et je mourrai en bénissant le seigneur. »

« Je ne sais pas, poursuivit M. Botte, ce que
« le seigneur compte faire de votre fils ; mais je
« sais que je ne dois rien épargner pour vous le
« rendre, et je n'aurai pas de repos que je ne
« vous l'aie rendu. Vous, monsieur, dont les
« amours troublent le repos des familles, faites
« mettre les chevaux à la voiture. — Est-ce ma
« faute, mon oncle?... — C'est la mienne, n'est-

« ce pas? Les chevaux à la voiture. — Me ren-
« drez-vous comptable de l'infortune de Georges?
« — C'est vous, monsieur, qui êtes la cause de
« tout. Trente voyages au moins, qu'il m'a fallu
« faire à la ferme; une autre au fond de la Nor-
« mandie, pour vous empêcher de vous noyer;
« et ma chute dans la mare avec ce pauvre Ho-
« reau, et l'algarade impertinente de ces comé-
« diens de campagne, et mon double combat
« avec un chien et une guêpe, un jeune homme
« et son père désolés, tout cela serait-il arrivé,
« monsieur, si vous ne vous étiez avisé d'aimer?
« Pour la dernière fois, les chevaux à la voi-
« ture. — Décidemment, mon oncle, vous allez
« partir? — Sans délai. J'ai beaucoup de con-
« fiance en la Providence; mais, quoiqu'en disent
« Edmond et son curé, il est bon de la seconder
« un peu. — Et mademoiselle d'Arancey? — Mal-
« heureux, jette les yeux sur ce vieillard, et ba-
« lance, si tu l'oses... Monsieur, qui ne voit que
« son bonheur personnel dans la société, ne doit
« rien attendre d'elle. — Au moins un adieu, mon
« oncle, un mot, et je vous suis. » Et sans attendre de réponse, Charles est parti; il court, il
il est déjà loin.

« Où allez-vous, monsieur? dit le curé à M. Botte,
« qui trottait sur les pas de son neveu. — Je vais
« après ce drôle. Je le ramène; je le jette dans ma
« chaise, et je l'envoie solliciter dans une moitié
« des bureaux de la police de Paris, pendant que

« j'assiége les autres. — Supposons que vos dé-
« marches aient le plus heureux succès, que fe-
« rez-vous?—Je m'empare de Georges; je lui re-
« proche l'abandon où il laisse un père; je ranime
« son courage; je le rends à la pitié filiale, et je
« le conduis aux pieds de ce vieillard. — Il écrit
« qu'il mourra ici. — Chansons. — Vous ne le
« connaissez pas, monsieur. — Hé, curé, tous
« les hommes sont faits de même. On souffre, on
« se console, on ne meurt pas. — Mais, mon-
« sieur... — Paix, je suis décidé. »

Le pasteur, toujours calme et prudent, observa qu'un quart d'heure de plus ou de moins n'était rien dans la circonstance présente, et qu'au moins il était bon de s'entendre avant que d'agir : M. Botte n'entendait rien. Le curé voulait réfléchir. Le cher oncle prétendait que la première impulsion du cœur est la bonne, et qu'en la suivant, on ne se trompe jamais. Le père Edmond, qui avait beaucoup plus de confiance en son curé qu'en M. Botte, pria, supplia le cher oncle d'entendre le pasteur. « Parlez donc, monsieur, s'é-
« cria le quinteux personnage, puisqu'on veut
« que je vous écoute. »

Le curé représenta que Georges avait toujours été fils respectueux et tendre; que son père avait constamment été l'objet de ses soins religieux, et qu'ainsi une passion irrésistible avait pu seule le déterminer à quitter le pays. Il jugea que l'éloignement pouvait calmer une fièvre dévorante, que tout alimenterait à la ferme, où Georges ne ferait point un pas sans trouver des souvenirs déchirans. Il ajouta que la santé la plus robuste cède à la fin aux froissemens réitérés d'un cœur d'autant plus sensible, qu'il était vierge encore, et qu'il est déja flétri, et de la violence qu'il s'est faite, et du silence qu'il s'est imposé. Il finit en invitant M. Botte à découvrir l'asile que choisirait le jeune homme, et à le faire surveiller par quelqu'un de sûr, qui fournirait, en secret, à ses besoins, et qui donnerait de ses nouvelles à son père.

M. Botte était vif; il était opiniâtre; ce n'était qu'en grondant qu'il se rendait à de bonnes raisons; mais il s'y rendait enfin. Il entra dans les vues du curé, à la grande satisfaction du malheureux père, et on parla, avec assez de tranquillité, du mariage de mademoiselle d'Arancey.

« Cruel enfant, méchant enfant! disait le vieil-
« lard, oser lever les yeux sur sa demoiselle! —
« Et sur qui les lèvera-t-il? sur une guenon? —
« Mais oser l'aimer, monsieur, oser l'aimer! —
« — Hé, comment s'en défendre? nous l'aimerions
« aussi, si nous n'avions que vingt ans. — Mais
« le respect... — Georges n'en a point franchi les
« bornes. — Quoi, cette lettre.... — Cette lettre
« ne s'adresse pas à mademoiselle d'Arancey. —
« Qu'elle ignore au moins que mon fils l'a écrite.
« — Elle la verra. Un amour vertueux, un amour
« auquel on s'immole, ne peut offenser une femme.

« Il donne des droits à sa pitié. — Par grace, « monsieur... — Je ne ferai pas le bonheur de « mon neveu par une supercherie. Mademoiselle « d'Arancey saura le mal qu'elle fait à Georges; « elle saura que c'est elle qui en prive son père; « qu'un sacrifice peut le lui ramener. Elle lira la « lettre, et elle prononcera.

« Encore un mot, monsieur, dit le curé. — « Hé, parbleu, pasteur, vous abusez de ma pa- « tience. Il était question tout à l'heure des inté- « rêts d'Edmond, et j'ai dû céder à sa volonté; il « s'agit ici de ma délicatesse personnelle, et cer- « tes, à cet égard, je n'ai besoin des conseils de « personne : mademoiselle d'Arancey lira la lettre. »

Charles était incapable de ces froids calculs que l'homme, qui n'a que des désirs, emploie souvent avec succès. Idolâtre de sa Sophie, il n'avait pas prévu l'effet que produirait, sur elle, la nouvelle de la fuite de Georges. Il en parla en homme aussi pénétré du malheur d'Edmond, qu'affligé de la vivacité d'un oncle qui l'arrachait subitement à ce qu'il avait de plus cher. Sophie, bonne et sensible comme lui, éclairée enfin sur un secret que sa modestie seule l'avait empêchée de pénétrer, Sophie oublia les fréquentes importunités de Georges, et ne vit plus en lui que l'ami malheureux.

Les habitans attendaient leur curé et le vieux Edmond. Rangés debout autour des tables, où personne n'osait se placer encore, ils entretenaient leur gaieté en buvant, de temps en temps, le petit coup. La tristesse de Charles, la douleur de mademoiselle d'Arancey, frappèrent également ces bonnes gens; l'évènement fâcheux devint aussitôt public. Comme, dans ce village, l'infortune de l'un est commune à tous, on oublia que le reste de la journée était consacré à la gaieté. Sans se consulter, sans même se parler, hommes, femmes, enfans, vieillards, prennent le chemin de la ferme. On marche dans un profond silence; un voile sombre couvre toutes les physionomies; ce jour de fête n'est plus qu'un jour de deuil.

Sophie, appuyée sur le bras de Charles, méditait profondément. Elle n'a plus une pensée qui échappe à son amant, et le jeune homme frémit.

On arriva à la ferme. Les anciens s'approchèrent de l'infortuné père, et pleurèrent avec lui. Les enfans, instruits à le respecter, couraient lui offrir leurs innocentes caresses. Les femmes ont partout cet instinct délicat qui les éclaire sur les convenances. Les mères éloignèrent ces enfans qui allaient rappeler à Edmond ce qu'il avait perdu : il était trop tard, le bon vieillard les avait aperçus. « Vous êtes encore pères, dit-il à ses amis, « et moi... et moi... » Il essuya ses pleurs, ouvrit sa Bible, lut, à haute voix, le livre de Job, et se soumit à la volonté du seigneur.

Tout le monde l'écoutait dans un recueillement religieux. M. Botte lui-même se taisait; mais, incapable de varier dans ses principes ou ses opi-

nions, il présenta la lettre à mademoiselle d'A-
rancey.

La charmante fille la mouilla de ses pleurs, et
fut tomber aux pieds d'Edmond. « Pardon, dit-
« elle, pardon, mon vénérable père. Vous m'avez
« arrachée à la misère ; vous avez partagé votre
« cœur entre votre fils et moi ; vous m'avez in-
« spiré le goût de ces vertus simples, qui vous
« sont familières, et, pour prix de vos bienfaits,
« j'empoisonne vos derniers jours... Pardon, par-
« don ! » Le vieillard la relève, la presse contre
son cœur, et leurs larmes se confondent.

« Non, s'écria Sophie, non, il n'est pas de bon-
« heur pour moi, quand mes bienfaiteurs souf-
« frent. J'aime Charles autant qu'on puisse aimer.
« Je le lui ai dit, je l'ai dit à son oncle, à Edmond ;
« je le répèterais à la face de l'univers ; mais je
« suis incapable d'abandonner ce malheureux vieil-
« lard. C'est moi qui remplacerai le fils dont je l'ai
« privé, qui le consolerai, qui fermerai ses yeux.
« Charles, mon ami, encore un sacrifice. Vous
« n'approuverez pas celui-ci ; mais ma conscience
« me dit qu'il est indispensable... Soumettons-
« nous, Charles ; il le faut, je t'en prie, je le veux,
« je l'ordonne. Jurez avec moi... — Arrêtez, crie
« le jeune homme, en s'élançant vers elle. N'éle-
« vez pas entre nous une barrière éternelle ; n'a-
« chevez pas ce serment téméraire. Laissez-la,
« monsieur, laissez-la, reprend le cher oncle avec
« fermeté. Elle suit la voix d'un devoir antérieur

« à vos droits. Je l'admire ; ayez, vous, la force
« de l'imiter.

« Non, ma fille, non, dit Edmond, je ne reçois
« pas un sacrifice qui vous coûterait le bonheur
« de toute votre vie. Jephté voua sa fille; mais il
« s'en repentit. Dieu me donnera la force de sup-
« porter mon sort. Remplissez le vôtre, mon en-
« fant; soyez heureuse, et estimez-moi assez pour
« croire que je ne vends pas mes services, surtout
« à un prix aussi cher. »

« Digne vieillard, fille céleste, disait M. Botte.
« Mon pauvre Charles, quel trésor tu perds là! —
« Il n'a rien perdu, monsieur, reprit Edmond. »
Et il mit la main de Sophie dans celle du jeune
homme

Un grand exemple entraîne toujours, et peut
nous faire perdre de vue nos plus chers intérêts.
Malheureusement ce noble enthousiasme ne dure
pas : notre faiblesse nous parle si haut! Charles,
contenu pas son oncle, Charles qui craignait
d'abord de ne pas montrer de la vertu, quand les
autres personnages ne faisaient rien que pour elle,
Charles réfléchissait à la perte irréparable qu'il
allait faire. Il ne se permettait pas un mot; mais
il regardait Edmond d'un air si reconnaissant!
Ses grands yeux, qui se portaient ensuite sur
Sophie et sur son oncle, étaient si supplians, si
doux!

Mademoiselle d'Arancey s'était trop avancée
pour pouvoir rétrograder ; mais elle laissait sa

main où le père Edmond l'avait mise. Le stoïque M. Botte maudissait intérieurement sa pétulance et son stoïcisme, et il n'eût pas manqué d'embrasser et de remercier le bon vieillard, si cette démarche eût pu se concilier avec les grands sentimens qu'il venait d'afficher. Le malheureux père, lui-même, commençait à sentir dans quel vide il vivrait, s'il perdait à la fois ses deux enfans. Chacun, enfin, après s'être montré magnanime, peut-être par ostentation, comme cela arrive souvent, chacun prêtait secrètement l'oreille à la voix de son intérêt personnel, comme cela arrive toujours.

Le curé, que son état rendait plus réfléchi ou plus réservé, ne s'était pas pressé de parler; il avait eu le temps de mûrir son opinion, et il pouvait la faire valoir, sans être accusé de versatilité. Il connaissait le cœur humain, et il démêlait, sans peine, l'embarras des principaux acteurs. Les en tirer, c'était leur rendre un signalé service, et c'est ce que fit le bon pasteur.

« Mademoiselle, dit-il à Sophie, vous avez cru
« avoir les raisons les plus fortes pour ne pas ac-
« cepter la main de M. Montemar. Les préjugés
« de monsieur votre père s'élèveraient bien plus
« puissamment contre le choix que vous feriez
« de Georges, homme estimable sans doute; mais
« qui n'a rien de ce qui fixe la considération des
« gens du monde. D'ailleurs, mademoiselle, vous
« n'avez que de l'amitié pour lui, et vous avez
« de l'amour, beaucoup d'amour pour monsieur.

« La Providence vous le destine, et malheur aux
« femmes qui se refusent à ses vues : elles en
« sont punies par le libertinage ou le désespoir.
« Ma foi, s'écria M. Botte, je crois le curé beau-
« coup plus sage que nous tous. Oh, certaine-
« ment, reprit vivement Charles. Mais, continua,
« à demi-voix et les yeux baissés, la sensible So-
« phie, je ne me propose pas non plus d'épouser
« Georges. Qu'importe alors, poursuivit le curé,
« que vous soyez, ou non, l'épouse d'un autre,
« pourvu que le fils d'Edmond ne soit pas témoin
« d'un engagement qui lui ferait sentir plus vi-
« vement son malheur. Mais, répondit Sophie,
« mais... c'est que... C'est, interrompit le pasteur,
« que vous ne voulez pas abandonner ce bon père
« dans son affliction. — Non, monsieur, je ne le
« veux pas, je ne le dois pas. — Hé bien, made-
« moiselle, laissez agir M. Botte. On n'a pas de
« conseils à lui donner, quand il s'agit de faire
« le bien. — Hé, quelle chienne de manie avez-
« vous donc tous de me rappeler ce que je peux
« faire de bon? Ne faut-il pas que je rachète, par
« quelque chose une dureté de caractère dont je
« ne suis pas maître? Ne me gâtez pas, curé; je
« n'aime pas cela. Je ne suis pas bon, je le sais,
« je le déclare. Au reste, voici ce que je propose :
« qu'on ne m'interrompe point.

« Edmond n'est plus d'âge à travailler, et il ne
« travaillera plus. Nous louerons la ferme... —
« Quoi, monsieur, vous voulez?... — Oui, papa,

« je le veux. — Quitter une ferme où je suis né!...
« — Vous ne la perdrez pas de vue; mais, que
« diable, laissez-moi parler. Vous habiterez avec
« le curé une aile du château. Je me réserve l'au-
« tre pour les voyages que je ferai ici, et j'en
« ferai de fréquens. Mon neveu et ma nièce oc-
« cuperont le corps de logis. Votre couvert à tous
« deux sera toujours mis à leur table. — Mais,
« monsieur, je vous ai déja fait observer combien
« je serais déplacé dans un certain monde... — Je
« vous ai déja répondu, monsieur, qu'un honnête
« homme n'est déplacé nulle part, et, parbleu,
« quand vous voudrez être seul, on vous servira
« chez vous, et vous lirez un chapitre de votre
« vieille Bible, en vidant le flacon de Bourgogne.
« — Mais l'oisiveté, monsieur... — Bah, bah, bah!
« la promenade, la gazette, un cent de piquet,
« un peu de médisance, et le temps se passe.
« Allons, allons, je vois que ces arrangemens
« conviennent à tout le monde; c'est une affaire
« terminée. Vite, un notaire, et l'affiche à la mu-
« nicipalité. »

Les jeunes gens renaissent, le pasteur sourit,
Edmond se rend, M. Botte se frotte les mains,
tous les villageois applaudissent. « Oh ça, dit le
« cher oncle, retournons sous le grand ormeau.
« Puisque vous m'avez tous vu dans l'état où me
« voilà, il n'y a pas d'inconvénient que je vous
« suive, pourvu, toutefois, qu'on me trouve une
« culotte, car il fait du vent aujourd'hui ».

A peine a-t-il parlé, que les habitans se dispersent ; Edmond retourne à l'armoire de noyer, et le pasteur court ouvrir son modeste portemanteau. En cinq minutes, M. Botte n'a plus que l'embarras du choix. « Monsieur, dit-il à son ne-
« veu, en prenant un habit à l'un, une culotte à
« l'autre, un bonnet de coton à un troisième,
« monsieur, j'ai rompu sans retour avec votre
« Guillaume ; mais je ne vois que ce drôle-là qui
« puisse retrouver Georges, et il faut qu'il se re-
« trouve. Écrivez à Guillaume pendant que je
« m'habille, et faites partir mon postillon avec
« cinquante louis. »

Le malheureux père baise la main de M. Botte; la tendre Sophie se hâte de trouver cette écritoire que vous avez peut-être oubliée, celle que Georges, dans sa jalousie, serrait si soigneusement ; le curé débarrasse une table ; Charles prépare une plume, et le cher oncle trouve autant de valets de chambre, que la maison peut recevoir de paysans.

Une joie pure et bruyante a succédé au silence de la douleur. On va, on court, on se cherche, on se presse, on chante, on rit, on arrive sur la pelouse, et lorsque le curé, M. Botte et Edmond, ont pris le haut bout de la grande table, les autres se placent au hasard. Ce n'est point par hasard que Charles se trouve à côté de Sophie ; que Sophie est bien loin du cher oncle, qu'elle aime pourtant de tout son cœur ; qu'elle s'est jetée au milieu d'un groupe de jeunes filles. C'est que les jeunes filles connaissent le langage de l'amour, qu'elles aiment à l'entendre, qu'elles s'affligent franchement des peines passées, et qu'elles sourient au bonheur à venir.

M. Botte faisait la grimace en sablant la piquette du pays, qu'on lui versait à flots dans le plus grand verre; il faisait la grimace en mâchonnant d'énormes morceaux, dont on chargeait son assiette; il faisait la grimace, en trempant son pain dans de l'eau assaisonnée de poivre et de sel, qu'on appelait de la sauce; mais il avait faim, il avait soif. Il buvait, il mangeait, parce qu'il était de bonne humeur, et cela devait être : il s'était grandement conduit avec mademoiselle d'Arancey, et son neveu n'y avait rien perdu.

Près de lui étaient assis, sur l'herbe, trois petits pâtres, qui dévoraient ce qu'ils pouvaient attraper. « Le bon potage que j'ons eu là! disait
« l'un. Si j'étais premier consul, je mangerais
« tous les jours de la soupe à la graisse. Si j'étais
« premier consul, dit le second, je garderais mes
« vaches à cheval. Si j'étais premier consul, dit le
« troisième, je me ferais payer mes journées trente
« sous; j'en mangerais dix, et j'en donnerais vingt
« à ma pauvre mère. Corbleu, s'écria M. Botte,
« en vidant son assiette dans leur gamelle, tu
« toucheras les trente sous, et pendant le reste
« de ta vie. Mais comme il n'y a qu'un premier
« consul, toi, mon ami, tu continueras de garder

« tes vaches à pied, et toi, tu ne mangeras de la
« soupe à la graisse que les jours de fête. »

Déja la jeunesse se dispose à danser. On a bon
appétit au village; mais le plaisir de serrer la main
de sa bien-aimée, et de sauter avec elle, face à
face, l'emporte sur tous les plaisirs. Au premier
cri du violon, on court, on se place, et M. Botte,
qui a juré d'être charmant ce jour-là, déclare
qu'il ouvrira le bal avec sa nièce. L'aimable fille
vient aussitôt offrir sa jolie main.

M. Botte danse fort mal, et son costume grotesque ne peut lui donner les graces que la nature lui a refusées; mais M. Botte danse de tout
son cœur. Sa grosse gaieté bannit le cérémonial;
les villageois sont à leur aise, et ils trouvent que
M. Botte est un très-bon danseur, parce qu'il
danse comme eux.

Mademoiselle d'Arancey est reconduite à sa
place par son cavalier, marchant sur la pointe du
pied, tortillant le derrière, et soutenant la main
blanchette sur la basque volumineuse de son antique habit. Charles succéda aussitôt à son oncle,
et celui-ci s'approcha du notaire du lieu. L'officier public voulait remettre au lendemain la rédaction de l'acte; monsieur Botte assurait qu'il
ne faut jamais remettre ce qu'on peut faire à l'instant. Le notaire voulait, au moins, qu'on se rendît à son étude; M. Botte soutenait qu'il est inutile de se déranger quand on est bien. Le notaire
opposait sa dignité, qu'il compromettrait, en opé-

rant en plein vent; M. Botte protestait qu'un notaire ne se compromet qu'en faisant un faux, et qu'il peut recevoir le double de ses honoraires d'un homme qui veut bien les doubler, pourvu qu'on le serve à la minute, et de la manière qu'il veut l'être.

Le garde-note, n'ayant rien à répliquer à ce dernier argument, appela un jeune garçon, qui époussetait son habit, lui faisait la queue, écumait son pot, et lui servait de clerc à l'occasion. Il l'envoya chercher son écritoire de poche et la feuille de parchemin.

M. Botte, qui voulait fortement, et que les lenteurs désolaient, tira à part le greffier de la municipalité, et lui persuada, par les mêmes moyens, mais à voix basse, qu'il ne pouvait se dispenser d'afficher, à l'instant même le mariage des aimables jeunes-gens. On ne refuse rien à un homme pressant, et qui parle d'une tenture neuve pour la salle du conseil communal. Les deux noms furent joints sous le petit chassis treillagé.

M. Botte eût donné ce qu'on eût voulu pour que le mariage se fît le soir même. Il n'y avait pas d'opposans, il ne pouvait y en avoir. Il n'y avait donc nul inconvénient à antidater l'affiche, et peut-être, à force d'argumens, le greffier se fût-il laissé convaincre; mais M. Botte rejeta, sans balancer, une idée si opposée à ses principes, et à la conduite de sa vie entière. Il se consola du retard auquel il fallait se soumettre, en pensant que les embellissemens du château amuseraient son impatience.

Le *factotum* du notaire est de retour ; l'officier a braqué ses lunettes ; les jeunes-gens, l'oncle, le curé, Edmond, sont assis autour de lui. Quelques vieillards s'étaient éloignés par discrétion. M. Botte les rappela, parce qu'il ne faisait rien, disait-il, qu'il ne put faire à la face de l'univers. Le curé lui observa doucement qu'il y avait péché d'orgueil dans cette assertion. « Allons, allons,
« pasteur, on peut en absoudre les honnêtes gens:
« tant d'autres ont de l'orgueil que rien ne jus-
« tifie. Procédons.

« Je donne dès ce moment, à mon neveu, mes
« herbages de Normandie. Ils rapportent trente
« mille francs. Je l'institue mon légataire unique,
« universel... — Ah, mon oncle, que de bienfaits !
« — Rends-la heureuse, Charles, et tu ne me
« devras rien. Je reconnais que mademoiselle m'a
« remis une somme de cent mille écus... — Je ne
« consentirai pas, monsieur... — Vous ne consen-
« tirez pas, mademoiselle !... Faites l'amour, et
« ne vous mêlez pas d'affaires, vous n'y entendez
« rien. — Mais, monsieur, tout le monde sait que
« je n'ai que cette petite terre... — Et comme elle
« n'est pas suffisante, il me plaît d'y ajouter cent
« mille écus.—Mais...—Vous m'excédez. Que vous
« resterait-il, si vous perdiez votre mari ? un douaire
« chétif. — Ah, monsieur, quel malheur vous pré-
« voyez là ! — Il est possible, mademoiselle. —

« Et croyez-vous que j'y survive? — Oui, oui,
« vous y survivrez, et j'entends que la veuve de
« mon neveu vive dans l'opulence.— Enfin, mon-
« sieur... — Enfin, mademoiselle, voulez-vous
« vous marier ou non? Je vous déclare que vous
« ne vous marierez qu'aux conditions que je vous
« impose. Écrivez, notaire, écrivez-donc. Je re-
« connais que mademoiselle m'a remis une somme
« de cent mille écus, et j'y joins un douaire de
« dix mille francs.

« Je m'oblige à payer dans l'année, à Edmond,
« et de mes propres deniers, une somme de vingt
« mille francs que lui doit mademoiselle d'Aran-
« cey, et je lui assure, sur tous mes biens, une
« pension viagère de quinze cents francs... Oh,
« je vous en prie, M. Edmond, ne venez pas me
« casser la tête de vos observations, ni de vos re-
« mercîmens; les choses seront ainsi, car telle est
« ma volonté. J'ai tout dit, monsieur le tabellion.
« Arrangez-moi cela dans votre style barbare.
« Vous, jeunes-gens, embrassez-moi, et allez
« danser. On vous appellera pour la signature. »

Ils sont doux, les baisers de l'amitié et de la
reconnaissance! Aussi M. Botte disait : « Qu'ai-je
« fait pour vous qui vaille ces tendres caresses?
« on est trop heureux, mes enfans, d'avoir de
« l'argent à placer ainsi. Vous l'éprouverez un
« jour, car je vous laisserai du superflu. »

L'acte était terminé, signé, et on se livrait, sans
réserve, à ces idées de bonheur qu'aucun nuage

ne pouvait plus troubler, lorsqu'une berline parut, suivie de quatre fourgons très-pesamment char-
« gés. « C'est Horeau, s'écria M. Botte. Parbleu,
« je ne l'attendais pas sitôt. C'est la première fois
« de sa vie qu'il a fait diligence. »

Horeau descend, et présente un tapissier et un peintre. Les hommes se jugent assez communément au simple coup d'œil. Ceux-ci, trompés par le costume, prennent M. Botte tout au plus pour l'homme d'affaires de celui qui doit les employer, et le traitent en conséquence. Le cher oncle n'est pas fier ; mais il n'est pas endurant, et il y a long-temps qu'il n'a trouvé l'occasion de gronder.
« Apprenez, leur dit-il, que celui qui juge l'homme
« par son habit est un sot, et je vous le prouve,
« puisque, sous cette mascarade, vous voyez
« M. Botte en personne. » Ici, ces messieurs font de profondes révérences. « Apprenez encore que
« celui qui mesure ses égards sur la fortune de
« l'homme à qui il parle, n'est que le plat valet
« des circonstances. C'est le défaut de la canaille,
« et je vois que vous n'êtes pas au-dessus de votre
« état. Allez travailler. Prestesse et intelligence,
« voilà ce que je vous demande, et non des ré-
« vérences, auxquelles je ne suis pas plus sensible
« qu'à votre début, beaucoup trop familier. »

Ces deux hommes se retirèrent en balbutiant des excuses, et furent rendre à leurs garçons, juchés sur les charriots, la mortification qu'ils venaient de recevoir.

« Hé bien, monsieur, dit le cher oncle au ne-
« veu, faut-il que je conduise ces fourgons au
« château? — Hé, dit Horeau, vous voyez qu'il
« attend vos ordres. — Hé bien, je les donne.
« Allez, monsieur, allez faire ranger vos meubles
« comme vous l'entendrez... Ah, un mot. N'ou-
« bliez pas de faire garnir la partie destinée au
« curé et à Edmond, et l'aile que je me suis ré-
« servée. — C'est par là que je commencerai, mon
« cher oncle. — A la bonne heure. C'est vous,
« monsieur, qui dirigerez les travaux des peintres.
« Vous avez l'imagination riche et brillante. Ser-
« vez-vous-en, et souvenez-vous que je veux du
« beau, du très-beau... Comment, mademoiselle,
« vous ne l'accompagnez pas! Vous n'avez déja
« plus rien à vous dire? — Je ne voulais pas vous
« laisser seul, monsieur. — Hé, allez, allez donc,
« cruelle fille que vous êtes! ne sais-je pas que
« l'amour doit l'emporter sur l'amitié? »

Horeau était bien aussi friand que son ami;
mais dans les circonstances difficiles, il n'était pas
soutenu, comme lui, par un caractère énergique,
ou par la gloriole de tout supporter sans en paraître affecté. Horeau trouva le dîner détestable,
et le dit tout haut. M. Botte, qui craignait qu'on
l'entendît, cria plus haut encore, que leurs
grands-pères, à tous deux, ne faisaient pas meilleure chère, et que leurs grands-pères les valaient
bien. « Mais, mon cher Botte, nos grands-pères
« étaient habitués à cette vie-là. — Vous voyez,

« monsieur, qu'il est des habitudes qu'il est bon
« de conserver, et qu'il en est qu'il faut savoir
« prendre. Buvez, mangez, et soyez sûr qu'il n'y
« a pas de comparaison entre faire un mauvais
« dîner et ne pas dîner du tout.

« — A propos, mon cher Botte, j'espère que
« nous ne coucherons pas dans cette chambre où
« les pucerons... vous vous en souvenez? — Cor-
« bleu! Je ne les oublierai pas plus que la guêpe
« et le chien de ce matin. — Ah, j'entends : un
« nouvel accident a occasioné ce travestissement
« nouveau. — Oui, et pour mettre fin au chapitre
« des accidens, nous coucherons au château. —
« Ah, tant mieux. — Mais nous ne souperons pas.
« — Ah, tant pis. — D'abord, parce que nous ne
« trouverons rien. — Je n'ai pas besoin d'autres
« raisons. — En ce cas, monsieur, je vous en fais
« grace.

« Encore un verre de vin, Horeau. — Volon-
« tiers. — Il est pourtant bien mauvais. — Mais
« je crois que je m'y accoutume. — Quand je vous
« disais, monsieur, que l'homme n'a qu'à vou-
« loir pour être maître de lui. Si vous le vouliez
« fortement, vous boiriez du vinaigre. — Mais
« vous m'y amenez par degrés. — Et vous le trou-
« veriez bon. — Oh, c'est une autre affaire. — En
« voilà une bouteille. — Non, je vous remercie.
« — Vous en boirez, parbleu! — Je n'en boirai
« pas. — J'en boirai avec vous. — Peu m'importe.
« — Vous voyez que je bois, monsieur, et la dif-

« férence d'une bouteille à l'autre est de si peu
« de chose... Essayez. — Ma foi, vous avez raison,
« je ne trouve pas de différence bien sensible. Mais
« à quoi ressemblons-nous tous deux, déraison-
« nant... — Nous raisonnons, au contraire. — Et
« buvant alternativement de la piquette et du
« vinaigre. — Nous faisons un cours de philoso-
« phie. — Bah! — Nous éprouvons que lorsqu'on
« passe par degrés du bien au mal, ou du mal au
« bien, on y arrive sans s'en apercevoir; que les
« chutes inattendues et violentes sont les seules
« qui puissent affecter, comme les fortunes ra-
« pides tournent, en un moment, les cerveaux
« faiblement organisés.

« Ah, ça! Horeau, j'ai pourtant envie de
« voir ces meubles... — C'est assez naturel. —
« Puisque je paie, n'est-ce pas? C'est du beau?
« — Du superbe. — La petite mérite tout cela :
« c'est un ange, mon ami. J'ai eu la faiblesse de
« le lui dire dans un de ces momens d'effusion,
« dont, malgré ma brusquerie, je ne suis pas tou-
« jours maître. Je ne la louerai plus, parce que
« la louange embarrasse toujours celui qui la mé-
« rite, et rend les autres impertinens. — Et voilà,
« mon ami, pourquoi je ne vous loue jamais. —
« — Et de quoi me loueriez-vous, s'il vous plaît?
« Ma conduite n'a rien que de très-simple. Made-
« moiselle d'Arancey est digne des hommages de
« tous les hommes, et en la donnant à mon ne-
« veu, je ne fais rien que pour lui. Allons voir les
« meubles. »

En entrant dans la cour du château, les deux amis trouvèrent les fourgons déchargés ; les garçons occupés à ranger, et Charles donnant ses ordres. « Qu'est-ce que c'est, qu'est-ce que c'est, « dit M. Botte, que ces guenilles-là? Pas un lit, « pas un meuble étoffé ; point de damas, pas une « riche tenture, pas un tour de glace doré. De « l'acajou, des tissus de crin, et des tas de ri-« deaux de toile de coton, ornés de misérables « fanfreluches de couleur! M. Horeau, vous avez « très-mal fait ma commission. — Mais, mon ami, « tout cela est dans le genre grec, romain. — Ma « nièce n'est ni Grecque, ni Romaine, et elle ne « se servira de rien de tout cela. C'est au plus bon « pour nous, pour le curé, pour Edmond ; mais « ma nièce, ventrebleu, ma nièce!... Venez ici, « maître tapissier : demain, au point du jour, « vous partirez pour Paris. — Oui, monsieur. — « Vous emploierez cent ouvriers, s'il le faut ; mais « je veux, pour ma nièce, un lit à grand dais, « dont les quatre coins seront surmontés d'un pa-« nache des plus belles plumes. — Oui, monsieur. « — Je veux ce dais doublé en satin blanc, du sa-« tin à un louis l'aune, s'il y en a. — Oui, mon-« sieur. — Je veux, au milieu du ciel, un amour « brodé, couronnant la vertu, et je veux que cet « amour n'ait pas de bandeau, parce que, quand « on aime mademoiselle d'Arancey, on voit clair « et très-clair. — Oui, monsieur. — Je veux les « rideaux intérieurs du même satin ; je les veux

« ornés d'emblèmes ingénieux, que vous ferez
« composer par ces gens, dont le métier est d'a-
« voir de l'esprit pour de l'argent. — Oui, mon-
« sieur. — Je veux de doubles rideaux de velours
« gris de lin ; c'est la couleur de la constance, et
« mon fripon de neveu ne se couchera jamais sans
« se rappeler ce qu'il aura promis à sa femme. Je
« veux sur ces rideaux extérieurs un riche cordon
« en perles fines, et sur les bords une broderie
« en or, terminée par une frange en cordelières,
« de six pouces de haut. Je veux l'ameublement
« pareil... — Mais, mon ami, cela ne se peut pas.
« — Je veux que cela se puisse. — Cela coûtera
« quarante mille francs. — C'est égal. Obéissez,
« maître tapissier. Des rideaux de coton, des ri-
« deaux de coton à ma nièce ! corbleu !

« A vous, monsieur le peintre en lambris : que
« les serrures, les boutons, les gonds, les fiches,
« les sculptures, les moulures, soient en or su-
« perfin, et que tous les marquis du monde chré-
« tien apprennent que quand ils ne peuvent pas
« marier leurs filles, nous les marions, nous au-
« tres marchands, et convenablement, lorsqu'elles
« le méritent.

« — Du train dont vous y allez, mon cher Botte,
« je dois m'attendre à d'autres reproches. — Oh,
« je vous en ferai sans doute. — Mais comme je
« n'avais pas d'ordres... — Ne savez-vous pas,
« M. Horeau, que jamais je ne désavoue mes amis ?
« Voilà d'abord un reproche grave que vous mé-

« ritez. Voyons ceux que j'ai encore à vous faire.
« — Vous savez que les diamans ont repris. —
« Non, je ne le savais pas. Des diamans, mor-
« bleu, des diamans, un boisseau de diamans!...
« Et son trousseau, son trousseau!... nous n'y
« avons pensé ni l'un ni l'autre, et on ne se ma-
« rie jamais sans trousseau. Je suis excusable,
« moi ; j'étais tout au plaisir de la voir ; mais
« vous, homme froid et réfléchi? — Moi, j'étais
« tout à mes meubles. — Et ils sont beaux, je
« vous en fais mon compliment. Demain, je pars
« pour Paris avec elle ; nous courons les plus
« riches boutiques ensemble, et je la charge d'or-
« nemens. Elle n'en sera pas plus jolie ; mais elle
« saura combien je l'aime.

« Hé, où est-elle donc, cette demoiselle, dont
« tout le monde s'occupe, et qui promène peut-
« être ses douces rêveries dans son jardin ? Vous
« avez très-mauvaise grace, monsieur mon ne-
« veu, de rire quand je vous interroge. Où est
« mademoiselle d'Arancey? — Mais, mon cher
« oncle, je n'ai pas droit encore de lui demander
« compte de ses actions. — Aussi n'est-ce pas là
« ce que je demande, monsieur ; mais on peut,
« je crois, savoir où elle est. — Vous voulez le
« savoir, mon cher oncle? — Oui, monsieur, je
« veux le savoir. — Vous ne vous fâcherez pas ?
« — Je ne me fâcherai pas. — Hé bien, je vous
« le dirai dans une heure. — Voici du nouveau,
« par exemple! Des secrets pour moi, pour ton

« oncle ! — N'attachez pas trop d'importance à
« celui-ci, il n'en vaut pas la peine. — Quel est
« ce garçon, qui entre là, chargé d'une hotte? —
« Oh, le maladroit ! Hélas, mon oncle, j'ai bien
« peur que vous ne sachiez tout avant le temps.
« — Voyons, voyons ce qu'il porte. Horeau, fai-
« sons l'inventaire de la hotte. Des perdrix... un
« levreau... du pain blanc... — Et du Bordeaux,
« du Bordeaux, mon cher Botte! — Voilà le mys-
« tère, mon oncle. Vous avez mal dîné; ma So-
« phie s'en est aperçue, et elle a envoyé au bourg
« voisin. — Morbleu, il n'y a qu'elle capable de
« ces attentions-là. Charles m'aime, je le crois ;
« hé bien, il m'eût présenté la moitié d'un pain
« bis, et il eût avalé l'autre. Où est-elle? finis-
« sons. — Puisque vous savez une partie du se-
« cret, je ne crois pas bien nécessaire de vous
« faire attendre l'autre. Venez par ici, mon cher
« oncle. »

Charles conduit M. Botte par le jardin. Le neveu marche sur la pointe du pied, et le cher
oncle retient son haleine. Ils approchent du vi-
trau d'une cuisine souterraine ; M. Botte allonge
son cou gros et court, et il voit mademoiselle
d'Arancey donnant ses ordres aux deux servantes
du père Edmond. Les fourneaux sont allumés ;
la main blanchette assaisonne le petit pois; prépare une crème ; charge une corbeille des plus
beaux fruits. Son motif égaie son travail, et sa
gaieté rend le travail facile aux autres. Charmante,

charmante ! crie M. Botte, ventre à terre, et la
tête passée par le soupirail. Mademoiselle d'A-
rancey lève les yeux, pousse un cri, jette les
casserolles à l'autre extrémité de la cuisine, et
vide une jatte d'eau sur le charbon enflammé.
C'est que M. Botte, en se livrant à son enthousiasme, s'avançait toujours davantage, et fût iné-
vitablement tombé le nez dans les casserolles, si
son neveu ne l'eût retenu par les jambes. « Tout
« cela est fort bien, dit M. Horeau, mais il ne
« fallait pas jeter les légumes et éteindre le feu.
« — Il fallait que je me brûlasse, n'est-ce pas ?
« — Il ne fallait pas vous y exposer. Voilà le
« souper remis à minuit, et je n'ai pas dîné. —
« Ne te fâche pas, Horeau, nous allons tous met-
« tre la main à la pâte, et nous ne souperons pas
« une demi-heure plus tard. Ma nièce, je n'ai
« pour être en costume que mon habit à ôter :
« j'ai le bonnet, la veste et la culotte blanche.
« Allons, Charles, Horeau, qu'on mette habit
« bas, et qu'on prenne le fin tablier, » et Sophie
caressait son oncle, en lui présentant la serviette
et le grand couteau, et elle riait de la maladresse
de l'ami Horeau, et, en allant et venant, elle se
laissait dérober un baiser, vous savez par qui, et
elle envoyait son petit pourvoyeur chercher Edmond et le curé, et elle courait prendre du linge
blanc à la ferme, et elle mettait le couvert avec
son Charles, et elle redescendait à la cuisine, et
elle grondait le cher oncle, qui laissait brûler sa

crême, et elle stimulait le flegmatique Horeau, et il était minuit, en effet, que le souper n'était pas prêt, et que personne n'avait pensé qu'il est possible de s'ennuyer quelquefois.

On le mangea ce souper comme on l'avait apprêté. Un aimable désordre, la saillie piquante, un grain de folie, l'amitié et l'amour, tout se réunit en faveur de la petite société. Edmond oublia même un moment l'absence de son fils.

Les plaisirs ou les querelles du jour ne faisaient jamais oublier le lendemain à M. Botte. Avant qu'on se séparât, il décida, dans sa sagesse, que tout le monde se leverait au point du jour, que lui, mademoiselle d'Arancey, Charles et Edmond, monteraient dans la berline, et Horeau et le curé dans sa chaise de poste.

Le vieillard et le pasteur n'avaient, disaient-ils, nulle envie d'aller à Paris. L'un ne pouvait quitter ses ouailles; l'autre était plus nécessaire à la ferme que jamais. Cependant tout s'arrangeait avec M. Botte, et il ferma la bouche aux deux opposans par des raisons solides, ou du moins spécieuses. « Vous ne négligez pas votre troupeau, « mon cher curé, en vous occupant de lui, et « prendre vos arrangemens avec mon architecte, « c'est travailler à la vigne du seigneur. — Mais, « monsieur, il y a ici des ouvriers... — Qui ne « connaissent pas Vignole ; qui ne distinguent « pas l'ordre corinthien de l'ordre toscan, et qui « mettraient deux mois à ne rien faire qui vaille.

« Il faut que votre église soit restaurée et embel-
« lie pour le jour du mariage. Vous, M. Edmond,
« vous viendrez avec nous, parce que mademoi-
« selle n'est pas encore la femme de mon neveu,
« et que jusque-là elle ne doit voyager que sous
« les yeux de son père adoptif. Vous viendrez à
« Paris, parce que vous avez besoin de vous dis-
« siper; vous y viendrez, parce que je le veux,
« et si vous refusez de monter en voiture, on
« vous y portera. »

Edmond, n'ayant rien à répondre à ce genre d'invitation, prit son chapeau et son bâton. Le cher oncle, l'ami Horeau, Charles et le curé, se couchèrent dans d'excellens lits; l'aimable fille accompagna le vieillard à la ferme, se retira dans cette modeste chambre qu'elle allait quitter pour toujours, et s'endormit doucement, bercée par la main du bonheur.

Avant le jour, le cher oncle était debout. Il s'était habillé, tant bien que mal, aux dépens de la vache de Horeau. Il avait éveillé son neveu, sa nièce, son ami, Edmond, le curé, cochers, laquais, valets de charrue, servantes. Au bruit qu'il faisait, il eût réveillé tout le village, si la ferme n'en eût été à cinq cents pas. A quatre heures, il avait tout réglé avec le maître garçon, pour le temps où le bon père serait absent; il avait fait mettre les chevaux, et il criait contre les jeunes gens qui ne finissaient pas leur toilette; contre Horeau, qui ne pouvait ouvrir les yeux;

contre le curé, qui disait son bréviaire; contre les servantes, qui ne finissaient pas d'apprêter le déjeuner.

Il se tut en déjeunant. Il recommença à crier dès qu'il eut fini de manger; il cria jusqu'à ce que tout son monde fût monté en voiture, et qu'il fût bien sûr qu'Edmond, entraîné au grand trot de quatre chevaux, ne lui échapperait pas.

On se figure aisément la joie douce qui pénétrait le cœur de Sophie. Elle était avec un amant qui allait être le plus tendre, comme le plus chéri des époux; rien ne pouvait traverser ni suspendre leur bonheur; elle était dans une excellente voiture, qui serait désormais à sa disposition; elle allait descendre, à Paris, dans un hôtel superbe, qui appartenait au cher oncle, et qui lui appartiendrait un jour. Une chaumière et l'amour, disent les amans qui n'ont pas mieux; mais l'amour s'accorde aussi fort bien avec l'opulence, et un époux charmant n'en paraît pas moins aimable, pour avoir fait la fortune de sa femme.

Ces réflexions n'échappaient pas à la charmante fille. Elle voyait dans Charles, son amant et son bienfaiteur, et sa figure était rayonnante. Son grand œil, qu'elle croyait bien caché sous son petit chapeau de paille, négligemment noué sous le menton, son grand œil rencontrait, de temps en temps, celui du fortuné jeune homme, et ils se communiquaient une nouvelle chaleur, une nouvelle ame; elle rougissait alors, et se tournait vers M. Botte pour se remettre un peu. M. Botte paraissait ne rien voir, ne perdait rien, jouissait de tout, et, pendant une route de cinq à six heures, il ne gronda personne, pas même son cocher, qui, surpris d'un calme auquel il n'était pas fait, lui demanda plusieurs fois s'il n'était pas incommodé.

Dès qu'on fut descendu à l'hôtel, le cher oncle assigna à chacun son appartement; attacha spécialement à chacun deux domestiques; donna à mademoiselle d'Arancey deux femmes jeunes et jolies; enjoignit à ses gens d'obéir au moindre signal, et à ses hôtes de demander ce qu'ils voudraient, à peine de manquer de tout, parce qu'il n'avait, disait-il, ni le secret de deviner leurs besoins, ni le temps de s'occuper d'eux. Il parla un moment à son homme de confiance, et monta avec mademoiselle d'Arancey, dans une voiture coupée.

La jeune personne n'avait vu Paris qu'à un âge où on n'observe rien, et tout lui paraissait neuf et étonnant. M. Botte s'amusait de ses surprises continuelles, et, à chaque instant, il en variait les objets. Il faisait prendre un détour, pour passer tantôt devant un monument, tantôt devant un autre. Il en indiquait l'auteur et la destination à sa nièce, avec une attention et une exactitude qui prouvaient qu'il n'était pas tout-à-fait dépourvu de politesse, et surtout qu'il aimait sa Sophie de tout son cœur.

Comme il tenait beaucoup au plaisir de la table, et que le temps de sa course était limité, on passait rapidement devant les édifices qu'on aurait le temps de voir en détail; mais on arrêtait chez une marchande de modes; on courait de là chez le marchand de dentelles, de toiles de toute espèce, de soieries, de rubans, de parfums; on examinait la boutique du bijoutier. L'étonnement de mademoiselle d'Arancey allait toujours croissant, et partout, au nom de M. Botte, dix garçons s'empressaient d'étaler ce qu'ils avaient de plus élégant et de plus riche. Le cher oncle observait la nièce; il indiquait, de la main, ce qui paraissait la frapper davantage, et ne disait qu'un mot au marchand, à l'*hôtel*, et sans écouter ni les remercîmens, ni les observations de l'aimable fille, sur la quantité et le prix de ses cadeaux, il la remettait dans sa calèche, et courait, avec elle, à l'autre extrémité de Paris.

Cette première course fut pour Sophie un rêve, un enchantement continuel. Elle grondait son oncle de sa prodigalité; mais elle grondait en souriant : elle était femme. Elle n'avait pas l'adresse de cacher le plaisir qu'elle éprouvait : elle était femme; mais elle sortait des mains de la nature.

Ce fut bien autre chose, lorsqu'elle rentra à l'hôtel. Elle était dans son appartement, comme la colombe en sortant de l'arche : elle ne savait où mettre le pied. Le parquet était couvert de ballots de toiles; les fauteuils, les ottomanes étaient chargées d'étoffes; les consoles, de dentelles; la toilette, de bijoux; les tiroirs d'un secrétaire sont garnis d'or. La pauvre enfant ne sait où elle en est; elle ne trouve pas un mot. Charles embrasse son oncle.

Edmond ne croit pas qu'on ait jamais vu rien de tel, même dans le palais du roi Salomon. Le curé observe, avec douceur, que le prix de ces brillantes bagatelles assurerait l'existence de dix familles. « Vous ne savez ce que vous dites, curé.
« Ne fais-je pas vivre les marchands à qui j'achète,
« et ces marchands ne nourrissent-ils pas l'ouvrier
« laborieux et intelligent? Apprenez, monsieur
« le prédicateur, que le superflu de l'homme riche
« doit être jeté dans la société, non au hasard,
« mais de manière à arriver, par mille canaux
« divers, jusque dans le galetas de l'indigent. Ce
« pauvre, impertinent et imbécille, s'élève toujours
« contre le luxe qui l'éblouit, et il ne réfléchit
« pas que le luxe seul le nourrit, ne fît-il
« que des petits couteaux de deux sous... Oui,
« curé, des couteaux de deux sous. Les vendrait-
« il au roulier, si le roulier n'était employé par
« le fabricant, et le fabricant emploierait-il le roulier,
« le teinturier, le tisserand, la fileuse, si
« nos grandes villes ne consommaient les produits
« de nos manufactures? Que ferait mon marchand
« de petits couteaux, et vous et moi, si nous
« avions chacun un arpent de terre? Il faudrait
« bien que chacun cultivât le sien, et alors nous

« aurions, à la vérité, des pommes de terre, des
« choux et des carottes; mais pas un pot pour les
« faire cuire. Nous irions sans bas, sans souliers,
« sans culotte, et cela serait beau, n'est-ce pas?
« Tenez, pasteur, votre évangile vante singuliè-
« rement la pauvreté; mais je soupçonne fort que
« ceux qui l'ont écrit aimaient beaucoup à rece-
« voir et à ne rien faire. Cette méthode est com-
« mode; mais ce n'est pas celle qui fait fleurir
« les empires. — Je ne dis pas, monsieur, qu'il
« faille étouffer l'industrie, favoriser la paresse.
« — Que diable dites-vous donc? Il faudra de
« l'argent aussi pour restaurer votre église, et
« vous n'en parlez pas, parce que vous aimez que
« votre église soit parée. Hé bien, j'aime que ma
« nièce le soit aussi. Je vous passe la chape bro-
« dée; passez-moi les girandoles.

« Allons, à table. Monsieur est mon architecte;
« placez-vous près de lui, et arrangez-vous en-
« semble. »

M. Botte aurait fait voir le soir même tous les spectacles de Paris à son intéressante Sophie, si le reste de la journée n'avait été consacré à quelque chose qui ne pouvait se remettre, la tenue d'un grand conseil entre la couturière, le coiffeur, la marchande de modes, et autres personnages essentiels. Sophie était assez indifférente à leurs graves discussions, parce que la femme la plus modeste sait toujours un peu qu'elle est jolie, et qu'elle n'ignore pas que quelque peine qu'on se donne pour défigurer la nature, un visage charmant, des doigts effilés, un bras arrondi, un bas de jambe délié, produisent toujours leur effet. Cependant, semblable à ces rois qui ne président leur conseil que pour la forme, elle causait avec l'ami Charles; mais elle avait la voix prépondérante. Elle avait à décider lorsque les avis étaient partagés; il fallait qu'elle prononçat si telle coiffure allait avec telle robe, et tel bonnet avec telle coiffure. Semblable encore aux rois, elle donnait son avis sur des choses auxquelles elle n'entendait rien du tout, et elle opposait, à l'ennui que lui donnait son conseil, une patience, une douceur inaltérables. La différence essentielle qu'il y avait d'elle aux rois, c'est qu'elle se permettait, quelquefois, de sourire à l'importance que le conseil mettait à des fadaises.

Le père Edmond, qui avait bien dîné, digérait dans un grand fauteuil, les mains croisées sur son ventre. Je ne sais à quoi il pensait; je ne sais s'il le savait lui-même.

Horeau buvait des carafes d'eau sucrée, parce qu'il avait le hocquet.

L'architecte traçait quelques dessins, d'après les instructions qu'il avait reçues du curé.

M. Botte, après avoir dit sommairement aux ouvriers et au coiffeur : « Je paie comptant, que « tout soit bien », M. Botte n'avait plus rien à dire; M. Botte s'ennuyait, et de toutes les maladies qui assiégent l'espèce humaine, il n'en con-

naissait pas de plus cruelle que l'ennui. Le curé seul était libre, et, sans mauvaise intention, uniquement entraîné par la force de l'habitude, ce fut à lui que M. Botte chercha querelle d'une manière détournée. « Hé bien, pasteur, vous avez
« dit votre bréviaire du matin ? — Oui, monsieur.
« — Il n'est pas encore l'heure de dire celui du
« soir?—Non, monsieur.—Vous avez de l'esprit.
« —Ah, monsieur! —Du bon sens, qui vaut mieux
« encore. — Ah, monsieur! — Je vous dis, mon-
« sieur, que vous avez de l'un et de l'autre. Votre
« conversation me plaît.—Vous êtes trop poli. —
« Je ne le suis pas du tout; mais causons, puisque
« vous n'avez rien à faire.

« Je me propose de faire voir le monde à ma
« nièce. — Et vous aurez raison. — Je choisirai
« ses amis. — C'est le point important. — Ses amis
« deviendront ceux de son mari. — Sans doute.
« — Comme il aime passionnément sa Sophie, il
« ne la quittera point, et ainsi il ne verra que
« d'honnêtes gens. — A merveilles. — Quand il
« cessera d'être l'amant de sa femme, ce qui n'ar-
« rivera que trop tôt... —Vous connaissez le cœur
« humain. — Il aura contracté l'habitude des bon-
« nes choses, et il ne s'en détachera plus. — Su-
« périeurement pensé. — Que diable, monsieur,
« croyez-vous que je restaure votre église, et que
« je remeuble votre sacristie, pour que vous soyez
« toujours de mon avis? — Que puis-je faire de
« mieux, quand vous avez évidemment raison?—

« Mais j'ai peut-être tort, monsieur, et vous me
« flattez. — Je ne flatte personne. — Moi, mon-
« sieur, j'aime la contradiction. — A quoi sert-
« elle? — C'est du choc des opinions que jaillit la
« lumière. — Mais quand je suis de votre avis...
« Il faut avoir le vôtre. — Je pense absolument
« comme vous. — Vous avez tort, nous avons
« tort tous deux. — Oh, que non. A quoi mène
« la fréquentation du monde, qu'à la dissipation,
« à l'oubli de ses devoirs? — A quoi mène la vertu,
« même quand elle est poussée à l'excès, qu'à la
« misanthropie, à l'orgueil, à un endurcissement,
« qu'on a trop souvent admirés? — Monsieur va
« attaquer les pères du désert. — A quoi ont-ils
« servi? — Ce sont des saints. — Je n'en sais rien.
« — Que faut-il donc, selon vous, pour l'être?
« — Être bon citoyen, bon époux, bon père,
« bon ami; aider les humains, compatir à leurs
« faiblesses, les en guérir par la force de l'exem-
« ple. — L'église ne reconnaît pas ces saints-là.
« — L'église a tort. — Voilà un blasphème. —
« Non, c'est une vérité. — Vous n'admettez pas,
« monsieur, qu'il y ait de mérite à jeûner? —
« Non, surtout quand on a bon appétit. — A re-
« noncer aux femmes? — Non, lorsqu'on en sent
« le besoin. — A se dépouiller de ses richesses?
« — Non, lorsqu'on en fait un bon usage. — Et
« le chameau, qui doit passer par le trou de l'ai-
« guille. — Expression parabolique. — Oh, par-
« bleu, en forçant le texte, vous vous tirerez tou-

« jours d'affaire. — Mais, c'est assez souvent le
« parti qu'il faut prendre. —, C'est-à-dire que
« quand les lumières divines manquent, vous
« vous servez des vôtres? — Aimeriez-vous mieux
« que je me servisse de celles de mon voisin? —
« Mais les censures de la cour de Rome... — Je les
« respecte, quand elles s'accordent avec la raison,
« et qu'elles tendent surtout à rendre l'homme
« meilleur. — Voilà monsieur qui s'érige en juge
« du chef suprême de l'église. — Je ne juge per-
« sonne ; mais ma conscience est la seule règle
« de mes actions. — Monsieur, vous êtes schis-
« matique. — Non, monsieur. — Je vous soutiens
« que vous l'êtes. — Vous vous trompez, mon-
« sieur. — Et je vous le prouve... — Je vous en
« défie. — Vous ne croyez pas à l'infaillibilité du
« pape. — Croyez-vous que le pape lui-même y
« croie beaucoup? — Plaisanter n'est pas répondre,
« monsieur. Vous êtes schismatique, et schisma-
« tique avéré. — Qu'est-ce qu'un schismatique,
« monsieur? — Ma foi, c'est... c'est... c'est un
« prêtre... C'est un homme qui se sépare de la
« communion romaine, et je communie tous les
« jours. — Sans rien croire, peut-être. — Vous ne
« réfléchissez pas, monsieur, qu'un prêtre qui
« exerce son ministère sans être persuadé, est un
« fripon. — Pardon, pardon, curé. Parlons d'au-
« tre chose. — Qu'on peut distinguer les inté-
« rêts et les passions de la cour de Rome du
« dogme, et... — Parlons d'autre chose, vous dis-

« je. — Et que deux papes, par exemple, qui
« s'anatématisent mutuellement, loin d'être infail-
« libles, ne connaissent pas même les bienséan-
« ces de leur état. — Hé, brisons là, monsieur.
« — Que très-faillible aussi par votre nature,
« vous l'êtes plus souvent qu'un autre, parce que
« vous vous laissez aller à votre pétulance et au
« plaisir de contredire.—Parsambleu, monsieur!...
« — Il faut beaucoup, mais beaucoup d'esprit,
« monsieur, pour contredire sans cesse, et ne se
« donner jamais de ridicule. — Oh, finissez, fi-
« nissez donc. Si je vous ai dit une impertinence
« sans y penser, vous venez de me tancer avec
« réflexion, et vous êtes, je crois, le seul homme
« au monde, à qui je puisse le pardonner. Donnez-
« moi la main, curé... Il me la donne, en vérité!
« Un homme d'église sans rancune! c'est beau;
« mais c'est rare.

« Ah, ça! pasteur, viendrez-vous demain à
« l'Opéra avec nous? — Qu'y donne-t-on? —
« *OEdipe à Colonne*. — J'irai, monsieur. — Vous
« viendrez à l'Opéra! — J'irai voir *OEdipe à Co-
« lonne* : c'est un chef-d'œuvre, et la morale en
« est sublime. — L'auteur n'est pourtant pas de
« l'institut. — Piron n'était pas de l'académie. —
« Et d'où connaissez-vous cet opéra? — Je l'ai vu
« vingt fois. — En vérité? — J'ai vu le *Misantrope*,
« *Zaïre*, *Lucile*, et tous les ouvrages où la vertu
« est mise en action d'une manière aimable. J'ai
« même recommandé la fréquentation de ce genre

20.

« de spectacle à ceux qui ne s'accommodent pas
« d'un sermon sec et diffus. Il faut des alimens
« pour tous les estomacs.—Savez-vous, curé, que
« vous avez une manière à vous d'être chrétien.
« — Je vous avoue, monsieur, que je n'en ai pas
« encore rencontré deux qui le fussent absolu-
« ment de la même façon. — Cela ne prouve pas
« en faveur de la religion.—Cela ne prouve que
« contre ceux qui la déshonorent.

« —Tenez, croyez-moi, curé, c'est assez ergoter,
« cela fatigue; allons faire une partie de billard.
« — J'y joue fort mal. — Tant mieux : je serai
« plus heureux au jeu qu'en argumens. »

La vérité est que le curé y jouait assez bien. Mais M. Botte aimait à gagner, lors même qu'il ne jouait rien, et le pasteur ne voulut pas le battre de toutes les manières.

Vous prévoyez bien que les ouvrières s'adjoignirent tout ce qu'elles purent trouver de filles adroites et désœuvrées ; qu'elles passèrent gaiement une nuit qui leur fut payée très-cher, et que Sophie eut, à son lever, un déshabillé du matin de la dernière élégance, et dans lequel M. Botte la trouva charmante. Elle eut, à midi, l'artiste en cheveux, qui la tint jusqu'à quatre heures. A quatre heures, la marchande de modes entra. A quatre heures et demie, M. Botte se donna le plaisir de passer lui-même les girandoles aux plus jolies petites oreilles, et à cinq, mademoiselle d'Arancey, excédée de tant de soins et de bonté, put enfin se mettre à table. Les girandoles la tiraillaient horriblement. Elle y eût renoncé à l'instant, si le cher oncle n'eût senti sa vanité caressée, et n'eût formellement déclaré qu'il entendait que sa nièce éclipsât, le soir, toutes les femmes à l'Opéra. Sophie apprit qu'il faut savoir souffrir pour plaire aux autres, lors même qu'on est assez bien pour se passer d'ornemens.

On ne doit pas rester long-temps à table, lorsqu'on a encore la grande toilette à faire, et qu'on va paraître en public pour la première fois. Sophie ne se doutait pas qu'elle dût être remarquée; elle était loin de penser, surtout, que M. Botte pût se faire un triomphe de l'admiration qu'elle exciterait. Elle dînait aussi tranquillement que le permettaient ses girandoles, lorsque le cher oncle sonna. Deux femmes de chambre entrèrent, et s'emparèrent de Sophie. Tout cela n'était pas de son goût; mais M. Botte la supplia de permettre que l'art fît valoir la nature, et elle se laissa enlever.

Elle rentra, radieuse comme Psyché, parée de la main des graces. Tout le monde se récria, et de bien bonne foi : il n'y avait pas de femmes. Sophie eût été aussi très-contente d'elle-même, sans la gêne, presque insupportable, que lui causaient toutes les belles choses dont on l'avait chargée.

On partit pour l'Opéra, et le curé monta en voiture avec les autres. Un murmure général d'approbation s'éleva, quand la charmante fille parut sur le devant de la loge, où M. Botte la plaça tout exprès. Le cher oncle se frottait les mains, frappait du pied, se caressait le menton; c'était sa manière favorite, quand il éprouvait un plaisir extraordinaire. Charles se disait à lui-même : Tous les hommes l'admirent, tous les hommes voudraient lui plaire, et son cœur est à moi. Sophie regardait Charles, et ses yeux lui disaient : Je ne suis belle que pour toi.

Antigone lui arracha des larmes ; OEdipe en fit verser au curé. M. Botte et Charles ne voyaient que Sophie; le bon père Edmond, étonné, étourdi, n'avait pas même soupçonné qu'il existât rien d'aussi magnifique. Il avait entendu parler de l'Opéra, comme les fidèles du paradis : il n'en avait aucune idée. Puissions-nous, quand nous ferons le grand voyage, être aussi agréablement surpris qu'Edmond ! C'est ce dont je doute fort, mais ce que je me souhaite, au nom du Père, et du Fils, et du Saint-Esprit, *amen.*

Le curé sortit au moment où le ballet allait commencer. M. Botte, en rentrant à l'hôtel, lui en demanda la raison. « C'est, répondit le curé, « que les sujets tirés de la Mythologie ne disent « rien à l'esprit, ni au cœur; que l'ordonnance « d'un ballet, et l'agilité des danseurs méritent « seuls quelque attention, et qu'enfin je crois ce « genre de spectacle incompatible avec la gravité « de mon état. — Mais, pasteur, on danse à votre

« village; vous le permettez; quelquefois même
« vous êtes présent. — On n'y danse que pour
« danser; on n'y connaît pas ces airs étudiés, ces
« développemens, ces attitudes, ces graces, qui
« ne respirent que la volupté. Quel est le père, le
« mari qui voudraient que sa fille, que sa femme,
« dansassent comme à l'Opéra? C'est là que tout
« annonce des passions dans les acteurs; que tout
« tend à les allumer dans les autres. Voilà ce qui
« est dangereux, et non la danse en elle-même,
« qui n'a rien que d'innocent. — Sans doute, re-
« prit le père Edmond, puisque le saint roi David
« dansa devant l'arche; mais je ne crois pas, mon-
« sieur le curé, qu'il dansât comme à l'Opéra. »

Si le bon prêtre marqua de l'éloignement pour les ballets, il s'étendit, avec complaisance, sur les beautés d'*OEdipe à Colonne.* Il en parla en homme nourri de la littérature ancienne et moderne. Ses observations judicieuses firent l'agrément essentiel du souper, et M. Botte, qui écoutait assez patiemment, parce que l'orateur l'intéressait, ne pouvait cependant s'empêcher de s'écrier de temps en temps : « Que de connaissances dans un curé
« de village, tandis que j'ai connu tant d'évêques
« et même de cardinaux!... Pasteur, vous élé-
« verez les enfans de mon neveu. Me le promet-
« tez-vous? » C'était bien la plus grande marque d'estime que M. Botte pût donner à quelqu'un. Mademoiselle d'Arancey rougissait; le pasteur promettait, revenait à OEdipe, et M. Botte l'inter-

rompait encore par la même exclamation, et pour s'assurer, qu'en effet, il élèverait ses petits neveux.

Cinq à six jours s'écoulèrent dans une suite de plaisirs variés et toujours piquans. Le terme marqué à l'impatience de Charles s'approchait de la manière la plus douce. Sophie, sans cesse auprès de son ami, voyait le temps filer dans le calme de la sécurité. M. Botte jouissait de ses bienfaits; le curé, de l'état brillant où il retrouvait son église; Horeau, de la satisfaction générale; Edmond même était heureux, quand le souvenir de son fils ne troublait pas sa joie innocente, et M. Botte remplissait les momens de manière à ce qu'il ne pût guère y penser que la nuit.

Comme on ne peut pas toujours parler amour, église, bijoux, toilette, on s'occupait quelquefois d'une chose à laquelle personne ne comprenait rien : c'était le retard du postillon, que Charles avait chargé d'amener Guillaume. Il y avait trois jours au moins qu'il devait être de retour, et il était difficile d'expliquer cette absence à Edmond, qui avait de bonnes raisons de la trouver plus longue et plus extraordinaire qu'un autre.

On en parlait un moment, et comme les évènemens qui nous touchent de plus près, sont aussi ceux qui attirent notre attention exclusive, on oubliait le postillon, et on pensait exclusivement au grand jour.

C'était la veille, et dès le matin un tumulte épouvantable régnait dans l'hôtel. Le chef d'office et ses officiers, le chef de cuisine et ses aides, le sommelier, chargeaient de volumineux charriots, comme si on eût eu, le lendemain, une armée à traiter. Les valets de chambre bourraient des malles, de manière à ce que M. Botte pût changer vingt fois, s'il lui arrivait vingt accidens. Les femmes de chambre farcissaient trente cartons des bonnets, des robes, des dentelles de la séduisante future. Un fourgon particulier devait être chargé de ces jolies choses, et le tout ne pesait pas quarante livres. Les tailleurs essayaient les habits neufs aux laquais; les marmitons encaissaient une batterie de cuisine; les musiciens envoyaient leurs instrumens; l'artificier précédait dix crocheteurs chargés de pots-à-feu, de fusées volantes, de chandelles romaines. Le rez-de-chaussée était encombré; la cour pleine de gens qui allaient et venaient. Un badaud s'arrêtait à la porte; un second se collait au premier; un troisième, un quatrième, se joignaient aux autres. La rue s'emplit comme la cour et les appartemens; c'était partout un bruit à ne pas s'entendre : M. Botte était enchanté.

Charles l'aidait, autant qu'il le pouvait, dans ses dispositions; mais le cher oncle ne trouvait bien que ce qu'il ordonnait lui-même, et Charles n'était pas fâché d'être un peu grondé : c'était un prétexte pour remonter chez Sophie. Il disait deux mots, baisait une main, ou une joue, redescendait pour se faire mal mener de nouveau, et remontait encore. Il courait sans cesse, plein de l'idée du lendemain, et ce genre d'idées est très-propre à donner du jarret.

Il se trouva à la porte de la cour, au moment où un monsieur, monté dans un joli cabriolet, prétendait que les curieux de la rue devaient s'ouvrir et lui donner passage. Les badauds, toujours hardis en masse, répondaient tumultuairement qu'ils étaient sur le pavé de la république; que la faculté d'avoir un cabriolet ne donnait pas le droit de nuire aux plaisirs des citoyens, et que monsieur n'avait qu'à prendre une autre rue. Monsieur, qui ne sait pas disputer avec la canaille, allonge un coup de fouet au premier, qui tombe sur le second; celui-ci sur le troisième; tous culbutent les uns sur les autres; tous crient: Au meurtre! à l'assassin! je suis mort! et personne n'a une égratignure.

Cependant, quelques remplaçans, espèce pacifique, comme on sait, se hâtaient lentement de venir savoir de quoi il était question. Le monsieur, persuadé qu'il faut éviter tant qu'on peut d'avoir affaire aux autorités, lors même qu'on a raison, le monsieur croit reconnaître l'hôtel dont la porte est ouverte. Il tourne court, il entre; il accroche un fourgon à droite, un fourgon à gauche; il met sa roue sur un panier de liqueur des îles; le panier enfonce, les bouteilles cassent, le cabriolet renverse. Le sommelier crie, Charles crie, le monsieur crie; le cher oncle crie plus haut que tous les autres ensemble, et les bons remplaçans restent à la porte, la bouche ouverte, parce qu'il leur est défendu de violer l'asile des citoyens, et qu'ils suivent très-exactement les consignes qui leur prescrivent de s'arrêter.

M. Botte fait fermer la porte de la rue. Les remplaçans se retirent, les badauds se relèvent, le chirurgien de l'arrondissement s'éloigne, sans avoir eu le plaisir de faire son petit procès-verbal, et les gens de l'intérieur se mettent en devoir de retirer le monsieur de sa boîte. « C'est ce « coquin de Guillaume, dit M. Botte; c'est Guil- « laume, dit Charles; c'est monsieur Guillaume, « disent les valets; il est fort bien, disent les « femmes de chambre. » Pendant qu'on disait tout cela, Guillaume se remettait, demandait pardon du désordre qu'il avait causé, et, pendant qu'il s'humiliait, M. Botte, qui avait juré de ne plus le voir, lui tournait les talons; une femme de chambre rajustait ses cheveux, une autre sa cravatte; les valets relevaient sa voiture; Charles le prenait par un bras, et l'entraînait dans un coin de l'hôtel, où il pût lui parler, sans que le cher oncle fût blessé de son aspect.

« Depuis quand es-tu à Paris? — Depuis quatre « jours. — Tu n'as donc pas vu Henri? — Non, « monsieur. — Il te cherche partout. — Pourquoi « faire? — Pour nous rendre un service essentiel.

« — Ordonnez, je suis à vous. — Georges, le fils
« d'Edmond, tu sais bien... — Oui, l'homme in-
« commode par excellence. — Il a quitté son père.
« — Et vous voulez que je vous le trouve? — Pré-
« cisément. — Vous en aurez des nouvelles au-
« jourd'hui. — En vérité? — J'ai des amis dans les
« bas emplois, près de certaine administration
« qui sait tout. A propos, et madame? — Aujour-
« d'hui, elle n'est pas à moi. — Tant mieux, vous
« désirez encore. — C'est demain, Guillaume,
« c'est demain!... — Tant pis, après demain vous
« ne désirerez plus rien. — Monsieur Guillaume!
« — C'est fâcheux, monsieur, je le sais bien;
« mais c'est comme cela. — Tu n'auras donc ja-
« mais de mœurs? — Vous en aurez donc tou-
« jours? — De bonne foi, Guillaume, peut-on
« s'en passer? — Oh, je m'en passe à merveille.
« Tenez, monsieur, je divise les humains en deux
« classes, les fripons et les dupes, et il est hu-
« miliant d'être du nombre des derniers. Mais je
« ne vous convertirai pas, et je cours vous servir.

« — Un moment donc, et ton adresse? — Hôtel
« des Indes, rue de la Loi. — Et que fais-tu dans
« cette superbe maison? — Ma fortune. Vous fe-
« rez demander M. Mac-Mahon. — Mac-Mahon!
« — Oui! je me suis fait Irlandais, cela déroute;
« Irlandais réfugié à cause des derniers troubles,
« cela suppose du caractère. Monsieur votre oncle
« m'a envoyé cent louis, pour vous avoir empêché
« de vous noyer; j'en ai tiré cent autres de quatre

« petits bourgeois des Andelys, pour services à
« eux rendus près de madame Grandval. Avec
« cela, mon cabriolet et ma jolie figure, j'ai
« tourné la tête de la veuve d'un colon, qui lui
« a laissé une succession riche, mais embrouillée.
« Or, comme les femmes n'aiment à se mêler
« que de plaisirs, la petite veuve me sait un gré
« infini de vouloir bien, en l'épousant, remettre
« de l'ordre dans ses affaires. — Et la veuve est-
« elle jolie? — Effroyable, monsieur ; mais elle
« a une femme de chambre avec qui je suis déja
« arrangé. — Mais cela est épouvantable, et bien
« certainement, ce mariage ne se fera point. —
« Pourquoi donc, monsieur? — La veuve ouvrira
« les yeux avant que de faire cette folie. — Femme
« qui aime n'y voit point. — Et puis, il faudra
« prouver la filiation irlandaise. — Je sais l'anglais.
« — Mais tes papiers? — Je les ai, et en forme. —
« Ah, tu as trouvé un fripon... — Je ne m'adresse
« jamais aux autres pour ce que je peux faire
« moi-même. — Monsieur Mac-Mahon? — Mon-
« sieur? — Vous finirez mal. — Arrangez votre
« sermon pour mon retour. Moi, je vais chercher
« votre homme. » La probité de Charles était ré-
voltée de l'insouciance et des principes de Guillaume. Il avait encouru la disgrace de son oncle ;
il avait déplu à mademoiselle d'Arancey; il ne
méritait aucun ménagement. Cependant, si l'é-
quité ordonnait impérieusement d'avertir la veuve,
la charité chrétienne ne permettait pas d'envoyer

aux galères un pécheur, qui pouvait se convertir. Charles rêvait à la manière de concilier des intérêts si opposés, lorsque sa Sophie l'appela. Il perdit de vue ses syllogismes, et, malheureusement pour la future madame Mac-Mahon, il ne s'occupa plus que du présent, en attendant le lendemain. Oh, ce lendemain! ce lendemain!

Il était huit heures du soir. Un ciel pur, un air frais, le plus doux abandon, la gaieté la plus vive, tout portait dans les cœurs un baume vivifiant. Un cheval s'arrête, Henri descend; il ouvre, il entre. « D'où viens-tu, maraud? c'est
« M. Botte qui parle. — Monsieur, je viens de
« chercher Guillaume. — Pendant sept jours en-
« tiers? — Monsieur, il n'était plus aux Andelys.
« — Où l'as-tu donc cherché? — Monsieur, il est
« accusé d'avoir causé les banqueroutes de quatre
« petits marchands de l'endroit, et j'ai cru ne
« pouvoir mieux faire que de le chercher avec la
« gendarmerie, bien plus adroite que moi dans
« l'art de trouver les vagabonds. — Il est ici, bu-
« tord. — Monsieur, j'en suis bien aise. — Et tôt
« ou tard, il fera un tour en place de Grève. Va
« te coucher, tu dois avoir besoin de repos. —
« Je n'ai pas fini, monsieur, de vous rendre
« compte... — Je n'ai rien à entendre de plus.
« Va te coucher, et fais-toi faire une rôtie au vin.
« — Mais, monsieur... — Obéiras-tu, coquin? —
« — J'ai rencontré un homme.... — Tu vas te
« faire chasser. — L'homme à la *Curiosité*, la

« *Pièce curieuse.* — Qu'on lui fasse son compte,
« et qu'on le renvoie. — Non pas, monsieur, non
« pas, s'il vous plaît, et je garde la lettre, puisque
« vous ne voulez pas m'entendre. — Hé, voyons
« ta lettre, animal : c'est par là qu'il fallait com-
« mencer. »

Pendant que M. Botte rompait le cachet et
lisait, Henri racontait qu'il avait rencontré, dans
un cabaret, l'homme à la *Pièce curieuse*, et qu'il
avait lié conversation avec lui, parce qu'il l'aimait beaucoup ; qu'il lui avait raconté que son
maître faisait des préparatifs, mais des préparatifs, pour le mariage de son neveu avec mademoiselle d'Arancey. « A ce nom, ajouta Henri,
« j'ai cru que l'homme devenait fou. Il rit, il
« pleura ; il demanda du papier. Il écrivit, mais
« il écrivit... et il fronçait le sourcil, et sa figure
« était enluminée, et il me présenta six francs.
« C'est tout ce que je possède, me dit-il ; mais
« jure-moi de remettre cette lettre à mademoiselle
« d'Arancey. Je jurai, je pris la lettre, et je lui
« rendis son écu. Mon maître a le papier, c'est
« comme si je l'avais donné à mademoiselle, puis-
« que demain elle sera sa nièce. »

M. Botte lisait, il relisait. L'étonnement, la fureur se peignaient dans tous ses traits. Bientôt
il parut réfléchir profondément. Sophie était près
de lui ; il lui prit la main, et la serra avec une
expression !... Sophie, alarmée, lui demanda ce
que contenait cette malheureuse lettre. « Corbleu,

« mademoiselle, vous ne le saurez que trop tôt !
« Cette lettre !... cette lettre renferme votre arrêt,
« celui de mon neveu, le mien. Je pouvais vous
« la cacher vingt-quatre heures ; tout était con-
« sommé, et vous étiez heureux ; mais je cessais
« d'être un galant homme. Tenez, mademoiselle,
« prenez, lisez et cachez-moi votre douleur ; elle
« ajouterait à ma colère.

« Retire-toi, cria-t-il d'une voix terrible à Henri ;
« retire-toi : tu as fait, sans le savoir, le malheur
« de tout ce qui m'entoure. »

Sophie s'empresse de chercher la signature.
« Dieu !... le marquis d'Arancey ! mon père ! et
« elle ne peut poursuivre. Son père ! s'écrie Char-
« les. Son père ! répètent le curé et Edmond. C'est
« singulier ! dit Horeau. »

Sophie est incapable de lire, et elle n'en a pas besoin : M. Botte ne lui a-t-il pas tout dit ? Le nom seul du marquis a éclairé Charles sur son sort ; il s'afflige, il se désole. Ce n'est plus ce jeune homme qui a résisté à un oncle impérieux, long-temps prévenu contre Sophie. Il sent ce qu'il a à redouter d'un père ; il sent les ména-gemens qu'il lui doit. Il implore le secours de M. Botte ; il invoque la fermeté de Sophie ; il supplie le curé, Edmond. C'est un faible enfant, dont le courage s'est évanoui avec sa raison, et il n'a pas encore entendu un mot, un seul mot de la lettre.

Le curé la prend cette lettre, que chacun craint

de lire. « Mes enfans, dit-il à Sophie et à Char-
« les, le désespoir n'est qu'un signe de lâcheté.
« L'homme, vraiment digne de ce nom, oppose
« un front d'airain au malheur. Celui-là seul qui
« l'a mérité, peut succomber sous le poids de ses
« regrets ou de sa honte. Je vais vous lire la lettre
« de M. d'Arancey. Écoutez-moi avec le calme
« qui sied à la vertu ».

« Proscrit en France, je n'ai pas rougi de pren-
« dre un vil déguisement pour y rentrer, et je
« n'y suis rentré que pour vous. Cependant, lors-
« que je m'expose à tout pour me rapprocher de
« ma fille, j'apprends qu'elle se dispose à former
« des nœuds, dont l'idée seule devait révolter
« son orgueil.

« Si cette lettre vous parvient assez tôt, je
« vous ordonne de rompre avec des hommes
« auxquels, je l'avoue, vous devez de la recon-
« naissance, mais non l'oubli de votre sang. Je
« me flatte que ma triste position ne me rend pas
« méprisable à vos yeux, et qu'impuissant à in-
« voquer les lois, il me suffit près de vous du
« titre sacré de père.

« Rendez-vous à l'instant à la ferme d'Arancey.
« J'y arriverai aussitôt que l'âge et la distance le
« permettront à un vieux gentilhomme, privé des
« commodités de la vie. J'oublierai ce que j'ai
« souffert, si je vous trouve soumise.

« Le marquis d'ARANCEY. »

« Il est privé de tout!... Mon père manque de
« tout, dit Sophie en sanglottant, et moi... et moi...
« — Votre père, s'écrie Charles, votre père est
« un barbare... il nous assassine tous deux. —
« Calmez-vous, mes chers enfans, dit Edmond,
« et espérez. Le patriarche Jacob n'a-t-il pas tra-
« vaillé sept ans pour obtenir la fille de Laban ? »

M. Botte marchait à grands pas, tous les mus-
cles du corps tendus, les mains serrées, l'œil
éteincelant. « Non, s'écria-t-il tout à coup, cet
« édifice de bonheur, que j'ai élevé avec tant de
« soins, ne sera pas renversé. Et par qui le se-
« rait-il? par un homme réduit à cacher jusqu'à
« son nom; par un homme qui ne dévoile son
« existence qu'en brisant le cœur de sa fille,
« comme il a déchiré le sein de sa patrie. — Ar-
« rêtez, arrêtez, dit Sophie; n'outragez pas mon
« père. — Il ne l'est point, il est indigne de l'être.
« — Il est toujours respectable pour moi. » Et la
fille accomplie est aux pieds de M. Botte, et elle
embrasse ses genoux.

M. Botte, frappé de l'action de Sophie sup-
pliante, la relève, la remet sur un siége, passe
sa main sur ses yeux, et paraît sortir d'un songe
pénible. « La vertu la plus pure vous anime, ma-
« demoiselle, et on en respire l'air autour de
« vous. Charles, Charles, quel trésor tu perds!
« — Non, mon oncle, non. Il n'est plus de force
« humaine qui m'en sépare jamais. — Mon neveu,
« vous ne vous rendrez pas coupable d'un rapt

« moral, en abusant de votre ascendant sur ma-
« demoiselle, pour l'écarter de ses devoirs. Songe,
« mon ami, que même en la perdant, tu auras
« besoin de l'estimer toute ta vie.

« Demain, elle retournera à la ferme avec le
« curé et Edmond, non pour voir couronner un
« amour digne d'un meilleur sort; mais pour se
« montrer l'exemple de son sexe.

« Qu'à l'instant même on aille chercher des che-
« vaux de poste, et qu'on réveille Henri. — Qu'al-
« lez-vous faire, mon oncle? — Il est privé de
« tout; sa misère pèse sur le cœur de Sophie, et
« ce cœur pur ne formera pas un vœu, que je ne
« me hâte de le remplir. Je vais au-devant de lui;
« je le prends dans ma voiture; je le présente à
« mademoiselle dans un état décent, et elle le
« rétablira dans son château, qu'il aimera mieux
« tenir de ses mains que des miennes. — Ah,
« mon oncle! — Ah, monsieur! — Mais ne croyez
« pas que je fasse rien pour lui; cette démarche
« est un dernier hommage que je veux rendre
« à mademoiselle. — Mais, mon digne oncle, ne
« chercherez-vous pas à le ramener, ne lui par-
« lerez-vous pas... — Si je lui parlerai! oui, ven-
« trebleu, je lui parlerai, et d'une vigoureuse
« manière, et s'il lui reste un cœur, il se rendra
« à des raisons solides. — S'il résiste, mon cher
« oncle... — S'il résiste, quand je l'implorerai au
« nom de sa fille!... Hé, malheureux, t'ai-je ré-
« sisté, moi, qui ne suis que ton oncle? »

21.

Dans ce moment de crise, Guillaume hâletant, couvert de sueur, traverse les appartemens, sans être même remarqué des valets, qui partageaient la douleur et le désordre de tous : c'est la récompense des bons maîtres. « Je l'ai trouvé, « je l'ai trouvé, crie Guillaume dès la porte de « la chambre. — Qui ? — Qui ? — Qui ? — Geor- « ges. — Georges ! s'écrie le père Edmond. — Dieu « soit loué, répond le curé. » M. Botte jette sa bourse aux pieds de Guillaume : « Cet argent « t'appartient légitimement. Sers-t'en sans re- « mords, et ne parais jamais devant moi. » L'oncle sort, et pousse après lui la porte avec violence.

Sophie, pâle, presque inanimée, se laisse conduire par ses femmes. Pour la dernière fois, elle présente sa main à Charles, et lui dit d'une voix éteinte : « Ah, mon ami, que de peines nous « nous sommes préparées ! »

CHAPITRE II.

Un obstacle de plus.

Charles s'était laissé aller sur une ottomane. Edmond, le curé, pressaient Guillaume de questions. Ils démêlent à travers quelques mots, qu'ils lui donnent à peine le temps de répondre, que Georges est entré à Paris dans un désordre tel qu'on l'a remarqué à la barrière, et qu'on lui a

demandé ses papiers ; que n'en ayant point, il a donné son nom, et a déclaré le dessein de s'enrôler dans un régiment de dragons caserné à l'hôtel de Soubise ; qu'on l'y a accompagné, et qu'on l'a vu signer son engagement. « Et vous
« avez parlé à ce cher fils, monsieur Guillaume ?
« — Personne ne lui parle. Il est enfermé jusqu'à
« ce qu'on ait constaté que, conformément à sa
« déclaration, le chagrin seul l'a déterminé à s'en-
« gager. — Mon fils enfermé ! mon fils en prison !
« malheureux enfant, tu as oublié ton père et
« Dieu t'en a déja puni. Puisse-t-il te pardonner
« comme moi ! Monsieur le curé, ces renseigne-
« mens que l'on cherche, c'est de moi seul qu'on
« peut les obtenir. Demain, au point du jour,
« j'irai... — Nous irons ensemble, père Edmond.
« — Oui, monsieur le curé. Le témoignage d'un
« homme de votre état donne de la force même
« à la vérité. Nous irons pendant que notre pau-
« vre demoiselle s'apprêtera à partir.

« — Mais, reprit Guillaume, que signifient
« l'abattement que je remarque sur certaines
« figures, le désespoir qui se peint sur les au-
« tres ? — Hélas, répondit Edmond, il y a ici
« bien du changement. — Comment donc ? —
« M. d'Arancey est retrouvé. — Hé bien, re-
« fuse-t-il d'être de la noce ? — Il n'y a plus de
« mariage, M. Guillaume. — Et c'est M. d'Aran-
« cey qui le rompt ? — Hé, mon dieu, oui. —
« Et c'est là tout ce qui vous embarrasse ? — Hé,

« n'est-ce pas assez ? — Que vous êtes bons ! un
« émigré ! — Hé bien ? — Vous ne m'entendez
« pas ? — Non, M. Guillaume. — Que les hon-
« nêtes gens sont bornés ! M. Montemar se ma-
« riera demain. — Je me marierai, Guillaume, je
« me marierai demain ! — Oui, monsieur. Au
« point du jour, Edmond ira voir son fils, et
« moi, j'irai dénoncer M. d'Arancey. — Scélérat !
« — Tout individu a le droit de faire ce que la
« loi ne défend point. — Et tu me crois capable
« de réparer un malheur par un crime ! — Allons
« donc, monsieur, celui qui a fait les *Droits de*
« *l'homme* en sait plus que vous. — Sors, infame,
« et souviens-toi que s'il arrive quelque chose à
« M. d'Arancey, tu en seras seul responsable ; »
et il pousse Guillaume, le chasse de l'appartement, et Guillaume répétait en sortant : « Je ne
« ferai jamais rien de cet homme-là. »

On entend le bruit d'une voiture : c'est M. Botte
qui part. Charles se jette dans les bras du curé,
cache dans son sein son visage et sa douleur. Le
curé le fait asseoir, et lui parle avec cette douceur affectueuse qui va toujours à l'ame. Tantôt
il rappelle sa raison ; tantôt il flatte son amour ;
toujours il le console. Charles n'est pas persuadé ;
mais il écoute. Pour le distraire, malgré lui, de
ses idées désespérantes, le curé fait entrer dans
la conversation Horeau et Edmond. Horeau, toujours froid, ne captive pas l'attention du jeune
homme ; mais le cœur du vieillard se dilate, lors-

qu'il parle de son fils, et la chaleur d'un cœur sensible se communique aisément. Charles s'occupe un moment de Georges, pour revenir plus fortement à Sophie, et le digne curé lui parle de la fille accomplie pour le ramener ensuite à Georges : la nuit s'écoula ainsi.

Le jour pointait à peine, que mademoiselle d'Arancey descendit, dépouillée de ces ornemens que lui avait prodigués la générosité de M. Botte. La simple robe de toile qu'elle avait reçue d'Edmond, son petit chapeau de paille noué sous le menton, voilà désormais sa parure. Soutenue par une de ses femmes, elle traversait le vestibule, et elle allait monter dans ce cabriolet modeste dont se servait M. Botte, lorsqu'il allait *incognito* à la ferme : c'est la seule voiture qu'elle ait voulu accepter.

Charles l'aperçoit et s'élance. « Épargnez-vous, « lui dit le curé, la douleur d'un dernier adieu. « Craignez que mademoiselle d'Arancey ne puisse « la supporter... par grace, écoutez-moi. » C'est un torrent furieux qui brise, qui écarte tout ce qui s'oppose à sa course. Charles est sous le péristile ; il est étendu sur le marbre ; ses mains pressent les pieds de sa Sophie. Il les baigne de ses larmes ; ses sanglots étouffent sa voix. Mademoiselle d'Arancey ne peut soutenir ce spectacle. Déja faible de sa propre douleur, ce qui lui reste de force s'évanouit ; elle se sent défaillir, elle va tomber auprès de son amant. Edmond pleure ;

le curé, attendri, ne sait à quoi se résoudre ; Horeau prend la malheureuse fille dans ses bras, la porte dans le cabriolet, place la femme près d'elle, et ordonne au postillon de partir. Cet ordre est le dernier coup pour Sophie. On lui ôte plus que la vie, en l'arrachant des bras de son amant. Elle fait un effort et retombe sur le siége. « Non, dit-elle d'une voix éteinte, non, je ne le « quitterai point dans l'état où le voilà... Le mal-« heureux va mourir... nous allons mourir tous « deux... laissez-moi, que je le voie, que je lui « parle encore... — Votre père, dit Horeau, votre « père a commandé, mademoiselle, et il espère « que son malheur ne l'a pas rendu méprisable « à vos yeux. — Partons, répondit l'infortunée. »

Quel jour, et qu'il est différent de celui qu'on avait droit de se promettre ! Il faut relever Charles ; on l'emporte inanimé, anéanti ; on le met au lit. Horeau s'assied près de ce lit de douleur ; deux domestiques sont placés de manière à n'être pas vus, et à pouvoir prévenir un acte de désespoir.

Il est des affections dont la scène la plus déchirante ne peut distraire entièrement : tel est l'amour paternel. Edmond regarde le curé, le curé l'entend. Ils sortent, ils s'acheminent silencieusement vers la caserne. Ils arrivent, ils s'annoncent ; on leur indique la demeure du chef d'escadron. « Je ne vous prie pas, monsieur, de « me rendre mon fils ; je vous supplie de le traiter « en honnête homme. Le pauvre garçon ne mé-

« rite pas le soupçon dont il est chargé. — Votre
« fils prétend que le chagrin seul a causé le dés-
« ordre effrayant où nous l'avons vu. — Il vous
« a dit la vérité, monsieur, et si le témoignage
« d'un père vous est suspect, vous ne rejetterez
« pas celui d'un bon prêtre, dont le mensonge
« n'a jamais souillé les lèvres. — Monsieur, re-
« prit le curé, ayez pitié de ses cheveux blancs;
« son fils est digne de votre estime; accordez-la
« lui, et rendez-lui la liberté. »

Bayard était aussi sensible que brave; notre officier savait honorer également son état et la nature. Il donne un ordre, une porte s'ouvre; le père et le fils sont dans les bras l'un de l'autre. Point de reproches de la part d'Edmond; des bénédictions, les plus tendres caresses, voilà ce que son fils en reçoit.

L'officier ouvre un carton et en tire un papier. « Votre pays ne demande et ne reçoit d'un
« homme de votre âge qu'un sacrifice volontaire,
« et votre raison était aliénée quand vous avez
« signé cet engagement : le voilà. Retournez sou-
« tenir et consoler votre père. Je me flatte que
« le ministre ne désapprouvera pas ma conduite. »

Edmond et le curé expriment leur reconnaissance. Georges, sombre, pensif, ne prononce pas un mot. Son père lui prend la main et l'invite à le suivre. « Je ne peux retourner, mon
« père. Il faut que je m'éloigne d'elle; il le faut
« absolument. Je ne me mettrai point au service

« d'un autre laboureur ; je serai soldat. Monsieur,
« gardez-moi dans votre régiment. Je vous de-
« manderai à aller voir mon père, si je peux un
« jour approcher sans danger des lieux... » Georges ne peut poursuivre ; son père se tait. Le curé réfléchit, et approuve le parti que prend le jeune homme. L'officier se rend, et offre la somme accordée à ceux qui servent volontairement. « Je
« me donne, dit Georges, je ne me vends point.
« — Souviens-toi, mon fils, que dans les camps,
« ainsi que sous le chaume, on peut pratiquer
« la vertu : saint Martin a sanctifié ses armes.
« Marche dans le sentier de Dieu et de l'hon-
« neur, et quand tu te présenteras devant ton
« père, qu'il te retrouve digne de lui. » Le vieillard et le pasteur embrassent Georges, saluent l'officier, et reprennent tristement le chemin de la ferme.

« Je ne m'étonne pas, disait monsieur Botte
« en courant la poste, je ne m'étonne point de
« ne l'avoir pas reconnu. Qui diable aurait cher-
« ché le marquis d'Arancey sous cet habit de bure,
« sous ce bonnet de laine, et ce chapeau rabattu,
« qui lui couvrent la moitié du visage ? » Et, de temps en temps, il demandait à Henri s'il ne voyait pas encore l'homme à la *Pièce curieuse.*

Henri l'aperçut enfin, courbé sous le poids de sa caisse. « Dans quel équipage le voilà, pensait
« M. Botte, et cela se donne des airs ! » Il fit arrêter sa voiture, et, pour un homme piqué au vif,

il aborda assez poliment l'infortuné marquis. Le premier moment fut embarrassant pour tous deux; mais cet embarras ne dura point : le cher oncle n'oubliait pas la lettre, et le souvenir de certaines expressions ajoutait à sa brusquerie ordinaire. Le marquis opposa, à de fortes sorties, ces manières nobles et froidement polies, si familières aux gens de qualité, si propres à tenir à une certaine distance ceux qu'ils n'admettaient pas à leur familiarité, si peu faites pour en imposer à un homme du caractère de M. Botte.

« Vous avez une fille... — Une demoiselle, je
« le sais, monsieur. — Qui unit à une beauté rare
« toutes les qualités qui rendent une femme res-
« pectable : voilà, monsieur, ce que vous ne sa-
« vez peut-être pas? — Je suis sensible, mon-
« sieur, au bien que vous m'en dites. — C'est fort
« heureux, en vérité. — Hé bien, monsieur, ma-
« demoiselle d'Arancey?... — Respecte infiniment
« un père, qui étend fort les droits qu'il a reçus
« de la nature. — Monsieur voudra bien réfléchir
« que je ne dois compte de ma conduite à per-
« sonne. — L'homme qui ne se reproche rien est
« toujours prêt à rendre ce compte-là. — Je n'i-
« magine pas que monsieur soit venu de si loin
« pour me faire la leçon! — Pourquoi pas si vous
« en avez besoin? — Vous êtes toujours monsieur
« Botte. — Et vous, toujours M. d'Arancey. »

On était sur la grande route; on était debout, le chapeau à la main, et chaque trait piquant

passait à la faveur d'une profonde révérence.
« M. Botte expliquons-nous tranquillement.—Oh,
« je suis très-tranquille.—Vous n'aimez pas qu'on
« vous contrarie.—C'est vrai.—Nos vues ne s'ac-
« cordent pas... — J'en suis fâché pour vous et
« pour moi. —Mais ce n'est pas une raison pour
« que nous soyons ennemis. — Je ne vous aime
« pas du tout; mais je ne hais personne.—Ainsi,
« je n'ai pas à craindre que l'admirateur zélé de
« mademoiselle d'Arancey trahisse le secret de
« son père. — Si vous me soupçonniez capable
« d'une telle lâcheté... — Souvenez-vous bien,
« monsieur, que je vous estime assez pour avoir
« adressé ma lettre chez vous, persuadé qu'elle
« vous serait communiquée. —Vous me fatiguez,
« monsieur le marquis. Il est inutile de recom-
« mander à un fripon d'avoir de la probité ; il est
« impertinent de douter d'un homme comme moi.
« — Ne vous fâchez pas, mon cher Botte. — Je
« me modère, mon cher d'Arancey.—Ces bour-
« geois sont bien extraordinaires!—Hé, pourquoi
« les marquis seuls auraient-ils le droit de l'être?
« Mais vous êtes dans le malheur, je vous dois
« des égards; si j'en ai manqué, je vous en de-
« mande pardon, sincèrement pardon. Venons
« à l'objet de mon voyage, car je ne vois pas
« qu'il soit nécessaire de pointiller ainsi pendant
« deux heures sur le pavé.

« — Voyons donc, monsieur, quel est l'objet
« de votre voyage?—Votre position malheureuse

« affecte extrêmement votre fille, et je veux vous
« présenter à elle dans un état au moins décent.
« — Permettez-moi, monsieur... — Que voulez-
« vous que je permette? des remercîmens, des
« protestations? Je vous répète que je ne vous
« aime pas, et que je ne fais rien que pour votre
« fille, que j'aime beaucoup. — Mais observez,
« monsieur...—Que diable voulez-vous que j'ob-
« serve?—Que les gens de mon rang ne reçoivent
« que ce qu'ils peuvent rendre. — Vous n'avez
« pas toujours été si difficile. — Quand je vous
« ai emprunté quarante mille francs, monsieur,
« je pouvais vous les rembourser. —Je ne m'en
« suis pas aperçu. — Je ne vous entends pas,
« monsieur. — Il me semble cependant que je
« suis clair. — J'ai pris des informations, mon-
« sieur. Toutes mes dettes ont été payées sur le
« prix de mes biens. — Je ne l'ai pas été, moi,
« monsieur. Je ne me suis pas présenté. — Il
« est bien extraordinaire, par exemple... —Rien
« d'extraordinaire du tout. Vous m'aviez de-
« mandé le secret, je vous l'ai promis, je l'ai
« gardé. D'ailleurs, je me serais présenté en vain.
« — Je ne vois pas la raison...—La voici : je ne
« connais plus de débiteurs dès qu'ils sont dans
« l'infortune, et je déchire leurs obligations. —
« Ah, monsieur Botte, monsieur Botte! — C'est
« ma manière à moi, monsieur, et je trouve les
« miennes aussi nobles que celles de bien d'autres.
« Mais en voilà assez. Mettons votre caisse der-

« rière ma voiture; placez-vous dedans avec moi,
« et parlons de quelque chose de plus intéres-
« sant. »

Monsieur d'Arancey était confondu. Déchirer une obligation de quarante mille francs! disait-il en attachant sa lanterne magique. L'orgueil était à peu près son unique défaut, et l'orgueil n'étouffe pas la reconnaissance dans un cœur bien placé.

Quelque pénétré que fût le marquis, il ne pouvait cependant se résoudre à traiter M. Botte en égal. Il voulait trouver un tempérament qui accordât ses préjugés et ce qu'il devait au cher oncle. La voiture roulait. Monsieur d'Arancey cherchait les expressions convenables, et ne disait mot. Le cher oncle jouissait intérieurement de l'embarras où il mettait un homme de qualité, et il se proposait d'y ajouter encore. Le marquis prit enfin la parole.

« Je dois vous rendre compte, monsieur, des
« motifs de mon émigration, et de ceux qui ont
« déterminé ma rentrée. — Vous oubliez, mon-
« sieur, que vous ne devez compte de votre con-
« duite à personne. — La vôtre, monsieur, force
« mon estime; je veux obtenir celle de M. Botte,
« et cette considération l'emporte en ce moment
« sur les autres. Écoutez-moi, je vous prie, et
« ne m'interrompez pas, si cela vous est possible.
« — Pas trop, je vous l'avoue; mais voyons ce
« que vous avez à me conter.

« — Vous êtes resté en France, parce que
« vous avez cru voir le bien de l'état dans le gou-
« vernement républicain ; j'en suis sorti, parce
« que le gouvernement monarchique est le seul
« qui convienne à la France. — Nos opinions ne
« dépendent pas de nous, et, jusqu'ici, vous n'avez
« pas de tort. — Mes ancêtres ont été comblés
« des graces de la cour, et j'ai dû m'attacher de
« plus près à la cause d'un roi malheureux. — Je
« crois que vous avez raison. — J'ai pris du ser-
« vice en Allemagne. — Ah, vous commencez à
« avoir tort. — En quoi donc, monsieur? — Les
« puissances alliées ne faisaient pas la guerre
« pour le roi que vous comptiez servir. — Je
« m'en suis aperçu, et, lorsque les Russes sont
« rentrés chez eux, j'ai demandé et obtenu du
« service de leur empereur. — Vous recommen-
« cez à avoir raison. — Si monsieur pouvait ne
« pas m'interrompre à chaque mot. — Maintenant
« c'est moi qui ai tort, et j'en conviens.

« — Je ne sais pourquoi sa majesté russe me
« distingua de la foule des Français réfugiés dans
« ses états; mais je parvins rapidement à un degré
« marqué de faveur, et je n'ai pas plus compris
« les motifs de ma chute que ceux de mon élé-
« vation. Je me vis en un jour disgracié, arrêté,
« jeté, avec d'autres malheureux, sur un mauvais
« charriot, et conduit en Sibérie. — Ah, diable!
« en Sibérie on ne donne pas facilement de ses
« nouvelles, et on a pu croire ici que vous étiez

« mort. — Permettez-moi donc, monsieur, de
« suivre mon récit. — Je me tais, monsieur, je
« me tais.

« — Sur le charriot, près de moi, était un
« jeune homme intéressant par sa figure et sa
« douceur. Le premier coup d'œil m'avait pré-
« venu pour lui : il me parla français, et je l'aimai.
« Il était, comme moi, victime de l'inconstance
« des souverains, et le rapport d'infortunes lie
« étroitement les hommes. Mon jeune ami ne
« s'occupa plus que de moi. Je ne pouvais payer
« ses attentions continuelles que par de la recon-
« naissance : je lui vouai la mienne tout en-
« tière. — Diable, diable! dit M. Botte entre ses
« dents.

« — Nous passâmes huit mois dans des déserts
« glacés, à cent lieues par-delà Tobolsk. Sans les
« soins vigilans du chevalier d'Égligny, je serais
« mort de froid et de misère. C'est lui qui creusa,
« dans les flancs durcis de la terre, un trou, une
« tanière, où je bravais la rigueur du climat.
« C'est lui qui s'exposait le jour à un froid exces-
« sif, pour fournir à ma nourriture. Il apprêtait,
« il me présentait la chair des animaux qu'il avait
« tués, il me couvrait de leurs peaux. — Diable,
« diable! dit M. Botte.

« — L'excès même du malheur relève un cou-
« rage abattu. Nous résolûmes de sortir de ces
« déserts, dussions-nous payer notre témérité de
« la vie. Après des peines, des privations, des

« efforts incroyables, nous entrâmes dans la Tar-
« tarie russe. Ses habitans sont féroces, et notre
« état les attendrit. Ils nous montrèrent de la
« compassion ; nous donnèrent des secours, et
« nous conduisirent sur les bords de la mer. Un
« bâtiment chinois, qui faisait sur ces côtes le
« commerce de pelleteries, nous prit sur son bord,
« et nous mena à Kanton.

« Nous trouvâmes, dans ce port, un vaisseau
« hambourgeois, dont le capitaine, français d'o-
« rigine, connaissait la famille de d'Égligny, et
« je dus à mon jeune camarade la fin des maux
« qui, depuis si long-temps, pesaient sur moi.
« Logé, nourri, vêtu à Kanton, aux frais du ca-
« pitaine, conduit par lui à Hambourg, il ne me
« restait qu'un parti à prendre, celui de rentrer
« en France, où je pourrais trouver des ressour-
« ces, et m'acquitter envers mes amis. J'étais con-
« firmé dans ce dessein par un motif irrésistible,
« celui de retrouver un enfant chéri, dont j'igno-
« rais absolument la destinée.

« J'allais partir sans papiers, sans argent. Je
« savais les risques que je courais, et je ne vou-
« lais pas que d'Égligny s'exposât. Nous sommes
« inséparables, me dit-il. J'ai partagé votre mi-
« sère ; je partagerai vos dangers. Que pouvais-je
« faire ? l'aimer plus que jamais. — Diable, dia-
« ble ! dit M. Botte.

« La jeunesse intéresse. D'Égligny plaisait, gé-
« néralement, par ses agrémens extérieurs ; on l'af-

« fectionnait par ce qu'il a fait pour moi. Un
« négociant de Hambourg lui donna de quoi sub-
« venir aux frais de la route, et l'aida à tromper
« le résident français. Nous parûmes devant ce
« ministre sous l'extérieur de gens qui vivent de
« leur faible industrie, et qui ne sont suspects à
« personne. On nous délivra des passe-ports; nous
« partîmes, et nous versâmes des larmes de joie
« en touchant cette terre natale que nous ne de-
« vions plus revoir.

« La circonspection guidait nécessairement nos
« démarches; nous ne pouvions prendre que des
« informations indirectes; nous tremblions d'in-
« terroger, et nous n'acquérions aucune con-
« naissance de ce qu'il m'importait tant de dé-
« couvrir. Nous résolûmes de nous séparer, et
« de doubler ainsi des recherches jusque alors
« infructueuses. D'Égligny sait tourner, et son
« travail est un moyen certain d'existence. Je ne
« sais rien faire, et j'employai ce qu'il nous restait
« d'argent à me procurer cette caisse. C'est à
« cette époque que je passai à votre château, où
« vous me vîtes sans me reconnaître.

« Après bien des courses inutiles, j'appris seu-
« lement que la parente, à qui j'avais confié ma
« fille, était morte depuis long-temps, et qu'on
« ne croyait pas que l'enfant fût resté à Paris.
« Je sus que mes biens étaient vendus, et je pen-
« sai qu'un de ceux qui les avaient achetés, à
« vil prix, s'était chargé de la pauvre orpheline.

« J'entrai chez tous, ma caisse sur le dos, et je
« ne trouvai pas ma Sophie.

« Les recherches de d'Égligny n'étaient pas
« plus heureuses. Je m'affligeais, je me désolais,
« assis sur le revers d'un fossé. Votre postillon
« passa, me reconnut, me parla. Jugez de ma
« surprise, de ma joie, quand il m'apprit qu'Ed-
« mond, envers qui, je l'avoue, j'ai quelquefois
« été bien dur, qu'Edmond avait recueilli ma fille,
« et qu'il l'avait élevée comme son enfant.

« — Cela vous prouve, monsieur, qu'il n'existe
« de différence réelle entre les hommes que par
« leurs qualités. Ébloui par un éclat passager,
« vous vous êtes cru au-dessus d'Edmond. Dé-
« pouillé de votre entourage, et apprécié à votre
« juste valeur, vous trouvez aujourd'hui Edmond
« fort au-dessus de vous. Il est inutile de faire la
« mine, monsieur ; je dis la vérité à tout le monde,
« et vous avez plus besoin que personne qu'on
« vous la dise. Je reviens à votre récit.

« Vos infortunes m'ont touché, votre che-
« valier est un digne garçon, et vous ne vous
« êtes étendu sur ce qu'il a fait pour vous, que
« pour me préparer a ce que vous ne m'avez pas
« dit encore. C'est la main de votre fille qui vous
« acquittera envers lui. Aussitôt, répondit brus-
« quement le marquis, que les circonstances le
« permettront. — Ah, ah ! faut-il encore, mon-
« sieur, que je vous apprenne que l'homme qui
« ne peut plus prétendre qu'à l'estime publique,

22.

« doit commencer par se ployer à la pratique
« des vertus les plus simples? Ignorez-vous ce
« que vous devez à votre fille? — Le bonheur.
« — Et croyez-vous le lui procurer en la privant
« d'un homme qu'elle aime, pour la donner à un
« inconnu que vous lui amenez du fond de la mer
« glaciale? — C'est l'époux qui lui convient. —
« Qu'en savez-vous? — C'est moi qui l'ai choisi.
« La belle raison! — Elle suffira à une fille bien
« née. Mais ne parlons plus de cela, je vous prie.
« — Si fait, parbleu, je vous en parlerai. Votre
« chevalier n'a pas d'amour pour Sophie... —
« Pour Sophie! — Et quand il saura qu'elle est
« prévenue pour un autre... — Mademoiselle d'A-
« rancey le lui taira. — Elle en est capable; mais
« je le lui dirai, moi. — Vous aurez un tort de
« plus, monsieur, et vous n'empêcherez rien.
« Ma fille fera son devoir. — Et sera malheureuse
« toute sa vie, parce que monsieur, qui aime
« tant son roi, est sans pitié pour son enfant.
« Votre retour pouvait être pour elle un bienfait
« du ciel, et vous la reduirez à gémir intérieu-
« rement de vous être rendue. M. d'Arancey, je
« vous prie, je vous supplie pour votre fille, qui
« m'est bien chère, pour vous, dont les regrets
« tardifs... — Hé, monsieur, je vous ai déja dit,
« et je vous répète que vous ferez bien de parler
« d'autre chose; il y a trop long-temps que je
« supporte votre bizarrerie, et une suite d'expres-
« sions choquantes... — Elles le sont moins, mon-

« sieur, que celles de votre lettre. — Ma lettre
« contient mes sentimens, mes sentimens irrévo-
« cables. — Vos sentimens me font pitié. — Oh,
« de grace, M. Botte... — Oh, monsieur, je vous
« ai écouté tant que vous l'avez voulu; vous aurez
« la même complaisance, s'il vous plaît. Exami-
« nons sur quoi sont établis ces sentimens que
« vous annoncez si emphatiquement dans votre
« lettre ; voyons pourquoi votre fille rougirait de
« s'allier à nous.

« Votre bisaïeul était maréchal de France, et
« le mien matelot; jusque-là l'avantage est pour
« vous. Votre aïeul était maréchal des camps, et
« le mien pilote ; ici l'avantage décline un peu.
« Votre père était colonel, le mien était capitaine-
« propriétaire de son navire ; il y a déja quelque
« rapprochement. Vous avez été mousquetaire,
« et vous avez mangé une partie de votre bien ;
« moi j'ai été l'homme de l'état à qui j'ai prêté
« des fonds. En état de paix, j'ai envoyé des flottes
« marchandes dans les deux Indes. En temps de
« guerre, j'ai armé, j'ai fait respecter le pavillon
« du roi, et mes facteurs, dans tous les temps,
« ont fait respecter ma probité aux peuples des
« deux hémisphères. J'ai acquis des millions ; j'ai
« fait du bien à tout le monde. Je vous en ai fait
« à vous, j'en veux faire plus encore à votre fille,
« et tout bien calculé, morbleu, vous devez savoir
« gré à M. Botte de vouloir bien être l'égal de
« l'ex-marquis d'Arancey.

« — Voulez-vous bien, monsieur, faire arrêter
« votre voiture? dit le marquis, pâlissant de co-
« lère. — Pourquoi cela? — Je vais descendre. —
« Pourquoi faire?—Pour continuer ma route à pied.
« —Quelle lubie vous passe par la tête?—Je n'ai
« accepté la place que vous m'avez offerte... —
« Que dans la persuasion que je flatterais votre
« orgueil, n'est-ce pas? Monsieur le marquis, je
« ne flatte personne. — Voulez-vous bien, mon-
« sieur, faire arrêter votre voiture?—Non mon-
« sieur. — Ceci est fort, par exemple. — J'ai pro-
« mis à votre fille de vous ramener en voiture,
« et vous n'irez pas à pied; je lui ai promis de
« vous équiper convenablement, et c'est de quoi
« je m'occuperai à Saint-Germain, où nous allons
« entrer. Vous êtes rouge de colère, votre œil me
« menace; mais corbleu, j'ai une tête aussi... Vous
« brisez mes glaces!... j'en ferai mettre d'autres;
« mais vous courrez la poste, et dans la voiture
« de M. Botte. »

Le marquis ne se possédait plus. Il protestait
que s'il avait des armes, il brûlerait la cervelle
au petit bourgeois qui osait l'outrager. M. Botte
répondait que tout ce qu'il y gagnerait serait de
voyager seul, à moins, pourtant, qu'il ne cassât
aussi la tête à son valet de chambre et à Henri,
qui avaient des ordres, et il ajouta qu'il n'est
pas prudent de casser tant de têtes, quand on
n'est pas trop sûr de la sienne. Le marquis, exaspéré, était prêt à lever la main; le cher oncle vit

le mouvement, que la bienséance reprima. « Frap-
« pez, lui dit-il, si cela vous amuse. Je ne désho-
« norerai pas le père de ma nièce en lui rendant
« un coup infamant. — De votre nièce... de votre
« nièce ! elle ne le sera jamais. — Elle le sera,
« morbleu, et en attendant, et quelque chose que
« vous fassiez, vous courrez la poste. »

Pendant cette altercation, la voiture s'arrêta à la barrière de Saint-Germain, et M. d'Arancey cria aux commis de lui ouvrir la portière. Elle s'ouvre à l'instant. Le marquis, malgré son âge, saute légèrement sur le pavé ; le cher oncle saute après lui, et dit aux commis : « Je m'appelle « Botte. »

A ce nom, on lui prodigue, non ces respects qu'arrache l'homme puissant qu'on craint, mais ces marques de considération qu'on accorde si volontiers à l'homme utile, et le marquis ne concevait pas qu'on pût marquer tant d'égards à un bourgeois. Le cher oncle reprit : « Je m'appelle
« Botte, et monsieur est mon proche parent. Il a
« perdu la tête ; vous en jugez aisément par le
« costume baroque dont il s'est affublé. Il est
« quelquefois furieux ; vous n'en doutez pas, d'a-
« près son air furibond, et la manière dont il a
« arrangé mes glaces. Je le conduis à une maison
« de santé près Paris ; il veut m'échapper, et je
« vous demande main-forte pour le conduire à
« l'auberge, où je vais le faire habiller décemment.
« Allons, mon cousin, marchons. »

A ce nom de cousin, la figure de M. d'Arancey se décompose tout-à-fait, et les spectateurs ne doutent point qu'il ne soit maniaque. Deux soldats de la garde s'avancent, et le cher oncle n'a que le temps de dire, à l'oreille de son cousin : « Si vous niez que vous soyez mon parent, il « faudra que vous disiez qui vous êtes, et parbleu, « ce ne sera pas moi qui vous aurai dénoncé. »

« M. Botte prend son cousin sous le bras; le valet de chambre et Henri marchent en avant; les deux soldats forment l'arrière-garde, et les badauds de l'endroit suivent, précèdent et garnissent les flancs. Que pouvait faire M. d'Arancey? Se laisser conduire et se taire. Ce fut ce qu'il fit.

On arrive à l'auberge. M. Botte met son parent dans la plus belle chambre; fait clouer les croisées; place les deux soldats en dehors de la porte; envoie chercher tous les cuisiniers du lieu, et fait servir un souper somptueux. Le marquis enrageait... oh, il enrageait! tantôt, il brisait une assiette; l'instant d'après il cassait une caraffe... « Bien, mon cousin, bien. Cassez tout ce que « vous voudrez; mais goûtez cette perdrix rouge... « un peu de cette crème... un verre de ce vin « vieux. » Le marquis dévorait, autant de colère que de besoin, et les gens de l'auberge remarquaient que, pour un fou, le cousin avait bon appétit.

De peu de chose on fait une nouvelle dans une petite ville. Le bruit de l'arrivée de M. Botte se répandit à l'instant. On ne parlait que de ses largesses et de ses trésors. On assurait qu'il avait traité du royaume de Siam, et que la négociation n'avait manqué que parce qu'il craignait singulièrement la circoncision. On disait... on disait... que ne disait-on pas? Le premier magistrat du lieu ne crut pas au-dessous de son rang de prévenir, non l'acquéreur prétendu d'un trône, mais un homme qui faisait circuler les richesses par mille canaux, et qui rendait des services signalés à l'état. Il supposait, d'ailleurs, qu'il ne pouvait quitter son cousin d'un moment. Il vint donc offrir à M. Botte les moyens qui étaient à sa disposition, pour l'aider à conduire le parent avec sûreté.

Comme des gens, qui ne se sont jamais vus, n'ont rien à se dire, et qu'il faut parler, quand on craint de passer pour un sot, le magistrat commença par faire, sur la maladie du cousin, les questions les plus étendues. M. Botte répondit par une peinture effrayante, de quelques accès dont il avait été témoin. Le tableau était si chargé, les coups de pinceau, parfois, si comiques, que le marquis, malgré sa fureur, partit d'un éclat de rire. Le magistrat observa, avec beaucoup de sagacité, que ce rire n'était que convulsif, et qu'il annonçait un accès prochain. Il proposa à M. Botte la brigade de gendarmerie, et l'engagea à faire mettre, aux pieds et aux mains de son parent, des fers qu'on aurait soin de garnir, pour ménager les chairs. A cette proposition, le marquis fit une grimace épouvantable, et il allait probablement se nommer, si M. Botte n'eût observé que six hommes sont toujours maîtres d'un fou, et que des fers ajouteraient infailliblement à la fureur de son malheureux parent.

A la fin du repas, on apporta ce qu'il fallait pour donner au marquis l'air d'un homme opulent. On le livra au valet de chambre et à Henri. Une demi-heure après, il remonta assez tranquillement en voiture, et on sortit de Saint-Germain, sous l'escorte de quatre gendarmes, armés jusqu'aux dents.

« Je vous demande bien pardon, monsieur le
« marquis, d'avoir employé des moyens un peu
« forts ; mais les désirs de votre fille sont des or-
« dres pour moi. J'ai dû remplir ses intentions,
« et je n'ai rien fait que vous ne m'y ayez forcé.
« Hem?... Plaît-il?... Pas le mot. Bonsoir donc,
« marquis. Aussi bien je sens le besoin de céder
« à mon habitude de tous les jours, celle de dor-
« mir après souper. »

Rassuré par la présence de son escouade de cavalerie, M. Botte s'endormit en effet. Le marquis n'avait refusé de répondre, que parce qu'il avait trouvé dans ses poches un nouvel aliment à sa colère. Le cher oncle n'oubliait rien, et son prisonnier, en caressant les basques rebondies de sa veste, s'était aperçu qu'elles étaient farcies d'or. Il fallait être de bien mauvaise humeur pour prendre ainsi tout de travers, et je connais beaucoup de gens qui, au lieu de s'obstiner, en pareil cas, à garder le silence, se seraient empressés de s'acquitter, au moins, par des remercîmens.

Cependant un coup de feu et des cris se font entendre de l'intérieur de la forêt. Le marquis, persuadé qu'une diversion le tirera d'esclavage, attend tranquillement les voleurs. M. Botte, qui dort comme il fait tout, continue à ronfler. Les gendarmes, convaincus qu'il vaut mieux laisser échapper un fou, que laisser tuer un homme, se disposent à secourir l'opprimé. Ignorant à quel nombre ils vont avoir affaire, ils requièrent le valet de chambre et Henri, tous deux bien armés, de leur prêter main-forte. Ceux-ci n'ont nulle envie de se battre; mais ils ne peuvent se dispenser d'en faire au moins le semblant. Ils se jettent dans le bois, bien décidés à quitter les gendarmes à la première tranchée qui va se présenter. Le conducteur, effrayé, fouette à outrance ses chevaux, et on arrive, au galop, à la première poste.

Les chevaux sont changés; le postillon se présente à la portière; le marquis baisse la glace, et s'aperçoit qu'il est débarrassé de tous ses surveillans. Le postillon seul était au courant de son aventure, et, pour ne pas perdre de temps, il lui donne un louis et relève la glace. Le postillon, tremblant qu'on ne lui redemande son reste, se hâte de remonter à cheval, et s'en va. A peine a-t-il le temps de dire à son camarade que la voiture était escortée, et que les gendarmes l'ont quittée pour courir après des voleurs.

M. d'Arancey était très-bien mis ; son extérieur était imposant, et son témoignage devait balancer au moins celui du cher oncle. Le nouveau conducteur n'avait pu être instruit des détails ; il n'était donc pas à craindre, et le marquis s'arrangea là-dessus.

On arrive à la barrière de Paris, et le dormeur continue de digérer en ronflant. Le marquis dit aux commis : « Je m'appelle Botte. J'ai eu la bonté « de prendre, dans la forêt, un homme assez bien « couvert, et qui m'a paru très-fatigué. Pendant « que je dormais, le drôle m'a escamoté mon « porte-feuille. »

Le nom de M. Botte fait ici la même impression qu'à Saint-Germain. On ne pense pas même à douter de la véracité du conteur. Cependant le chef du poste qui n'a jamais entendu parler de ce nom-là, fait observer aux commis qu'il est une marche à suivre avec M. Botte comme avec un autre. Il interroge le postillon ; le postillon répond que son camarade lui a, en effet, dit quelques mots de gens qui détroussent les voyageurs dans la forêt ; mais qu'il ne sait rien de positif. L'officier remarque qu'il y a là présomption contre l'accusé, et qu'il faut l'entendre lui-même. Le marquis se voit au moment de reprendre sa revanche. Il pousse rudement le cher oncle, le réveille en sursaut, et lui dit à l'oreille : « Si vous niez que je sois « M. Botte, il faudra que vous disiez qui je suis, « et alors ce sera vous qui m'aurez dénoncé. »

M. Botte ouvre de grands yeux; sent la nécessité de se taire à son tour; descend, sur l'interpellation de l'officier, et surpris, au-delà de toute expression, de ne voir ni sa brigade, ni ses gens, il entre au corps-de-garde, commençant à soupçonner une ruse qu'il lui est impossible de déjouer. Le marquis descend après lui, prétexte un besoin, s'éloigne de quelques pas, de quelques pas encore, enfile une petite rue, et laisse le postillon, les chevaux, la voiture sur le pavé, et M. Botte au corps-de-garde.

L'officier veut commencer une instruction en règle; M. Botte lui rit au nez. L'officier se fâche; M. Botte jure. L'officier proteste qu'il va l'envoyer en prison ; M. Botte l'en défie. L'officier commande un détachement; M. Botte tire son petit couteau de chasse. L'officier lui rit au nez à son tour; lui ordonne de marcher, et lui tourne le dos.

M. Botte n'était pas spadassin, et il voyait que son petit couteau faisait si peu d'impression, qu'on n'avait pas daigné le lui ôter. Comment faire pour ne pas aller coucher en prison, gîte désagréable à tout le monde, et surtout à un millionnaire? Il n'y avait qu'un parti à prendre : c'était de prouver qu'on lui avait joué un tour. Mais pour ne pas exposer le marquis, il fallait savoir s'il avait profité du moment pour échapper à son opiniâtre cousin, et, pour ce, M. Botte demande qu'on le confronte, au moins, à son accusateur. L'officier répond brusquement que la confrontation se fera en prison. Les commis, la garde, les passans, tous opinent pour la prison. En prison donc, dit M. Botte, et il rend, avec dignité, son arme au caporal, qui ne la lui demandait pas.

Henri et le valet de chambre s'étaient couverts de gloire, sans courir de danger. Les voleurs prétendus étaient des braconniers qui venaient de tuer un chevreuil, et les cris qui avaient répandu l'alarme, n'étaient que des cris de joie, très-indiscrètement hasardés. A l'approche des chevaux, les chasseurs avaient abandonné leur proie, et s'étaient tapis sous des broussailles, ou, grace à l'obscurité, il fut impossible de les trouver. Henri avait bravement sauté sur le chevreuil, l'avait mis en travers sur son cheval, et les gendarmes l'avaient laissé faire, persuadés que cet accessoire ne déplairait pas au cher oncle, dont les marques de reconnaissance n'étaient jamais équivoques.

Les deux domestiques, étonnés de trouver la voiture arrêtée, s'approchent de la portière, et sont plus étonnés encore de ne trouver personne. Leur étonnement redouble en voyant M. Botte au milieu d'un peloton de soldats. Ils mettent pied à terre; ils s'approchent de l'officier; ils nomment leur maître. M. Botte, qui n'est pas certain que le marquis ne soit plus dans la voiture, leur fait des signes qui leur imposent silence ; mais ces signes, le chevreuil, l'air effaré de ces deux hommes, tout cela est interprêté par l'officier. Il fait entrer le valet de chambre et Henri au centre du détachement, et le chevreuil au corps-de-garde.

M. Botte parle à l'oreille de ses gens; et les soupçons augmentent. Ses gens lui répondent de même, et la complicité n'est plus douteuse. Rien d'aussi simple cependant que ce qui s'était dit. « Le marquis est-il dans la voiture ? — Monsieur, « il est enfui. »

Le cher oncle se croit alors tiré d'embarras. Il proteste que c'est lui qui est M. Botte, et on lève les épaules. Il tire son porte-feuille, auquel on ne pensait plus, et qu'un greffier n'aurait pas oublié. L'officier le prend, fait l'inventaire des billets de caisse, en dresse un état à la hâte, le remet au caporal, et répète l'ordre de marcher. M. Botte crie à l'injustice, et on crie au voleur. Il s'emporte, il tempête, il blasphème pour la première fois de sa vie, en protestant qu'il ne marchera pas. Un coup de bourrade dans le derrière l'avertit que la résistance est inutile.

« Corbleu ! disait M. Botte en marchant, et en « se frottant le postérieur, le tour est sanglant; « mais il est bien joué, très-bien joué pour un « marquis. »

On allait l'incarcérer sur des apparences qui devaient donner matière à un ample procès-verbal. L'officier sentait la nécessité de le rédiger au moins après, puisqu'il n'avait pas songé à le faire avant. Il n'y avait qu'une petite difficulté : c'est que l'officier, qui, pendant sept campagnes, s'était battu en déterminé, n'avait pas trouvé le temps d'apprendre à écrire. Il avoua son embarras aux commis, qui prirent la plume, avec cet air de supériorité que s'arroge si aisément la sottise, et ils ne manquèrent pas de faire sentir à l'officier qu'un commis, qui sait écrire, est plus utile, en temps de paix, qu'un soldat qui ne sait rien.

Pendant qu'on verbalisait au corps-de-garde, le postillon s'impatientait sur le pavé. Il entre enfin pour demander à monsieur le commandant ce qu'il fallait faire de la voiture. « Ce que le « propriétaire voudra. — Mais il n'y a plus de pro- « priétaire. — Ah, diable, voilà qui est singulier. « Ah, ce monsieur n'aime pas, sans doute, les « scènes publiques, et il se sera rendu chez lui « à pied. — Mais, comment trouverai-je son chez « lui? — Hé, parbleu, par sa carte de sûreté. « Voyons son porte-feuille. Quarante-huit ans... « mais celui qui s'en plaint en a au moins soixante. « Les cheveux noirs... Il les a blancs. Messieurs « de la barrière, il y a ici quiproquo. — Monsieur « l'officier, c'est vous qui l'avez fait. — C'est vous « qui m'avez conseillé. — Vous commandez ici. « — Oui, mes soldats; mais je dois me rendre à « vos réquisitions, et vous m'avez requis. — Pas « du tout. — Je le soutiens. — Cela n'est pas dif- « ficile. — Et je le prouve. — Comment cela ? — « Le sabre à la main. En garde, commis, à la « relevée du poste. »

Les commis sentirent, à leur tour, que celui qui, sans savoir écrire, a battu les ennemis, peut encore être utile, en temps de paix, en châtiant des faquins... Ils redevinrent les hommes de la circonstance, et ployèrent devant le plus fort : c'est assez l'usage partout.

Cependant, les gendarmes, qui ménagent leurs chevaux, parce qu'ils sont à eux, les gendarmes arrivèrent enfin, et jetèrent un grand jour sur cette affaire, naguère si embrouillée. Examen fait de la carte de sûreté, ils prononcèrent que c'était M. Botte lui-même et deux de ses gens, qu'on conduisait en prison. « Mais quel est donc, dit « l'officier, cet autre qui était aussi dans la voi« ture? — C'est un fou, que M. Botte conduisait « aux Petites-Maisons. »

A ces mots, les commis tremblent, l'officier fronce le sourcil, et le brigadier de gendarmerie proteste que si on n'apaise le cher oncle, il est homme à les faire casser tous. L'alarme augmente, l'officier balbutie. Il a bravé cent fois la mort; mais il craint la misère. Il en a perdu l'habitude, et celle-là se reprend difficilement!

On prie, on supplie monsieur le brigadier d'arranger cette affaire. On lui remet le porte-feuille; on déchire le procès-verbal, et on le presse de courir après les prisonniers.

Ils étaient déjà loin. Le gros ventre de M. Botte et ses jambes courtes ne s'accommodaient pas d'un pavé gras et d'une longue marche. Il avait

VII. 23

pris un fiacre, avec la permission de monsieur le caporal, qui s'y était prêté, parce qu'il ne payait pas; que dedans, derrière et sur le devant, il y avait place pour tout le monde, et qu'un caporal aime à aller en carrosse tout comme un colonel.

Quand les gendarmes partirent de la barrière, il y avait une heure au moins que le cher oncle était établi à la Force, très-étonné de s'y trouver. Sur le rapport du caporal, le concierge avait mis M. Botte et ses gens en très-mauvaise compagnie. Le cher oncle se bouchait le nez et faisait la grimace. Ses domestiques criaient qu'il était affreux de traiter ainsi un homme comme M. Botte, et qu'on devait au moins lui donner une chambre. Le guichetier répondit que ce n'était pas l'heure d'ouvrir trente portes, et il disparut, en faisant résonner les corridors du bruit de ses verrous et de ses clés.

Le valet de chambre s'approcha respectueusement pour remplir ses fonctions accoutumées. « Hé, parbleu, tu te moques de moi. Faut-il tant « d'apprêts pour nous mettre chacun sur une poi- « gnée de paille? Va, va, si l'égalité, dont on fait « tant de bruit, n'est pas une chimère, elle doit « se trouver ici. »

Dans toutes les prisons, les salles habitées par ces messieurs, qui vivent d'industrie, ont un chef, qui établit ou qui trouble l'ordre à son gré; qui prononce ses arrêts et les exécute lui-même, et qui s'élit quand on ne le nomme point, parce que c'est toujours le plus vigoureux de la bande.

Monsieur *Beau-Soleil*, qui exerçait, à la Force, ces augustes fonctions, était très-exact à recueillir les impôts, qui charmaient les loisirs de ses sujets. Il avait été très-choqué de la grimace de M. Botte, de quelqu'une de ses expressions, et surtout de ce qu'il ne parlait pas de payer sa bienvenue. Il prit la parole, et d'une voix de Stentor, il expliqua les usages irrévocables du lieu, et il ajouta qu'un insolent ou un sot pouvait seul être humilié de se trouver avec des artistes du premier mérite, et que le ton du mépris n'allait pas à des gens qui ne savaient pas seulement un mot d'argot. Henri fit une réponse peu mesurée ; *Beau-Soleil* lui ordonna très-impérieusement de se taire. M. Botte jugea que si la garde donnait des bourrades, les gourmades pourraient pleuvoir ici, et il assura M. *Beau-Soleil* que, dès cinq heures du matin, il enivrerait tous les prisonniers, si on voulait lui permettre de reposer. *Beau-Soleil* répondit très-honnêtement que non-seulement le camarade pouvait dormir, mais que pour prix de sa générosité, on lui apprendrait quelques jolis tours, dont il ferait son profit dans le monde, s'il y rentrait jamais.

« Allons, dit M. Botte à son valet de chambre,
« nous trouvons un maître ici comme partout.
« Puisque, définitivement, il n'y a pas d'égalité
« possible, ôte-moi mes souliers et mon habit ; je
« garderai le reste. — Quelle aventure pour vous,

« monsieur! — Diabolique, mon ami, et le mar-
« quis me la paiera. Cependant, je ne suis pas
« plus mal ici que dans vingt autres circonstan-
« ces. Je suis assailli par des insectes affamés;
« mais je crois qu'il y en avait davantage dans
« cette chambre d'Edmond, où je m'amusais des
« contorsions de Horeau. Je me suis enfoncé dans
« une marre jusque dessous les bras, et je suis
« très-sèchement ici. J'ai été piqué à l'épaule par
« une guêpe, et mordu à la fesse par un chien;
« le coup de bourrade m'a fait beaucoup moins
« de mal. A la vérité, je suis avec des fripons;
« mais le monde en est plein. Je me défie de
« ceux-ci; ils ne m'attraperont pas. Les autres me
« trompent tous les jours, et, après tout, trois ou
« quatre heures sont bientôt passées. — Allons,
« monsieur, il fallait que vous vinssiez à la Force,
« pour trouver quelque chose de bien. »

Pendant cette conversation, tenue très-bas et pour cause, M. Botte arrangeait sur la planche, destinée à lui servir d'oreiller, son habit proprement roulé; son mouchoir de poche avait remplacé sa perruque, et il s'était couché, très-peu affecté du présent.

Le plus profond silence régnait dans la salle. Tout le monde dormait ou en faisait semblant. M. Botte reçoit un petit coup sur la pointe de chaque pied, et crie : *Qui vive?* Personne ne répond, et M. Botte se met sur son séant. Il allonge les bras autour de lui, et ne rencontre rien.

Il se croit abusé par une illusion nocturne, et se laisse retomber sur son oreiller. Pan ! sa tête porte d'aplomb sur la planche : l'habit est enlevé. Il crie, il se lève, et ne trouve plus ses souliers.

« Monsieur le chef de ces honnêtes gens, ceci
« est trop fort. Voler même en prison ! je tiens
« peu à mon habit, mais assez à ma bourse, qui
« est dans une des poches. » Il reçoit un coup léger sur une épaule ; il se retourne, et le mouchoir qui lui enveloppe la tête est allé avec l'habit, la bourse et les souliers. « Corbleu ! messieurs,
« si au lieu d'un tour de *tabouret*, dont vous vous
« moquez, on vous pendait une bonne fois, on
« rendrait un grand service à la société. »

Au mot de pendaison, tous mes coquins se lèvent tumultuairement, et font un carillon infernal. L'un criait que la corde est faite pour les voleurs ; un autre, pour les assassins ; un troisième, qu'il était affreux de confondre avec des malfaiteurs des gens à talent, qui exercent dans les spectacles, dans les cafés, aux fêtes publiques ; un quatrième observait que le vol était en honneur à Sparte, et que les mœurs spartiates étaient les mœurs par excellence : celui-là avait lu les fables de Rollin.

Ils criaient tous d'autant plus fort, qu'ils ne savaient ce qu'ils disaient. Les clameurs étaient accompagnées de nombre de coups de poing, qui tombaient d'aplomb, non sur M. Botte, mais sur un homme qui le tenait dans ses bras, qui le

couvrait de son corps, et qui lui disait : « Ils m'as-
« sommeront ; mais je vous sauverai. » Que diable,
pensait le cher oncle, il me semble connaître
cette voix-là.

Comme on ne frappe pas toujours juste, quand
on frappe fort, et surtout sans y voir, les poings
des assaillans se heurtaient ; ils se meurtrissaient
l'occiput ou l'omoplate ; on pochait des yeux ; on
cassait des nez, des dents ; on enfonçait des côtes,
et cet exercice était accompagné d'un *crescendo*
de blasphêmes, qui eût fait infailliblement abîmer
la maison, si l'éternel, toujours bon, n'eût bou-
ché ses oreilles.

Au milieu de cet épouvantable désordre, l'homme
qui tenait M. Botte embrassé, avait eu l'adresse
de le tirer de la foule, et s'était juché, avec lui,
dans l'enfoncement d'une fenêtre élevée, où personne ne pensait à les aller chercher. Tout à coup,
le bruit des verrous se fait entendre ; la porte
s'ouvre ; les flambeaux brillent. Le concierge, en
personne, paraît suivi de ses guichetiers, tous le
bonnet à la main, et précédés de trois chiens,
qui, mordant à droite et à gauche, obligent, en
un clin d'œil, M. *Beau-Soleil* et sa clique, à se
tapir sous leurs paillasses.

Le concierge, d'une voix miéleuse, appelle
M. Botte, et M. Botte lui crie, en sautant dans
ses bras : « Sauvez-moi des mains de ces enragés. »

Comme la reconnaissance était une des vertus
qu'il estimait le plus, et qu'il pratiquait le plus

exactement, il voulut connaître l'homme à qui il avait l'obligation d'être encore tout entier. Ce malheureux se cachait le visage de ses deux mains, et le concierge, jaloux alors de se rendre aux désirs du cher oncle, prit son protecteur par l'oreille, l'obligea à lever la tête, M. Botte reconnut Guillaume.

« Il est donc décidé, dit-il, que j'aurai toujours
« des obligations essentielles à ce drôle-là ! quel
« dommage que ce soit un fripon !

« Ah, ça ! monsieur le concierge, vous venez,
« sans doute, me mettre en liberté. — Oui, mon-
« sieur. — Mais vous observerez qu'on m'a volé
« mon habit, mes souliers, ma bourse, mon
« mouchoir, ma perruque et mes deux domesti-
« ques, car je ne les vois plus. Voilà, je crois,
« la quatrième fois que je suis déshabillé, parce
« que j'ai un neveu qui s'avise d'être amoureux. »

Le concierge interpelle *Beau-Soleil*; *Beau-Soleil* répond qu'il ne peut rendre ce qu'il n'a pas pris. Le concierge interpelle les artistes les mieux notés sur son registre ; tous font la même réponse. Il lâche un quatrième chien, au nez exercé, qui furète partout, et qui, au lieu de l'habit, de la perruque et des souliers, tire de dessous une mauvaise table qui portait la gamelle commune, le valet de chambre et Henri à demi-morts de peur.

« Tirez-moi d'ici, disait M. Botte ; j'abandonne
« tout, absolument tout. C'est ce que vous pouvez

« faire de mieux, dit le concierge, car ces drôles-
« là, en causant un jour avec moi, m'ont volé
« mes boucles à souliers, et jamais je ne les ai
« retrouvées. Il est bien extraordinaire, répon-
« dait M. Botte, qu'on ne soit nulle part en sû-
« reté, pas même en prison. »

Le cher oncle, en entrant à la geôle, trouva la garde qui l'avait amené, et qui s'enivrait avec le guichetier, qui n'avait pas le temps d'ouvrir des portes la nuit. Il trouva son brigadier, qui lui dit que sa voiture était à la porte. « Jamais
« elle ne vint plus à propos, car mes gens sont
« dépouillés comme moi. » Le brigadier rejeta sur les braconniers les évènemens de la soirée. « Hé,
« monsieur, les braconniers ne sont pas cause du
« refus que m'a fait ce drôle, qui boit là-bas, de
« me mettre dans une chambre convenable. —
« Voulez-vous que je le chasse, monsieur ? dit le
« concierge. — Non, monsieur, vous ne le chas-
« serez pas : il m'a traité d'après le rapport du
« caporal. — Monsieur, dit le caporal, j'ai suivi
« les ordres de mon officier. — Aussi est-ce à
« lui que j'en veux. Je lui apprendrai que, lors-
« qu'on ne sait que commander l'exercice, on
« ne doit pas se mêler de faire le juge criminel.
« — Mais, monsieur, dit le brigadier, les appa-
« rences étaient contre vous. — Apprenez, mon-
« sieur, qu'il n'y a qu'un sot qui juge sur les ap-
« parences. L'officier sera cassé—Mais, monsieur,
« il a une femme et des enfans. — Ah, diable !

« et le soldat qui m'a bourré, a-t-il aussi une
« femme et des enfans? — J'ignorais, monsieur,
« à quel postérieur j'avais affaire. — Ménagez-les
« tous, corbleu! c'est le moyen de ne pas vous
« tromper. Mais le plus court est de pardonner,
« et je pardonne. Partons. Monsieur le brigadier,
« vous viendrez me voir demain. »

CHAPITRE III.

Les obstacles se multiplient.

C'est rue de la Huchette, chez un tourneur, qui occupait le rez-de-chaussée et le septième étage, que se cachait le chevalier d'Égligny. C'est aux momens qu'il pouvait dérober au travail, qu'il cherchait cette Sophie, qui ne l'intéressait encore que parce qu'elle était la fille d'un vieillard, auquel il s'était dévoué tout entier. C'est sur un méchant grabat qu'il s'affligeait tous les soirs de l'inutilité de ses démarches.

Le marquis, échappé de la voiture de M. Botte, s'était acheminé vers le réduit, où il devait trouver le héros de l'amitié. Il marchait, tourmenté du double regret de ne pouvoir se passer de l'or du cher oncle, qui emportait sa lanterne magique, et de l'impossibilité de rendre jamais à un homme dont l'humiliante générosité s'étendait, malgré lui, sur tout ce qui lui était cher. Si du moins il était noble ! s'il l'était à peu près, ne fût-il que secrétaire du roi ! —

Il arrive à cette rue de la Huchette long-temps avant le jour. La boutique est fermée, et il s'y attendait. Il sait que d'Égligny repose sous les tuiles : comment espérer de s'en faire entendre ? Il faut essayer cependant. Il appelle Dubois, c'est le nom qu'a pris le chevalier. Il appelle à plusieurs reprises. Dubois a entendu dès la première fois : la voix de l'amitié s'entend de si loin ! Dubois passe son pantalon de coutil, il se hâte, il saute l'escalier, il ne peut trop tôt embrasser son ami.

Une patrouille de la garde nationale passe, et le chef demande à M. d'Arancey ce qu'il fait là. Il répond qu'il vient commander de l'ouvrage au tourneur. On lui objecte que ce n'est pas l'heure, et on lui demande sa carte. Il répond qu'il l'a perdue. On lui demande s'il a quelque autre papier. Il cherche... son passe-port est resté à Saint-Germain, dans une poche de l'habit de bure. On s'enquiert de son domicile. Il hésite, il balbutie. On l'arrête, et le chevalier, en ouvrant sa porte, voit son ami prisonnier.

Une imagination alarmée ne connaît que les extrêmes, et voit le malheur, même où il n'est pas. « Arrêtez, arrêtez ! crie le chevalier. Puisque
« vous l'avez reconnu, il est inutile que je me
« cache davantage. Je suis le chevalier d'Égligny,

« et aujourd'hui, et toujours, je partagerai le
« sort du marquis d'Arancey. »

La patrouille était commandée par un remouleur de la rue de la Harpe, qui avait brigué l'honneur d'être sergent. Cet homme n'entendait rien à l'exclamation de d'Égligny; il ne comprenait pas davantage aux étreintes, aux larmes du chevalier et du marquis. Mais comme il lui était ordonné d'arrêter ce qui lui paraissait suspect, et qu'il suspectait tout ce qu'il ne concevait pas, il remplit sa mission à la lettre, et, tout bonnement, tout bêtement, il conduisit les deux amis au corps-de-garde.

Il n'était pas difficile d'en imposer à un tel homme; on pouvait même se flatter de tromper aisément le capitaine commandant, honnête dégraisseur de la rue Poupée. C'est à quoi réfléchissait le chevalier, lorsque la ronde-major passa. Le sergent, fier de sa capture, le capitaine, très-embarrassé, et par son défaut de lumières, et par le rapport inintelligible de son subordonné, s'adressèrent à l'adjudant, qui joignait à beaucoup d'intelligence le ton d'un homme bien élevé. Le remouleur sergent avait oublié, dès la rue de la Huchette, les noms des deux détenus; mais il se rappelait très-bien, disait-il, que de leur propre aveu, l'un était un prince, et l'autre un duc. Les questions de l'adjudant furent aussi pressantes que polies, et nos deux amis convinrent du fait d'émigration, pour conserver au moins leur réputation d'honnêtes gens.

L'adjudant demanda à ces infortunés s'il n'y avait pas quelque circonstance qui pût colorer leur sortie de France. Ils répondirent franchement que non. Il en chercha pour eux ; il en rappela qui avaient été favorables à d'autres, et ils ne varièrent point dans cette réponse : « Nous avons « quitté la France par attachement pour le roi. »

« Avant de signer votre déclaration, réfléchis-
« sez, messieurs, aux conséquences qu'elle en-
« traîne. Peut-être le trouble inséparable de ce
« moment ne vous permet pas d'être exacts. —
« Nous avons dit la vérité, sans trouble comme
« sans crainte. — Signez donc, et suivez-moi.

« Vous êtes de braves gens, leur dit-il tout
« bas en leur serrant la main. Qui embrasse un
« parti contre son opinion est un sot ; qui le tra-
« hit est un lâche. »

Les heures s'étaient écoulées. Il était environ huit heures du matin quand les deux amis sortirent du corps-de-garde. La foule se pressait autour d'eux ; chacun voulait les approcher. C'est quelque chose de si curieux que des émigrés !

Étrange empressement de voir des misérables !

Ils marchaient résignés ; mais sans faiblesse et sans orgueil. Un colporteur passe en criant : « Voilà « le grand acte d'amnistie en faveur des émigrés,

« Achetez la loi en faveur des émigrés... la ba-
« gatelle d'un sou. »

L'adjudant se précipite, parcourt le papier, saisit d'un coup d'œil les dispositions de l'arrêté, et s'écrie : « Vous êtes sauvés, malgré vous. »

Les deux amis tombent dans les bras l'un de l'autre; l'adjudant mêle ses larmes aux leurs, et le peuple, toujours peuple, applaudit à la délivrance de ceux dont il eût vu le supplice avec indifférence. Quelle inexplicable machine que le peuple !

Dès ce moment, le marquis sent qu'il est rentré dans tous ses droits. M. Botte ne peut plus tirer parti de sa situation. Si les acquéreurs de ses biens ont de la délicatesse, il peut traiter avec eux, et s'acquitter envers le bienfaiteur de sa fille. Si les moyens doux sont insuffisans près d'elle, il peut enfin déployer l'autorité d'un père, et s'unir, par des nœuds plus puissans et plus doux, à celui qui vient de lui donner encore une preuve de son dévouement absolu.

Il avait caché son projet au chevalier. Il voulait qu'il vît sa fille; qu'il l'aimât; qu'elle lui parût une récompense au-dessus des sacrifices qu'il avait faits à l'amitié, et il comptait disposer de la victime, comme on faisait des filles de qualité, qu'on mariait à des gens titrés qu'elles ne connaissaient point, et avec qui l'usage les dispensait de vivre. Il était père cependant, il était bon père; mais le fanatisme des préjugés a tant de force !

Il se hâta de remplir les formalités prescrites par l'arrêté, et, ces soins indispensables terminés, il s'empressa de faire pour le chevalier ce que M. Botte avait fait pour lui. Il releva les agrémens naturels du jeune homme de tout ce que put y ajouter une toilette soignée, et il se disait, en le regardant : Il n'est pas de roturier qui puisse balancer les graces de cette figure-là.

Il loue une voiture commode; il y monte avec son ami, et ils partent pour cette terre que le marquis croyait encore perdue. M. Botte s'était tu : il faisait le bien pour lui, et rien pour la renommée.

La route ne fut pas longue : ces deux hommes-là avaient tant de choses à se dire. Ils étaient à la porte de la ferme, et ils n'avaient pas tiré leur montre, et ils ne s'étaient pas informés de ce qu'il restait de chemin à faire, et ils n'avaient point bâillé en parlant de la belle nature. Ils n'avaient rien fait de ce que font ceux qui montent dans un fiacre pour aller dîner à Saint-Cloud, à Vincennes, et qui s'amusent !... à faire mourir de rire.

La triste Sophie était prévenue. Cependant, le bruit de la voiture lui fit éprouver un serrement de cœur dont elle ne fut pas la maîtresse. Elle aimait beaucoup son père ; elle le croyait du

moins, car elle repoussait un sentiment pénible
qui lui disait : On n'a rien fait encore pour l'enfant à qui on a donné l'être, et que doit-on au père dont on n'a reçu que la vie?

Cependant, esclave du devoir, craintive, embarrassée, elle suivait Edmond, qui allait au-devant de son ancien seigneur. M. d'Arancey savait de M. Botte que sa fille était charmante, et il fut étonné en la voyant. Le chevalier fut frappé comme l'avait été Charles, comme devaient l'être tous les jeunes gens, à qui la nature n'avait pas refusé un cœur.

Le premier moment fut froid. Un marquis peut aimer sa fille comme un bourgeois ; mais l'étiquette ne permet point de se livrer à ces épanchemens, abandonnés au vulgaire. Sophie, de son côté, faisait de vains efforts pour exprimer sa tendresse. C'était une tendresse de mots, une tendresse de bienséance : la crainte de l'autorité paternelle ne s'allie pas au sentiment.

M. d'Arancey présenta le chevalier à sa fille, comme le meilleur de ses amis, comme un homme qui lui avait plusieurs fois conservé la vie, et il s'exprima en père qui compte, qui entend qu'on partagera sa reconnaissance. A cet égard, elle remplit parfaitement les désirs de son père : elle ne soupçonnait rien de ce qu'il projetait.

On entra à la ferme, et le marquis daigna faire attention au bon vieillard. Il le remercia en termes généraux de ce qu'il avait fait pour sa fille ;

mais il en dit assez pour piquer la curiosité de d'Égligny, et mademoiselle d'Arancey saisit cette occasion de présenter, dans le jour le plus favorable, tous les soins que le bon fermier avait accordés à son enfance. En parlant, elle oubliait ses chagrins; ses traits s'animaient; ils reprenaient leur éclat. Elle était belle comme la bienfaisance qu'elle savait si bien peindre, et la figure du marquis restait froide. Celle de d'Égligny exprimait la plus douce sensibilité : il en fut payé par un sourire de la beauté.

Ces détails faisaient souffrir le marquis. Il eût voulu devoir moins à un homme si fort au-dessous de lui, et il interrompit sa fille pour lui apprendre que les émigrés avaient encore une patrie. Elle éprouva un sentiment de joie pure, en pensant que son père ne serait plus errant, malheureux, et elle s'empressa de lui offrir un moyen de s'acquitter envers son ami.

« Vous savez, monsieur, qu'Edmond n'est pas
« mon unique bienfaiteur. — Je sais, mademoi-
« selle, qu'on a paré des vues ambitieuses des
« couleurs de la générosité. — S'il m'était per-
« mis, mon père, de vous désabuser? — Vous
« n'y parviendrez pas, mademoiselle. Poursui-
« vez. — Vous me défendez, monsieur, de vous
« parler de M. Botte? — Je vous en prie, made-
« moiselle. — Je me bornerai donc à vous dire
« que je suis propriétaire du château et de la
« terre. — Vous, mademoiselle! — Et je les dois

« à quelqu'un que je n'ose plus nommer. » La tendre Sophie pousse un profond soupir, et poursuit.

« Ce que je possède, monsieur, appartient de « droit à mon père. Jouissez de ce domaine, et « si monsieur le chevalier est aussi victime des « opinions, permettez que je l'invite à partager, « avec vous, l'état modique que je puis vous of- « frir. — J'étais bien sûr des sentimens de ma « fille, et j'aime à retrouver digne de moi celle « qu'un délire passager avait égarée. — Passager, « mon père ! — Mademoiselle, le château est-il « habitable ? — Il est plus élégant, plus commode « que jamais. Tout était préparé pour... pour... » La pauvre enfant ne put achever.

M. d'Arancey salua Edmond d'une inclination de tête, prit la main de sa fille, et sortit avec elle et le chevalier. Le vieillard, les bras élevés vers le ciel, les regardait suivre le chemin du château, et, lorsqu'il cessa de les voir, il rentra, la tête penchée sur la poitrine, et pria Dieu de changer les cœurs endurcis.

Mademoiselle d'Arancey était affligée de n'avoir pas vu M. Botte descendre de la voiture avec son père. Il lui semblait qu'elle eût été plus forte de sa présence ; qu'elle eût profité au moins des vérités que lui eût suggéré sa franchise, et il fallait que quelque chose de bien extraordinaire eût arrêté un homme aussi exact à remplir ses promesses. Le marquis s'était expliqué ; elle n'osait l'interroger. Ne plus oser parler de ses amis !

M. d'Arancey parut aussi mécontent que surpris en entrant au château. Il en parcourait toutes les parties, et faisait partout des remarques désobligeantes sur la manie qu'ont certains bourgeois de vouloir égaler les grands en magnificence. Sophie ne répondait rien. Elle souffrait; elle suivait son père. Elle croyait, en quittant Paris, avoir épuisé tous les traits du malheur : elle pressentit qu'il n'était pas d'infortune qu'elle ne dût éprouver. Si les pères ne s'abusaient pas sur la conviction malheureuse de leur autorité, sur la facilité de passer les limites que la nature y a mises, ils sentiraient que l'enfant, qui ne sait que craindre, doit cesser d'être sensible; mais il existe des êtres pour qui la tyrannie est le premier besoin.

« Pourquoi, demanda le marquis, la porte qui
« communique à l'aile gauche est-elle fermée ? —
« Mon père, le curé du lieu était sans asile ; je
« lui en ai offert un ; confirmez le peu de bien
« qu'a pu faire votre fille. — Cet homme, ma-
« demoiselle, n'a jamais été respectueux ; mais
« vous le désirez, il restera. »

Tous les domestiques de M. Botte étaient retournés à Paris, et Sophie se disposa à préparer le repas de son père. « Vous n'êtes pas faite pour
« cela, mademoiselle. — J'ai cru que mon devoir

« était de vous servir. — Vous pouvez le vouloir ;
« je ne dois pas le souffrir : je vais chercher quel-
« qu'un dans le village. »

Elle resta seule avec le chevalier. Interdit, comme Charles, il voulait parler ; il la regardait, il rougissait, il ne trouvait pas un mot. Elle se rappela cet aimable embarras du bien-aimé, et elle ajouta à celui du chevalier, par l'extrême froideur que lui inspiraient des vues qu'il n'était pas difficile de pénétrer.

Ils furent tirés tous deux de cet état de contrainte, par une scène qui se passait dans la cour. C'était le curé qui avait salué son seigneur, qu'il aimait moins que jamais ; c'était sa gouvernante qui avait prié monsieur le marquis de disposer d'elle en attendant mieux, et jusque-là il n'y avait pas eu de bruit ; mais un nègre, assez bien mis, était survenu. Il était suivi de deux hommes qui portaient un tableau, grand comme son sujet. « Je
« ne le prendrai pas, disait le curé. Vous le pren-
« drez, répondait le nègre. — Il est plaisant que
« vous vous en soyez flatté ! — L'avez-vous com-
« mandé, ou non ? — Monsieur le marquis, je
« vous en fais juge. »

Les puissances sont quelquefois médiatrices, et il est flatteur, pour un gentilhomme amnistié du matin, de les singer le soir. Le marquis trouva très-naturel d'être choisi pour arbitre entre la Sorbonne et les Arts, et l'arbitrage était d'autant plus important, qu'il y a long-temps que cette guerre dure. M. d'Arancey se disposa gravement à prononcer.

« M. Botte, reprit le curé, a fait restaurer et
« embellir mon église. — Oh, M. Botte, et tou-
« jours M. Botte! Je n'entendrai donc parler que
« de cet homme-là? — J'aime à publier ce que
« je lui dois. — C'est bien, c'est très-bien, curé.
« — Il a fourni ma sacristie des plus beaux or-
« nemens. — A la bonne heure, monsieur; venez
« au fait. — J'ai trouvé, au-dessus de mon maître-
« autel, une grosse liberté, que je ne pouvais faire
« passer pour une vierge. — Je le crois; vous
« l'avez si souvent violée! — On m'a parlé des
« talens de monsieur, et de la modicité de ses
« prix; je lui ai demandé un père-éternel : sa-
« vez-vous ce qu'il m'apporte? un dieu nègre.

« Hé, monsieur, repartit le peintre, vos livres
« ne disent-ils pas que Dieu fit l'homme à son
« image? Or, j'en suis un, je crois. — Monsieur,
« Adam était blanc. — Il était noir. — Il était
« blanc. — Quand je le peindrai, je le ferai noir,
« car, enfin, je veux, comme vous, être le fils de
« Dieu, et puisqu'il n'a fait qu'un homme, j'ai
« mes raisons de soutenir qu'il l'a fait noir, comme
« vous de prétendre qu'il l'a fait blanc. — Mais,
« mon cher monsieur, ce sont deux races tout-
« à-fait différentes. — D'où diable l'une des deux
« est-elle venue? — Êtes-vous chrétien, mon
« cher ami? — Oui, par la grace de Dieu. — Le
« Christ était-il noir? — Il l'eût été, s'il lui eût

« plu de naître en Afrique. — Mais il ne l'a pas
« voulu. Donc il préfère le blanc, donc son père
« est blanc. — Ce n'est pas cela. Donc voulant
« partager ses graces, il a fait son fils blanc, pour
« vous consoler de n'être pas noir. »

Le marquis riait quelquefois comme un homme du peuple, et, lorsqu'il put parler, il dit : « Puis-
« qu'il n'est pas possible, messieurs, de vous
« entendre sur la couleur du premier homme,
« voici mon avis, qui peut tout concilier : c'est
« de faire à votre père-éternel un côté noir et
« l'autre blanc. — Vous vous mocquez, M. le
« marquis, et bien certainement je ne prendrai
« pas le tableau. — Je vous ferai assigner. —
« Nous verrons. — Non-seulement pour me payer;
« mais pour reconnaître publiquement qu'Adam
« était noir. »

Cette scène vint fort à propos, car elle donna matière à la conversation du reste du jour. Sophie seule n'y prenait aucune part. Son cœur, son esprit, toutes ses facultés intellectuelles et sensitives étaient à Paris. Si elle revenait à elle, c'était pour comparer ce repas à celui qu'elle avait apprêté si gaiement le jour que son mariage fut arrêté; à ce repas qu'embellissaient l'amour et l'espérance. Elle sortit un moment : elle n'osait pleurer, devant son père, la perte de son bonheur.

Un nouveau coup devait terminer cette longue et triste journée. Dans la distribution que son

père avait faite des appartemens du château, il avait désigné pour elle celui même que Charles avait pris tant de plaisir à parer; celui qu'elle devait habiter avec lui, où, depuis deux jours, ils devaient être ensemble... et elle y était seule, et sans espoir de le partager jamais avec son bien-aimé ! Que faisait-il ce Charles, pour qui il n'était plus permis de vivre ? Opposait-il au moins sa raison à la plus douloureuse des peines, à la plus cruelle des privations?... Écrira-t-il? Peut-on le désirer ? pourra-t-on lui répondre? Et chacune de ces idées était suivie de cette exclamation :
« Ah, mon ami, que de peines nous nous sommes
« préparées ! »

On avait à peine soupé, que le marquis était passé dans son appartement avec le chevalier. « Ah, chevalier, que de choses j'ai à vous dire !
« — Et moi, mon ami, et moi ! — Parlons d'a-
« bord de ma fille. — Oh, bien volontiers. —
« Comment la jugez-vous ? — Sa figure est cé-
« leste. — Il est vrai qu'elle est bien; mais ses
« qualités ? — Je crois qu'elle les a toutes. — Je
« lui crois au moins de la sensibilité et un grand
« fonds de raison : ce sont celles qui assurent le
« bonheur d'un époux. — Heureux celui qui ob-
« tiendra ce titre ! — Chevalier, je vous dois
« beaucoup. — Bien peu, mon ami; pas assez.
« — Ne prévoyez-vous pas ce que je pourrais
« faire pour vous ? — Bien plus que je ne mé-
« rite, que je n'ose demander. — Osez, vous

« méritez tout. — Quoi, mon ami!... quoi, votre
« Sophie!... — Elle acquittera son père.

« Possédez-vous, chevalier, et raisonnons.
« Vous savez comment ma fille a été élevée dans
« cette ferme ; mais vous ignorez jusqu'à l'exis-
« tence d'un marchand original, fier de ses ri-
« chesses, généreux par ostentation, et cachant,
« sous une apparente philantropie, la ridicule
« ambition de s'allier aux familles les plus dis-
« tinguées. — Son nom? — Botte. — J'en ai en-
« tendu parler avec éloge. — Par des gens à ses
« gages. — Par des gens désintéressés, mon ami.
« On s'amuse quelquefois de ses bizarreries ; mais
« elles tournent toujours à l'avantage de quel-
« qu'un, et je vous avoue que je ne vois pas de
« mal à être singulier ainsi. — Cet homme n'est
« pas du tout ce que vous croyez. Sa vanité en a fait
« un protecteur de ma fille. Il a racheté cette
« terre du fermier, et lui en a fait don ; il a fait
« arranger et meubler ce château ; il a fait faire
« enfin, à mademoiselle d'Arancey, un trousseau
« digne d'une princesse, et tout cela, pour éblouir
« une jeune personne qui ne tenait à rien dans
« le monde, et la déterminer à accepter la main
« de je ne sais quel neveu, sans état, sans carac-
« tère, que personne ne connaît. — Voilà un
« genre de séduction... — Qui, pour être rare,
« n'est pas moins condamnable. — Et mademoi-
« selle d'Arancey entrait dans ces arrangemens ?
« — Elle s'y prêtait, entraînée seulement par les

« circonstances, car, à la réception d'un simple
« billet de moi, elle a renoncé à ces brillantes
« bagatelles, et est venue m'attendre dans cette
« ferme, où je lui mandais que j'arriverais inces-
« samment. — Cette conduite prouve, en effet,
« son indifférence, car vous ne pouviez alors em-
« ployer l'autorité, et les remontrances d'un père
« sont bien faibles contre l'amour. Je respire.

« — Vous sentez, chevalier, combien il est
« dur, pour un homme de ma qualité, de devoir
« quelque chose à M. Botte, et je ne vous ai pas
« tout dit. — J'écoute et j'attends. — Cet homme
« se prévalait et de son opulence, et de l'embar-
« ras où se trouvait quelquefois un gentilhomme,
« qui vivait conformément à son rang, pour traiter
« avec lui en égal. Dans un de ces momens de
« gêne, il m'offrit quarante mille francs, dont
« je le croyais payé comme mes autres créan-
« ciers. Savez-vous ce qu'il m'a dit, il y a quel-
« ques jours? Je ne me suis pas présenté au
« bureau de liquidation, parce que vous m'aviez
« demandé le secret, et j'ai déchiré mon titre,
« parce que je ne connais plus de débiteurs quand
« ils sont dans l'infortune. — Mais, mon ami, je
« ne vois là ni ostentation, ni fausse générosité.

« — Vous n'y voyez pas l'intention d'ajouter sans
« cesse à ce que je lui dois; de m'éblouir moi-
« même; de me forcer, par tous les moyens, à
« condescendre à ses vues? Mais l'honneur de
« mon sang est préférable à la fortune, et jamais

« mademoiselle d'Arancey ne portera le nom de
« Botte, ou tel autre qui ne vaut pas mieux. »

Le chevalier était amoureux, et un amoureux est toujours porté à penser mal de ses rivaux. La conduite de M. Botte, dépouillée de la délicatesse qu'il y avait mise, lui inspira un éloignement égal à celui qu'affectait M. d'Arancey, qui, intérieurement, rendait justice au cher oncle, et l'eût prôné comme le premier des humains, s'il eût pu seulement montrer un bout de parchemin du temps des croisades.

Le marquis continue. « Cependant, tant d'o-
« bligations me pèsent ; je ne veux pas devoir
« plus long-temps à quelqu'un qui peut se pré-
« valoir de ce qu'il a fait pour moi, et continuer
« à prendre des airs qui me déplaisent singulière-
« ment. Voici, mon cher chevalier, ce que j'ai
« projeté.

« Je vendrai cette terre et ses dépendances,
« qui, dans l'état où elles sont, peuvent valoir
« deux cent mille francs. Avec une moitié, je
« paierai M. Botte ; l'autre suffira pour traiter
« avec l'acquéreur de ma terre du Berri, qui
« rapporte quatre-vingt mille livres de rente, et
« qui a été payée en papier. L'acquéreur est bon
« gentilhomme ; il est même royaliste, quoiqu'il
« n'ait pas émigré, et il s'est, dit-on, expliqué
« de ses vues relativement au propriétaire légi-
« time. C'est vous, mon ami, qui suivrez cette
« dernière négociation. Votre activité, vos ma-

« nières insinuantes, votre amitié pour moi me
« répondent du succès, et votre mariage en dé-
« pend, car je n'entends pas que mon gendre
« vive dans la médiocrité. Je veux qu'il soutienne
« son nom, et qu'il soit heureux par la fortune
« ainsi que par l'amour. Préparez-vous à partir,
« et laissez-moi le soin de disposer ma fille en
« votre faveur. »

Cette opération de finance était assez bien conçue pour obtenir l'approbation du chevalier, lors même qu'il eût été indifférent. Dans l'état où était son cœur, elle lui parut sublime. Il se coucha, la tête pleine des plus douces illusions. Il était loin d'être fat; mais il se rendait un peu justice, et il pensait que, aidé du suffrage du père, il n'avait pas de rivaux à redouter. Il s'endormit en cherchant les moyens les plus propres à persuader le gentilhomme du Berri.

L'empressement avec lequel mademoiselle d'Arancey avait offert sa propriété à son père, ne laissait pas de doutes à celui-ci sur sa facilité à consentir qu'il en disposât. Il n'était pas aussi tranquille sur la manière dont elle recevrait ses propositions en faveur du chevalier, et il se décida à prendre, avec elle, ce ton tranchant qui ne laisse de ressources qu'un refus absolu, qu'il n'attendait pas d'une fille timide, et jusque alors soumise.

Sophie était levée avant l'aurore : on ne dort pas quand le cœur souffre. Elle était allée voir

Edmond. Elle n'avait plus que lui à qui elle pût parler de Charles, et le vieillard l'écoutait, lui répondait avec une complaisance, une bonhomie, qui le rendaient plus cher à l'infortunée. Un service ordinaire acquiert la plus haute importance dans certaines circonstances. La pauvre enfant brûlait d'avoir des nouvelles du bien-aimé, et elle n'osait proposer à Edmond un voyage fatigant et assez long. Le vieillard la devina, et lui offrit d'aller à la ville. Oh, se disait-elle, celui-là est mon véritable père !

A l'heure où elle jugea qu'il pouvait être jour chez M. d'Arancey, elle embrassa son cher Edmond, et reprit tristement le chemin du château. Elle s'arrêta devant l'orme creux, qui, jadis, recevait ses lettres. Elle portait toutes celles de Charles dans son sein, et le volume du paquet pouvait la trahir. Elle le tira en soupirant ; elle baisa ces lettres précieuses ; elle les mouilla de ses larmes, en les déposant au fond de l'arbre. « Ah, « disait-elle à l'orme, comme s'il eût pu l'enten- « dre, on m'en demanderait sans doute le sacri- « fice, et toi, toujours discret, toujours fidèle à « l'amour, tu me conserveras ce trésor. »

Elle rentrait. Son père, plein de ses projets, passait chez elle. Il la vit traverser la cour, et il ne douta point qu'elle ne vînt de la ferme. Il savait que parler de son amour, c'est lui fournir de l'aliment, et il fallait qu'elle oubliât Charles. Il l'interrogea sur sa promenade du matin, d'un air qui annonçait que cette dernière ressource allait lui être interdite, et, incapable d'un mensonge, elle répondit selon la vérité.

L'évènement justifia ses craintes. Le marquis lui représenta qu'il est des liaisons sans conséquence pour un enfant; mais qu'une demoiselle de dix-sept ans est comptable, à ses égaux, de ses habitudes, et même des goûts les plus simples. Sophie, les yeux baissés, demanda, bien bas, si ceux qu'elle allait avoir pour égaux, condamnaient la reconnaissance? Son père coupa la discussion, que cette question amenait, en priant sa fille de cesser d'aller à la ferme, et cette prière fut faite d'un ton qui équivalait à un ordre.

Elle suivit le marquis, qui démêla facilement l'impression pénible que faisait sa défense. Mais il pensa qu'une inclination, nourrie dans la solitude, céderait aux dissipations du grand monde, aux douceurs d'un mariage assorti, aux soins d'un époux aimable. Ce système est assez vrai en général; mais M. d'Arancey ne connaissait pas encore sa fille. Il la conduisit chez elle, la fit asseoir, et lui parla ainsi :

« Je me suis expliqué hier assez légèrement,
« mademoiselle, sur les services essentiels que m'a
« rendus le chevalier ; mais je vous l'ai présenté
« comme le plus cher de mes amis. Ce titre sup-
« pose de ma part une confiance sans bornes, et
« j'ai consulté, avec lui, sur les moyens de réta-
« blir notre fortune.

« Nous avons jugé utile à vos intérêts, comme
« aux miens, de rentrer dans ma terre du Berri,
« et pour cela, il faut vendre celle-ci. — Elle est
« à vous; disposez-en, mon père. — Cette réponse
« ne m'étonne pas ; je l'attendais, ma fille. Mais
« il est un arrangement auquel j'ai attaché le bon-
« heur de ma vie, et sur lequel je vous crois moins
« disposée à me satisfaire. — Mon père m'aime?...
« — Beaucoup mademoiselle. — Il ne m'apprête
« donc pas de nouveaux chagrins. — Je ne crois
« pas, mademoiselle, que vous deviez en avoir.
« — Vous ne le croyez pas, mon père! — La sa-
« tisfaction de me revoir pourrait au moins leur
« imposer silence. — Mon père, je me tais. »

Le sentiment de son autorité, trop de penchant
à l'employer, et la crainte de cette même autorité,
amenèrent insensiblement la rigueur d'un côté et
la résistance de l'autre. Nous n'allons voir désormais, entre le père et la fille, qu'un commerce de
bienséance, et la faiblesse en garde contre la force.

« Je sais, mademoiselle, reprit le marquis, avec
« quelle facilité vous vous êtes prêtée aux vues
« de M. Botte, et je ne vous en fais pas de repro-
« ches. — Je n'en mérite pas, mon père. — Je
« veux bien vous en faire grace ; mais j'ai lieu
« d'attendre de vous une soumission que com-
« mande mon expérience, et qui peut seule me
« faire oublier vos torts. Vous êtes en âge d'être
« pourvue... — Vous me faites trembler, mon
« père!... » Et elle se jette à ses pieds.

Le marquis la relève et poursuit. « Le chevalier
« a tout ce qui peut plaire ; il a les qualités qui
« forcent l'estime ; sa famille est distinguée ; il vous
« aime, il vous convient sous tous les rapports,
« et c'est lui que je vous destine. — Ah!... mon
« père... mon père... ayez pitié de votre fille. —
« Je sais, mademoiselle, tout ce que vous m'allez
« dire, et voici ma réponse : avec votre sagesse,
« on maîtrise son cœur ; avec votre raison, on
« renonce à des chimères. Je vous offre le bon-
« heur réel, celui qu'on ne trouve jamais dans
« des alliances disproportionnées, et je vous aime
« assez pour n'avoir nul égard à une répugnance
« qui me blesse, parce qu'elle est sans fondement.

« Je vous prie très-expressément de ne rien
« dire au chevalier, de l'intérêt que vous inspire
« ce M. Montemar. Vous avez fait sur mon ami,
« une impression profonde, et, en général, les
« cœurs froids seuls sont généreux. D'ailleurs, en
« éloignant de vous le chevalier, vous ne vous
« rapprocherez point des Botte. Perdez tout es-
« poir à cet égard.

« Réfléchissez à ce que vous venez d'entendre.
« Pensez à ce que j'ai souffert, à ce qu'à fait pour
« moi d'Égligny, et demain je viendrai prendre
« votre réponse. »

Si une attaque aussi vive, aussi inattendue était
faite pour étonner, pour atterrer Sophie, elle était
aussi d'un genre à légitimer le désir de se défendre. Malheur aux pères qui ne savent que com-

mander, et qui dédaignent de faire des amis de leurs enfans! Sophie ne pensa plus aux sentimens qu'elle devait au marquis; elle ne calcula que les égards que lui prescrivaient les bienséances. « Je « ne disposerai pas de moi, dit-elle, contre son « gré, et voilà la dernière borne que la nature « ait mise à ma soumission Mais lui faire le sa- « crifice de ma vie! mourir tous les jours de « l'horreur et du dégoût d'un autre engagement, « c'est ce qu'un père ne peut exiger. Elle est prête, « ma réponse : Vous le voulez, mon père, je re- « nonce au bonheur; mais un autre... un autre!... « jamais. »

On n'a pas toujours le courage de dire ce qu'on a la force de penser. Sophie craignait que l'air froid et sévère du marquis, que son ton dur l'intimidassent au point de ne pas lui permettre de parler, et elle se mit à son secrétaire.

Elle écrivit respectueusement; mais avec l'énergie que venait de déployer son père. Elle ne laissait aucun doute sur sa façon de penser, et elle protestait qu'elle était irrévocablement décidée.

Comment rendre cette lettre? s'exposera-t-elle aux premiers traits que sa résistance va provoquer? Elle passe chez le curé : celui-là encore doit compatir à ses peines.

Il avait toujours été sage, et il était né avec des passions vives. Il les avait combattues, et il savait ce qu'il en coûte pour être rigoureusement vertueux. Ses sacrifices le disposaient à l'indulgence; mais il sentit que le trouble, l'inimitié allaient s'établir entre deux êtres destinés à s'aimer.

Il n'attendait rien de l'inflexibilité du marquis; il espérait tout de la sensibilité de Sophie, et il attaqua son cœur... Charles le remplissait tout entier. Il voulut persuader sa raison. Elle lui répondit qu'il y a perfidie et bassesse à jurer amour à son époux, quand on brûle pour un autre. « Vous l'exigez, mademoiselle; je remettrai votre « lettre. Mais que de chagrins vous vous préparez! — Je le sais, monsieur; mais mon père « le veut : le sort en est jeté. »

Le curé se rend chez M. d'Arancey. Vrai avec Sophie, il ne dissimula rien à son père. Il lui représenta le danger d'ordonner sans ménagement, sans délai, le plus dur des sacrifices; d'irriter un cœur naturellement bon et sensible, un esprit fait pour distinguer les véritables droits d'un père, de l'abus de son autorité. « Je vois, monsieur, « ce que ma fille se propose. Elle veut désobéir, « et elle cherche un appui contre moi. — Elle « m'a confié ses peines; j'ai dû y compatir; je viens, « conduit par l'espoir de les calmer. — Je connais « vos qualités, monsieur; je les estime; mais je « n'aime point qu'on s'établisse arbitre entre ma « fille et moi. — Vous me fermez la bouche, « monsieur. Prenez cette lettre. Ma mission est « remplie; je me retire. — Un moment, monsieur. »

Le marquis lut et ne donna aucune marque de colère. Le curé crut que la situation de sa fille le touchait, et que le moment était venu de mettre enfin la nature au-dessus des préjugés. Il parla de nouveau, il parla bien. Sans lui répondre, sans même l'écouter, le marquis écrivit à son tour, et lui remit ce billet ouvert.

« Dans les dispositions où nous sommes tous
« deux, mademoiselle, nous ne nous verrions
« qu'avec embarras, qu'avec désagrément. Je me
« ferai servir chez moi, à moins que vous ne pré-
« fériez manger chez vous. Je reverrai ma fille
« quand elle le méritera. »

« Me voilà donc prisonnière, s'écrie Sophie en
« lisant le billet. Ah, du moins, je pourrai pen-
« ser à lui, toujours à lui, rien qu'à lui. »

Edmond était parti. Elle l'avait vu, de sa croisée, monter dans sa cariole d'osier. Il reviendra le lendemain ; mais comment saura-t-elle... le curé voudra-t-il ?... oh, non, non. On ne propose pas ces choses-là à un homme respectable... ah, mon dieu, mon dieu, qui donc lui apportera des nouvelles du bien-aimé... Ah, la grosse Fanchon, la gouvernante du curé... oui. Elle a été jolie ; elle a plu ; elle a aimé, sans doute ; elle sera compatissante. C'est elle qui ira à la ferme ; et que de prétextes elle trouvera ! tout y abonde, il n'y a rien au château, et il faut déjeûner, dîner, souper... Oui, Fanchon peut aller trois fois le jour à la ferme.

QUATRIÈME PARTIE.

CHAPITRE PREMIER.

Tentatives, évènemens.

Sophie, malgré le trouble de ses sens, était capable de réflexion. Un évènement imprévu pouvait changer la façon de penser de son père, et, à travers ses larmes, elle entrevoyait le bonheur dans l'avenir. Charles, ardent, impétueux, ne voyait que les obstacles; son imagination exaltée les lui peignait insurmontables, et M. Botte, en rentrant chez lui, trouva le tableau le plus déchirant; son neveu gardé à vue, délirant, méconnaissant tout ce qui l'environne, tout, jusqu'à cet oncle, dont la voix seule le faisait trembler autrefois, et qui lui est si cher aujourd'hui! « Pos-
« sédez-vous, monsieur, lui criait M. Botte. On
« peut être amoureux, mais on ne fait pas de sem-
« blables extravagances. J'ai aimé ta femme, Ho-
« reau; je le lui ai dit, parbleu. Elle m'a répondu

« que je lui déplaisais, et je ne me suis pas pour
« cela cassé la tête contre les murs. Que serait-ce
« donc, s'il savait que ce marquis a amené, du
« Kamtschatka, un joli monsieur, dont il compte
« faire son gendre? » Charles, que le cher oncle
croyait dans un délire absolu, n'entendit que trop
ces derniers mots. Il fit des efforts surnaturels,
et se dégagea des bras de ceux qui le retenaient
dans son lit.

C'est un furieux qui ne se possède plus. Il veut
tuer le chevalier, et le cher oncle court enfermer ses armes. Il veut sortir; le cher oncle ferme
toutes les portes. Il veut sauter par la croisée;
M. Botte le retient par le pan de la chemise;
mais le neveu entraîne l'oncle, ils vont sauter
tous les deux. Horeau s'accroche à l'habit de
M. Botte; un laquais saisit Horeau par les épaules; un second laquais arrête son camarade par
la ceinture de la culotte; un mouvement rétrograde s'opère.

Charles demeure fixé, un pied sur le châssis,
et l'autre sur le parquet; son oncle le prend dans
ses bras. « Malheureux tu veux donc que je reste
« seul sur la terre, sans supports, sans que per-
« sonne me ferme les yeux? et qu'ai-je fait, in-
« grat, pour que tu m'abandonnes? Je t'ai traité
« comme mon fils. J'ai renoncé pour toi au bon-
« heur d'en avoir. Oui, je le dissimulais l'autre
« jour, et je l'avoue aujourd'hui, vaincu par la
« force du moment, oui, c'est pour toi seul que

« j'ai renoncé au mariage, et tu veux que je m'en
« repente!... Allons, monsieur, recouchez-vous
« et écoutez-moi.

« Vous souffrez? hé, ventrebleu, n'ai-je pas
« souffert aussi, moi, qui ne suis pas amoureux?
« J'ai été arrêté; j'ai reçu un coup de bourrade;
« j'ai été emprisonné, dépouillé; je suis rentré
« ici dans l'équipage où vous voilà, et j'ai pris
« mon parti. Mais vous, monsieur, vous êtes sans
« caractère; vous vous livrez au désespoir. Cor-
« bleu, pensez-vous être né pour que tout aille
« au gré de vos souhaits? Est-il digne du bon-
« heur, celui qui ne sait pas souffrir? — Plus de
« bonheur mon oncle... plus de bonheur pour
« moi... — Qui vous l'a dit, monsieur? Ne suis-je
« pas là pour amener, pour saisir les circon-
« stances favorables? Je persiste dans mon projet;
« je suis plus opiniâtre que tous les marquis en-
« semble, et de par tous les diables, je n'en aurai
« pas le démenti!... Allons, Charles, mon ami,
« mon neveu, modère-toi. Fais quelque chose
« pour ton vieux oncle, pour ta Sophie, qui
« meurt, si elle te perd. »

Le nom de Sophie est le plus efficace de tous
les talismans. C'est à ce nom que Charles écoute;
qu'il se possède; qu'il devient capable de raison-
nement. Sa mémoire, trop fidèle, lui rappelle les
obstacles, sans nombre, qui le séparent de mademoiselle d'Arancey, et M. Botte, enchanté,
promet de les lever tous les uns après les autres.

Il ne sait pas trop comment il s'y prendra ; mais, semblable au médecin qui traite un malade désespéré, il commence par tout promettre, sauf à tenir ce qu'il pourra.

Et d'abord, pour réaliser ses promesses, il se dispose à partir pour la ferme, à voir le marquis, le chevalier, Sophie, Edmond, et à faire et à dire ce que les circonstances lui suggéreront de mieux. Mais, avant que de se mettre en route, il veut que Charles s'engage solennellement à ne plus tenter le saut de la fenêtre, à boire, à manger, et surtout à ne tuer personne, car, disait très-bien M. Botte, tirer proprement la carte ou la tierce, est, en petit, l'art du gladiateur. Ce métier-là doit être abandonné au mépris, et on ne prouve pas qu'on ait raison en perforant son homme.

Charles, ravi des espérances que lui donnait son oncle, contracta hautement, et devant témoins, l'engagement exigé. Pour preuve évidente de sa raison, il écrivit à Sophie une longue lettre, qui n'avait pas le sens commun ; mais qu'elle devait trouver admirable, parce qu'elle prouvait un amour excessif : les grandes passions extravaguent.

Le bon et digne oncle se chargea de l'épître ; s'obligea à la remettre et à rapporter une réponse ; monta en voiture, et partit pour aller chercher de nouvelles aventures. A moitié chemin, il rencontra le vieux Edmond, qui lui dit qu'il allait savoir des nouvelles de Charles. Moi, j'en apporte, répondit M. Botte. Il plaça le vieillard à côté de lui, et apprit ce qu'Edmond savait, c'est-à-dire tout ce qui s'était passé jusqu'au moment de la proposition du père, et de la mise aux arrêts de la fille.

Il y avait long-temps que le cher oncle n'avait crié. Les harangues sentimentales n'étaient pas dans son genre, et il se promit bien de se dédommager en querellant le marquis, le chevalier, Sophie même, dès qu'il aurait l'honneur de se trouver en leur présence.

Il y avait de bonnes raisons pour que cet honneur ne s'obtînt pas aussi aisément qu'il l'imaginait. Le laquais député par lui, de la ferme au château, revint lui dire que le marquis ne pouvait voir personne : en voilà un de moins à gronder. Il était bien sûr du plaisir qu'aurait Sophie à le voir, et son laquais revint lui dire, de la part du marquis, qu'elle était incommodée. Pau- « vre petite!... je le crois bien. Elle aime tant « mon Charles! Oh, il y a des pères qui ont le « diable au corps! Va dire à ce chevalier d'Égli- « gny que j'ai à lui parler de quelque chose qui « le regarde personnellement. » Le chevalier était en affaires, et priait M. Botte de l'excuser. « Cor- « bleu! ces gens-là se donneraient-ils le mot pour « se moquer de moi? Quand on ne veut pas me « recevoir, j'entre. » Et il entre en effet.

Le marquis et le chevalier étaient passés dans l'appartement de Sophie. M. d'Arancey n'avait pu refuser à son gendre futur une entrevue avant son départ pour la terre du Berri ; mais comme il craignait que sa fille ne se permît, malgré *sa prière*, de parler de M. Montemar avec un peu trop d'intérêt, il avait jugé convenable d'accompagner d'Égligny, sûr que sa présence imposerait silence à la jeune personne.

M. d'Arancey voulait cacher la rigueur, peu flatteuse pour un amant, dont il usait envers Sophie ; Sophie blâmait trop la conduite de son père pour la mettre à découvert devant un étranger. Le père et la fille se dirent des choses affectueuses, tendres même, que démentaient leur ton et l'air de leur visage, et le chevalier n'en fut pas moins dupe de cette comédie, parce que les amans sont dupes de tout. Il ne douta point que la proposition du marquis n'eût été agréée, parce qu'il le désirait ainsi. Il parla de son mariage à mademoiselle d'Arancey comme d'une affaire conclue. Il en parla avec une satisfaction, une reconnaissance, une délicatesse, un charme qui l'eussent fait aimer, si la triste Sophie n'eût été prévenue pour un autre. Elle ne répondait pas un mot, et son silence était pris par d'Égligny pour un effet naturel de la pudeur. Comme on se trompe, avec de l'esprit, quand on aime à se flatter !

Le marquis, qui ne perdait pas de temps, avait convoqué, le matin, l'assemblée d'usage pour se faire nommer tuteur de sa fille, et pouvoir vendre sa terre à la charge de *remploi*. Comme une affaire de finance et une affaire de cœur sont deux choses tout-à-fait différentes, Sophie parla. Elle marqua à son père le plaisir qu'elle éprouvait à seconder ses vues, et comme ce sujet était le seul sur lequel elle pût s'expliquer librement, elle s'étendit avec complaisance, et de manière à donner de son esprit une certaine idée au chevalier. Femme qui ne veut pas nous aimer, est toujours bien aise de nous prouver qu'elle est digne de nous plaire.

Voilà où on en était, lorsque M. Botte ouvrit brusquement la porte. Sophie en le voyant, Sophie respira. Le marquis sentit les dangers d'une telle entrevue. Il se troubla; mais persuadé que les grands airs d'un homme qualifié produisent toujours quelque effet, il se remit, déploya toute la noblesse dont son individu était susceptible, et dit tout haut en toisant notre cher oncle : « Je
« n'aurais pas cru, monsieur, qu'on poussât le
« défaut d'égards... — Jusqu'à parler malgré eux
« à ceux qui ne veulent pas nous entendre? Cha-
« cun a sa manière, monsieur le marquis. Moi,
« je n'aime pas à faire dix lieues pour rien. Au
« reste, je suis fort aise de vous trouver réunis :
« je vous dirai votre fait à tous, en peu de mots,
« et je me retirerai ensuite. — Il est inutile, mon-
« sieur, de faire une scène ici, et vous aurez
« beaucoup plus de mérite à vous retirer avant.
« — Je ne me retirerai pourtant qu'après. Made-
« moiselle me présente un siége, je l'accepte : je

« n'ai pas l'habitude de parler debout. Faites
« comme moi, marquis; mettez-vous à votre aise.
« — Mais il est incroyable, monsieur... — Ah,
« vous ne voulez pas vous asseoir; tout comme
« il vous plaira. Je commence.

Le chevalier ne savait trop que penser de la conduite de M. Botte; il était incertain du parti qu'il devait prendre à son égard. L'air affectueux de Sophie lui faisait craindre de déplaire complètement en brusquant le cher oncle, et comme il ne voulait pas se mettre mal dans l'esprit du marquis, en approuvant des originalités, il se renferma dans les bornes d'une exacte neutralité.

M. d'Arancey était sur les épines. Il estimait M. Botte malgré lui; il lui devait de l'argent, et ce n'est guère qu'au théâtre où on voit des créanciers mis à la porte par les épaules. D'un autre côté, il était essentiel de détourner une conversation, dont Sophie invoquait clairement la suite par les regards qu'elle adressait au cher oncle. Le marquis tenta une diversion en parlant de ses ventes, de ses acquisitions; il entra dans les plus grands détails, et il s'applaudissait de sa petite ruse, parce que M. Botte écoutait, et que sa chaleur devait tomber en écoutant. Notre cher oncle, en effet, ne perdait pas un mot, et prenait déjà ses arrangemens sur ce que lui disait le marquis.

« Tout cela est à merveille, lui dit-il, mon-
« sieur, quand il eut cessé de parler. Venons

« maintenant à l'objet de mon voyage. — Hé! par
« grace, monsieur... — Non, monsieur, je suis
« venu pour parler, et je parlerai. M. le cheva-
« lier, vous êtes un joli homme, mademoiselle
« est charmante, on vous la destine, vous en êtes
« fort aise; tout cela est très-simple, et jusqu'ici
« je n'ai pas de reproches à vous faire. Mais j'ai
« un neveu, moi, monsieur... — Je vous supplie,
« M. Botte... — Supplication inutile, M. le mar-
« quis. Je dirai tout, puisque vous n'avez pas eu
« la générosité de le dire vous-même. Oui, M. le
« chevalier, j'ai un neveu plus joli garçon que
« vous encore. Il idolâtre mademoiselle, et il en
« est tendrement aimé. On prétend qu'on risque
« beaucoup en épousant une femme malgré elle.
« Vous pouvez être tranquille à cet égard : made-
« moiselle est aussi sage qu'elle est belle. Mais la
« condamnerez-vous à gémir dans des liens que
« son cœur repousse? chercherez-vous la jouis-
« sance dans les bras d'une femme inanimée?
« êtes-vous fait pour goûter le plaisir barbare de
« la voir s'éteindre dans les larmes? Réfléchissez-
« y bien, monsieur. Elle est capable d'obéir à
« son père, et quelle source inépuisable de regrets
« vous ouvrez devant vous ! »

L'approbation de Sophie n'était pas équivoque.
Elle baisait les mains de M. Botte; elle regardait
son père et le chevalier d'un air si suppliant ! Le
marquis, rouge de colère, rongeait ses ongles, et
d'Égligny, déconcerté, sentait qu'il jouait un assez
sot personnage.

« Et vous, poursuit M. Botte, vous, père in-
« juste, qu'on ne connaît que depuis un jour, et
« qui marquez ce jour par des actes de tyrannie,
« ne redoutez-vous pas les suites de votre vio-
« lence? Vous ne devez compte, dites-vous de
« votre conduite à personne? Échapperez-vous
« au cri de votre conscience, qui vous répétera
« sans cesse : Tu as été le bourreau de ta fille?

« Finissez, finissez, s'écrie d'une voix terrible
« le marquis d'Arancey. — Je vous ai dit à tous
« deux ce que je pensais, ce que je devais vous
« dire. Je dois aussi la vérité à mademoiselle, et
« elle n'échappera point à son austérité. Made-
« moiselle, un père injuste n'en est pas moins
« respectable. Vous avez pu disposer de vous en
« son absence; son retour le rétablit dans ses
« droits. Quel droit plus sacré pour un père, que
« celui de disposer de sa fille, et c'est celui-là
« même que vous osez lui contester! Que devien-
« dront le repos, l'harmonie des familles, si l'en-
« fance s'établit juge dans sa propre cause; si
« elle dédaigne l'expérience de ses parens ; si elle
« donne un nom odieux à une fermeté légitime; si
« elle oppose un amour frivole à ce que la nature
« a de plus saint? Votre père vous déclare que
« votre hymen avec le chevalier assure le bon-
« heur du reste de sa vie, et vous pouvez balan-
« cer! et vous voulez perdre, en un instant, mon
« estime, et celle des honnêtes gens que vous pos-
« sédez tout entière... Vous pleurez. Ce ne sont

« pas des larmes que je vous demande; c'est votre
« consentement. Il est pénible à donner, je le
« sens. Mais où serait le mérite de la vertu s'il
« n'en coûtait rien pour l'exercer.

« Allons, mademoiselle, du courage. Ayez le
« noble orgueil d'être parfaite en tout. Remplis-
« sez ce terrible devoir, et malheur à votre père
« s'il ne fait pas le sien. »

Mademoiselle d'Arancey est atterrée par un langage pressant, par des conseils opposés à ce qu'annonçaient les premiers discours de M. Botte. Accoutumée à lui céder depuis long-temps, habituée, dès l'enfance, à être vertueuse sans efforts, elle croit pouvoir se dispenser d'obéir dans cette importante circonstance. M. Botte reprend la parole; il insiste, il tonne, il caresse; sa raison éloquente impose silence pour un moment à l'amour qu'inspire l'un, à l'aversion qu'on a pour l'autre; il persuade, il subjugue, il entraîne. Un *oui*, à peine articulé, s'échappe; mais il a été entendu, recueilli avec transport par M. d'Arancey, avec ivresse par d'Égligny

Ces deux messieurs n'entendent pas plus que Sophie la conduite de M. Botte; elle leur est favorable et cela leur suffit. Ils oublient les réflexions désobligeantes qui ont précédé son exhortation à la charmante fille, et ils prodiguent les attentions et même les égards à ce bourgeois qu'ils ne daignaient pas admettre. Quelle abondance de paroles affectueuses! Que de protesta-

tions de reconnaissance ! « Hé ! messieurs, vous ne
« me devez rien. Vous vous trompez lourdement
« si vous croyez que j'aie fait quelque chose pour
« vous. — Je ne vous entends pas M. Botte. — Je
« vais m'expliquer clairement monsieur le mar-
« quis. Il m'est nécessaire à moi, que mademoiselle
« soit la plus parfaite des femmes. Elle devait s'im-
« moler; elle y a consenti, et l'effort cruel qu'elle
« s'est imposé ne restera pas sans récompense.
« — Mais, mon cher Botte, ceci n'est pas clair
« du tout. — Non ? Hé bien, monsieur le mar-
« quis, ce mariage, auquel elle a consenti, ne se
« fera point : voilà, je crois du positif. — Qui
« l'empêchera de se faire, monsieur ? — Moi, de
« par tous les diables. Je vous ai porté tous à
« faire votre devoir, et je ferai le mien. — En
« engageant ma fille à retirer sa parole ? — Elle
« en est incapable. Mais vous l'en releverez. —
« Jamais. — Nous verrons. Mon neveu a des droits,
« et je les soutiendrai. — Contre qui, s'il vous
« plaît ? — Contre vous, parbleu ! — Le projet est
« original. — Je n'en forme pas d'autres. — Quand
« je vous disais, chevalier, que cet homme est
« d'une bizarrerie... — Trop heureux, monsieur,
« que vous n'ayez que ce reproche à me faire. Je
« vous fais grace, moi, de ceux que vous méri-
« tez ; mais tenez-vous sur vos gardes ; défendez-
« vous bien, car j'attaque vigoureusement. J'ai
« fait tout à l'heure le papa avec mademoiselle,
« et maintenant je suis le confident, l'agent, l'ap-

« pui de Charles, et afin que vous n'en doutiez
« pas, je remets à mademoiselle, mais devant
« vous, une lettre dont je suis chargé. — Mais
« vous extravaguez, monsieur. — En quoi donc,
« monsieur? Me voyez-vous méconnaître la voix
« du sang, sacrifier un enfant soumis à des chi-
« mères ? — Sortez, monsieur, sortez, il en est
« temps. —Je sortirai quand mademoiselle m'aura
« remis la réponse que je me suis engagé à rap-
« porter. Permettez que je me rassoie, afin d'at-
« tendre à mon aise. — Mais cela ne s'est jamais
« vu ; si je vous devais moins... — Oh, faites
« comme si vous ne me deviez rien. »

Pendant cette conversation, Sophie écrivait en effet, et elle présenta sa lettre ouverte à M. Botte. « Je suis sûr qu'elle est bien, ma nièce;
« mais je ne la recevrai pas que votre père ne
« l'ait lue : je ne viole jamais les convenances. —
« N'ajoutez pas l'ironie, monsieur... — Lisez mon-
« sieur le marquis, que diable, lisez donc; vous
« faites l'enfant. — Il faut le satisfaire pour s'en
« débarrasser. — C'en est le moyen le plus sûr. »

Le marquis lit; mais de très-mauvaise grace.

« Je suis pénétrée de votre situation, et la
« mienne est plus dure encore. Votre oncle, si
« indulgent pour vous, est sans pitié pour moi : il
« m'oblige à promettre ma main au chevalier. Si
« ce mariage se conclut, je ne vous demande
« qu'une grace : oubliez la triste Sophie; soyez
« heureux, et je serai moins infortunée. »

« Vous conviendrez, monsieur le marquis,
« qu'on ne peut s'exprimer avec plus de décence...
« Oh, rendez-moi la lettre, s'il vous plaît, ou je
« prierai mademoiselle de m'en faire un *duplicata*.
« Adieu, ma nièce. Respectez l'engagement que
« vous avez contracté. Monsieur le marquis, de
« vous à moi, c'est guerre ouverte. Nous verrons
« qui sera le plus adroit. — Sortirez-vous enfin,
« monsieur! — Je sors, monsieur, parce que je
« n'ai plus rien à dire. »

M. Botte court chez le notaire, fait passer une procuration au nom de son valet de chambre, à qui il fait prendre la poste à l'instant. Le marquis sent que la publicité est un lien de plus pour une fille modeste, et il court à la municipalité faire afficher le mariage de Sophie et la vente de la terre d'Arancey. Le chevalier se prépare à se rendre à Paris, où il compte prendre la diligence de Bourges. En faisant sa petite valise, il repassait dans sa tête ce qu'il avait entendu. Il aimait mademoiselle d'Arancey ; mais ce qu'avait dit M. Botte faisait sur lui une sorte d'impression. On ne se sacrifie pas pendant des années à l'amitié, sans avoir des qualités estimables, et d'Égligny pensait combien il est dur, peu délicat, de posséder une femme qui ne se donne point. Au reste, il avait servi le marquis, long-temps avant que de prétendre à sa fille, et il se promit de le servir toujours, sauf à se déterminer, relativement à son mariage, d'après les réflexions qu'on a le temps de faire pendant un voyage de quinze jours.

Mademoiselle d'Arancey, étourdie de ce qui venait de se passer, restait accablée sous une foule d'idées plus pénibles les unes que les autres. D'Égligny persistera-t-il à épouser une femme qu'il sait unie à un autre par l'amour le plus tendre? Les démarches du marquis semblent l'annoncer, et ces démarches, dont l'effet doit être si prompt, la glacent d'effroi. Peut-elle compter sur les promesses indirectes de M. Botte? le résultat en est éloigné, et, par conséquent, incertain. D'ailleurs, il lui recommande l'obéissance; c'est de son père seul qu'il veut qu'elle tienne le bonheur, et le moyen de vaincre ses préventions? Elle s'entretenait de tout cela avec Fanchon, ou plutôt avec elle-même, car Fanchon, fille très-sensible d'ailleurs, n'était qu'une machine à *oui* et à *non*. Ce qui modère, par intervalles, les peines de l'aimable enfant, ce qui empêche sa tête de se perdre tout-à-fait, c'est que ce chevalier si redoutable va partir; que pendant quelque temps au moins il ne l'obsédera pas, et qui sait, après tout, ce que le temps peut amener? Voilà pourtant les angoisses ou nous jette cet amour, qui se présente d'abord sous des formes si séduisantes, et qui se plaît ensuite à déchirer les cœurs qu'il a soumis!

Charles était, au contraire, plein de confiance dans les promesses de son oncle. Il était convaincu que personne ne pouvait lui résister, et les raisonnemens du flegmatique Horeau venant à l'appui de cette heureuse conviction, il ne fut pas difficile de faire prendre au jeune homme ce qui était propre au rétablissement de ses forces, physiques et morales. Le départ précipité de son oncle, sa belle chaleur, ses dernières expressions, que Charles répétait sans cesse, la lettre qu'il devait rapporter et qui protesterait d'une éternelle fidélité, tout concourait à rendre, à l'amant malheureux, la tranquillité de l'espérance. Horeau, qui se fait des systêmes comme un autre, est persuadé du bon effet du grand air sur une tête détraquée, et il propose à M. Montemar un tour de promenade après dîner.

Charles accepte, et le nouveau mentor préfère les Tuileries, parce qu'on y trouve assez communément une réunion de jolies femmes, et que de toutes les distractions, il n'en est pas d'aussi puissante. Horeau portait même ses vues plus loin. Il ne lui semblait pas impossible qu'une passion nouvelle effaçât un jour l'ancienne, et on n'a pas toujours affaire à un marquis d'Arancey.

D'après ce plan, si sagement conçu, Horeau se proposait de chercher des yeux la beauté qui devait dédommager son jeune ami. D'abord, pensait-il, on s'assied près d'elle. Le jeune homme est beau; on le voit avec plaisir. La conversation s'engage; il a de l'esprit et il plaît. J'annonce qu'il reviendra demain, et la dame ne manquera pas d'accourir. Le jeune homme, réservé la veille, se livre davantage. La dame est aimable aussi, et cependant il ne l'aime pas, oh, pas du tout. Mais il revient de lui-même le troisième, le quatrième jour. Sophie perd insensiblement dans son cœur. Au bout de la quinzaine, on se la rappelle comme on se souvient d'un songe pénible; au bout du mois on ne s'inquiète plus de ce qu'elle deviendra, et, après tout, pourquoi a-t-elle un père qui n'a pas l'esprit fait comme un autre ?

Ce moyen-là a réussi plus d'une fois dans le monde ; mais dans un roman ! un amant infidèle ! fi ! l'horreur ! c'est ce qui ne se voit jamais, à moins pourtant que le perfide auteur ne veuille torturer l'héroïne de toutes les manières, et je ne veux pas affliger la petite fille qui me cachera sous son traversin; qui lira quelques pages à la dérobée avant de mettre l'éteignoir sur sa bougie : je respecte le sommeil de la beauté.

Toutes les femmes qui faisaient *espalier* aux Tuileries, déplurent donc complètement à Charles. Celle-ci est une mère sur le retour, dont la mise annonce la coquetterie. Tout en elle est recherché, et de la plus agaçante propreté. Sa coiffure est parfaitement entendue ; des crochets, artistement disposés, cachent des rides naissantes ; un voile transparent adoucit l'éclat du rouge, sans rien ôter à la vivacité qu'il communique à des yeux exercés, et sa grande fille, droite comme un cierge, pâle comme un spectre, est habillée comme un fagot.

Un peu hors la ligne, est une dame mise avec une extrême simplicité. Son fichu est attaché sous le menton; mais il dessine parfaitement des formes séduisantes. La manche de sa robe descend jusqu'à la naissance de la main; mais cette main est potelée et d'une blancheur éblouissante. Elle joue voluptueusement avec une grande croix brune, suspendue à un petit ruban noir... Ah, madame est peut-être dévote?

Précisément. A deux pas d'elle est assis un monsieur, dont les cheveux forment une couronne artistement arrangée. Il porte un frac gris, un dessous noir, des bas violets... c'est un prêtre. Il parle avec une onction, qui se peint sur sa figure pateline; il parle d'un peu loin, pour dérouter la médisance; il ne fixe jamais la dame; mais on remarque qu'il ne perd pas de vue la main potelée, ou l'impénétrable fichu. La dame lui répond sans le regarder en face; ses yeux se portent beaucoup plus bas, ce qui n'est pas plus modeste... ces gens-là *sont arrangés.*

Voilà une jeune veuve, assez jolie, qui brûle de se remarier. Elle regarde tous les hommes d'une manière qui veut dire : approchez-vous, et tous passent.

Celles-là ont le maintien le plus décent; mais on dîne chez elles pour un louis, et on y trouve un lit, lorsqu'on est trop loin de chez soi.

J'en vois une qui me paraît de bonne foi. Elle n'a ni blanc, ni rouge; elle ne cache point ses rides, et elle joue avec un enfant, qui, sans doute, est son petit-fils ; j'en juge à la tendresse qui ranime des yeux éteints. Mais tout en elle annonce la décrépitude, une fin prochaine, et ce spectacle n'est pas agréable.

Plus loin, sont des femmes entretenues, près desquelles une mère ne rougit pas de faire asseoir sa fille : elle veut pourtant la marier.

Dans les contre-allées, circulent quelques malheureuses, qui offrent leurs charmes, en dépit de la vigilance des sergens chargés de la police.

A travers tout cela, passent et repassent des jeunes gens, qui se tiennent sous le bras ; qui barrent l'allée ; qui obligent l'homme raisonnable à se déranger ; qui parlent très-haut ; qui rient plus haut encore, sans trop savoir de quoi, et pour se faire remarquer ; qui regardent sous le nez les femmes qui leur paraissent dignes de quelque attention ; qui en médisent ouvertement, et qui ne font que médire : ils ne savent point qu'une femme n'a point d'intérêt à paraître estimable aux yeux d'un homme qui ne l'est pas.

Charles aurait poussé plus loin son examen et ses observations, si, au milieu d'un groupe, il n'eût reconnu Guillaume fort bien mis, faisant l'agréable, et paraissant donner le ton à ceux qui l'entouraient. Charles ne concevait pas qu'on pût avoir cet air libre et gai en sortant de prison. Il y a bien d'autres choses que Charles ne concevait pas.

Notre jeune homme avait grande envie de savoir la cause de la détention de Guillaume : on peut être amoureux, malheureux, et curieux. Il n'y a pas d'homme qui ne soit pas un peu femme de ce côté-là.

Il balançait à aborder Guillaume dans un lieu public : l'ex-piqueur le vit, et termina ses irrésolutions en accourant à lui. « Hé bien, monsieur, « où en sont vos affaires ? — Et les tiennes, Guil- « laume ? — Mac-Mahon, s'il vous plaît, mon- « sieur. — Ce nom ne t'a pas porté bonheur. — « J'en conviens ; mais il faut que je le garde. J'ai « si bien prouvé l'identité, qu'il m'est aussi im- « possible de cesser d'être Irlandais, qu'à vous de « le devenir. — Et malgré ton adresse, tu n'as pu « éviter l'indigne maison... — Ne faites pas fi de « la Force, monsieur. Les plus honnêtes gens y « vont, témoin monsieur votre oncle. — Par l'ef- « fet d'une méprise ; mais toi ? — On s'est aussi « mépris à mon égard, monsieur ; on a cru que « j'avais tué ma femme... — Oh, tu es marié ? — « Et je compte être libre incessamment.—Je n'en- « tends pas trop ce que tu veux dire, M. Mac- « Mahon. — Asseyons-nous, monsieur ; je vais « vous mettre au courant.

« Vous vous rappelez où j'en étais avec ma veuve « de Saint-Domingue. — Oh, à merveille. — Elle « m'adorait, monsieur ! Le moment où je devais « être dans ses bras ne pouvait venir assez tôt, « et moi, je lui parlais le même langage, et avec

« une vérité qui ne me coûtait rien, parce que je
« me faisais illusion, et que je m'imaginais adres-
« ser la parole à son coffre-fort. Quand j'avais joué
« la passion jusqu'à m'enrouer, j'allais réaliser
« avec Henriette, c'est la petite femme de cham-
« bre, les tableaux voluptueux dont je charmais
« l'imagination de ma veuve.

« Il n'est pas décent de compter avec une femme
« à qui on persuade qu'on la prendrait sans che-
« mise. Le soin du contentieux regarde les papas.
« Je n'en avais point qui pût criailler à la rédac-
« tion du contrat, et je jouai le désintéressement,
« bien sûr de faire un excellent marché, en sup-
« posant que madame de Gonave n'eût que la
« moitié de ce que lui accordait la renommée. Je
« pressai le moment décisif, dans la crainte qu'il
« ne lui prît fantaisie de s'informer de l'état de
« mes affaires. Nous passons le contrat; tout au
« dernier vivant : madame de Gonave le veut
« ainsi, et je ne m'y oppose pas.

« Le grand jour vient enfin. Je présente la main
« à mon épousée, qui me paraît plus laide que
« jamais, parce qu'elle est plus parée que de cou-
« tume, ou, peut-être, parce que je pensais aux
« efforts surnaturels que le soir... Enfin, mon-
« sieur, nous voilà mariés, et je reconduis madame
« Mac-Mahon à l'hôtel.

« Elle avait commandé un magnifique dîner,
« où figurèrent les colons nos témoins, et quel-
« ques bons sujets, que j'avais engagés à sabler le

« vin de ma veuve. Propos badins, gaieté fine,
« équivoque agaçante, j'avais monté la conversa-
« tion sur le meilleur ton. Madame Mac-Mahon
« était à tout, répondait à tout. Son esprit m'eût
« fait pardonner sa laideur, si un pareil défaut
« pouvait se pardonner. Jusque-là, tout allait
« bien.

« Je sors, car il n'est pas plus aisé de garder le
« bon vin qu'on a bu, que d'en consesver le goût,
« et c'est dommage. Je rencontre le maître de la
« maison; il m'aborde d'un air assez singulier, et
« me présente un papier. Je l'ouvre; je lis... c'est
« un mémoire de six mille francs, pour loyers et
« bonne chère fournie à madame de Gonave, au-
« jourd'hui madame Mac-Mahon. Je ne m'étonne
« point que ma laide femme doive quelque chose :
« ses affaires sont embrouillées, la guerre a em-
« pêché les rentrées de fonds, et je dis, assez
« brusquement, à notre hôte qu'il prend on ne
« plus mal son temps, et que ce n'est pas au mi-
« lieu d'un repas de noces qu'on présente un mé-
« moire. Il me répond qu'un homme inquiet n'est
« pas maître d'être poli; que madame Mac-Mahon
« n'a rien; qu'elle lui doit; qu'elle l'a prié de ne
« pas lui faire manquer un excellent mariage;
« qu'il s'est gêné pour lui complaire, et qu'il est
« bien aise de savoir, au moins, quand je paierai
« les dettes de ma femme. Jamais, lui criai-je
« d'une voix de tonnerre, et je rentre furieux
« dans le salon.

« Je jette les yeux sur madame Mac-Mahon ;
« elle me paraît effroyable, et ma colère s'accroît
« d'autant.— Qu'avez-vous donc, mon cher petit ?
« — Ce que j'ai, malheureuse ? Au lieu des pos-
« sessions que vous me promettez à Saint-Do-
« mingue, je n'ai, dit-on, épousé que des dettes.
« — Mon tendre ami, j'avoue que je vous ai
« trompé ; mais que l'amour soit mon excuse. —
« Que la foudre t'écrase. C'est-à-dire que me voilà
« chargé d'un monstre, dont rien ne tempère la
« laideur ? Madame Mac-Mahon est d'un caractère
« irascible, et il est des vérités qu'une femme ne
« pardonne point. Une suite d'exclamations, sur
« le physique de la mienne, fit partir, de sa main
« décharnée, un flacon, qui me siffla aux oreilles,
« et fut se briser dans une glace, qu'il mit en
« morceaux. Je fus enchanté de l'attaque : outré,
« désespéré, j'avais au moins un prétexte pour
« saisir ma femme par le chignon, et user ample-
« ment de mes droits de mari.

« Messieurs les colons veulent la tirer de mes
« mains ; mes bons amis leur tombent sur le corps ;
« un combat général s'engage. Les verres, les bou-
« teilles, les porcelaines, les meubles, tout se
« change, en un instant, en armes offensives. On
« se cogne, on s'échine, et au milieu des cris,
« des juremens, d'un désordre infernal, je ne
« lâche pas mon adroite moitié. Je l'allais mettre
« dans un état à ne pouvoir plus duper personne.

« La petite Henriette accourt, se jette au-devant

« de mes coups, et s'écrie : malheureux Mac-Ma-
« hon, tu vas tuer ma mère !

« Je suis aguerri, monsieur, vous le savez. Ce-
« pendant l'exclamation d'Henriette me pétrifia,
« et il est constant que si je n'eusse rossé sa mère,
« la petite coquine me laissait consommer l'in-
« ceste. A la vérité, je n'aurais pas été plus cou-
« pable que Loth, qui coucha avec ses filles ; que
« Jacob, qui coucha avec les deux sœurs ; que
« Juda, qui coucha avec sa belle-fille ; mais les
« patriarches se permettaient des licences, qui
« sont devenues des infamies, tant les usages va-
« rient !

« Je me hâtai de sortir de ce repaire, où le
« dégât que nous avions fait m'exposait à quel-
« ques désagrémens ; mais par un malheur, facile
« à concevoir, je trouvai, à la porte de l'hôtel,
« la garde et un commissaire. On me fit rentrer ;
« on dressa inventaire des meubles cassés, et pro-
« cès-verbal. On m'intima l'ordre de marcher, et,
« pour la première fois de ma vie, je fus embar-
« rassé. J'offris ce qu'il me restait d'argent, et la
« somme était modique, parce que j'avais tran-
« ché du généreux en faisant ma cour à madame
« Mac-Mahon. Ma bourse ne suffisait pas à beau-
« coup près : on la prit à compte. J'objectai, au
« commissaire, qu'en Irlande on est maître de
« battre sa femme. Il me répondit que cet usage
« est assez en vogue en France ; mais qu'il n'est
« pas permis d'assommer. Enfin, monsieur, je fus

« conduit à la Force, et comme dans les évène-
« mens les plus désastreux, il y a toujours un bon
« côté, je me consolai, en pensant que je n'étais
« pas obligé de coucher avec ma femme. Lors-
« qu'elle fut hors de danger, et qu'il fut prouvé
« que je ne possédais rien, mes détenteurs me
« relâchèrent ; le commissaire, parce que je n'a-
« vais plus rien à démêler avec la justice ; mon
« hôte, parce qu'il ne se souciait pas de me nourrir.

« J'avais pourtant une centaine de louis que
« m'avait fait passer M. Botte, en reconnaissance
« des taloches que je lui ai épargnées. J'en avais
« donné dix à Beau-Soleil, pour qu'il me conser-
« vât le reste, qui, sans cette précaution, eût
« infailliblement passé avec l'habit et la bourse
« de votre oncle.

« Esclave de sa parole, Beau-Soleil a compté
« fidèlement avec moi, hier, jour de ma sortie,
« et je vais, avec cet argent, attaquer la dame
« Mac-Mahon en divorce, pour cause d'incompa-
« tibilité d'humeur, ce qui, je crois, est suffisam-
« ment constaté.

« —Ah, Guillaume, si tu avais de la délicatesse...
« — je n'en aurai jamais. — Que j'envierais ton
« sort ! — Et en quoi donc, monsieur ? — Ta
« gaieté, ton insouciance imperturbables... — Il
« faut bien que la nature fasse quelque chose en
« faveur de ceux pour qui la fortune ne fait rien.
« Vous êtes donc toujours triste, sentimental ?—
« Oh, ce marquis d'Arancey ! — Il est toujours

« entiché de sa noblesse ? — Plus que jamais,
« Guillaume. — Payez-le avec sa monnaie favo-
« rite ; tranchez dans le vif ; faites-vous noble
« aussi. — Comment cela ? — Comme ceux qui,
« pour leur argent, deviennent secrétaires du roi,
« ou telle autre chose, à la différence près, que
« votre noblesse ne vous coûtera rien, et vaudra
« la leur. — Je t'entends : tu m'anobliras — Oui
« monsieur. — Comme tu t'es fait Irlandais. —
« Précisément. — Toujours des propositions im-
« pertinentes. — Toujours prêt à vous fâcher.
« Raisonnons d'abord. Je me suis fait des titres
« pour duper une friponne, et en cela j'ai bien
« moins tort que les moines qui se faisaient de
« fausses chartes, pour s'emparer du bien qu'on
« ne leur donnait pas. Mais ici, monsieur, il ne
« s'agit que d'une ruse innocente. Vous faites le
« bonheur et la fortune d'une personne qui vous
« adore ; vous ramenez, à ses vrais intérêts, un
« vieillard ridicule qui vous tourmente tous les
« deux, et, enfin, que vos parchemins soient si-
« gnés par moi, ou par Pepin-le-Bref, vous n'en
« vaudrez ni plus, ni moins : c'est l'homme qui
« est tout. — Mais comment le marquis croira-t-il
« qu'on lui ait caché jusqu'à présent... — Comme
« les fidèles ont cru à la quittance de Jeanne de
« Naples, qui parut cent ans après sa mort. Vous
« savez qu'elle vendit, à Clément VI, le comtat
« d'Avignon, pour trois cents mille florins, qu'elle
« ne reçut jamais. — Pas de plaisanterie, M. Guil-

« laume; il n'est pas, ici, question de fidèles... —
« A qui on persuade tout, même que trois ne font
« qu'un, ce qui n'est pas une démonstration bien
« géométrique. Il faut au moins, au marquis, des
« probabilités, n'est-ce pas? Hé bien, monsieur,
« on lui dira que pendant la *terreur* vous avez
« enterré vos titres; que depuis, l'*égalité* vous a
« empêché de vous en prévaloir; qu'enfin, M. Botte,
« qui ne veut pas qu'on l'honore pour les vertus
« de ses aïeux, vous a défendu d'en parler. —
« Mais mon oncle ne se prêtera jamais... — Il n'y
« a qu'à le tromper lui-même. — Entreprendre
« de lui persuader qu'il est noble! — Le lui prou-
« ver, morbleu! — M. Horeau que dites-vous de
« cela? — Mais, mon jeune ami, je ne sais trop
« qu'en dire. Il me semble qu'on peut, aujour-
« d'hui, fabriquer des lettres de noblesse, comme
« on fabriquait des *assignats* : l'un n'est pas plus
« dangereux que l'autre, puisqu'il est reconnu
« que le tout est de la fausse monnaie.

« —Mais, Guillaume, c'est que...—Qu'est-ce en-
« core, monsieur? — Le nom de mon oncle... —
« M. Botte? Ce nom-là n'est pas noble, j'en con-
« viens. Diable! si je pouvais... si je trouvais...
« oui... non, non... si fait, m'y voilà. Une révo-
« lution en rappelle une autre. — Oh, ne parlons
« pas de cela. — Pourquoi donc, monsieur? le
« mal passé n'est que songe. Nous affligeons-nous
« aujourd'hui de la ligue, de la fronde? et pen-
« serons-nous à ce que nous avons vu quand nous

« aurons la poule au pot? — Quand cela, Guil-
« laume? — Je ne sais pas, monsieur. Or donc,
« j'allais vous dire, quand vous m'avez interrompu,
« que les Génois déplurent, autrefois, à certaine
« impératrice... — Qu'ont de commun cette im-
« pératrice et le nom de mon oncle? — Un mo-
« ment, monsieur; l'histoire ne s'écrit pas comme
« une comédie, et l'historien a le privilége de ba-
« varder seul. Sa majesté impériale, très-chatouil-
« leuse, c'est un droit, ou une maladie attachée
« au diadème, sa majesté impériale envoya vite
« une armée, qui s'empara de Gênes, sans éprou-
« ver de résistance, ce qui n'empêche pas que les
« Génois ne soient très-braves, comme vous le
« verrez par la suite; mais on n'est pas disposé,
« tous les jours, à se faire casser la tête. Le gé-
« néral de sa majesté, enchanté de sa victoire, lève
« des contributions, c'est tout simple. Il pousse
« les choses un peu trop loin, et alors les Génois
« se fâchent.

« Pour leur apprendre à avoir de l'humeur, son
« excellence le général leur fait traîner leurs pro-
« pres canons au camp de sa majesté l'impératrice
« et du roi de Sardaigne. Comme cet exercice
« n'avait rien de fort amusant pour eux, ils y
« mettaient de la nonchalance. On imagina de
« leur donner du nerf à coups de bâton, et on
« eut tort : ils étaient disposés à bien faire ce
« jour-là.

« Ils s'attroupent; ils s'arment de ce qui leur

« tombe sous la main ; ils attaquent leurs vain-
« queurs dans les rues, dans les places publiques.
« Ils marchent à l'arsenal ; s'arment régulièrement,
« et s'emparent de tous les postes. Les paysans,
« dont on buvait le vin, qu'ils avaient récolté
« pour eux, à qui on faisait des enfans qu'ils ai-
« maient mieux faire eux-mêmes, les paysans se
« rassemblent au nombre de quinze à seize mille.
« On tombe, de tous côtés, sur son excellence le
« général, qui se trouve trop heureux de s'en al-
« ler comme il est venu, ce qui ne fait point
« tache à son nom, car, en guerre, comme en ma-
« riage, on n'est pas toujours heureux, et nos
« rois, pour avoir perdu, comme des imbécilles,
« les batailles de Crécy, d'Azincourt, de Poitiers,
« n'ont rien perdu de leur illustration, et jamais
« on ne leur a contesté leur noblesse.

« Or, monsieur, l'excellence qui allait tantôt
« battant, tantôt battu, se nommait le marquis
« de Botta, et vous savez que nous substituons
« l'*e* muet à l'*a* final des noms propres italiens :
« ainsi, de Botta je fais Botte. Le marquis était
« Milanais, et vous êtes Provençaux : les Alpes
« sont votre mère commune. Il ne me reste que
« la filiation à établir. — C'est là que je t'attends.
« Le bisaïeul de mon oncle était matelot. — Pas
« du tout, monsieur, il était garde-marine, ce
« qui, au fond, est bien la même chose ; mais
« la forme fait tout. — Son aïeul était pilote. —
« Officier expérimenté, qui savait parfaitement le

« pilotage, et que le roi envoya faire des décou-
« vertes aux terres Australes. — Son père était
« capitaine de cabotage. — Je le fais capitaine de
« haut-bord, et je produirai son brevet. — Mais
« mon oncle, enfin, qu'en feras-tu? — Il ne
« m'embarrasse pas plus que les autres. Il a fait
« le commerce, je ne puis nier cela; mais il l'a
« fait en gros, très en gros, et, depuis je ne sais
« qu'elle *ordonnance*, qu'il faudra que je trouve,
« et que je trouverai, le commerce en gros ne
« déroge plus.

« — C'est trop plaisant, en vérité! — Je suis
« fort aise, monsieur, de pouvoir vous distraire
« un moment. — Voilà mon oncle très-noble en
« effet; mais moi, Guillaume, je suis toujours ro-
« turier. — Il fallait bien commencer par M. Botte,
« afin d'anoblir votre mère. Dans cette affaire-
« ci, un anachronisme gâterait tout. Voyons main-
« tenant d'où je vous ferai venir. Montemar,
« Montemar!... m'y voilà. — Encore une révolu-
« tion? — Non, monsieur. Mais il y a un demi-
« siècle, peut-être un siècle entier, qu'un duc
« de Montemar remporta la victoire signalée de
« Bitonto, et c'est de lui que vous descendrez.

« Il y a encore quelques difficultés. — Je les
« leverai. — Peut-être. — Expliquez-vous. —
« Comment persuader à M. d'Arancey que ces
« titres sont vrais? — Comment prouvera-t-il
« qu'ils sont faux? N'a-t-on pas brûlé les enre-
« gistremens, entérinemens des parlemens, des

« sénéchaussées, et même des baillages? N'a-t-on
« pas brûlé les archives des ordres de Saint-La-
« zare, du Saint-Esprit, de Saint-Louis, et même
« de Saint-Michel, dont personne ne voulait
« plus? »

Ce projet était digne de Guillaume, extravagant et invraisemblable ; mais un malheureux qui se noie s'attache au plus faible roseau, et les amans ne ressemblent pas mal aux noyés, avec cette différence pourtant, que les uns meurent communément, et que les autres guérissent toujours, en attendant une nouvelle chute, de nouveaux accès de désespoir, et de nouvelles consolations.

Charles goûtait donc assez le plan de son piqueur, qui, après tout, ne pouvait produire de mal s'il ne faisait pas de bien. On ne se dissimule pas intérieurement qu'on va tenter une folie ; mais il semble qu'elle se présente sous un autre aspect, appuyée par un homme dont l'approbation peut nous mettre à l'abri des reproches, et Charles se promettait bien de tout jeter sur Horeau, en cas que son oncle découvrît la supercherie. Il n'y avait plus qu'une chose qui l'embarrassait. Il allait être noble ; mais d'Égligny ne l'était pas moins, et il avait, de plus, l'amitié, le suffrage et l'autorité du père. Il avait solennellement promis de ne point attenter aux jours de son rival. « Moi, je n'ai rien promis, dit Guil-
« laume ; mais si on va à la Force pour avoir

« rossé sa femme, on va plus loin quand on a tué
« un homme. Ne tuons donc personne ; mais ré-
« duisons le chevalier à l'impossibilité d'épouser.
« — Tu as un moyen pour cela, Guillaume ? —
« Et dont, probablement, le chevalier ne parlera
« pas : on ne publie point ces accidens-là, — Ah,
« voyons ton moyen. — J'assemble quelques amis.
« Je les place avantageusement ; j'épie ou j'attire
« le chevalier... — Après ? — Et je lui fais l'opé-
« ration que subit l'amant d'Héloïse. Ce n'est là
« qu'une espièglerie... — C'est un guet-à-pens
« abominable ! — Ah, vous vous piquez de géné-
« rosité envers vos rivaux. — Envers tous les
« hommes. — Je vous l'ai dit cent fois, et je vous
« le répète, je ne ferai jamais rien de vous. »

Charles sentait que l'unique moyen de se défaire honnêtement du chevalier était de se battre
avec lui. S'il le tuait, il n'aurait plus de rival ; s'il
était tué, il n'aurait plus de chagrin, et, dans l'un
ou l'autre cas, il trouvait un avantage réel ; mais
il s'était engagé sur sa parole d'honneur à ne point
attaquer, et il se repentait amèrement de l'avoir
donnée. L'instant d'après, il comptait sur la résistance de mademoiselle d'Arancey ; sur cette
fidélité inviolable, dont le serment répété était
scellé toujours d'un doux baiser. Doux baisers !
que vous êtes cuisans, quand il ne reste de vous
que la mémoire et le désir !

Dans un autre moment, il était certain que
l'amour-propre du chevalier s'irriterait par des

refus constans, et surmonterait une passion, qui n'avait pas jeté encore de racines bien profondes, et il ne pensait pas que sa fierté s'abaissait jusqu'à produire de faux titres. C'est la poutre dans notre œil et la paille dans celui du voisin. Il y a du bon dans l'évangile. Si on en ôtait les miracles, ce serait un livre instructif.

Lorsque Charles rentra, M. Botte venait de descendre de voiture. C'est maintenant que les incertitudes vont se dissiper, les chimères s'évanouir. Il fait à son oncle mille questions à la fois sur son entrevue avec le marquis, sur ses dispositions, sur l'état de Sophie, sur ce qu'elle fait, ce qu'elle dit, ce qu'elle pense, sur ce qu'il doit craindre du chevalier. M. Botte, qui ne peut répondre à rien parce que Charles interroge toujours, lui remet simplement la réponse qu'il a promis de rapporter.

Le malheureux jeune homme s'attendait à trouver des expressions brûlantes, des protestations contre la tyrannie paternelle, le serment de mourir ou de vivre pour lui, et toutes ces belles choses qui ravissent les amans, et qui nous paraissent si fastidieuses, à nous, parce que nous avons cinquante ans. Au lieu de ce qu'il attendait, Charles ne trouve, dans cette lettre, que la certitude de son malheur. Jugez de ses transports. Horeau, son oncle, dix domestiques suffisent à peine pour le retenir. Il échappe à l'un; il renverse l'autre; il tombe lui-même; il se relève; il

se débat, il retombe; on le saisit, on l'arrête, et qu'allait-il faire? mettre le feu au château d'Arancey; brûler le marquis et le chevalier; enlever sa Sophie; la mener au bout du monde, dans un désert, où il ne craindrait ni père, ni rivaux ; où il vivrait d'eau et de racines, et que l'amour transformerait en un séjour céleste. « Ciel!... ô ciel!
« un lion furieux s'approche... il va déchirer ma
« Sophie... sa gueule rugissante menace son sein
« d'albâtre. Monstre! je te préviens, tu périras...
« Grand dieu! mes flèches se brisent sur sa peau
« impénétrable! Je te combattrai corps à corps... »
Il s'élance sur son oncle. « Je suis vainqueur ; je
« te renverse... » C'est son oncle qu'il tient sous lui. « Je t'arrache la crinière... » C'est la perruque de son oncle qui lui reste à la main.

On veut débarrasser M. Botte; l'intrépide chasseur met ses habits en lambeaux. Pour la cinquième fois, le cher oncle est déshabillé, parce que Charles est amoureux. A cet accès succède un accablement profond; vient ensuite la fièvre chaude : c'est la règle.

« Hé, monsieur, dit Horeau à son ami, vous
« aviez bien affaire d'apporter cette lettre. — Et
« qui diable, monsieur, pouvait prévoir ce qui
« vient de se passer. — Vous connaissez sa vio-
« lence. — J'allais convaincre sa raison. — Parler
« raison à un amant! — Oui, monsieur. Faut-il
« extravaguer, parce qu'on est amoureux! — Le
« pauvre enfant est bien excusable. — Il ne l'est

27.

« pas, monsieur. Qu'auriez-vous dit, si, lorsque
« j'étais amoureux de votre femme, je vous avais
« étranglé ? — J'aurais dit... j'aurais dit... — Rien
« du tout, imbécille. Mais j'aurais eu tort, et ce
« joli monsieur a tort aussi. C'est qu'il me ser-
« rait !... Hé bien, que faites-vous là, vous au-
« tres ? Le guérirez-vous, en fixant vos yeux
« larmoyans sur lui ? Qu'on aille chercher un
« médecin, deux médecins, toute la faculté. –
« Ah, mon ami, le malheureux mourra. — Allez
« au diable, pronostiqueur maudit! »

Il s'approche du lit de son neveu ; il lui prend les mains, il lui parle, et Horeau, qui s'est échauffé un peu plus que de coutume, parcourt les *Petites-Affiches*, ouvrage très-propre à le rétablir dans son calme habituel. « Ce que je lis
« là est singulier, dit-il tranquillement. Quoi
« donc, reprend M. Botte ? — La terre d'Arancey
« est à vendre. — Vite, qu'on m'habille, qu'on
« me donne une perruque, qu'on mette les che-
« vaux. Vite, vite donc. — Et où allez-vous,
« mon ami ? — Chez mon notaire. — Pourquoi
« faire ? — Que vous importe? — Vous êtes dur.
« — Et vous cruel. Il mourra, il mourra ! Non,
« monsieur, il ne mourra point, et il épousera
« Sophie. »

M. Botte n'était pas sûr du tout de ce qu'il avançait ; mais accoutumé à tout emporter avec de l'argent, au défaut de bonnes raisons, l'opiniâtreté du marquis le stimulait, l'humiliait, et il pouvait, sans trop se flatter, considérer certaines démarches secrètes comme de fortes probabilités. Nous verrons ce qu'il en arrivera.

CHAPITRE II.

On espère et on se trompe.

Les médecins avaient décidé que mal d'amour n'est pas mortel ; que la fièvre se calmerait indubitablement, et le digne oncle commença à respirer librement. Mais les docteurs ajoutèrent que si le malade n'obtenait l'objet de ses désirs, ou qu'il ne fût pas assez raisonnable pour se vaincre lui-même, il éprouverait infailliblement le sort d'Antiochus. M. Botte demanda ce qui était arrivé à cet Antiochus. On lui répondit que c'était un prince amoureux de sa belle-mère, et qu'il mourait, respectueusement, de langueur, quand le roi son père jugea à propos de lui céder la reine. M. Botte approuva fort la conduite du roi, et jura qu'il en ferait de bon cœur tout autant pour son neveu ; mais que, malheureusement, il n'avait pas de Stratonice à céder, et que, d'ailleurs, c'était de Sophie, et non d'une reine, que Charles était amoureux ; qu'au surplus, les caractères ardens se calmaient comme ils s'emportaient, et que, puisqu'Antiochus n'avait pas commencé par la fièvre chaude, il était à croire que son neveu ne finirait pas comme lui.

Comme il est inutile de s'occuper des morts, aux dépens des vivans, M. Botte oublia bien vite le jeune prince et sa belle maman, pour se faire dresser un lit auprès de celui de son neveu, et lui administrer lui-même la potion curative. Ce n'est pas qu'il eût une foi robuste à la médecine; c'est qu'il est des momens critiques où l'esprit le plus fort se livre à la médecine, comme il est une époque où la femme galante revient à son confesseur.

Trois jours s'étaient écoulés. Le malade allait bien, très-bien; mais M. Botte était exténué, parce qu'il n'avait pas voulu s'éloigner un instant de son neveu. Il avait même failli battre Horeau, qui, sans égards pour ses jurons, avait entrepris de le faire coucher malgré lui. L'oncle et le neveu causaient assez tranquillement ensemble; Charles conjurait M. Botte de lui ménager le seul appui qui lui restât au monde; il le pressait d'aller prendre du repos, quand on annonça M. d'Arancey. Le jeune homme marqua la plus grande surprise; l'oncle dit simplement : Je l'attendais.

« Monsieur, lui dit le marquis, je n'aime pas
« à vous voir chez moi, et vous en savez la rai-
« son; mais je viens chez vous sans répugnance,
« parce que je vous estime, que je suis votre
« obligé de plus d'une manière, et qu'enfin
« c'est au débiteur à aller trouver son créancier.
« — Tout cela est fort poli, monsieur; mais la
« politesse est un vice quand elle sert de masque

« à l'inhumanité. — Ah, M. Botte, il n'est pas
« généreux de me dire des injures chez vous. —
« Voyez, monsieur, voyez l'état où vous réduisez
« ce jeune homme, qui, entre nous, est beau-
« coup mieux que votre chevalier, et qui a sur
« lui l'avantage de plaire. — Ne parlons pas de
« cela, s'il vous plaît. — Suivez l'exemple que
« vous a tracé votre fille. Elle vous sacrifie le
« penchant le plus doux : hé, morbleu, appré-
« ciez vos chimères, abjurez-les, et soyons tous
« heureux. — Des chimères, monsieur, des chi-
« mères! ignorez-vous que la noblesse a été, pen-
« dant des siècles, le soutien et l'éclat du trône ?
« — Je sais tout cela, monsieur ; mais il n'y a
« plus de trône, il n'y a plus de noblesse, et
« quand tous les hommes changent de système,
« il est absurde de n'en pas changer comme eux.
« — Commencez donc, monsieur, par renoncer
« à cette grosse franchise que vous ne voyez à
« personne ; cessez de vous irriter de la contra-
« diction que vous faites sans cesse supporter
« aux autres ; sachez, enfin, qu'un homme comme
« moi ne prend un parti qu'après de mûres ré-
« flexions, et qu'il ne s'en écarte jamais. — C'est-
« à-dire que mon neveu ne sera pas votre gen-
« dre ? — Non, monsieur. — C'est votre dernier
« mot ? — Absolument, et je souhaite que mon-
« sieur, qu'on a peut-être flatté de quelque es-
« poir, se guérisse d'une passion aussi inutile
« qu'elle paraît violente. — Corbleu, monsieur,

« vous pourriez ménager vos expressions, et ne
« pas irriter ainsi sa sensibilité. — Soyez vous-
« même, monsieur, assez discret pour ne pas
« me presser de questions. — Voyez, monsieur,
« l'effet que produisent déjà vos réponses saugre-
« nues... Charles, mon ami, modère-toi; ne me
« fais plus de chagrin; donne ta confiance à ton
« pauvre oncle; crois à ses promesses; tu vas
« commencer à en voir l'effet. Parlons d'autre
« chose, monsieur le marquis. — Vous m'obligez
« sensiblement, monsieur.

« Je vous apprends que j'ai vendu la terre
« d'Arancey. — J'en suis fort aise. — Un prix
« très-raisonnable. — Tant mieux pour vous —
« J'ai remboursé Edmond. — Vous avez fort bien
« fait. — Et je viens m'acquitter envers vous. —
« A la bonne heure. — Je crois vous devoir
« soixante mille francs. — A peu près. — Prenez
« ces billets de banque, et donnez-moi quittance.
« — Volontiers.

« Savez-vous, monsieur le marquis, quand
« cette petite terre d'Arancey a été érigée en
« marquisat? — En 1514. — En faveur de qui?
« — De mon quintaïeul. — Qui en a pris le nom?
« — Qui a donné le sien à la terre. — Vous
« vous trompez sur ce dernier article. — Vous
« verrez que monsieur me fera connaître mes
« aïeux. — Je vous les rappellerai du moins »,
et se levant et continuant avec force : « C'est
« moi, monsieur, qui ai acheté votre terre : en

« voilà les titres. Comme il n'y a jamais eu de mar-
« quis sans marquisat, vous voudrez bien renon-
« cer à cette qualité. Comme on n'a jamais eu le
« droit de porter le nom d'un bien dont on n'est
« pas propriétaire, et que nos lois défendent d'en
« prendre d'autre que son nom de famille, vous
« voudrez bien reprendre celui de votre quin-
« taïeul, et il s'appelait Thomasseau. Si vous ré-
« sistez, je vous attaque juridiquement, vous se-
« rez condamné, et le public se moquera de
« vous.

« Ah, M. Thomasseau, on veut vous faire du
« bien, et vous êtes fier; on veut vous en faire
« malgré vous, et vous envoyez les gens à la
« Force; mon neveu meurt d'amour pour made-
« moiselle Thomasseau, et vous la lui refusez!
« Nous verrons, nous verrons... »

Il eût parlé une heure encore, que l'ex-marquis n'eût pas eu la force de l'interrompre. Accablé, humilié, désespéré, le malheureux gentilhomme se cachait le visage de ses mains, ou
menaçait le plat-fond de l'œil, ou frappait le parquet de la canne, ou du pied. La colère l'empor-
tant enfin, il s'écria : « Croyez-vous que ce tour
« abominable tende à nous rapprocher? — Je le
« crois, M. Thomasseau. — Vous abusez, mon-
« sieur, de ma patience et des droits que la ruse
« vous a fait obtenir. Mais sachez qu'il me reste
« des ressources. — Je vous en fais mon compli-
« ment. — Des ressources suffisantes pour don-

« ner encore un état brillant à ma fille. Elle sera
« madame d'Égligny, et s'il faut que je renonce
« à m'appeler d'Arancey, je sortirai pour jamais
« d'un pays où on ôte tout aux gens de qualité,
« tout, jusqu'à leur nom. Adieu, M. Botte. —
« Adieu, M. Thomasseau.

« —Ah, mon cher oncle, que je suis heureux,
« que je suis content! — Ne te le disais-je pas?
« — Les dernières phrases du marquis lui ont
« été arrachées par la colère. — Cela est évident.
« — Il rompra plutôt avec tous les chevaliers de
« la terre, que de s'appeler Thomasseau. — Cela
« n'est pas douteux. — Votre stratagême me rap-
« proche réellement de mademoiselle d'Arancey.
« — De mademoiselle Thomasseau. — Ah, mon
« oncle, ce nom-là sonne si désagréablement!.. —
« Vas-tu trancher aussi du gentilhomme? Quelque
« nom qu'elle porte, ne sera-t-il point embelli
« par ses charmes, ennobli par ses vertus? Mon-
« sieur, son père seul est à plaindre : il est assez
« petit pour tenir à ces fadaises. »

« Oui, répétait le marquis, en roulant vers le
« château d'Arancey, oui je sortirai d'un pays où
« on m'avilit, où l'homme le plus abject aura,
« comme ce M. Botte, l'orgueil de vouloir mar-
« cher mon égal. Hé, qu'a-t-il donc ce pays in-
« grat, qui me l'ait tant fait regretter? Qu'ont-ils
« fait ces Français, qui les rende si fiers? Ils ont
« vaincu, je l'avoue; mais les Tartares, les Arabes
« ont aussi subjugué des empires, et n'en sont

« pas moins rangés parmi les peuples barbares :
« ils ne connaissent pas de noblesse. Quels titres
« ont, de plus qu'eux, ces Français, à la gloire
« universelle à laquelle ils aspirent ?

« Vaincus par Jules-César, ils ont vu mettre à
« mort leur parlement de Vannes ; vendre les
« malheureux habitans; mutiler ceux du Quercy.
« Esclaves des Romains, pendant cinq cents ans,
« ils baisaient et bénissaient leurs chaînes, en se
« rappelant l'esclavage plus affreux encore auquel
« les avaient soumis leurs druides, celui de la
« superstition. C'est à la voix de leur prêtres,
« c'est au dieu qu'ils leur avaient donné, qu'ils
« sacrifiaient leurs femmes, leurs enfans, qu'ils
« les brûlaient, qu'ils se brûlaient eux-mêmes.

« Au cinquième siècle, des Vandales les as-
« servissent encore du Dauphiné aux rives de la
« Seine. Une partie des autres provinces est en-
« vahie par les Visigoths et le barbare Clovis, qui
« noie l'eau de son baptême dans des fleuves de
« sang, et subjugue le reste des Gaules.

« Des brigands du nord fond des courses con-
« tinuelles sur le territoire français. Ils pillent,
« égorgent, lèvent des contributions, et la misère
« et la discorde divisent l'empire en plusieurs états.

« Les Anglais s'emparent de la Normandie, de
« la Bretagne, de l'Anjou, du Maine, du Poitou,
« de la Saintonge, de la Guienne, de la Gasco-
« gne, et le parlement de Paris a la lâcheté de
« proclamer leur roi Henri, roi de France.

« Pendant six cents ans, l'ignorance de ce peu-
« ple fut égale à ses fureurs et à sa misère. Sou-
« mis à un clergé despotique, il souffrit que neuf
« de ses rois fussent excommuniés, persécutés,
« détrônés par un prêtre.

« Où donc chercherai-je la source de cette gran-
« deur dont ce peuple se vante aujourd'hui? Dans
« l'étendue de son territoire? il ne possède pas le
« quart de la plus petite partie des quatre par-
« ties du monde. Dans la fertilité de son sol? il
« laisse quarante lieues carrées de terres incultes
« vers Bordeaux, et la moitié de la Champagne pro-
« duit des chardons où on a semé du blé. Des
« provinces entières ne se nourrissent que de châ-
« taignes; d'autres ne connaissent de pain que
« celui d'avoine. Trois millions d'habitans portent
« des sabots l'hiver, et marchent nus pieds l'été.

« Sera-ce au moins dans les sciences, dans les
« arts que ce peuple se montrera le premier?
« Qu'a-t-il inventé? Est-ce à lui qu'on doit la
« boussole, la découverte de l'Amérique, la pou-
« dre à canon, l'imprimerie, les lunettes, les té-
« lescopes, les baromètres, les thermomètres, la
« machine pneumatique? A-t-il trouvé le vrai
« système du monde, les satellites de Jupiter,
« les taches du soleil, sa rotation sur son axe, la
« gravitation, l'art de faire des pendules, de gra-
« ver des estampes, de couler des glaces, d'ana-
« liser la lumière? A-t-il trouvé l'inoculation qu'il
« a long-temps combattue, la vaccine qu'il com-

« bat encore ? Toutes ces découvertes sont dues
« à des étrangers.

« A quelle espèce de gloire prétend donc ce
« peuple insensé ? A celle des belles-lettres ? Qu'il
« se souvienne qu'il doit celle dont il jouit à une
« vingtaine d'hommes, qui ne sont pas la nation,
« et que la nation a négligés, ou haïs, ou persé-
« cutés.

« Qu'a été de tout temps, en France, l'éloquence
« de la chaire et du barreau ? Quelques écrivains,
« en ce genre, ont excité l'admiration, parce qu'il
« faut un aliment, quel qu'il soit, à la vanité d'un
« peuple. Mais comparera-t-on Bossuet et Patru
« à Cicéron et à Démosthènes ?

« Calypso, abandonnée par Télémaque, est-
« elle comparable à Didon ? Les Français, il est
« vrai, ont un poëme épique aussi bon que le
« comportait le sujet ; mais des cuistres insultent
« tous les jours à la mémoire de l'auteur, et ce
« peuple si fier ne la venge pas.

« Du sein de l'insouciance, il se proclame sa-
« vant, et il n'a aucun art, aucune science dont
« il ne doive les élémens aux Grecs. Sa dernière
« nomenclature de chimie est un hommage rendu
« à ses maîtres.

« Qu'a fait ce peuple enfin ? Il a pris l'opéra
« comique aux Italiens ; il a imaginé quelques
« modes ; il a gonflé des ballons ; il a renversé
« une couronne, trop pesante pour le front qui
« la portait ; il s'est livré à l'anarchie, à l'irréli-

« gion, et, par une versatilité, dont il ne peut se
« guérir, il se prosterne aujourd'hui devant ces
« mêmes autels qu'il a profanés. »

A qui M. d'Arancey adressait-il cette diatribe à laquelle il était si facile de répondre ? A son postillon, qui n'y comprenait rien ; mais qui savait à merveille panser ses chevaux et demander le *pour boire*. Heureux l'homme qui sait bien ce qu'il doit faire, et qui ne sait rien au delà !

En descendant de voiture, le marquis se composa un visage : il avait un autre rôle à jouer auprès de sa fille. Il avait à l'entretenir dans ses idées de soumission ; à l'empêcher de révoquer un consentement où sa volonté n'avait presque point eu de part, et cela par une bienveillance soutenue. A la vérité, l'effort n'était pas pénible pour un père vraiment attaché à sa fille, et disposé à tout faire pour elle, pourvu qu'elle ne lui résistât point.

Il n'avait pas été question, à Paris, de la prise de possession de M. Botte, ni par conséquent de l'évacuation du château : les accessoires disparaissent devant un intérêt majeur. Mais le marquis savait que, lorsqu'on achète un bien, c'est pour en jouir. Il n'eût pas voulu, pour la valeur de la terre, devoir une heure de délai à un homme qu'il détestait alors, et en embrassant sa fille, à peu près aussi changée que Charles, il lui apprit que M. Botte était l'acquéreur de la terre.

Ce moment en fut un de plaisir pour Sophie,

qui croyait n'en pouvoir plus goûter. Elle sentit une espèce de joie, en pensant que Charles habiterait cet appartement qu'ils avaient arrangé ensemble ; que son imagination lui peindrait son amant, retrouvant, caressant la frange qu'elle a cousue, la draperie qu'elle a ondulée, le marbre dont elle s'est servie, la place qu'elle a occupée. Cette chambre si jolie, cette alcove mystérieuse, ne seront point profanées par l'indifférence ; elles seront habitées par l'amour malheureux ; mais l'amour, quel qu'il soit, n'est-il pas le bien suprême pour le cœur qu'il occupe ?

Il en est aussi le bourreau. Cette triste lueur de plaisir devait s'évanouir comme tous les songes qui l'avaient précédée. Sophie comptait sur un domicile voisin. La proximité, les hasards pouvaient permettre de se voir encore, et son père lui annonce la nécessité d'aller à Paris attendre le chevalier. Il justifie ce départ précipité par des motifs qui doivent être puissans sur la raison de sa fille ; mais des raisons peuvent-elles quelque chose contre l'excès de la sensibilité ? Sophie, en partant pour Paris avec le bien-aimé, n'avait éprouvé que des sensations délicieuses. Cette fois, elle pense qu'elle va quitter pour jamais cette ferme, berceau de son enfance ; ce vieillard dont la main tutélaire la soutint si long-temps ; cet orme discret, qui renferme, qui cache à tous les yeux son trésor, qu'il faudra qu'elle abandonne peut-être. Elle regrette les bons habitans du village, son digne curé, la grosse Fanchon. Que ne regrette-t-elle point? un arbuste, une fleur, un brin de paille, tout pour elle est un souvenir.

Rassurée par la sérénité que sa soumission absolue imprime sur le visage de son père, elle ose lui parler de ce qui l'intéresse le plus; elle l'interroge d'une voix mal assurée; elle lui demande s'il a vu M. Montemar. « Je l'ai vu, mademoiselle. « — Sa santé, mon père ? — Chancelante. — Je « le crois, » et elle fond en larmes, et elle tombe encore aux genoux du marquis. Elle n'ajoute pas un mot; mais que de choses expriment ses yeux!

M. d'Arancey craint de perdre le fruit de ses efforts : il redouble d'attentions et de caresses. Il trace, avec attendrissement, le tableau de la vieillesse fortunée qu'il devra à sa fille. Il lui peint les égards, la reconnaissance d'un époux envers qui elle l'aura plus qu'acquitté. Il lui parle de l'adoucissement que le temps apporte toujours aux peines du cœur; du contentement qu'éprouve la femme respectable qui remplit ses devoirs d'épouse et de mère... « Ah, mon père, que ces de- « voirs sont doux quelquefois, et qu'ils sont quel- « quefois amers ! »

Le marquis lui rappela, avec ménagement, qu'elle s'était liée par une promesse solennelle. « Hé, craignez-vous que je l'oublie cette promesse « fatale ? Depuis que je l'ai prononcée, elle m'a

« toujours été présente; elle m'a sans cesse ef-
« frayée. Mais j'ai promis à M. Botte; il sait que
« ma parole est sacrée : j'obéirai, mon père. »

M. d'Arancey sentit la nécessité de la distraire
des idées qui l'obsédaient, et il fixa le départ au
lendemain. A peine avait-elle le temps de tout
disposer; mais l'embarras même où il la jetait
devait, pour quelques heures au moins, assoupir
cette flamme dévorante : c'est un peu d'eau qu'il
croyait jeter sur un grand feu.

Il se trompait. Chaque pièce que touchait Sophie lui rappelait une jouissance, et lui arrachait un soupir. Elle ployait une robe, et la laissait pour aller parler du bien-aimé à Fanchon. Elle prenait un fichu, et le jetait, pour aller parler encore. Le jour s'écoula ainsi, et le soir, lorsque personne ne pouvait suivre les traces de la complaisante Fanchon, elle quitta tout encore pour lui parler de l'orme, le désigner, marquer sa place, indiquer la route. Elle brûlait de tenir les lettres de son amant, de les relire, de les presser sur son cœur, et elle se soumettait à former d'autres nœuds! Il est donc des devoirs qu'on ne peut rigoureusement remplir! Il est donc des parens qui, de sang-froid, condamnent leurs enfans à se combattre sans cesse, ou à devenir parjures!

Elles les avait ces lettres; elles les avait replacées sur ce cœur brûlant; elles seules adoucirent l'amertume du départ. La nouvelle s'en était répandue dans le village, et les bons habitans s'étaient rassemblés à la porte de la cour. Ils voulaient voir encore leur demoiselle, qui était si digne d'être heureuse, et qui était si à plaindre! Dame, c'est qu'Edmond avait tout dit.

La chaise où elle était à côté de son père, sort de la porte cochère; on l'entoure; elle ne peut avancer. Pas un mot au marquis; tous les regrets, tous les vœux s'adressent à Sophie, et son père ne put se dissimuler combien est stérile le plaisir d'être craint, combien il est doux d'être aimé!

Sophie ne trouva point à Paris cette abondance, ce luxe, cette réunion de jouissances qui, à son premier voyage, avaient concouru à embellir son existence, et ce n'est pas ce qu'elle regrettait. Il restait à son père cent mille francs, avec lesquels il devait payer sa terre du Berri, et, en conséquence, un logement modeste, un ordinaire frugal, voilà ce qu'il pouvait offrir à sa fille. Charles avec elle, et tout lui eût paru délicieux.

Mais, pour la dédommager de ce qu'elle avait perdu, pour lui donner enfin la haute opinion qu'elle devait avoir d'elle-même, et l'éloignement que doit inspirer la bourgeoisie à une fille de qualité, sa chambre était, du matin au soir, décorée de ce qu'il y avait de plus noble en France. C'étaient M. le comte un tel, M. le duc celui-ci, M. le prince celui-là, qui, en entrant, tiraient de leur poche leur cordon bleu, leur cordon rouge, se le passaient au cou, et déboutonnaient le surtout, pour laisser paraître le crachat caché sur le gilet; c'étaient de belles dames qui, malheureusement, n'avaient point de décorations; mais qui prouvaient ce qu'elles étaient, en ne parlant que d'excellences et d'altesses, et ce, sur le ton le plus familier; qui connaissaient parfaitement toutes les cours, et rien de leur ménage; c'est dans cette chambre qu'on discutait sur la préséance qui n'existait plus, sur les armoiries qui sont supprimées, sur les intérêts des potentats qui n'avaient pas là de plénipotentiaires; c'est là que Sophie faisait, en bâillant, et bien malgré elle, son cours de blason, son cours de politique; sciences sublimes pour quelques individus, mais aussi ridicules qu'inutiles pour elle.

Elle regrettait les amis de M. Botte, qui, pour les choisir, avait un tact sûr. Elle se rappelait la gaieté des uns, l'aimable raison des autres, madame Duport, surtout, cette dame chez qui le bien-aimé faisait croire à son oncle qu'il dînait, lorsqu'il allait passer des journées à la ferme. Madame Duport lui avait singulièrement plu. Belle encore, et sans prétentions; instruite, sans chercher à le paraître; vertueuse, sans ostentation; indulgente pour la jeunesse; se prêtant à ses goûts, pour lui en inspirer de solides, madame Duport convenait parfaitement à Sophie, et Sophie à madame Duport. Elles étaient inséparables, quand M. d'Arancey vint les désunir. Sophie ne pouvait s'empêcher de comparer ses nouvelles connaissances aux amis qu'on lui avait ôtés, et en dépit de son respect, ses réflexions n'étaient pas toujours favorables à son père.

Un jour il y avait *gala* chez le marquis, c'est-à-dire, en langue vulgaire, qu'il avait donné un dîner passable ; il y avait *cercle* ensuite, c'est-à-dire, qu'ainsi que tous les jours, on parlait beaucoup sans rien dire, lorsque le chevalier d'Égligny entra. Sophie frémit, et le marquis trembla par un autre motif : c'est que la figure du chevalier était loin d'annoncer la satisfaction qui suit ordinairement le succès. « Mon cher ami, je crains
« de vous interroger. — Et moi de vous répondre.
« — Je vous entends. L'acquéreur de ma terre du
« Berri refuse de traiter. — Il n'est plus en son
« pouvoir de le faire. — Il a vendu ? — Deux jours
« avant mon arrivée, et à un tiers au-dessus de
« la valeur. — Un gentilhomme, qui ne se consi-
« dérait que comme dépositaire ! — Mon ami, il
« avait acheté deux millions en papier ; on lui en
« a offert trois en écus : peu de gentilshommes
« eussent résisté à ce genre de séduction, et ce-
« lui-ci a succombé. — Cet homme est sans doute
« de la noblesse de robe, ou de finance. Et à qui
« a-t-il vendu? — Il l'ignore. L'affaire s'est faite
« par des prête-noms. — Cette nouvelle est acca-
« blante. — Je ne juge pas ainsi de l'évènement,
« mon ami. Vous avez peu ; mais assez pour un
« homme modéré dans ses désirs. — J'avais, che-
« valier, la noble ambition de faire un sort bril-
« lant à mon gendre. — L'époux de mademoiselle,

« n'aura pas de vœux à former, et elle sera con-
« vaincue que l'intérêt est étranger aux sentimens
« qu'elle m'inspire. — Mon ami, je ne désespère
« pas encore de ma fortune. J'avais trois métairies
« rapportant environ vingt mille francs. Je vais à
« l'instant trouver les acquéreurs. Ce sont des ro-
« turiers; mais si je leur connaissais la généro-
« sité de ce M. Botte, que je hais, et que je suis
« forcé d'estimer, je renaîtrais à l'espérance et au
« bonheur. »

Le marquis se dispose à sortir ; les cordons bleus, les cordons rouges rentrent dans les poches; les habits se boutonnent, on suit le maître de la maison, et, pour la première fois, d'Égligny se trouve seul avec Sophie. Quel moment pour elle !

Elle se croyait exposée aux persécutions d'un jeune homme dont elle avait accepté la main; qui allait se prévaloir du suffrage de son père, et la presser de fixer le jour fatal : elle se trompait. Trois semaines d'absence avaient calmé cette première impression, qui tenait autant de l'admiration que de la tendresse. D'Égligny éprouvait toujours ce sentiment de préférence, qui lui eût fait choisir Sophie, si elle eût pu encore disposer de son cœur; mais il avait réfléchi, pesé les raisons que lui avait opposées M. Botte, et si Sophie était la plus jolie femme qu'il eût vu, il se trouvait humilié, lui dans l'âge de plaire, et sentant ce qu'il valait, de ne devoir le titre d'époux qu'à la contrainte. Sophie embarrassée, interdite, craintive, ne lui laissait pas de doute sur l'éloignement qu'il inspirait, et il se décida. « Vous « paraissez me craindre, mademoiselle?—Je l'a- « voue, monsieur. — C'est-à-dire que vingt jours « n'ont rien changé à vos résolutions? — Elles ne « changeront pas, monsieur. — Que pensez-vous, « mademoiselle, que doive faire un homme délicat « dans la position où je suis? — Un homme dé- « licat n'a pas besoin de conseil. — Je vais donc « agir d'après moi.

« Mademoiselle, si vous aviez pu répondre aux « sentimens que vous m'avez d'abord fait éprou- « ver, je vous aurais dû le bonheur de ma vie; « je me serais efforcé de vous rendre une partie « de cette félicité que vous auriez répandue sur « moi; si même l'amour qui vous unit à M. Mon- « temar n'était qu'un de ces goûts qui laissent à « la raison, et la liberté d'agir, et la puissance de « le surmonter, je ne balancerais pas encore, et « plein de confiance en votre vertu, je vous con- « duirais à l'autel. Mais cet amour, que vous avez « nourri dans la retraite et le silence, est devenu « une passion insurmontable; il fait maintenant « partie de vous-même; vous ne pouvez plus vous « en détacher. — Non, monsieur, non, je ne le « puis. — Quel serait donc mon sort, quel serait « le vôtre? vous seriez malheureuse... — Ah! au « delà de toute expression. — Je le serais aussi de « votre froideur, de vos peines, et j'aurais mérité

« de l'être, car je l'aurais voulu. C'est donc à moi
« à sacrifier un penchant qui ne me maîtrise point
« encore. »

« —Que dites-vous, monsieur! Dieu!... Qu'avez-
« vous dit ? — Que je renonce à vous, mademoi-
« selle. Il m'en coûte : sachez-moi gré de l'effort...
« — Ah! monsieur le chevalier, mon admiration,
« mon estime, ma reconnaissance.... — Votre ami-
« tié, mademoiselle; c'est tout ce que je demande,
« et vous me la devez. — Vous l'avez tout en-
« tière... Ah! Charles, ah! mon ami, si tu savais
« ce que fait pour nous cet homme généreux!
« — Il le saura, mademoiselle. — Vous aurez la
« bonté de le voir! — Je le verrai. — Ah! si vous
« daigniez encore... — Parlez, mademoiselle. —
« Vous charger seul auprès de mon père... — De
« la rupture, mademoiselle? Je m'en chargerai.
« Vous jouirez d'un bonheur que ne précèdera au-
« cun nuage; je les écarterai de vous; ces beaux
« yeux ne sont pas faits pour les larmes.

L'homme est le jouet des autres hommes, de leurs passions, des siennes, des circonstances et du hasard. Le moment où il s'afflige, touche à celui qui vient le consoler, et, trop souvent, sa joie n'est pas plus durable que sa douleur. C'est ainsi que mademoiselle d'Arancey s'abandonne subitement à son ivresse, à son délire; c'est ainsi qu'elle ne voit plus, dans ce chevalier, qu'elle redoutait tant, que le premier des hommes, après Charles. Elle continuait à exprimer, par des mots sans suite, un ravissement que d'Égligny partageait : il était son ouvrage.

Comment différer d'apprendre au bien-aimé le changement qui vient de se faire dans leur situation? mais comment proposer au chevalier de sortir à l'heure qu'il est? cependant une heureuse nouvelle fait passer une si bonne nuit, et un malade a besoin de repos. On ne dit pas précisément cela ; mais il est si facile de se faire deviner par celui qui veut bien entendre! D'Égligny avait pris son chapeau, et s'était arrêté devant une écritoire. « Non, dit-elle, je n'écrirai pas, je l'ai
« promis. Mais je ne suis pas engagée à céler ce
« qu'il n'était pas possible de prévoir. Dites-lui
« tout, monsieur le chevalier, tout absolument.
« Ajoutez, si vous voulez... Non, non, pas un
« mot de ma part, sans l'aveu de mon père. —
« Mais de la mienne, mademoiselle? — Je n'ai
« pas le droit de vous imposer silence, monsieur
« le chevalier. »

On annonce une visite à M. Botte. « Une visite
« à onze heures du soir, c'est bien prendre son
« temps! Le nom du visiteur? — Le chevalier
« d'Égligny. — Qu'il s'aille coucher, et qu'il nous
« laisse tranquilles. »

Le chevalier n'a pas perdu un mot, et il entre en souriant. L'œil de Charles s'enflamme, et d'Égligny s'approche de son lit. M. Botte craint une scène ; il passe entre son neveu et le chevalier. D'Égligny l'écarte doucement, et prend la main

de Charles. « Réconcilions-nous, mon heureux
« rival : j'ai renoncé à mademoiselle d'Arancey.
« Elle m'a accordé son amitié, et je viens vous
« demander la vôtre. »

Il est toujours l'heure d'apporter une bonne
nouvelle. La figure de M. Botte, celle de Charles
s'épanouissent; leur surprise, leur joie sont éga-
les à celles de Sophie. Charles déraisonne comme
elle; le cher oncle jette d'Égligny dans un grand
fauteuil, le baise sur les deux joues, et s'assied
à côté de lui. Il demande des détails, on lui en
donne; il en demande encore, on répète ce qu'il
a entendu. Charles, émerveillé, a retrouvé des
forces. Assis sur son lit, sa jolie bouche ouverte,
les yeux fixés sur le chevalier, il saisit avidement
tout, tout, jusqu'à l'expression la plus indifférente, et il sent un baume consolateur circuler
dans ses veines.

M. Botte se frappait les genoux, se frotait les
mains, se carressait le menton : c'était sa grande
manière d'exprimer un sentiment inattendu et
agréable. Il était flatté, très-flatté que la remon-
trance, qu'il avait faite au chevalier, eût produit
plus d'effet qu'il n'avait osé s'en promettre, et il
disait : « Je le savais bien moi, qu'avec une figure
« comme celle-là, on doit être sensible, géné-
« reux, et que le langage de la raison est toujours
« entendu par un homme que l'âge et les préjugés
« n'ont point encore endurci. — N'allez pas plus
« loin, M. Botte. Quand vous avez dit à M. d'A-

« rancey des vérités désagréables, vous étiez en
« présence, et il pouvait se défendre. — Après?
« —Vous connaissez l'amitié, et vous savez qu'un
« homme d'honneur ne souffre pas qu'on outrage
« son ami absent. — C'est très-bien dit, jeune
« homme; vous me faites la leçon à votre tour,
« et, comme vous, j'en profite. Mais, corbleu, je
« le reverrai, ce père-là... A propos, n'oubliez
« rien de ce que cette chère enfant vous a recom-
« mandé. Refusez-la bien positivement. — C'est
« mon intention. — Qu'elle paraisse toujours dis-
« posée à obéir. —C'est convenu.—Piquée même
« de votre refus. — Oh, ce serait trop fort. —
« C'est qu'elle m'est bien chère, et je ne veux pas
« qu'on la brusque; qu'on la mette aux arrêts.
« Oh, je sais tout, moi. — J'attirerai l'orage sur
« moi seul.—Brave garçon, digne garçon! Je vous
« pardonne d'être noble. — Vous êtes bien bon.

« Ah ça, M. Botte, il faudra me seconder un
« peu. — De tout mon pouvoir. — Ménager da-
« vantage mon ami. — Je ne vous promets pas
« cela. — Il aime les déférences, les égards. — Il
« faudrait lui marquer du respect, peut-être? Vous
« vous moquez de moi. — Mais vous connaissez
« son faible. — Qu'il s'en corrige, morbleu, et
« quand je lui dis tout simplement: je vous de-
« mande votre fille pour mon neveu, qu'il me
« frappe dans la main, et qu'il me réponde de
« même: c'est une affaire faite. — Celle-là ne se
« fera pas ainsi. — Hé bien nous bataillerons. —

« Quand les choses peuvent s'arranger douce-
« ment... — J'aime le bruit. — Et sur tout que tout
« le monde vous cède. — C'est vrai. — Et vous ne
« pardonnez pas au marquis d'oser vous résister;
« vous saisissez les occasions d'humilier son amour-
« propre, et vous savez, vous l'observiez tout à
« l'heure, qu'à son âge on ne change point. Mon-
« sieur Botte, vivre avec les hommes, tels qu'ils
« sont, est d'un sage. Vouloir qu'ils voient, qu'ils
« pensent, qu'ils agissent comme nous, est d'un...
« — Ah, finissez, je vous en prie, monsieur le
« chevalier. Il faut que vous me plaisiez fort pour
« que j'aie écouté tranquillement votre première
« mercuriale; mais... — Il est vrai, mon cher on-
« cle, que vous avez été cruel dans votre dernière
« entrevue avec le marquis. — A l'autre, à pré-
« sent. — C'est que tout cela tend, mon oncle, à
« aigrir davantage... — Paix, paix, morbleu. Pen-
« sez à vous guérir, et laissez-moi mener vos af-
« faires. — Mais M. Botte... — Mais, monsieur le
« chevalier, il est minuit, et les confidens, comme
« les amoureux, ont besoin de repos. »

Je présume que M. d'Arancey faisait lever, les uns après les autres, les acquéreurs de ses métairies, car il n'était pas rentré lorsque d'Égligny revint à son hôtel garni. Je crois bien, avec M. Botte, que les amoureux ont besoin de repos; mais ils ne le cherchent pas toujours, car la charmante fille pensait à tout, excepté au sommeil. Elle avait employé le temps à s'asseoir, à se lever, à relire les lettres de Charles, à lui adresser les plus jolies pensées, les expressions les plus tendres, et l'haleine de Zéphir ne les portait point au-delà des murs épais de sa chambre. Que d'esprit, que de sentimens perdus!

Il fallut que d'Égligny, déja très-las de parler, parlât encore une heure et demie. Elle le retenait, sous le prétexte très-poli, d'attendre son père, dont l'absence ne lui déplaisait pas du tout. A deux heures, cependant, le chevalier lui demanda grace, et comme on pense à son amant avec plus de charme encore, dans le recueillement de la nuit, Sophie, qui ne voulait rien perdre de ses faibles avantages, se hâta de se mettre au lit, et d'éteindre sa bougie.

Il était presque jour, lorsque M. d'Arancey rentra, fatigué, excédé, et surtout d'une humeur!... ah! ses trois métairies venaient d'être revendues, et achetées encore par des prête-noms, d'une discrétion désespérante. Il ne lui restait plus qu'une ressource : c'était de se faire de ses cent mille francs, quatre ou cinq mille livres de rente, et de vivre noblement avec cela, lui, sa fille et son gendre. Il se consola et s'endormit, en pensant qu'il n'avait jamais été roi, et qu'un roi s'était trouvé trop heureux d'être maître d'école, à Corinthe.

Il aimait d'Égligny de tout son cœur, et il avait, dans les idées, une ténacité égale à celle de M. Botte. Le chevalier, ami ardent et sincère, ne se dissimulait pas combien était délicate la conférence qu'il allait avoir avec le marquis. Aussi décidé à ne pas se brouiller avec son ami, qu'à ne point se marier, il avait arrangé, dans sa tête, un discours, qu'il croyait, à la fois, persuasif et propre à adoucir ce qu'un refus, prononcé en face, a de désagréable pour celui qui le reçoit. Au moment de commencer, il éprouva un embarras qui lui fit perdre tous ses moyens. Sophie, de son côté, était dans une inquiétude, une agitation inexprimable. Ce moment allait tout décider, et elle attendait, avec une extrême impatience, le résultat de l'entretien.

Pendant que d'Égligny cherchait à se remettre, M. d'Arancey lui parlait de ses courses nocturnes, de leur inutilité, et il entreprenait de prouver, avec éloquence, combien la médiocrité est préférable à l'opulence. Pas de luxe; mais plus de besoins factices. Des amis sincères, et plus de flatteurs. Point de plaisirs bruyans; mais un retour sur soi-même, qui rend, à ceux du cœur, toute leur vivacité. Plus d'équipages; mais un exercice soutenu qui entretient la santé. Le calme de la retraite, si favorable à l'étude des sciences consolatrices; une teinte de philosophie qui élève l'homme au-dessus de sa fortune, telles étaient les bases du très-long discours que prononça M. d'Arancey.

Ce n'est rien que d'avoir bien parlé. On veut, pour récompense de son talent, persuader son

auditoire; l'amour-propre sollicite ses applaudissemens, et d'Égligny, très-préoccupé, n'avait rien entendu. « Qu'avez-vous donc, mon ami, lui dit
« le marquis ? Vous ne paraissez pas frappé de la
« clarté, de la solidité de mes raisonnemens. —
« Mon cher d'Arancey, je conviens qu'avec un
« air très-attentif, je n'étais pas du tout à ce que
« vous me disiez. — Ah, ah, — J'ai saisi, en gros,
« votre tableau de la médiocrité, très-bien tracé
« sans doute. — N'est-ce pas? — Et j'y reviendrai
« tout à l'heure; mais avant, j'ai à vous parler
« d'autre chose. — Hé bien, j'écoute, mon ami.
« — Le difficile est de commencer. — Craignez-
« vous de vous ouvrir à votre meilleur ami, à
« votre père? — L'ami peut n'être pas indulgent,
« le père s'armer de sévérité. — Ceci est donc sé-
« rieux. Ah! chevalier, à qui vous confierez-vous,
« si ce n'est à celui dont vous avez partagé,
« adouci les peines? Du courage, mon jeune ami.
« — J'en aurais avec tout autre. — Craindriez-vous
« mes reproches ? — Je crains de vous déplaire.
« — Cela ne se peut pas. Parlez, je vous en con-
« jure. Vous m'inquiétez chevalier.

« — M. le marquis... M. le marquis... — Mon cher
« d'Égligny ? — Mademoiselle votre fille... elle ne
« saurait... je ne peux... — Ma fille ?... qu'a-t-elle
« de commun avec le trouble où je vous vois ?
« refuserait-elle de remplir sa promesse ? — Pas
« du tout, mon ami, mais, moi... — Mais vous?
« — J'ai réfléchi à ce que M. Botte... — Ce n'est

«. point de ces gens-là qu'il s'agit ; c'est de vous.
« — Je pense que ce qu'il nous a dit l'autre jour,
« au château, était, à son ton près, très-raison-
« nable, très-bien senti. — Très-impertinent,
« très-absurde. — Vous savez combien je vous
« aime. — Vous me l'avez prouvé. — Croyez-vous
« que le titre de votre gendre ajoute quelque
« chose à mes sentimens pour vous? — Je vous
« entends, monsieur. — Ne vous fâchez pas, mon
« ami. Croyez-vous que dans la vie très-privée qui
« devient notre partage, l'union la plus intime
« ne soit pas indispensable? Resserrés dans cette
« humble demeure, que vous pariez, à l'instant,
« des charmes de l'imagination, ne pouvant nous
« éviter ni nous distraire, votre malheureuse fille
« serait réduite à renfermer ses larmes ; à étouffer
« des soupirs, qui s'échapperaient enfin jusque
« dans les bras de son époux ; votre gendre, aussi
« à plaindre qu'elle, et par la froideur dont on
« paierait ses tendres soins, et par des regrets
« trop tardifs ; un père affligé d'un spectacle con-
« tinuel de douleurs, que le temps ne ferait qu'ac-
« croître ; les plaintes, l'aigreur, les reproches,
« et, peut-être, les haines ; enfin, une rupture,
« dernière ressource des époux mal assortis ; voilà,
« mon ami, voilà le sort qui nous attend, et que
« nous pouvons éviter.

« — Monsieur le chevalier, je n'examinerai pas à
« quel point il faut s'aimer pour être heureux en
« mariage. Des nœuds, formés sous les auspices

« de l'amour le plus tendre, sont devenus insup-
« portables ; des unions, préparées par la seule
« estime, ont offert l'exemple touchant de la con-
« corde et d'une félicité durable, étrangère aux
« convulsions du délire, qui ne dure jamais. Je ne
« m'étendrai pas sur ces distinctions : il est inu-
« tile de raisonner avec un homme déterminé. —
« Vous me le pardonnerez, je l'espère. Oui, j'ai
« pris mon parti. — Je vous ferai observer, seule-
« ment, que c'est lorsque j'avais l'espoir de ren-
« trer dans mes biens ; lorsque la main de ma
« fille assurait votre fortune, que vous pouviez
« la refuser avec décence, et c'est alors que vous
« avez reçu avec transport la proposition de vous
« unir à elle.

« —M. le marquis, l'observation est aussi forte
« qu'outrageante. Je vais y répondre avec le mé-
« nagement que je dois à votre âge et à l'amitié.
« —L'amitié, dites-vous ? Vous pouvez l'invoquer
« encore ! — Je n'en ai pas perdu le droit. Écou-
« tez-moi, de grace.

« La beauté de mademoiselle d'Arancey m'a
« séduit au premier coup d'œil. Ses qualités, sa
« position intéressante, tout m'attirait vers elle,
« et, sans m'occuper de l'avenir, je me livrais au
« sentiment qu'inspirait sa présence. M. Botte,
« que vous n'aimez pas, et qui s'est montré votre
« ami, M. Botte m'a éclairé. Il a dissipé une il-
« lusion qui commençait à m'être bien chère. J'ai
« reconnu le danger auquel j'étais exposé. Sans lui,

« j'aurais aimé jusqu'à l'idôlâtrie, et au lieu de me
« combattre et de me vaincre, lorsqu'il en était
« temps encore, je serais, aujourd'hui, le plus
« infortuné des hommes, et je ne serais pas moins
« ferme dans mon refus, parce que où la probité
« commande, tout autre sentiment doit se taire.
« Voilà, M. le marquis, le récit succinct de ce qui
« s'est passé dans mon cœur. Moins prévenu,
« vous le trouveriez aussi naturel que je vous le
« garantis véridique.

« Passons maintenant à ce qui m'a le plus af-
« fecté dans ce que vous venez de me dire, à ce
« que vous ne vous pardonnerez jamais, au re-
« proche de me laisser conduire par de petites
« vues d'intérêt. Quand je vous ai trouvé presque
« nu sur ce charriot, que je me suis dépouillé
« pour vous couvrir, vous connaissais-je, mon-
« sieur? J'étais jeune, vigoureux, et, dans le fond
« même de la Sibérie, mon travail pouvait suf-
« fire à mes besoins. J'ai souffert, parce que j'ai
« tout partagé avec vous; j'ai altéré ma santé,
« parce que je travaillais les nuits, lorsque les
« jours ne suffisaient pas à la subsistance de tous
« deux, et lorsque je rentrais, accablé de fatigue,
« je dérobais encore une heure à mon repos, pour
« vous donner les consolations dont j'avais tant
« de besoin moi-même. C'est moi qui, dans notre
« fuite, vous ai guidé à travers des déserts im-
« menses; qui pansais les blessures de vos pieds,
« quand le sang ruisselait des miens; c'est moi

« qui vous portais à travers les torrens, les neiges
« et les rocs ; qui, le soir, ranimais vos sens en-
« gourdis, en vous pressant des heures entières
« contre mon sein, et que m'importait alors votre
« fille, que je n'avais pas vue, votre fortune, à la-
« quelle vous-même ne pensiez plus? La mort,
« une mort lente, cruelle, se présentant à chaque
« pas devant nous, éloignait toute autre idée
« que celle d'un prochain anéantissement, et mes
« soins et mes efforts vous en ont garanti. M. le
« marquis, qui s'oublie ainsi pour secourir l'hu-
« manité souffrante, n'est pas un homme intéressé.
« — Ce que vous me rappelez, monsieur, je
« l'ai dit à quiconque a pu m'entendre ; je n'ai
« cessé de me le répéter, tant que je vous ai cru
« sincère. Voulez-vous vous rétablir dans mon
« estime et dans mon amitié ; voulez-vous que je
« croie que vous n'avez pas, en effet, aperçu dans
« l'éloignement, ce que je pourrais donner à la
« reconnaissance? Soyez mon gendre, et ce nuage,
« le premier qui s'est élevé entre nous, se dissi-
« pera à l'instant. —Non, monsieur, je ne com-
« mettrai point une faute capitale, parce que vous
« me la prescrivez ; vos derniers jours ne s'écou-
« leront pas dans l'amertume, parce que vous met-
« tez de l'opiniâtreté où il ne faut que de la raison.
« Mais je ne perdrai pas mon ami pour avoir eu
« le courage de lui résister. Nous retrouverons
« cette douce confiance, ces tendres épanchemens
« qui nous ont si long-temps soutenus dans nos

« souffrances. D'Arancey, mon cher d'Arancey,
« cessez d'être injuste, et embrassez votre ami..
« Dieu ! grand dieu, d'Arancey me repousse ! —
« Je ne vous connais plus. — Vous m'y forcez,
« cruel ; le sort en est jeté ! Je serai votre gendre,
« et nous gémirons tous trois.

Le marquis n'avait pas feint le soupçon qu'il avait exprimé : l'apparence était contre d'Égligny. Le vieillard se voyait contraint à mépriser son ami, à rompre un attachement qui faisait partie de son être, et son cœur était brisé. Il avait mis, dans son ton, dans ses gestes, cette vérité, cette énergie qui avaient subjugué le chevalier, et qui le laissaient sans défense. Fidèle à l'amitié et à la confiance de la beauté malheureuse, il entra chez Sophie, égaré, hors de lui, pour lui rendre la scène qui venait de se passer, et transiger avec elle par la plus singulière des propositions.

Sophie était destinée à passer sans cesse, et sans interruption, par toutes les alternatives qui peuvent charmer et froisser une ame sensible. Elle commençait à contracter cette habitude du malheur qui produit la fermeté, et d'Égligny la trouvant plus calme qu'il n'avait osé l'espérer, se remit par degré, et finit en lui déclarant qu'il lui était impossible de vivre sans son père ; que pour conserver son amitié, il avait consenti à devenir son gendre ; qu'il en était fâché, très-fâché ; mais, qu'enfin, ce malheur-là étant inévitable, ce que Sophie et lui pouvaient faire de mieux, était de le rendre, à peu près, idéal. Qu'en conséquence, ils seraient, si ce parti convenait à la future, mari et femme aux yeux du monde ; mais qu'ils vivraient comme un frère et une sœur, qui s'aident mutuellement à supporter le fardeau de la vie. Il prononça le serment authentique de ne jamais user de ses droits ; il protesta que jamais il n'en aurait même la pensée.

Il faut être bien neuf et bien pur, pour faire, de bonne foi, à vingt-cinq ans, une semblable promesse à une fille charmante. Sophie ne doutait pas que l'exécution n'en fût très-facile ; mais elle sentait que ce mariage, quelles qu'en fussent les suites, était une barrière insurmontable, éternelle, qui s'élevait entre elle et son amant. Elle trouvait cependant une sorte de plaisir à penser qu'elle lui demeurerait fidèle. L'instant d'après, elle sentait tous les désagrémens de ce genre de fidélité, et pourtant elle marquait de la reconnaissance à celui qui, par pitié pour elle, voulait bien ne pas l'épouser tout-à-fait.

S'il était possible de trouver un côté gai à quelque chose d'aussi grave que les traverses qu'éprouvent les amans, rien ne paraîtrait aussi plaisant que les entretiens de Sophie et du chevalier. Tous deux jeunes, tous deux tendres, ils convenaient très-sérieusement des moyens qu'ils emploieraient pour tromper la nature, qu'on ne trompe jamais ; pour abuser le public, qui ne pénètre pas le mystère des nuits. Le jour, on se ferait des amitiés, rien que des amitiés; mais on s'en ferait beaucoup, pour abuser M. d'Araucey, et la nuit, deux lits, aussi éloignés que le permettraient les murs de la chambre, recevraient deux époux qui resteraient aussi calmes, que s'ils étaient l'un à Paris, et l'autre à Pékin. Quel joli plan! des caresses innocentes le jour, pour préparer le repos imperturbable des nuits, à quatre pas de distance; quand l'époux peut tout oser; quand l'épouse est sans défense; qu'elle peut, d'ailleurs s'oublier un moment, car, enfin, ces caresses de jour doivent insensiblement devenir plus vives, et puis, les petites distractions des toilettes, un rideau entr'ouvert, un œil indiscret, l'imagination qui s'allume... que sais-je, moi? Il faut avoir soixante ans pour faire et tenir un semblable marché, et encore je ne sais pas... Quoi qu'il en soit, cette chimère avait son utilité. La bonne Sophie se livrait au petit orgueil de penser que jamais elle ne ferait d'infidélité à Charles, pas même en faveur de son mari, et les jouissances de l'orgueil, comme tout autre, reposent un peu un cœur tourmenté.

Le marquis voulait sincèrement le bien de sa fille, et, pour le trouver dans un mariage forcé, il fallait qu'il eût de l'amour des idées toutes particulières. Étranger toute sa vie à ces passions qui font extravaguer, il ne croyait qu'à ces goûts frivoles, aimables, inconstans qui sont si fort à la mode. Il ne doutait pas que sa fille oubliât promptement Charles; qu'elle s'attachât enfin au chevalier, et cette union lui convenant parfaitement à lui, il ne s'occupa plus que d'en accélérer le moment.

Cependant Charles se rétablissait, et attendait, le plus patiemment qu'il lui était possible, l'effet des promesses de son oncle et du chevalier. D'Égligny s'était trop avancé envers son heureux rival, pour n'être pas embarrassé de la manière dont il se tirerait de là. Sophie, qui comptait bien aimer toujours Charles, et qui le disait, cent fois par jour, à son futur époux, Sophie voulait que son amant fût au moins instruit du traité conclu entre elle et le chevalier; elle devait y gagner de deux façons. D'abord, Charles lui saurait un gré infini de sa fidélité, et ensuite elle le liait, par de fréquentes entrevues avec son mari. Elle pourrait donc le recevoir tous les jours, et elle protestait à d'Égligny qu'elle le recevrait sans danger pour sa vertu. D'ailleurs, qu'importent à un frère les actions particulières de sa sœur? Le chevalier n'était pas précisément de cet avis. Ses longues et fréquentes conversations avec Sophie le ramenaient insensiblement à un sentiment mal éteint. Il ne s'en alarmait pas, parce qu'il est naturel d'aimer sa sœur; mais il sentait qu'il n'était pas nécessaire qu'un second frère vînt se mettre en tiers dans sa maison. Bon gré mal gré, il fallut pourtant qu'il allât chez M. Botte.

Charles jeta les hauts cris, quand le chevalier

lui communiqua ces conventions d'un genre si nouveau, et qu'il entreprit de lui persuader qu'il devait les approuver et en être reconnaissant. Il ne voulait pas que sa Sophie se mariât de quelque manière que ce fût, et puis la petite Grandval l'avait convaincu qu'on recherche quelquefois une femme qu'on n'aime point. Or, d'Égligny avait aimé mademoiselle d'Arancey ; il était difficile qu'il ne l'aimât pas encore, et comment se bornerait-il à jouer toujours le mari ? A quels dangers serait donc exposée la fidélité de son amie, si, en dernier résultat, elle ne se lassait point d'être fidèle, ce qui ne lui paraissait pas mathématiquement impossible.

M. Botte ne s'attendait pas à ce prochain mariage ; il en fut étourdi au point de ne pas s'arrêter un moment à l'extravagance des futurs époux. Depuis vingt ans il connaissait M. d'Arancey. Il l'avait vu constamment aussi glorieux de son faste que de sa naissance. Il croyait l'avoir forcé à recourir à lui pour continuer un genre de vie qui lui était si cher, et il était loin de prévoir que l'amitié eût assez d'empire sur lui, pour le faire descendre à un état au-dessous de la médiocrité. « Il est bien singulier, disait-il à son neveu, que
« cet homme, qui ne parlait que de ses équipages,
« de ses chevaux, de ses ancêtres, de sa livrée ;
« qui était jaloux de son eau-bénite, de son pain-
« bénit, de son encensoir, et qui faisait garder
« ses chasses comme madame Cretté du Bourget...

« — Hé, mon oncle, il s'agit bien de madame
« Cretté. — C'est une excellente femme, pleine
« de qualités, qui aime beaucoup ses parens, et
« qui ne leur sacrifierait pas un lièvre. Mais re-
« venons. Il est bien singulier que M. d'Arancey
« ait oublié tout cela pour se borner à son pot
« au feu, tristement partagé avec sa fille et son
« gendre. Quel talisman ont donc ces jeunes gens
« qui arrivent du Kamschatka? — Mais vous plai-
« santez, je crois, mon oncle. — Vous savez, mon
« neveu, que je ne plaisante jamais. — Vous ou-
« bliez au moins vos promesses. — Pour qui me
« prenez-vous, monsieur? — Et vous laissez faire
« cet odieux mariage! — Je compte bien encore
« l'empêcher. Tu me crois donc sans sensibilité,
« sans entrailles? Je suis donc ton ennemi? —
« Hé, non, mon oncle; mais ce ne sont pas des
« mots qu'il faut ici. — Aussi, monsieur, vais-je
« agir, et efficacement, je l'espère. Je cours chez
« le marquis. — Oh, oui, je vous en prie, mon
« oncle. — Et je lui parlerai vertement. — Hé, que
« lui direz-vous, que vous ne lui ayez déja dit?
« — Voilà un enfant bien opiniâtre. Croyez-vous,
« monsieur, que j'aie le talent de persuader les
« gens sans leur parler? me prenez-vous pour un
« mime? — Si vous parliez plutôt à mademoiselle
« d'Arancey? — Pourquoi faire, monsieur? pour
« la détourner de ses devoirs, auxquels je l'ai ra-
« menée moi-même? — Vous me faites mourir,
« mon oncle, avec vos idées exagérées de vertu.

« — Monsieur, qui ne fait pas trop en ce genre
« pour les autres, ne fait jamais assez pour soi.
« — Et je serai victime de votre systême. Oh, je
« mourrai, décidément je mourrai. — Le malheu-
« reux en est capable ! Je vous répète, monsieur,
« que je vais parler à ce père-là. Je connais son
« faible ; je suis en mesure, et j'ai à lui faire des
« observations d'une force majeure. — Hé, mon
« dieu, mon oncle, que ne les lui faisiez-vous
« plutôt ! — Ne m'arrête donc pas davantage, si
« tu ne veux pas que je les lui fasse plus tard. »

M. Botte arrive chez le marquis. Il entre dans une petite pièce, éclairée par un *quinquet*, qu'on honorait du nom d'antichambre, et que le cher oncle reconnut servir à la fois de cuisine, de bûcher et de cabinet de toilette, car vous savez que le marquis avait repris le toupet en fer à cheval, les boucles détachées et la bourse. Deux laquais de louage avaient endossé, en entrant, la livrée, qu'ils devaient renfermer, en sortant, dans un garde-manger, qui ne servait plus qu'à cet usage. Comme la valetaille a joué, de tout temps, dans les antichambres des gens de qualité, ceux-ci, fidèles aux grands usages, et ne pouvant faire un brelan à deux, jouaient au noble jeu d'oie, dans les intervalles où ils n'avaient personne à annoncer.

Un de ces drôles, qui avait des souliers percés, des bas crottés, des manchettes sales, et les cheveux poudrés à blanc, demanda gravement à M. Botte sous quel nom il fallait l'annoncer ? « Hé,

« parbleu, sous le mien : Jacques-Nicolas Botte.
« — Jacques-Nicolas... Vos qualités? — Honnête
« homme. Tu ris, maraud!—On n'entre point ici
« qu'on ne soit titré. Êtes-vous prince, duc, comte,
« marquis? — Je suis un être fatigué de tes ques-
« tions, et je vais m'annoncer moi-même. — Mais,
« monsieur... — Range-toi, faquin. » Et M. Botte
lui applique un vigoureux coup d'épaule; il passe,
le laquais le poursuit; il pousse vivement la porte
et renverse une bergère, passablement garnie en
vieille moquette. Dans la bergère était une antique duchesse, qui roula sur un tapis de lisière,
et qui présenta, à la clarté d'une bougie unique,
des appas auxquels, depuis trente ans, personne
n'avait été tenté de faire voir le jour.

M. d'Arancey reconnaît M. Botte, et rougit jusqu'au blanc des yeux. Un bourgeois, et un bourgeois assez impertinent parfois, pénétrer dans une
assemblée aussi respectable! Le marquis sentait
bien que l'étiquette voulait qu'il le fît mettre à
la porte; mais il savait que le cher oncle n'en-
durerait point paisiblement un tel affront, et
que la scène deviendrait plus scandaleuse encore.
Comme de deux inconvéniens, il faut choisir le
moindre, quand on peut choisir, le marquis jugea que, pour être plus promptement débarrassé,
il fallait laisser dire le bourgeois, qui se retirerait
probablement lorsqu'il aurait exhalé sa bile.

Pendant que M. d'Arancey se consultait, un
cordon bleu relevait madame la duchesse, qui

faisait des efforts incroyables pour rougir, en minaudant à travers les bâtons de son éventail ; un cordon rouge relevait son chignon, un chevalier de Saint-Louis son ratelier, et le cher oncle, son œil d'émail, qu'il voulait, à toute force, faire rentrer dans son orbite. Cette haute noblesse, qui se croyait en sûreté dans cette chambre, comme Dieu dans son sanctuaire, indignée de la familiarité de ces manières, exprima son humeur par certaines expressions très-claires que le cher oncle ne jugea pas à propos de relever, de peur de s'écarter de son but. Il fut s'asseoir, sans façons, près du marquis, et lui frappant sur la cuisse :
« Vous êtes entêté et moi aussi. Vous avez juré
« de faire une sottise ; j'ai fait serment de l'em-
« pêcher, et je m'explique. C'est moi qui ai acheté
« votre terre du Berri, et vos trois métairies. C'est
« moi qui vous ait réduit à recevoir ces messieurs
« et ces dames dans ce taudis, et à les régaler avec
« de la piquette et le plat de bœuf à la mode : j'en
« ai vu les débris en entrant. C'est moi qui vous
« croyais assez de bon sens pour ne pas préférer
« la morgue à l'aisance, et votre satisfaction per-
« sonnelle au bonheur de votre fille. C'est moi
« enfin qui reviens à vous, puisque vous conti-
« nuez à vous éloigner de moi.

« Voici mes dernières propositions. Je vous
« rends votre terre du Berri, vos trois fermes et
« votre château d'Arancey. Ceci vaut la peine d'y

« réfléchir : ce sont cent mille livres de rente que
« je vous offre.

« Vous en jouirez en toute propriété, sous la
« seule condition de ne pouvoir ni vendre, ni alié-
« ner. Après vous, ces biens passeront à votre
« fille, et retourneront à mes héritiers, si elle
« meurt sans enfans. Il me restera encore de quoi
« la doter très-passablement, sans que vous pre-
« niez une obole sur votre revenu. D'après cet
« arrangement, vous recevrez vos amis dans un
« château meublé comme celui d'un souverain ;
« vous les traiterez splendidement ; vous leur prê-
« terez de l'argent, considération qui peut déter-
« miner ces messieurs et ces dames à appuyer ma
« demande, et, enfin, ce qui vous flattera autant
« que le reste, vous conserverez votre nom d'Aran-
« cey, auquel vous tenez tant. Je m'oblige, devant
« témoins, à ne jamais vous appeler Thomasseau ;
« à descendre avec vous jusqu'à la déférence, et
« à paraître reconnaissant, lorsque c'est vous qui
« me devrez tout. Prononcez maintenant : mon
« neveu est-il votre gendre ?

« Mais vraiment, reprit la duchesse, l'argent
« rapproche les distances, et il est très-agréable
« d'en pouvoir prêter à ses amis. Rappelez-vous,
« mon cher marquis, que nos jeunes seigneurs
« ne dédaignaient pas de s'allier à la finance. —
« Madame, ils élevaient leurs femmes jusqu'à eux ;
« ici, mademoiselle d'Arancey descendrait jusqu'à

« M. Montemar. — Mais, mon cher marquis, de
« l'argent à la disposition de ses amis! — L'argent
« n'est rien, madame; l'honneur est tout. Et en
« quoi, poursuivit M. Botte, faites-vous consister
« cet honneur? dans ces brimborions qui vous
« pendent au cou? Savez-vous ce qui vous arri-
« vera, M. Thomasseau? Je vais vous le dire. Vous
« achèterez une misérable bicope et quelques ar-
« pens, dont vous mangerez bien vite la moitié,
« et vous labourerez le reste en sarrau de toile,
« en sabots, et l'épée au côté. Vous mourrez or-
« gueilleusement de faim, vous et les vôtres, et
« ce bon d'Égligny, qui est en âge de faire son
« chemin, et que je pousserais dans le commerce,
« sera tout en gros votre premier garçon de char-
« rue. La jolie perspective pour l'arrière-petit-fils
« d'un maréchal de France!

« — Avez-vous fini, M. Botte? — Absolument,
« M. Thomasseau. — Voici ma réponse, et je
« vous prie de vous en souvenir. Je suis le maître
« de ma conduite et du sort de ma fille. — C'est
« malheureusement trop vrai. — Je persiste dans
« mes résolutions... — Je devais m'y attendre. —
« Et si l'indigence que vous m'annoncez devient
« en effet mon partage, je ne m'en plaindrai pas
« à vous. — Et vous ferez bien. — Dispensez-
« moi, à l'avenir, de vos visites. — Il est inutile
« de me le recommander. — Et surtout de vos
« incartades, que je ne supporterai pas toujours
« aussi tranquillement. — Hé bien, adieu. Adieu

« donc, jusqu'à l'éternité, monsieur Thomasseau.
« Je pars à l'instant avec mon neveu. Je le tire
« d'un pays où le chagrin lui ôterait infailliblement
« la vie ; je fais avec lui le tour de l'Europe, pour
« le distraire et le guérir de son amour, et si je
« rencontre une seconde Sophie, ce qui n'est pas
« très-probable, mais ce qui n'est pas absolument
« impossible, je la lui fais épouser, et je reviens
« m'établir à côté de vous, pour vous rendre té-
« moin de son bonheur, et vous faire enrager.

« A moi, à moi, tous mes gens, crie M. Botte,
« en rentrant à l'hôtel. Qu'on prépare une ber-
« line de poste ; qu'on emplisse la vache, les
« coffres, la cave et mes malles de tout ce qui
« peut être utile ou agréable pour un voyage de
« trois ans ; qu'on m'aille chercher des passe-
« ports ; que mes deux valets de chambre passent
« la culotte de peau, et vous, monsieur mon
« homme d'affaires, garnissez-moi mon porte-
« feuille. Ah !... qu'on dise à Horeau d'être prêt
« dans une heure ; je le prends avec moi, parce
« que ce pauvre Charles n'est pas dans un état
« à pouvoir être grondé. — Hé, mon oncle, où
« allez-vous donc ? — Ce marquis Thomasseau a
« le diable au corps, et je t'emmène à Péters-
« bourg, à Londres, à Madrid. Qu'est-ce que cet
« homme révérentieux, qui me regarde d'un air
« hébété ? — Mon oncle, c'est un marin, qui ar-
« rive de la Guadeloupe. — De la Guadeloupe ?
« C'est là que mon pauvre père est mort. Que vou-

« lez-vous, monsieur le marin ?... Pas tant de ré-
« vérences; je ne les aime pas.

« — Monsieur, je suis Anglais. — J'en suis bien
« aise. — J'étais sur la flotte qui s'empara de cette
« colonie, en mil sept cent quatre-vingt... — C'est
« bon, c'est bon. Si vous nous avez pris cela,
« nous vous avons rossé à Dunkerque dans cette
« guerre-ci, à Fontenoy dans une autre, et sur
« toutes les côtes de France, sous Philippe-Au-
« guste, et ses successeurs, malgré vos intrigues
« et vos alliances avec des ducs de Bourgogne
« et de Bretagne, qui vous faisaient beau jeu.
« Après, monsieur le marin ? — J'ai été chargé
« par notre amiral de l'examen des papiers fran-
« çais... — Dépêchez-vous donc; je pars pour
« Pétersbourg. — Et, dans un arrière-cabinet du
« gouvernement, j'ai trouvé ce brevet. — Qu'est-
« ce que c'est que ce chiffon? »

« Louis, par la grace de Dieu, etc. En récom-
« pense des services rendus à la navigation et au
« commerce, par Antoine-Xavier Botte, écuyer...
« Mon père écuyer! il ne m'a jamais dit qu'il fut
« écuyer. C'est apparemment un titre que le roi
« a bien voulu lui conférer. Poursuivons... —
« Par Antoine-Xavier Botte, écuyer, il nous a
« plu l'élever, et l'élevons par ces présentes au
« grade de capitaine de frégate de notre marine
« royale... — Je n'ai jamais entendu parler de cette
« promotion. Voyons la date...; du mois qui a
« précédé celui de son décès. Ce brevet lui aura

« été adressé à la Guadeloupe, et il n'a pas eu
« le temps de me faire part de cette faveur de la
« cour... Signé Louis, et plus bas, Saint-Priest.
« C'est très en règle, parbleu!

« — Votre nom, monsieur, est très-connu
« dans tout l'univers commerçant. — Je le crois
« bien, monsieur. — J'ai cru vous faire plaisir en
« vous conservant cette pièce.—Vous m'en faites,
« et beaucoup. J'ai toujours honoré mon père,
« et cette distinction ajoute à mon respect pour
« lui. — Mes affaires m'ayant amené en France,
« je me suis fait un devoir de vous présenter
« moi-même ce brevet. — C'est très-honnête, en
« vérité... Diable, diable! si j'avais eu cette pièce-
« là ce matin... Hé, bien, Henri, qu'est-ce en-
« core ? — Un monsieur qui arrive de Marseille.
« — Je suis originaire de cette ville, et j'ai tou-
« jours aimé les Provençaux. J'en ai conservé la
« franchise. Faites entrer.

« Celui-ci me serre la main : bon cela. Voilà
« les manières qui me plaisent. Ah! ne secouez
« pas ce bras si fort : c'est celui de mon rhuma-
« tisme.

« — Monsieur, j'étais membre du comité révo-
« lutionnaire d'Aix. — Tant pis pour vous, mon-
« sieur. — Mais je n'y étais entré que pour être
« utile aux honnêtes gens. — L'intention est loua-
« ble. — Nommé pour compulser les archives du
« parlement, de différens tribunaux de la pro-
« vince, et les registres des églises, j'ai conservé

« les titres de quelques familles illustres, et no
« tamment de la vôtre. — Ma famille illustre !
« vous vous moquez de moi, mon cher ami. —
« Je vous respecte, je le dois, et je vous prie
« d'examiner ces liasses. — Voyons, monsieur,
« voyons. Il serait plaisant que je fusse noble, sans
« m'en être jamais douté.

« Oh, comme ces parchemins sont vieux et
« enfumés ! quels caractères gothiques ! Henri,
« ma loupe... m'y voilà. Contrat de mariage de
« haut et puissant seigneur Ferdinand comte de
« Botta, fils unique du marquis de Botta, feld-
« maréchal au service de sa majesté l'impératrice,
« et de Irène de Boralette... Attendez donc ; j'ai
« entendu parler de ce marquis de Botta. Charles,
« remettez-moi sur la voie. — Je crois, mon oncle,
« que c'est celui qui a pris Gênes... — Précisé-
« ment. Diable !

« Extrait des registres de baptêmes de la pa-
« roisse Notre-Dame de Marseille. A été baptisé,
« le quinze février seize cent quatre-vingt-dix,
« Auguste, fils de Ferdinand, comte de Botta...
« Et voilà un brevet qui nomme Auguste de
« Botte, garde de la marine, à Toulon. Pourquoi
« donc cet Auguste ne s'appelle-t-il pas comme
« son père ? — Vous savez, mon oncle, que nous
« avons l'habitude, en France, de changer en *e*
« muet l'*a* final des noms propres italiens. —
« C'est vrai. Mais cet Auguste de Botte est mon
« bisaïeul, et comment mon père a-t-il cru qu'il

« était matelot ?... garde-marine, marin... Le cher
« homme aura confondu. Il est bien extraordi-
« naire pourtant que des pères laissent ainsi tom-
« ber leur filiation dans l'oubli. Vous verrez qu'il
« se sera trompé encore au sujet de mon grand-
« père, dont il faisait tout simplement un pilote.

« Contrat de mariage d'Auguste de Botte,
« écuyer... Ah, la famille perd ici de son illustra-
« tion... d'Auguste de Botte, écuyer, et de de-
« moiselle Gertrude de Miolan.

« Extrait des registres de baptêmes de la pa-
« roisse Notre-Dame de Marseille.

« A été baptisé, le sept mai mil sept cent trois,
« Jérôme, fils de... Ce Jérôme est mon aïeul...
« Corbleu, je le savais bien que mon père faisait
« encore ici une bévue. Voici un ordre authen-
« tique du roi, qui donne commission à Jérôme
« de Botte, officier de la marine royale, très-in-
« struit dans le pilotage... Et mon père en faisait
« un pilote!... Qui donne commission à Jérôme
« de Botte, de monter la flûte *la Danaé*; d'aller
« sonder les rades nouvellement découvertes dans
« la mer du Sud... Parbleu, la négligence de mon
« père est bien impardonnable! laisser perdre des
« titres aussi importans! Ce n'est pas que je tienne
« infiniment à ma noblesse; mais enfin on est
« bien aise de savoir de qui on sort, et puis il
« faut avouer que la noblesse a son utilité. Elle
« récompense les belles actions, et elle impose
« aux héritiers du nom, l'obligation de marcher

« sur les traces de leurs pères. Que diable, si j'a-
« vais su cela avant la révolution, j'aurais repris
« mon nom de Botta, et avec ma fortune, je me
« serais fait marquis comme un autre. A quoi
« tout cela me servira-t-il maintenant? — A faire
« mon mariage, mon oncle. — Tu as parbleu
« raison... Ah, qu'est-ce que c'est que cette
« pièce-ci? c'est du latin, ou le diable m'emporte.
« Vois donc cela, Charles : moi je ne sais pas le
« latin.

« —Mon oncle, ce sont des lettres de noblesse,
« accordées en 774 par Didier, dernier roi des
« Lombards, à Adrien Botta, son valet de cham-
« bre, pour lui avoir conseillé de déclarer le guerre
« à Charlemagne, son gendre, qui venait de ré-
« pudier sa fille. — Un valet de chambre ! C'est
« bien peu de chose que cela. Mais les familles
« les plus illustres ont eu leur commencement,
« et ma foi, quand on date de l'an 774, et d'un
« roi des Lombards, on peut aller de pair avec
« ce qu'il y a de plus distingué.

« Or çà, Charles, me voilà noble, et très-no-
« ble, comme tu vois. Tu me disais, tout à l'heure,
« que ma noblesse me servirait au moins à faire
« ton mariage. Mais, mon ami, mon père qui ne
« savait rien de tout ceci, ou qui n'en voulait rien
« dire, peut-être parce qu'il n'était pas riche,
« mon père a marié ma sœur à ce pauvre Mon-
« temar, qui était, à la vérité, procureur du roi
« au baillage de Tarascon ; mais roturier dans

« toute l'étendue du mot. Je ne t'en aime et ne
« t'en prise pas moins ; mais comment faire en-
« tendre raison à mon confrère le marquis d'Aran-
« cey, qui ne veut rien entendre ?

« Monsieur, reprit le Marseillais, j'ai trouvé
« une Rosalie Botte dans cette liasse, ce qui m'a
« déterminé à la joindre à l'autre. — Rosalie
« Botte ? C'est ma sœur. — Ah, que je me sais
« bon gré de n'avoir pas fait brûler cela.

« —Allons donc, Charles, moins de nonchalance ;
« examine ceci. Que diable, tu y es plus intéressé
« que personne. — Voici, mon oncle, un arbre
« généalogique... — Cela ne prouve rien. — Cela
« prouve beaucoup. La tige commence par Adrien
« de Montemar, anobli après la première croi-
« sade, par le pape Urbain II. Voilà les enfans,
« les petits-enfans, les arrière-petits-enfans... —
« Du pape Urbain II ? — Hé, non, mon oncle,
« vous savez bien que les papes n'ont pas d'en-
« fans. — Tu plaisantes, mon neveu ; et Alexan-
« dre VI, qui en faisait publiquement à sa fille
« Lucrèce qu'il maria trois fois pour la forme, et
« qu'il enleva à trois maris, dont il fit assassiner
« le dernier, Alphonse d'Arragon, pour la don-
« ner enfin à l'héritier de la maison d'Est ? Je t'en
« citerais bien d'autres, qui de leurs bâtards se
« sont fait des neveux. — Cela n'est pas croyable,
« mon oncle. — A la bonne heure ; mais cela est.
« Au reste, il s'agit ici des descendans d'Adrien
« de Montemar. Les voilà tous, tu as raison...

« Ah, le tronc se divise en deux branches, ici,
« en l'an 778, voilà un Raoul de Montemar, qui
« recueille l'armure de Roland, tué à la bataille
« de Roncevaux... Mais j'ai vu cette armure au
« château de Sedan, et que le diable m'emporte,
« si je conçois comment elle y est venue. — J'ai
« vu, moi, mon oncle, l'armure de Godefroi de
« Bouillon : elle était toute neuve. — Mon cher
« ami, en armures comme en reliques, la foi fait
« tout. Dieu te dispense pourtant de prouver l'o-
« rigine des premières, et de croire aux secondes.
« Mais revenons aux Montemar... Voilà, après
« quelques générations, un duc du nom... Ventre-
« bleu ! un duc de Montemar !... Il gagne en Italie
« la bataille de Bitonto... L'arrière-petit-fils de ce
« duc est premier président au parlement d'Aix...
« Le fils du président est conseiller au même par-
« lement... Voilà encore une grande maison qui
« décheoit. Mais la noblesse de robe n'est pas à
« dédaigner, et le chancelier de l'Hôpital valait
« bien le cardinal de Lorraine... Les petits-fils du
« conseiller, sont, l'un procureur du roi au bail-
« lage de Tarascon, et marié à Rosalie Botte ;
« l'autre est lieutenant des maréchaux de France
« à Marseille, ce qui prouve que la noblesse est
« restée pure. C'est ce dernier, reprit le Marseil-
« lais, qui a continué l'arbre généalogique, et,
« sans moi, l'aîné des Montemar passait fort mal
« son temps : le tribunal révolutionnaire tranchait
« impitoyablement cette branche.

« Je ne reviens pas de ma surprise, s'écriait
« Charles. Ni moi, répondait son oncle. Mais
« comme je ne crois pas légèrement, voyons
« les pièces à l'appui... C'est très-bien... c'est au
« mieux... c'est à merveille. Je suis flatté, en-
« chanté, ravi que tu sois noble aussi. D'abord,
« cela doit lever toutes les difficultés. Ensuite,
« il est désagréable que la naissanse établisse entre
« proches parens une différence sensible... Qu'as-
« tu donc, monsieur de Montemar? — Une co-
« lique épouvantable, mon oncle. » Charles mor-
dait son oreiller, et se tenait les côtés, pour ne
pas éclater de rire.

Horeau entra, vêtu à peu près comme s'il allait
à la noce. « On ne vous a donc rien dit de ma
« part, monsieur? — Pardonnez-moi : on m'a
« dit que vous comptiez me mener à Pétersbourg.
« — Je ne pars plus, monsieur ; mais pourquoi
« n'êtes-vous pas en habit de voyage? — C'est que
« dans aucun cas je ne voulais partir. — Voilà
« qui est singulier. — Moins singulier, sans doute,
« que vos manières impératives. — Savez-vous,
« monsieur Horeau, que, indépendamment des
« droits de l'amitié, je viens d'en acquérir à votre
« considération? Je ne la réclamerai jamais, parce
« que vous êtes trop raisonnable pour ne pas me
« l'accorder. Apprenez que mon neveu et moi
« nous sommes nobles, monsieur. — Bah! — Et
« annoncez-le partout, je vous en prie, parce que
« je n'aime pas à me vanter. — Voici du plaisant,

« par exemple. — C'est on ne peut plus sérieux.
« Prenez, lisez et jugez. — Ma foi, monsieur le
« gentilhomme, je ne lirai pas ces vieux parche-
« mins. — Vous les lirez, monsieur. — J'aime
« mieux vous en croire sur parole. — A la bonne
« heure : je monte en voiture. — Pour aller mon-
« trer cela ? — Pourquoi sont faits des titres de
« noblesse ? — Vous allez vous donner un ridicule.
« — Aux yeux de quelques bourgeois. — Qui va-
« lent bien un noble, vendant de la canelle, du ca-
« cao, de l'indigo, des clous de gérofle et du gin-
« gembre. — Le commerce en gros ne déroge
« point, entendez-vous, monsieur, et Samuel Ber-
« nard valait tous les barons allemands. — Mon
« cher ami, rendez aux rats ces rogatons qu'on
« n'aurait pas dû leur ôter. — Voilà les idées
« rétrécies de mon père et du procureur du roi de
« Tarascon. Je ne m'étonne plus de leur modeste
« silence : M. Horeau en eût fait tout autant. — Et
« vous feriez bien de les imiter. — Vous feriez
« bien mieux de vous taire, monsieur. Il ne con-
« vient pas à tout le monde d'avoir cette grosse
« franchise avec un descendant du vainqueur de
« Gênes. Je vais courir tout Paris, mes titres dans
« ma poche ; je forcerai le marquis d'Arancey à
« me reconnaître pour son égal, et à conclure
« enfin le mariage de sa demoiselle avec M. de
« Montemar, mon neveu. »

Horeau, vous vous en souvenez, était dans la

confidence. Il avait craint que M. Botte, qui n'avait laissé échapper, jusque alors, aucune occasion de médire de la noblesse, ne jetât ses titres au feu, et il avait voulu le forcer à s'en servir par le moyen ordinaire, la contradiction. Le pauvre Horeau connaissait bien peu le cœur humain. Qui de nous n'a pu s'appliquer, cent fois dans sa vie, la fable du renard et des raisins?

Le cher oncle aimait beaucoup son neveu, et il nous l'a prouvé sans cesse dans le cours de cette histoire; mais son petit orgueil était agréablement chatouillé, et c'est encore une de nos faiblesses de préférer notre satisfaction personnelle à l'amour-propre d'autrui. M. de Botte, certain d'être reçu avec distinction par son confrère le marquis, commença par visiter certaines personnes, à qui il était bien aise de jeter de la poudre aux yeux. Il voulait ajouter à l'estime que lui accordaient les uns, et rendre les autres malades de dépit.

Madame Duport était la femme qu'il respectait le plus, et ce fut chez elle qu'il courut d'abord. Elle eut la complaisance d'écouter tout ce qu'il voulut lui dire, et d'avoir l'air de lire avec lui des paperasses, dont elle ne déchiffrait pas quatre mots de suite; mais elle savait que chaque homme a sa chimère, qu'il y tient, qu'on l'indispose en voulant le désabuser, et le descendant du vainqueur de Gênes la quitta, enchanté de ses manières, pour courir chez quelques particuliers qui estimaient plus l'arithmétique que le blason, qui le disaient au moins.

L'un affecta de traiter notre gentilhomme plus familièrement que jamais ; l'autre lui demanda ce qu'il avait fait pour profiter des distinctions accordées à ses aïeux ; celui-ci affecta de rappeler tous les abus de la féodalité ; celui-là cita malignement la date du décret qui supprime la noblesse, et M. de Botte, plein d'humeur et de dédain, prononça qu'il n'y avait parmi ses connaissances que madame Duport et le marquis d'Arancey qui eussent le sens commun. Il se promit de ne conserver aucune relation avec cette bourgeoisie, et de ne voir que le seul Horeau dans la roture. « La solidité de son amitié, disait
« le cher oncle, justifiera cette distinction aux
« yeux de mes confrères, et puis il faut que j'aie
« quelqu'un à gronder, et je ne peux me passer
« de cet homme-là. » Ce plan arrêté, il se fit conduire chez M. d'Arancey. C'est là qu'il devait jouir de la plénitude de sa gloire ; c'est là que, pour la première fois, des cordons bleus le traiteraient en égal : il le croyait ainsi.

Il arrive ; il descend de voiture ; il monte, ses parchemins sous le bras. Les deux laquais de louage n'ont pas besoin de l'interroger cette fois. Monsieur de Botte, déjà convaincu du respect dû à l'étiquette, leur ordonne gravement d'annoncer un descendant du conquérant de Gênes.

La vénérable assemblée ne doute point qu'il ne soit question du duc de Fronsac. Cordons bleus, cordons rouges, tous se lèvent, et vont jusqu'à la porte de la salle unique au-devant de monsieur le duc. Ils restent stupéfaits à l'aspect du cher oncle, qui leur dit d'un ton cavalier : « Ma foi, « messieurs mes confrères, vive les gens comme « nous pour la politesse. Je sors de chez trois « ou quatre bourgeois qui ne m'ont pas seulement « reconduit. » On se regarde, on croit que le cher oncle a perdu la tête ; on reprend ses places. Le marquis s'arme d'un front sévère, et il allait rappeler à M. Botte la prière qu'il lui avait faite de cesser ses visites, lorsque celui-ci, tout à son objet, prit un comte par un bras, un duc par le jabot, les amena devant une table, y traîna un fauteuil, se jeta dedans, et parla ainsi à ces deux messieurs, fort étonnés d'être debout devant un marchand assis.

« Mes bons amis, voici mes titres. Ce ne sont « pas des effets verreux comme ceux qu'ache- « taient certains bourgeois jaloux de se décrasser. « Mes lettres de noblesse datent de l'an 774 ; « celles de mon neveu de la première croisade. « Voilà, messieurs, voilà le grand sceau du fa- « meux Didier, dernier roi des Lombards; voilà « celui du pape Urbain II ; voilà une médaille « frappée en l'honneur du marquis de Botta vain- « queur de Gênes ; voilà un brevet de Pierre « l'ermite généralissime des croisés, qui nomme

« contrôleur-général, et conservateur des reliques
« qu'on prendra à Jérusalem, Adrien de Monte-
« mar, tige de la famille de mon neveu. Voici
« des brevets de Louis XIV, et de Louis XV, que
« n'ont point arrachés l'importunité, l'adulation,
« ou de basses complaisances envers le souverain :
« ils sont le prix de services éclatans rendus à
« la patrie. Voyez, messieurs, examinez et con-
« venez que je ne suis pas indigne de l'honneur
« que vous m'avez fait de venir au-devant de
« moi. »

Tout cela était dit avec tant de vérité, les pièces étaient présentées avec tant de confiance, qu'il n'était pas possible de se refuser à les lire. La noblesse n'admet un nouveau membre que sur des preuves résultantes du plus sévère examen, et les six plus anciens gentilshommes se rangèrent autour de la table, disposés à chicaner sur la moindre vétille, la moindre lacune, la moindre mésalliance.

Monsieur de Botte qui ne craignait rien, les laissa faire, s'empara de la personne de son confrère le marquis, et le tira à l'écart. Il lui parla avec le feu que lui inspirait son amitié pour Charles, et la confiance que lui donnait sa naissance. Il se résuma en disant que le confrère n'avait plus de prétexte pour s'opposer au bonheur de son neveu ; que ce mariage, très-convenable par le rang des deux familles, et par la fortune qu'apportait M. de Montemar, ne devait plus être retardé ; qu'il se flattait que mademoiselle d'Arancey allait être relevée, par son père, de la promesse qu'elle avait faite d'épouser d'Égligny ; que le chevalier rendrait volontiers la parole qu'il avait reçue du marquis ; qu'à la vérité, cet aimable garçon demeurerait sans ressources ; mais que lui, monsieur de Botte, en prendrait soin, foi de gentilhomme.

Le marquis poussait l'amour du rang jusqu'à la puérilité ; mais il avait des qualités, et surtout une grande force de caractère. La noblesse de M. Botte à laquelle il croyait, son immense fortune, qui en eût séduit tant d'autres, ne l'éblouirent pas un moment. « Je vous remercie, mon-
« sieur, de l'honneur que vous persistez à vouloir
« faire à ma fille ; mais nous sommes liés, d'Égli-
« gny et moi, par le lien le plus sacré pour des
« gens de notre sorte, notre parole d'honneur.
« — Bah, bah, mon cher confrère, je vous dis
« qu'il vous rendra la vôtre. — Je ne le crois
« pas capable d'oublier ce qu'il se doit. — Mais
« si cela était ? — Je me respecte trop pour suivre
« un pareil exemple, et ma fille n'étant point à
« lui, ne serait à personne. — Vous êtes le gen-
« tilhomme de l'Europe le plus entêté, le plus
« déraisonnable, le plus... — Vous m'avez en-
« tendu, monsieur ; permettez-moi de rejoindre le
« cercle. — Corbleu, monsieur le marquis, il vous
« sied bien de me refuser ! savez-vous que mes
« ancêtres étaient titrés, quand les vôtres lan-

« guissaient encore au dernier rang des derniers
« citoyens ? savez-vous que je possède en riches-
« ses ce qu'avaient à peine quatre pairs de France?
« Et vous ne voulez pas m'accorder votre fille!
« eh bien, j'emmène mon neveu; je le marie à
« une petite souveraine d'Allemagne, que j'achète,
« elle et ses états, et quand vous aurez mangé
« vos cent mille francs, vous serez trop heureux
« de venir à sa cour, et d'obtenir de l'emploi
« dans son régiment des gardes. »

Ce n'étaient là que des mots qu'arrachait le dépit. M. Botte avait encore des ressources. « Al-
« lons, dit-il, messieurs les experts en titres de
« noblesse, finissons s'il vous plaît, et rendez-
« moi les miens. Volontiers, monsieur, dit un pe-
« tit duc, d'une voix aigre-douce, qu'il assaisonnait
« d'un rire sardonique; mais je vous fais observer
« que celui qui vous a vendu ces pièces ne con-
« naissait pas la chronologie. — Corbleu, mon-
« sieur, me croyez-vous fait pour acheter ces
« choses-là! — Mais je doute fort, monsieur,
« qu'on vous les ait faites pour rien. — Ne me
« poussez pas davantage; je sais à quoi l'honneur
« oblige un gentilhomme. — Un gentilhomme!
« Oh, oh, oh... — Oui, ventrebleu, je le suis, et
« il serait plaisant que l'on me contestât ma no-
« blesse. — Je ne vous la conteste pas, monsieur...
« — A la bonne heure. — Je suis convaincu qu'elle
« n'a jamais existé... Oh, je vous prie, monsieur
« pas d'emportement. — Je veux m'emporter,

« moi, et vous voir sur le pré le couteau de
« chasse à la main, pendant que je suis en co-
« lère. — Je ne peux pas me mesurer avec vous,
« monsieur. — Et la raison, monsieur? — Vous
« n'êtes qu'un roturier. »

Ici, M. Botte exaspéré, furieux, saute sur les pincettes ; trois ou quatre comtes ou marquis sautent sur M. Botte, et le remettent dans son fauteuil, où ils le tiennent fixé par les quatre membres. Le cher oncle écumait, égratignait ; un malveillant prétendit même qu'il cherchait à mordre. L'un proposait de lui arracher les ongles, un autre les dents, un troisième voulait le faire passer par la fenêtre avec ses titres. Le marquis n'avait pas oublié certains services que lui avait autrefois rendus le bourgeois gentilhomme ; il craignait les suites de cette scène, parce qu'il connaissait le cher oncle opiniâtre, au point de se faire assommer plutôt que de céder, si on ne lui alléguait pas de raisons valables, et il savait qu'un noble qui tue un vilain, ne se tire pas de là aujourd'hui, comme dans le bon temps, avec une légère amende. Il déclara au duc, d'un ton poli, mais ferme, qu'il se flattait qu'au lieu de pointiller, il voudrait bien prouver à M. Botte ce qu'il venait d'avancer.

« Rien de plus facile, marquis. Voilà de préten-
« dues lettres de noblesses expédiées en l'an 774 ;
« et c'est seulement à la troisième race, c'est-à-
« dire, à l'an 1000 au plutôt que remontent les

« premières lettres de noblesse, en admettant
« encore que Hugues Capet en ait données, ce
« que je ne crois pas. Voilà un marquis de Botte
« qui a pris Gênes en effet ; mais cet évènement
« eut lieu en 1746, et, de cette époque à nos
« jours, c'est-à-dire en cinquante-sept ans, on
« donne à ce marquis un fils, un petit-fils, un
« arrière-petit-fils, plus, le père de monsieur, et
« enfin, monsieur lui-même. Cinq générations en
« cinquante-sept ans ! c'est trop fort, marquis,
« c'est trop fort.

« Les titres du neveu ne valent pas mieux que
« ceux de l'oncle. Adrien de Montemar est ano-
« bli après la première croisade, qui finit par la
« prise de Jérusalem, en l'an 1099, et l'arrière-
« petit-fils de cet Adrien, sauve l'armure de Ro-
« land à la bataille de Roncevaux, qui se donna
« en 778, c'est-à-dire, trois cent vingt-un ans
« avant la naissance de l'arrière-grand-père. Vous
« conviendrez, marquis, qu'il est permis de tour-
« ner en ridicule de semblables inepties. »

Monsieur le duc eut pu parler deux heures encore sans craindre d'être interrompu. Le pauvre
M. Botte était atterré, anéanti. Le marquis, en
faisant d'incroyables efforts pour ne pas lui rire
au nez, lui remit ses parchemins sous le bras,
prit la lumière et marcha devant lui. Le cher oncle se rongeait les poings, en entendant, de l'escalier, des éclats aussi bruyans que prolongés. Il
savait cependant bon gré au marquis de l'avoir

ôté de cette chambre, et de prendre la peine de le reconduire. Cette politesse avait un but : c'était de faire connaître M. Botte au portier, et de le consigner à la porte.

Ce dernier affront ralluma sa bile, ses humeurs fermentèrent, et il était parvenu au dernier degré de fureur, lorsqu'il rentra chez lui. Il criait à tue-tête qu'on lui cherchât Guillaume, et il répondait à toutes les questions de Charles et de Horeau, que son état inquiétait : qu'on me cherche Guillaume.

Guillaume n'était pas difficile à trouver. Pendant qu'on fabriquait les titres, il avait eu de fréquentes conférences avec Horeau et Charles. Ils avaient compulsé cent volumes, et Charles seul avait causé ces erreurs de date, parce qu'il parlait de mademoiselle d'Arancey, lorsqu'il était question de Roland ; il en parlait, lorsqu'il s'agissait du pape Urbain ; il en parlait sans cesse, et Horeau, qui n'avait pas la tête forte, confondait les époques et fournissait de fausses notes.

Guillaume parut. « Maraud, qui trouves tout
« ce que tu cherches, trouve-moi un marin an-
« glais et un provençal qui sont venus me berner
« ce matin. — Comment cela, monsieur ? — Pas
« de question, faquin ; de l'intelligence et de l'ac-
« tivité. Voilà de l'or ; trouve-moi ces deux hom-
« mes. — Je les trouverai, monsieur. — Qu'ils
« meurent sous le bâton. — Mais, monsieur... —
« Qu'ils meurent ; je paie et je ne veux pas d'ob-

« servations. —Ils mourront, monsieur », et Guillaume sort.

« Des malheureux, qui viennent flatter ma fai-
« blesse, qui se jouent de ma crédulité, qui me
« livrent aux brocards, aux mépris!... Ils mour-
« ront... Oui, ils... » M. Botte se frappe le visage de ses deux mains; il ouvre précipitamment la porte. Il court; il laisse Horeau et Charles convaincus que leur stratagème n'a servi qu'à le couvrir de ridicule. Horeau se repent, parce qu'il est bon ami; Charles se désespère, parce qu'il respecte son oncle, et que sa bien-aimée lui échappe encore. Tous deux tremblent que M. Botte découvre leur connivence avec Guillaume, et M. Botte court toujours.

Guillaume était déjà dans la rue. Le cher oncle l'arrête par une oreille, et s'écrie : « Où vas-tu
« malheureux! Guillaume répond qu'il va lui
« obéir. — Tu ne vois pas que je demande un
« crime, dont je gémirais le reste de ma vie! Et
« tu as consenti à en être l'instrument, toi qu'ils
« n'ont point offensé, qui n'a pas du moins la
« colère pour excuse!.. Ne me réponds pas, garde
« cet or, tu l'as corrompu en le touchant. » La vérité est que Guillaume comptait bien n'assommer personne, et qu'il allait gaiement manger l'argent du cher oncle avec ses camarades, dont il avait fait des Anglais, des Provençaux, dont il eût fait des Turcs au besoin.

Quand on écoute le cri de l'humanité, on n'est

pas loin d'entendre la voix de la raison. Horeau fit observer qu'au lieu de s'emporter et de faire assommer les gens, il fallait, au contraire, empêcher l'aventure de se répandre, et prendre pour cela les mesures les plus promptes. M. Botte se rendit à ce conseil. Il écrivit au marquis qu'il attendait, de sa délicatesse, le secret le plus profond sur ce qui venait de se passer, et qu'il espérait, qu'à sa recommandation, ses amis garderaient le même silence. Il retourna chez ses bourgeois du matin, et leur dit, qu'après de mûres réflexions, il avait trouvé absurde de profiter d'une découverte due au hasard, et injuste de s'en prévaloir avec ses égaux; qu'il faisait, à la concorde, le sacrifice de ses titres, et il brûla le roi Didier chez l'un; le pape Urbain chez l'autre; Pierre l'ermite chez celui-ci; Roland chez celui-là. Madame Duport fut la seule à qui il ne cacha rien : on n'a pas de secrets pour ceux qu'on estime et qu'on aime. D'ailleurs, l'amitié de Horeau était solide, mais sèche. Celle d'une belle femme, au contraire, a quelque chose de si insinuant, de si doux!

Rassuré par toutes ces démarches, il oublia qu'il s'était cru noble deux heures. Mais en dépit de ses soins, l'histoire de sa *mystification* avait couru le monde. Le *Publiciste*, qui veut avoir un feuilleton, qui ne sait comment le remplir, et qui court après les anecdotes, s'empara de celle-ci, et M. Botte, en prenant son thé, la lut dans tous ses détails. Il commença par gronder, et très-fort : ce ne pouvait être autrement. Mais Horeau lui représenta qu'un journal passe aussi vite que sa date ; qu'au surplus, pour n'avoir pas les rieurs contre lui, il fallait rire le premier. Le cher oncle prit la plume et il écrivit :

« Monsieur le Publiciste,

« Il est vrai, et très-vrai que j'ai eu un moment
« la manie d'être noble. Mais qui me la repro-
« chera ? La noblesse ? Elle est flattée qu'on l'es-
« time assez pour chercher à s'assimiler à elle. La
« roture ? Tout roturier, qui avait de l'argent,
« achetait une charge de secrétaire au grand col-
« lége, ou de maître-d'hôtel, ou de contrôleur
« de la bouche, ou d'officier du gobelet, et mon
« perruquier était conseiller du roi. Je vous par-
« donne, monsieur le Publiciste, les bévues assez
« fréquentes qui vous échappent, et sur les-
« quelles vous revenez le lendemain. Pardonnez-
« moi aussi, en faveur de mon retour sur moi-
« même, ou plutôt rions ensemble de nos sottises,
« car enfin qui n'en fait pas ? »

Charles était retombé dans un état alarmant. Ce n'étaient plus ces transports, ce délire, cette violence qui naissent de l'excès des forces physiques. C'étaient un abattement absolu, une morne tristesse, qui tenaient de la stupidité, et qui annonçaient l'affaissement des organes. S'il sortait un moment de cette espèce de léthargie, c'était pour appeler sa Sophie ; pour reprocher à son oncle de n'avoir pas rempli ses promesses, et le bon M. Botte l'assurait qu'au moins elle n'épouserait pas d'Égligny. Cette assurance était loin de suffire à Charles, et son digne parent, contristé, désolé, cherchait en vain des moyens de le ramener à lui-même. Il consultait Horeau, qui répondait : mais oui, il faut penser à cela. Dépité d'entendre toujours la même réponse, mais trop affligé pour se mettre en colère, le digne oncle fut trouver madame Duport. Elle s'affligea avec lui : de toutes les manières de consoler, celle-là est la meilleure. Pleine de sensibilité, il ne lui coûtait pas de déplorer le sort de Charles et de Sophie. On ne pouvait rien pour la demoiselle, rentrée sous la dépendance de son père; mais on pouvait guérir Charles, on devait au moins l'essayer, et de tous les partis qui se présentèrent, madame Duport jugea que celui qu'avait pris M. Botte, dans un moment de dépit, était le seul dont on pût attendre quelque succès, et qu'il fallait faire voyager le jeune homme.

M. Botte avait, pour ne point partir encore, des raisons qu'il ne communiquait à personne, et, de sang-froid, il sentait bien que les apprêts d'un voyage de deux ou trois ans ne se font pas en un jour. Aussi il donnait ses ordres; il en attendait le résultat avec une patience, qu'on eût trouvée naturelle de la part de Horeau; mais qui étonnait ceux qui ne savent pas que les gens les plus vifs sont les plus nuls, quand ils tombent dans le découragement.

Les grands yeux de Charles se portaient alternativement sur ceux qui allaient et venaient, qui cherchaient, qui choisissaient, qui mettaient à part les objets nécessaires pour la route. Il écoutait tout, et n'entendait rien. Pauvre enfant!

CHAPITRE III.

Dénouement.

Il approchait, hélas, le jour fixé par le plus absolu des pères. Sophie, rassurée quelque temps par l'idée d'un mariage chimérique, se représentait le bien-aimé et ses agrémens séducteurs. Elle sentait renaître sa répugnance et ses craintes. Du moment où elle redouta véritablement d'Égligny, il lui devint insupportable. Cependant, elle était retenue par une promesse qu'elle croyait sacrée, bien qu'elle n'eût pas été faite librement. L'espèce de vénération qu'elle avait pour M. Botte, son estime, qu'elle tremblait de perdre, tout la forçait au sacrifice : elle allait le consommer.

D'Égligny s'était persuadé qu'il la regarderait toujours comme une sœur chérie. Tout entier à l'amitié, il se nourrissait de la douce chimère de partager enfin la sienne entre le père et la fille, et d'étendre ainsi la plus innocente des jouissances. Plein d'honneur, incapable de manquer volontairement à sa parole, mais plein de confiance en lui-même, défaut trop commun aux jeunes gens, il cherchait, il multipliait ces entretiens particuliers, ces épanchemens qui lui paraissaient sans conséquence, et qui déja alarmaient Sophie. Jamais il ne l'appelait que sa sœur; jamais il ne donnait au sentiment qu'il éprouvait le seul nom qui lui fût propre, et si quelquefois Sophie trouvait son amitié trop vive, si elle en faisait l'observation, il répondait, de bien bonne foi, qu'il fallait qu'il contractât de bonne heure l'habitude de faire le mari de jour, pour qu'il pût exécuter le traité de nuit. L'habitude, ajoutait-il, est un calmant. Il ne voulait pas s'apercevoir encore que celle-ci irrite, lorsque elle est suivie de la privation. Mais voit-on clair, cherche-t-on à voir clair dans son cœur à vingt-cinq ans?

Le marquis n'avait pas l'air de s'apercevoir de ces longs tête à tête; mais il les voyait avec une secrète satisfaction, et il les favorisait par des prétextes toujours nouveaux. Il se flattait que d'Égligny faisait tous les jours des progrès sensibles; que bientôt il effacerait jusqu'au souvenir de son rival, et le visage décoloré de sa fille, sa langeur, sa mélancolie ne le désabusaient pas.

C'était encore la veille du mariage. Pour la seconde fois, Sophie voyait le flambeau de l'hymen prêt à s'allumer pour elle; mais quelle différence de cette fois à la première! Elle était seule avec d'Égligny; elle ne lui avait rien caché encore, et elle lui développait les plus secrètes pensées de l'ame la plus pure. D'Égligny l'encourageait, la rassurait, s'enflammait, et la trompait, et se trompait lui-même. Il lui serrait les mains, et les pressait dans les siennes, et l'attirait sur ses genoux. Son œil était humide, son haleine brûlante... Sophie le regarda : « Non, vous n'êtes pas mon « frère! — Je le suis, je veux toujours l'être. » Et ses lèvres se collent à celles de Sophie, s'y impriment; elles ne peuvent s'en détacher. Sophie fait un effort, elle se dégage, elle fuit en s'écriant : « Le traître deviendrait vraiment mon époux. »

Elle court se renfermer dans sa chambre. C'est là que le sort qui l'attend se présente à son imagination sous des couleurs effrayantes; c'est là que le cruel, que l'impitoyable amour l'arme contre le devoir, lui souffle le mépris des bienséances. « Non, dit-elle, non, ce sacrifice horri« ble ne s'achevera pas. La mort... plutôt la mort, » et sans réfléchir aux suites de sa démarche, sans rien voir dans l'avenir, que l'affranchissement d'un lien odieux, elle sort de la maison de son père, seule, à pied, à dix heures du soir, sans savoir où elle trouvera un asile, sans avoir pensé à en choisir un.

Elle marchait au hasard, d'un pas mal assuré. Elle était dans une de ces rues étroites, malsaines, où se retirent l'indigence et le vice crapuleux. L'ouvrier se reposait du travail de la journée; tout était clos; pas d'autre lumière que la sombre clarté des réverbères. Quelques allées étaient ouvertes pour ces femmes qui accueillent la brutalité dont elles sont les victimes. Trois dragons ivres cherchaient un repentir. La démarche incertaine de mademoiselle d'Arancey les abuse. Ils l'abordent ; elle entend des expressions qu'elle ne connaissait pas ; le geste audacieux lui en explique le sens. Elle s'écrie, on la raille ; elle se défend, on l'insulte, et de l'insulte à l'outrage il n'y a pas d'intervalle pour les hommes grossiers.

Un officier du même corps passe ; l'infortunée implore son secours. Il s'approche, il regarde... « Dieu ! notre demoiselle ! — C'est Georges !... c'est « le ciel qui l'envoie. »

M. Botte faisait le bien pour le seul plaisir de le faire, et Georges lui-même ignorait ce qu'il lui devait. Notre digne oncle avait employé, en sa faveur, le crédit toujours puissant d'une probité généralement reconnue, et une action d'éclat avait décidé le ministre. Des brigands s'étaient retirés dans la forêt de Sénart, et un détachement de dragons fut commandé pour se réunir à la gendarmerie et forcer ce repaire. La haine de la vie produit aussi son héroïsme. Georges se battit en homme qui voulait se faire tuer, et il trouva la gloire où il cherchait la mort. Une sous-lieutenance fut accordée à M. Botte.

Toujours exact à ses devoirs, toujours prêt à obliger, prompt à pardonner une faute, incapable d'en commettre, Georges avait mérité et obtenu la considération de ses égaux et de ses supérieurs. Il parla aux trois dragons sans hauteur, mais sans faiblesse; il leur fit sentir leur faute, avec la dignité qui convient à un officier, et le ton affectueux qu'on aime dans un camarade. Ces hommes, prêts à se porter aux derniers excès, l'écoutent; il semble qu'à sa voix leur ivresse se dissipe. « Quelle punition nous imposez-vous, lui dit l'un « d'eux? — Repentez-vous, soyez plus sages, et « rentrez à la caserne. »

C'est alors que mademoiselle d'Arancey sentit les conséquences qu'entraîne une démarche hasardée. Elle jugeait l'opinion que Georges pouvait avoir d'elle, en la trouvant dans une semblable position. Elle entreprit de le détromper, et ses sanglots et ses larmes ne lui permettaient pas de s'expliquer. A travers quelques mots sans suite, Georges saisit son intention, et se hâta de rétablir le calme dans son ame bourrelée. « Notre demoi-« selle, vous n'avez pas besoin d'excuses; je le « crois; j'ai besoin de le croire. Si vous cessiez « d'être la plus vertueuse des femmes, je serais « l'homme le plus malheureux. Où voulez-vous « que je vous conduise? » Sophie, reconnaissante de tant d'amour, de tant d'estime, Sophie lui serra la main, prit son bras, et en marchant elle lui racontait sa déplorable aventure. Elle se soulageait en prouvant, à Georges, qu'elle n'était coupable que d'une imprudence. Georges respirait en trouvant sa divinité toujours digne de ses hommages. Elle frappa à une porte; on ouvrit.

Georges poussa un profond soupir, et s'éloigna.

D'Égligny, confus du transport qu'il n'avait pu maîtriser, affligé de l'effet que ce malheureux baiser avait produit sur mademoiselle d'Arancey, s'était renfermé, de son côté, dans le cabinet où il couchait, et n'avait pas entendu sortir la belle fugitive. Le marquis terminait, au-dehors, quelques arrangemens relatifs à la cérémonie du lendemain, et son premier soin, en rentrant, fut de rassembler sa famille, et de ne pas faire attendre, à deux ou trois amis, qu'il avait amenés, un souper qui ne valait pas trop la peine d'être attendu.

Le chevalier paraît; Sophie ne se trouve point. Le marquis, malgré l'espoir qu'il avait fondé sur les fréquens tête-à-tête des jeunes gens, le marquis soupçonna, aussitôt, la triste vérité. Il interrogea le portier, qui répondit que mademoiselle était sortie il y avait environ une heure. Quel affront pour un homme comme lui, et comment le cacher à ses convives! Pas de moyens d'excuser l'absence de sa fille, à cette heure, la veille d'un mariage, lorsqu'il venait d'annoncer qu'elle était dans sa chambre, et que par conséquent, elle était sortie à l'insu de son père. Le marquis ne pouvant rien gagner à dissimuler sa douleur, la laissa librement éclater. Ses amis s'empressèrent de lui prodiguer ces consolations d'usage, qui ne consolent jamais; ils lui promirent un secret inviolable, qu'ils se proposaient de garder comme celui de la noblesse de M. Botte, et d'Égligny, l'honnête d'Égligny, se reprochait ce baiser si doux, dont les suites étaient si cruelles.

Lorsque les amis eurent débité tous les lieux communs que put leur fournir une mémoire exercée, ils épuisèrent les conjectures sur la retraite qu'avait choisie la charmante fille : c'était, en effet, ce qu'il fallait d'abord savoir. Le marquis ne réfléchit pas long-temps, et d'un ton d'assurance, il nomma M. Botte.

Le chevalier prit hautement la défense de Sophie. Il affirma qu'elle était incapable de s'être jetée dans les bras de son amant, et que M. Botte pensait trop bien pour le souffrir. Le marquis persista dans une opinion qui eût été vraisemblable à l'égard de beaucoup d'autres femmes, et il envoya chercher un carosse de place.

Le cher oncle était loin de penser que M. d'Arancey dut jamais paraître à l'hôtel. Il devint furieux en le voyant, et lui cria, d'aussi loin qu'il l'aperçut : « Il est fort extraordinaire, monsieur, « qu'après m'avoir interdit votre porte, vous vous « avisiez de vous présenter chez moi... — mon« sieur Botte... — Vous qui avez ajouté, à cette « marque de mépris, secrète au moins, l'indiscré« tion révoltante de publier l'histoire de mes let« tres de noblesse... — Vous croiriez, monsieur... « — Vous, qui m'avez livré à la malignité géné« rale, et même aux brocards d'un journaliste ! « Sortez, monsieur, sortez à l'instant. — D'un

« ton plus bas, s'il vous plaît, M. Botte. — Ce
« ton-là est le mien, M. Thomasseau. — Il ne
« convient pas à un homme qui a favorisé un rapt.
« — On vous a enlevé votre fille! j'en suis par-
« bleu bien aise. — Il est inutile de jouer l'éton-
« nement; il est affreux d'y ajouter l'insulte.
« Finissons, monsieur; qu'avez-vous fait de ma-
« demoiselle d'Arancey?—Monsieur le marquis,
« votre reproche est fondé, et, quelques torts
« que vous ayez envers moi, je devais respecter
« la douleur paternelle. Asseyez-vous, je vais vous
« répondre.

« Je me rappelle difficilement le bien que je
« fais; mais vous n'avez pas oublié, monsieur,
« que je vous ai rendu quelques services; que je
« me proposais d'en rendre de plus essentiels à
« votre fille, et vous ne croyez pas qu'on pense
« à déshonorer ceux à qui on s'est attaché par ses
« bienfaits.—Mais, votre vivacité...—J'ai été vif
« toute ma vie. Citez-moi, dans le cours de cin-
« quante ans, un trait dont j'aie à rougir, et,
« puisqu'il faut que je me vante, monsieur, vous
« devez savoir que le sacrifice le plus pénible ne
« coûte rien à ma probité. Souvenez-vous, mon-
« sieur, que ce jeune homme était mourant, lors-
« que j'ai forcé mademoiselle d'Arancey à ployer
« sous l'autorité paternelle. —M. Botte, un mot,
« un seul mot : Ne savez-vous rien de ma fille?
« — Rien, monsieur. — Je vous crois sur votre
« parole. — Et vous me rendez justice. Je vous

« la rendrai également quand vous serez moins « malheureux, et je vous prouverai que les fautes « des enfans sont souvent celles des pères. En « attendant, monsieur, puis-je vous être de quel- « que utilité? me voilà à vos ordres. »

Le marquis embrassa cordialement M. Botte. « Ah, lui dit-il, en lui serrant la main, vous mé- « ritiez d'être noble. »

Dès les premiers mots de M. d'Arancey, Charles était sorti de son accablement. Il avait écouté, avec avidité, tout ce qui avait quelque rapport à sa Sophie; il trouvait du soulagement à penser qu'elle n'était plus au pouvoir de son père; il tirait un favorable augure des marques d'affection que son oncle venait de recevoir du marquis. Il faut si peu à l'infortuné pour lui rendre le courage! Si la prévoyance est un présent cruel, bénissons au moins l'espérance.

Charles se mit en tiers dans la conversation, et le marquis lui fit l'honneur de l'écouter et de lui répondre. On raisonnait, on discutait, on n'était d'accord que sur un point : c'est que mademoiselle d'Arancey ne pouvait avoir choisi qu'une retraite qu'il lui fût permis d'avouer publiquement; mais cette opinion, consolante pour un père, ne l'instruisait de rien. Il appelait sa fille, il lui donnait les noms les plus doux; il s'affligeait, il s'attendrissait, il allait se repentir peut-être. Charles suivait les mouvemens de son ame; il s'applaudissait du changement qu'il croyait remarquer, et il ne songeait pas que le père qui cesse de se contraindre, est encore loin d'être indulgent.

Cependant il fallait prendre un parti. M. Botte voulait aller, au milieu de la nuit, chez toutes les personnes que connaissait Sophie. Charles se défiait toujours des promesses de son oncle, et ne croyait pas tout-à-fait encore aux dispositions nouvelles du marquis. Il ne désirait pas que la charmante fille se retrouvât si promptement. Il représenta, à son oncle, qu'il serait impossible de cacher, aux personnes qu'on ferait lever à cette heure, un secret qu'on avait le plus vif intérêt de renfermer; que, sous le prétexte naturel de visites, ces recherches pouvaient se faire de jour, et qu'enfin, il n'était pas à présumer, que la personne, qui avait donné asile à mademoiselle d'Arancey, osât en faire un mystère au marquis. Il espérait bien, cependant, qu'attendri par la position malheureuse de Sophie, que vaincue par ses prières, cette personne se tairait.

Ces messieurs furent interrompus par un laquais, qui apportait une lettre. Il l'avait reçue d'un homme qui exigeait qu'on la remît aussitôt à M. Botte, dût-on le réveiller, et qui attendait à la porte. Le cher oncle brise le cachet, parcourt rapidement le papier, et s'écrie : « Votre fille est « trouvée. Écoutez, écoutez, ce que m'écrit ma- « dame Duport. Quelle est cette dame Duport, « demanda vivement le marquis?—C'est la femme

« la plus respectable que je connaise, celle chez
« qui j'aurais conseillé à votre fille de se retirer,
« si celui qui ramène les enfans au devoir pouvait
« jamais les en écarter. — Voyons donc, monsieur,
« ce qu'on vous écrit.

« — Mademoiselle d'Arancey est chez moi, et dans
« un état impossible à rendre. Elle ne peut sup-
« porter l'idée de son prochain mariage, ni celle
« d'avoir manqué à son père ; elle sent qu'elle est
« déplacée ici, et elle ne peut se décider à re-
« tourner chez le marquis. Cette enfant me dé-
« sole. Sa position est déchirante ; la mienne est
« délicate. Venez à l'instant, mon cher ami. So-
« phie vous aime, elle vous respecte, et j'ai moi-
« même besoin de vos conseils.

« Qu'on mette les chevaux, dit M. Botte. Je
« vous suis, dit M. d'Arancey. — Arrêtez, mon-
« sieur. Vous êtes tranquille maintenant sur le
« sort de votre fille, et je puis m'expliquer libre-
« ment avec vous. Si la démarche à laquelle votre
« dureté l'a réduite ne vous a pas ouvert les yeux ;
« si la crainte de l'avoir perdue n'a point amolli
« votre cœur ; si, enfin, vous ne la cherchez que
« pour la sacrifier à votre satisfaction personnelle,
« la maison de madame Duport vous est fermée.
« — On prétendrait disposer de ma fille ! — Non,
« monsieur. Je vais chez madame Duport ; je parle
« à mademoiselle d'Arancey le langage qui con-
« vient à la circonstance ; je la ramène à des prin-
« cipes dont elle n'eût pas dû s'écarter, et je la

« rétablis, cette nuit même, dans la maison de
« son père. Vous la trouverez soumise et disposée
« à vous suivre demain à l'autel. C'est là, lorsque
« elle aura rempli ses devoirs dans toute leur éten-
« due; c'est là qu'on vous reprochera publique-
« ment d'avoir violé tous les vôtres. L'officier
« civil est instruit; il l'est par moi, et au lieu de
« serrer des nœuds contre lesquels votre fille se
« révolte, il la mettra sous la sauve-garde de la
« loi, que vous outragez dans ce qu'elle a de plus
« sacré, le libre consentement des parties. Voyez
« maintenant dans quelles dispositions vous êtes.
« Père sensible et humain, venez embrasser votre
« fille; homme inflexible et cruel, allez l'attendre
« chez vous. — Je vais embrasser ma Sophie.

« —Ne croyez pas, monsieur, que l'intérêt de
« mon neveu ait déterminé ma conduite : l'homme
« courageux doit son appui au faible, et ce que
« j'ai fait pour mademoiselle d'Arancey, je l'eusse
« également fait pour toute autre. — Mon cher
« oncle ? — Mon ami ? — M'est-il permis de vous
« accompagner ? — Non, monsieur. Qu'iriez-vous
« faire chez madame Duport ? blâmer, la conduite
« de mademoiselle d'Arancey ? — Je n'en ai pas
« le droit, mon oncle. — Je n'exige pas même
« que vous en ayez la force. Qu'y feriez-vous donc ?
« vous applaudiriez à sa démarche, car il faut
« opter. — Je me tairais, mon oncle. — Impossi-
« ble, monsieur.—Mais je la verrais un moment,
« je ne demande qu'un moment. — Vous ne pou-

« vez l'obtenir que de l'aveu de son père, et vous
« voyez que monsieur garde le silence. — Que je
« suis malheureux! — Je le sais bien; mais vous
« devez rester ici, et vous y resterez. Partons,
« monsieur le marquis.

Madame Duport attendait M. Botte; mais elle était loin de prévoir que M. d'Arancey dût l'accompagner. Elle avait retenu Sophie auprès d'elle, et elle cherchait à lui prouver, par mille exemples, que les mariages de pure inclination sont rarement heureux. Elle désirait que la jeune personne la crût, pour son repos; mais croyons-nous jamais ce qui contrarie nos penchans, ce qui blesse même nos simples goûts? Ces dames avaient commencé une thèse, dans les règles, sur la métaphysique de l'amour, lorsque ces messieurs entrèrent. La malheureuse fille frémit en apercevant un père, dont elle redoutait le juste ressentiment, et elle cacha sa rougeur, sa honte, ses regrets dans le sein de son amie. « Mademoiselle,
« lui dit le marquis, vous m'avez mal jugé. Si
« j'avais cru votre répugnance invincible, je n'au-
« rais pas exigé un effort qui devait me coûter
« votre affection. — Hé, n'ai-je pas tout employé,
« mon père, les représentations, les prières, les
« larmes? — Ne rappelons pas le passé, mademoi-
« selle. Je pourrais blâmer votre conduite; mais
« j'aime mieux n'imputer votre faute qu'à moi.
« Pardonnons-nous mutuellement... Levez-vous,
« Sophie; ce n'est point à mes pieds que la na-

« ture a marqué votre place. Bravo, bravo, dit
« le cher oncle, ils s'embrassent, et cordialement.
« Ma foi, marquis, je vous fais compliment. Je
« n'aurais pas cru que vous pussiez vous exécuter
« d'aussi bonne grace. »

La conversation devint générale. M. d'Arancey avait soixante ans; mais il joignait, à une figure distinguée, une taille noble et bien prise, cette politesse de cour qui n'a rien d'affecté, et qui sait unir, à des manières aimables, une teinte de respect qui plaît toujours aux femmes. Plus on vieillit, et plus on cherche à faire valoir ce qu'on conserve d'avantages. Le marquis n'avait pas de système; mais il se conduisit comme s'il eût adopté celui-là, et madame Duport sentit les ressources qu'a une femme d'esprit avec un homme de ce caractère. Elle entreprit la justification de Sophie, avec les ménagemens que la circonstance exigeait, et la délicate finesse particulière à son sexe. Elle se garda bien de parler de Charles. Elle savait que la persuasion s'insinue et ne violente jamais; mais à l'air d'intérêt avec lequel le marquis l'écoutait, à la grace qu'il mettait dans ses réponses, elle osa se promettre quelque succès de ses soins à venir, pourvu, toutefois, que M. Botte ne brouillât pas tout par quelque nouvelle incartade.

Il était tard. M. d'Arancey observa que sa visite était déja trop prolongée. Il remercia madame Duport, dans les termes les plus vifs, de ses sentimens pour Sophie, et il présenta la main à la jeune personne. Madame Duport fit observer, à son tour, que mademoiselle d'Arancey avait trop souffert au moral, pour que le physique ne fût pas affecté, et qu'il ne serait pas prudent de lui faire traverser une moitié de Paris à l'heure qu'il était. Elle ajouta, d'un ton caressant, qu'elle se flattait que le marquis ne refuserait pas de lui confier sa fille jusqu'au lendemain. Le marquis répondit par une profonde révérence; il suivit M. Botte, qui le remit à son hôtel garni, et revint rendre scrupuleusement compte, à Charles, de ce qui s'était passé.

Madame Duport avait plus gagné en une heure que le cher oncle en trois mois. M. d'Arancey ne se dissimulait plus ce que sa conduite avait de répréhensible; mais une chose, à laquelle il n'avait pas pensé encore, l'embarrassait furieusement. Il ne savait comment rendre à d'Égligny une parole qu'il lui avait arrachée par toutes sortes de moyens. Il s'était aperçu du goût, chaque jour plus vif, que prenait le chevalier pour sa fille, et il sentait qu'un jeune homme qui aime, entend difficilement raison. Demain, pensait-il, je retournerai chez madame Duport, et je la prierai franchement de me conseiller. Une femme aimable trouve toujours des moyens de conciliation, auxquels nous ne pensons jamais, nous autres hommes.

Il trouva, sur sa cheminée, une lettre, qui le

dispensait de consulter personne; elle était du chevalier. Il écrivait qu'on peut déterminer une jeune personne, par la douceur, à un mariage de convenance; mais qu'il est affreux de la tyranniser, et que la fuite de mademoiselle d'Arancey devait les éclairer l'un et l'autre. Il s'empressait de rendre à son ami la liberté de sa fille, et l'entière jouissance d'une fortune qui suffirait à peine à lui seul. Il finissait, en disant qu'il estimait trop le marquis, pour n'être pas persuadé de prévenir le seul vœu que pût former un père en ce moment.

« Parbleu, mon cher d'Égligny, dit le marquis
« en entrant dans le cabinet du jeune homme, il
« nous eût été impossible de persister dans notre
« projet. Ce diable d'oncle a persuadé au magis-
« trat... Hé bien, où est-il donc? »

Le chevalier avait plus que du goût pour Sophie. Le baiser de la veille l'en avait convaincu, et lui avait fait sentir l'impossibilité de se borner, près d'elle, à un rôle purement passif. Il ne se dissimulait pas que, moins épris que Charles, indifférent, désagréable peut-être à mademoiselle d'Arancey, c'était à lui qu'il convenait de renoncer à sa main. Il redoutait l'inflexibilité du marquis, et il avait pris le moyen le plus sûr de se soustraire à ses persécutions, celui de s'éloigner.

M. d'Arancey aimait trop d'Égligny pour n'être pas vivement affligé d'une séparation qui paraissait devoir être durable. Le dénuement absolu où se trouvait cet honnête jeune homme, ajoutait encore à sa peine. Son ami, le plus vrai, obligé de travailler pour vivre! quel sort! et comment faire pour l'adoucir?

Il lui restait une fille. Mais pourrait-elle aimer un père qui l'avait séparée de ce qu'elle avait de plus cher? La société de madame Duport lui paraissait extrêmement agréable; mais remplirait-elle jamais le vide cruel qu'il éprouvait? C'était pourtant auprès de ces deux femmes qu'il devait trouver les ressources dont il avait tant de besoin. Sophie plaignit sincèrement le chevalier, dès qu'elle cessa de le craindre, et elle sentit qu'elle aimait un père qui n'abusait plus de son autorité. Les graces savent, quelquefois, s'affliger sans rien perdre de leurs charmes. Madame Duport possédait cet avantage précieux. Ils causaient tous trois avec effusion, avec épanchement. Le marquis se fût trouvé heureux, parfaitement heureux, si d'Égligny eût été près de lui.

Madame Duport entrevoyait, dans l'éloignement, le jour où elle pourrait parler de Charles au marquis, sans blesser son orgueil. Cependant elle ne se dissimulait pas combien il était difficile d'arriver au but où tendaient tous les vœux de Sophie. Elle sentait que ses efforts seraient sans fruit, tant que M. d'Arancey passerait les journées entières avec des gens titrés, qui caressaient sa chimère favorite, et dans un de ces momens, où une femme aimable obtient, à peu près, tout

d'un homme qui paraît l'apprécier; dans un de ces momens qu'une femme sait toujours si bien saisir, elle lui dit : « Monsieur le marquis, j'ai
« deux propositions à vous faire, et j'espère qu'el-
« les ne vous déplairont pas. Vous regrettez votre
« ami, vous êtes triste; votre hôtel garni ne vous
« convient plus. Je suis veuve, je n'ai pas d'en-
« fans, ma réputation est pure, et je peux, sans
« inconvénient, vous abandonner la moitié d'une
« maison beaucoup trop grande pour moi. L'u-
« sage veut que j'aie deux femmes; une seule me
« suffit; l'autre sera à mademoiselle d'Arancey.
« Vous vous servez quelquefois d'un carrosse de
« place; une de mes voitures sera à vos ordres.
« Un père d'un certain âge, et une fille très-jeune
« ont peu de chose à se dire; vos repas seraient
« sombres, et je ne veux pas que vous vous en-
« nuyiez; j'ai du monde tous les jours, et vous
« ajouterez aux agrémens d'une société choisie...
« Vous paraissez étonné, et vous avez tort. Votre
« séjour ici n'ajoutera rien à ma dépense habi-
« tuelle : voilà pour votre délicatesse. J'aime trop
« ma charmante Sophie, pour ne pas aimer aussi
« un peu son père, et vous êtes trop galant pour
« ne pas vous rendre aux avances d'une dame
« qui vous aime, et qui veut bien vous le dire. »

Le marquis souriait et ne répondait pas; mais madame Duport savait que, dans certaines cir-constances, sourire c'est répondre, et elle pour-suivit : « Ma seconde proposition est une suite

« naturelle de la première. Le chevalier est un
« homme estimable; vous lui devez beaucoup, et
« jusqu'au moment où on pourra faire pour lui
« quelque chose d'essentiel, vous lui consacrerez
« la plus grande partie d'un revenu qui vous sera
« à peu près inutile ici.—Madame, je suis confus,
« pénétré de tant de bontés; mais comment vou-
« lez-vous, lorsque j'ignore la retraite du mal-
« heureux d'Égligny... — C'est où j'en veux venir.
« Vos amis ne peuvent rien; M. Botte peut beau-
« coup. Il vous a quelquefois déplu; mais il n'a
« pas mérité que vous dédaigniez ses services.
« D'ailleurs, je ne vous propose pas de vous adres-
« ser à lui. Autorisez-moi, seulement, à le prier
« de chercher M. d'Égligny, et à le faire placer
« d'une manière convenable. — Acceptez, mon
« père, acceptez. Ne me séparez pas d'une amie
« qui vous propose aussi noblement de devenir
« la vôtre.—Madame, s'occupe du chevalier! C'est
« mériter déja ma reconnaissance. Jugez de quels
« sentimens vous me pénétrez, et par l'intérêt
« qu'il vous inspire, et par ce qui me regarde per-
« sonnellement dans ce que vous proposez. Mais
« puis-je, sans indiscrétion... — Faites quelque
« chose pour Sophie. Peut-être lui devez-vous
« un dédommagement. » Sophie embrassa son
père, son père se rendit, et, deux heures après,
il était établi chez madame Duport.

Les grands seigneurs, qui venaient le voir, trouvèrent d'abord extraordinaire qu'il eût accepté les

offres d'une femme qui ne tenait pas à la noblesse. « Venez, venez, disait le marquis, et vous verrez « si on peut rougir de lui devoir quelque chose. ». Il les présentait. Les grands seigneurs oubliaient leurs cordons et tous les souverains du monde, pour ne s'occuper que d'elle, et chercher les moyens de lui plaire.

M. d'Arancey s'aperçut bientôt, lui-même, que ses anciennes conversations avaient quelque chose de sec et de monotone. Il trouvait la figure de madame Duport préférable au blason, et son esprit à la chronologie. Il eut le courage de dire, tout haut, sa façon de penser à ses illustres confrères, et ces messieurs s'accoutumèrent, volontiers, à être reçus dans le salon de madame Duport, que le marquis ne quittait plus. Le petit duc, celui qui avait si bien épluché les titres de M. Botte, cessa, seul, de le voir. « Cette femme, disait-il, « me réconcilierait avec la roture. »

Madame Duport s'apercevait des progrès rapides qu'elle faisait, chaque jour, sur l'esprit de M. d'Arancey. Sophie s'en applaudissait; Charles et M. Botte, que l'amie commune instruisait de tout, ne se possédaient plus, et voulaient absolument qu'elle risquât la grande proposition. Madame Duport sentait que tout était perdu, si le marquis refusait. Il pénétrerait le plan de séduction si sagement conduit jusque alors, et ne manquerait pas de s'y soustraire par une prompte retraite. Elle résistait aux sollicitations pressantes des deux amans, et du plus impatient des oncles, lorsqu'une circonstance heureuse la détermina à tout hasarder.

Vous vous doutez bien qu'on avait envoyé l'intrigant Guillaume à la recherche du chevalier. L'aimable jeune homme ne savait rien faire que tourner, et sans avoir l'adresse d'un Guillaume, ce n'est que chez un tourneur qu'on l'eût été chercher, et c'est aussi là qu'on le trouva. M. Botte et lui s'entendaient toujours assez, quand le cher oncle ne médisait pas de M. d'Arancey, et il ne lui fut pas difficile de persuader à d'Égligny qu'il n'était pas fait pour passer sa vie une *gouge* à la main.

On allait se mettre à table chez madame Duport. Complaisante autant que sensible, elle retenait toujours quelqu'un des amis de M. d'Arancey, et ce jour-là elle les avait tous laissé sortir. Ils n'étaient que trois; on avait mis un quatrième couvert, et un paquet cacheté était sur la serviette. Le marquis regarde la suscription : Au citoyen Égligny. « Lisez, lisez, monsieur, dit ma« dame Duport; votre ami ne peut rien avoir de « secret pour vous. »

M. d'Arancey lit.

« Le gouvernement aimera toujours à donner « des marques de sa bienveillance à ceux qui y « ont des droits aussi légitimes que le citoyen « Botté. Il vous prévient, en conséquence, ci« toyen, qu'il vous a nommé secrétaire d'ambas-

« sade, près la cour de Berlin. Vous vous rendrez
« chez le ministre des relations extérieures, où
« vous recevrez vos instructions. »

« C'est vraiment un digne homme, que ce
« M. Botte, s'écria le marquis, et je vous assure
« que j'irai le remercier. Mais où trouver mon
« pauvre d'Égligny? » Une porte s'ouvre, le chevalier paraît, les deux amis sont dans les bras l'un de l'autre.

« C'en est trop, madame, c'en est trop. Vous
« donnez au bienfait un charme dont aucune au-
« tre main ne saurait l'embellir. Il est impossible
« de résister à la réunion de tant de graces », et
le marquis, emporté par un mouvement qu'il ne peut maîtriser, embrasse madame Duport, non pas précisément à la manière du chevalier; mais avec une expresssion qui fit rougir l'aimable veuve.

Le dîner fut d'une gaîté folle. Mademoiselle d'Arancey ne craignait plus d'Égligny, et elle était à son aise. Son père trouvait la saillie piquante dans les yeux de madame Duport, et madame Duport répondait à chaque trait par de ces choses qui tiennent à la fois du sentiment et de la plaisanterie : il n'y a que les femmes qui connaissent ce genre-là. D'Égligny, instruit de la rupture de son mariage par M. Botte, se livrait à l'amitié, sans en redouter les reproches. Il éprouvait bien quelque embarras, en regardant Sophie : le souvenir de ce baiser... « Allons, allons, lui dit ma-
« dame Duport, quel homme n'a pas été la dupe

« d'une illusion? La vôtre honore votre cœur;
« elle est de celles qu'on se pardonne. Souvenez-
« vous seulement de ne plus croire à l'amitié
« qu'inspirent les femmes de dix-huit ans, sur-
« tout lorsqu'elles sont charmantes. Madame, re-
« prit M. d'Arancey, celle qu'inspirent des femmes
« d'un âge fait est tout aussi dangereuse. » Cette
sortie inattendue embarrassa à son tour madame
Duport, disposée à parler de Charles ; et malgré
les coups de genoux répétés de Sophie, elle pensa
qu'il faut se taire, quand on n'a pas assez de liberté d'esprit pour bien dire. On allait la dispenser
d'entamer l'affaire, et lui laisser l'avantage toujours précieux de voir venir.

Le dîner était à peine fini. M. d'Arancey, qui
aimait, qui cherchait même à prolonger l'entretien, toujours animé, qui suit le café, M. d'Arancey
était devenu rêveur. Il se leva brusquement, et
sortit sans rien dire. « Hé, où allez-vous donc ! lui
« cria madame Duport. — Remercier M. Botte. —
« — Je le remercierai pour vous. » Elle craignait que
le cher oncle ne gâtât encore les affaires de son neveu : le marquis était déja loin.

« M. Botte, réconcilions-nous sincèrement. —
« — Je le veux bien, M. d'Arancey. — Des hommes
« comme nous ne sont pas faits pour se tracasser
« éternellement. — C'est ce que j'ai souvent pensé.
« — Vous m'avez rendu un service essentiel en
« faisant employer d'Égligny... — Bah, bah, c'est
« une misère. — Et j'en attends un de vous plus

« important encore. — Tant mieux, j'aime à obli-
« ger. — Je vous avoue que... que je ne sais pas...
« — Pas de phrases. Que voulez-vous? — Que je
« ne sais comment m'y prendre... — Que voulez-
« vous, vous dis-je? — Pour m'expliquer sur l'ar-
« ticle délicat... — M. le marquis, nous allons
« nous brouiller encore. Que voulez-vous? Cor-
« bleu, parlez sans préambule. — Vous ne vous
« moquerez pas de moi? — Je ne me moque de
« personne. — Madame Duport est charmante. —
« — Je le sais bien. — Je l'aime de tout mon cœur.
« — Et moi aussi, parbleu. — Mais... je ne l'aime
« pas... comme vous. — Ah, je commence à vous
« entendre. — Et vous ne trouvez pas ridicule à
« mon âge... — Votre âge, votre âge! on n'est ja-
« mais vieux quand on se porte bien, et qu'on
« sent battre son cœur. Et puis, madame Duport
« n'est plus un enfant. — Ce qui m'embarrasse le
« plus... — C'est qu'elle n'est pas noble? — Oh,
« je l'anoblirais. Ce qui m'embarrasse le plus,
« c'est sa grande fortune. — Ce n'est pas un mal-
« heur que d'être riche. — Mais ne soupçonnera-
« t-elle point que des vues d'intérêt... — Votre
« conduite avec d'Égligny vous met à l'abri du
« soupçon. — Mais... croyez-vous que son état
« actuel lui pèse? — Ma foi, je n'en sais rien. —
« Vous ne savez pas si un nouvel engagement
« pourrait lui plaire? — Non, le diable m'emporte.
« — Mais... vous pourriez la pressentir. — Mais,
« mais, mais... je ne me mêle plus de mariages :

« je n'ai pas la main heureuse. — Madame Duport
« a de la confiance en vous; elle vous écoute. —
« Tout cela est fort bien, mais... — Parlez-lui,
« je vous en prie, mon cher ami. — Mon cher
« ami, mon cher ami! c'est bien flatteur sans
« doute... — Parlez-lui, je vous en conjure. —
« Hé bien, nous verrons. — A mon âge, on compte
« les momens. — Ah, vous êtes pressé! — Mais...
« oui, un peu. — Hé bien, j'y vais tout de suite.
« — Vous êtes charmant. — N'est-ce pas? Comme
« le besoin vous rapproche les hommes! »

M. Botte avait senti, dès les premiers mots, les avantages que pouvait tirer son neveu de la confidence du marquis. Il commençait à perdre l'habitude de tout voir ployer devant lui, et il apprenait à se posséder. Il avait pris sur lui, avec bien de la peine, à la vérité, de ne pas prononcer le nom de Charles; il s'était montré un peu difficile pour exalter davantage le marquis, et, enchanté d'une mission, dont le succès pourtant n'était rien moins que sûr, il court chez madame Duport. Il la tire d'un cercle de trente personnes; il prend mademoiselle d'Arancey de l'autre main, et va s'enfermer avec elles dans un arrière-cabinet.
« Enfin, madame, il ne tient plus qu'à vous que
« ces chers enfans se marient. — Et que faut-il
« faire pour cela? — Il faut vous marier aussi. »
Sophie ouvrait des yeux, mais des yeux!...

Pourquoi ne peut-on parler de mariage à une femme, sans la faire rire, quelque âge qu'elle ait,

quelque raisonnable qu'elle soit? Madame Duport rit, en disant que la proposition était extravagante; elle rit en demandant quel était celui qu'on lui destinait, ce qui n'était pas du tout difficile à deviner; elle rit en répondant qu'elle ne pouvait se prêter à cela. « Vous voulez donc, madame,
« que j'enterre mon neveu? — J'en serais bien fâ-
« chée; mais pour vous le conserver, faut-il que
« je me sacrifie?—Qu'appelez-vous vous sacrifier?
« le marquis est-il rebutant? — Pas du tout. —
« Est-ce un imbécile? — Au contraire. — Est-il
« d'un commerce difficile? — J'en fais ce que je
« veux. — Hé, que diable voulez-vous de mieux
« que cet homme-là?— Mais je ne veux rien,
« moi. Je me trouve à merveille comme je suis.
« — Tenez, madame, je ne crois point les veuves
« qui font l'éloge du veuvage. Elles réssemblent
« un peu à ceux qui n'ont rien, et qui vantent
« sans cesse la médiocrité. — Monsieur est péné-
« trant. —Ah! vous en convenez. —Je me moque
« de vous, mon cher Botte. — Moquez-vous en
« tant que vous voudrez, il n'en sera pas moins
« vrai qu'une veuve se marie quand elle trouve
« un parti convenable, et celui-ci vous convient
« de toutes les manières. Un homme dont vous
« faites ce que vous voulez! quel trésor! Et la sa-
« tisfaction de s'allier à une famille respectable,
« de la relever, d'assurer le bonheur de ces pauvres
« enfans, le mien, madame, car vous mettrez une
« condition à votre consentement... Je vous le ré-

« pète, le parti vous convient, donc vous vous
« marierez. — Mais, M. Botte, pensez... réfléchis-
« sez... — J'ai pensé, j'ai réfléchi, et depuis que
« je vous parle, vous avez eu du temps de reste
« pour en faire autant. — Ma bonne amie, il me
« serait si doux de vous appeler ma mère! — Et
« crois-tu que je sois insensible au plaisir de te
« nommer ma fille? — Corbleu, l'affaire est arran-
« gée. Monsieur le marquis, monsieur le mar-
« quis! — Finissez donc, M. Botte : vous allez me
« compromettre cruellement. On n'a jamais vu se
« conduire de la sorte. — Oui, oui, grondez au-
« jourd'hui; vous me remercierez demain. Mon-
« sieur le marquis, arrivez donc... Hé bien, allez-
« vous faire l'enfant? levez les yeux, regardez
« madame; parlez-lui donc... que diable, vous ne
« l'épouserez pas sans lui parler, peut-être? »

Madame Duport était aussi embarrassée, au
moins, que le marquis. « Vous ne sauriez croire, lui
« dit elle enfin, monsieur, les folies que M. Botte
« me débite depuis un quart-d'heure. — J'ignore,
« madame, qu'elle forme il a donnée à l'hommage
« de ma main; mais rien n'est aussi sérieux et
« aussi vif que mes sentimens pour vous. — Il
« n'est pas croyable, monsieur, que celui qui ne
« compatit pas aux peines de l'amour, place vrai-
« ment sa félicité dans les jouissances du cœur.
« Vous n'avez qu'un moyen de me convaincre de
« votre sincérité. — Et oserais-je vous demander,
« madame, quel sera le prix de votre conviction?

« — Ah, que de phrases, que de phrases ! une
« femme qui vous prie de la convaincre, n'a-t-elle
« pas tout dit?—Je me rends, madame, et j'aime
« à penser que ma fille vous devra son bonheur.
« Mademoiselle, embrassez votre oncle. »

Ce fut une ivresse, un délire, un transport, que cette chère petite Sophie s'efforçait en vain de cacher. Elle serrait, à la fois, dans ses bras M. Botte et son père. Oh, que dans ce moment elle l'aimait, son père ! « Ma bonne amie, n'em-
« brasserai-je pas aussi ma mère ? — Oui, Sophie,
« oui, je suis ta mère, et une mère bien tendre.
« Monsieur le marquis, je suis franche. Il y a
« quelques jours que je soupçonne vos projets;
« mais en vérité, je ne croyais pas à leur exécu-
« tion. »

M. Botte, presque aussi satisfait que mademoiselle d'Arancey, se remit en course. Les pas ne lui coûtaient rien, quand il s'agissait d'exhaler sa joie, ou d'en donner à quelqu'un. Il retourna chez lui, aussi vite que ses chevaux purent l'y traîner. Il embrasse son neveu de tout son cœur, et sans lui dire un mot, il le traîne vers sa voiture : « Mais mon oncle, je suis en robe de cham-
« bre. — C'est égal. — En bonnet de nuit. — C'est
« égal. — En pantouffles. — C'est égal, c'est égal.
« —Mais où me conduisez-vous ? — Dans les bras
« de ta femme. — Dieu !... grand dieu !... quoi...
« ma Sophie... son père !... — Oui, trop heureux
« fripon, le père est rendu, et Sophie est à toi.

« Je le savais bien, moi, que ce mariage se fe-
« rait.... Hé bien, hé bien!... il a voulu se noyer,
« parce que je lui refusais sa maîtresse; il a voulu
« se laisser mourir, parce que le marquis n'en-
« tendait pas raison, et il va perdre la tête, parce
« que tout va mieux qu'il n'osait l'espérer. — Il
« y a de quoi la perdre, mon oncle, il y a de
« quoi en perdre cent... Mais donnez-moi le temps
« de m'habiller. — Ta femme ne te verra jamais
« en déshabillé, et moins habillé encore, n'est-ce
« pas? — Mais la décence... — Veut que tu prouves
« ton empressement, et en te présentant comme
« te voilà, il ne sera pas équivoque. — C'est de
« la démence! — Cela se peut; mais je le veux
« ainsi », et le cher oncle le pousse dans sa voiture, le pousse dans le salon de madame Duport,
le pousse au milieu du cercle nombreux, qui
déja, sincèrement ou non, félicitait le marquis.

Bien qu'on connût la vivacité de M. Botte, on
ne laissa pas de trouver l'accoutrement de Charles
fort étrange. Une visite de cérémonie en robe de
chambre ! Cela ne s'était jamais vu, disait-on.
« Hé bien, messieurs, vous le voyez, disait notre
« oncle. Fallait-il pour un habit plus long ou plus
« court, retarder d'une heure le plaisir qu'éprou-
« vent ces aimables enfans? » En effet, Charles
tout honteux d'abord, venait de s'échapper du
grand fauteuil, où on l'avait confiné, un coussin
sous les pieds, et un autre sous la tête. Il ne
voyait plus que sa Sophie, et il l'avait conduite

au bout, tout-à-fait au bout, dans le coin le plus reculé de l'appartement, et ils parlaient, ils parlaient... ils extravaguaient, ils riaient, ils pleuraient... ils faisaient ce que vous avez fait peut-être, ou ce que vous ferez peut-être bientôt, ce qui vaut mieux : c'est si peu de chose que le passé ! la plus faible jouissance efface le plus brillant souvenir.

On les regardait avec un plaisir! en les regardant, on était tenté d'amour. Le marquis était animé... ah ! Madame Duport n'avait pas l'air de s'en apercevoir ; mais elle en augurait bien : on n'est pas veuve sans avoir quelque expérience.

M. Botte voulait absolument faire à M. d'Arancey les avantages qu'il lui avait déja proposés. Madame Duport prétendit que personne n'avait le droit de lui ôter la satisfaction d'enrichir son époux. Elle consentit seulement qu'il acceptât cette terre à laquelle il tenait tant, à cause de son nom. Sophie, qui dans certaines circonstances, n'avait pas le droit de répliquer à son oncle, fut obligée de prendre les trois fermes et la terre du Berri. Charles eut les herbages de Normandie, et il restait encore à M. Botte quatre-vingt mille livres de rente. Ces gens-là n'étaient pas à plaindre du tout.

Une chose sur laquelle on ne put faire entendre raison à notre oncle, c'est la magnificence qu'il voulut déployer aux deux noces. Madame Duport prétendait qu'une femme raisonnable doit se marier sans éclat, et, en effet, ce n'est point à la pompe que tient essentiellement une veuve qui se remarie. M. Botte soutenait qu'on ne peut rendre un pareil jour trop remarquable, et qu'un serment prononcé de bon cœur se ferait à la face de l'univers. On tira donc encore une fois des remises, des armoires, des magasins, les carrosses; les livrées, les ameublemens. Sophie reprit, de fort bonne grace, son brillant trousseau; elle permit au cher oncle de rattacher encore les girandoles aux jolies petites oreilles, condamnées sans appel à être tiraillées, et on partit pour le château fort contens des autres et de soi. Horeau même fut gai, et, pour la première fois, il eut des saillies.

Edmond ni le curé ne savaient à qui appartiendrait enfin ce château qu'on achetait, qu'on donnait, qu'on revendait, et tous deux, fermes dans la foi, laissaient agir la Providence. En attendant ses adorables décrets, ils jouaient au piquet pour charmer leurs loisirs, et mademoiselle Fanchon, établie dans la même chambre, repassait, à côté d'eux, les aubes et les surplis. De temps en temps, elle suspendait son travail pour juger d'un coup, donner des conseils, verser le petit verre de vin blanc, et ranimer la conversation languissante. Le bon pasteur recevait ces soins avec beaucoup de bienveillance, parce que le curé le plus sage est toujours plein d'égards pour sa gouvernante.

Et comme les gouvernantes de curé ont, ainsi

que les autres humains, un penchant décidé a se faire valoir, c'était Fanchon qui, en l'absence du pasteur, recevait les ouailles; qui conseillait aux femmes de ne jamais céder à leurs maris; qui faisait dire le catéchisme aux petits enfans, et leur expliquait le mystère de la Sainte-Trinité; c'était à elle qu'appartenait exclusivement l'honneur de changer et de blanchir les chiffons de Sainte-Anne, et de balayer les araignées qui s'attachaient scandaleusement aux visages sacrés de la bonne Vierge et de son divin poupon; c'etait elle qui répondait d'un ton d'importance : nous ne disons pas de messes à douze sous; c'était elle enfin, qui, de temps en temps, chapitrait le bedeau, grave personnage, chantant fort, labourant bien, mais accrochant toujours à sa charrue une vieille canardière, avec laquelle il assassinait, dans les sillons, quelque perdrix, dont il garnissait son pot, sans même en offrir la dîme au curé, ce qui déplaisait fort à mademoiselle Fanchon, qui s'était fait une réputation extraordinaire par sa manière d'apprêter les perdrix aux choux.

Fanchon repassait donc, ainsi que je vous le disais, et tout à coup elle poussa un grand cri, et laissa tomber le fer sur son pied. Les carrosses entraient dans la cour, et elle avait reconnu et Sophie, et son père, et le cher oncle, et le neveu. Comme un fer, tombé sur le pied d'une gouvernante, est un évènement pour tous les curés possibles, celui-ci jette ses cartes, court à Fanchon, et s'écrie, à son tour, en voyant les voyageurs. Edmond s'approche pesamment de la croisée, ouvre de grands yeux, et s'étonne comme les autres. L'étonnement devint stupéfaction, quand ils surent qu'il y avait deux mariages à faire, et le plutôt possible.

M. Botte avait fait afficher, dès long-temps, celui de son neveu, et toujours impatient de jouir du bonheur d'autrui, il voulut profiter du bénéfice de l'affiche, et prononça que le mariage se ferait le soir même. Charles avait d'excellentes raisons pour être de l'avis de son oncle; Sophie rougissait, ne disait mot, et se résignait. M. d'Arancey était bien aise de prouver à madame Duport qu'il saisirait, avec empressement, toutes les occasions de lui plaire. La belle veuve disait qu'il est inutile de remettre au lendemain une bonne œuvre qu'on peut faire à l'instant même, et tout le monde étant parfaitement d'accord, Horeau fut député vers le maire du lieu, et le curé se fit mettre des papillottes par Fanchon.

Dans un instant, tout le village est en l'air. Les enfans de chœur quittent leurs sabots, se débarbouillent, et l'un d'eux, le fameux Coco, brailleur infatigable, et rabatteur consommé, fait raisonner la grosse cloche, que M. Botte a fait jucher au plus haut de la charpente. L'église est parée; le pasteur est en grand costume, et il attend les futurs sous le portail, le goupillon à la main.

Le marquis aurait donné vingt arpens pour

avoir l'habit brodé, les talons rouges, et le chapeau à plumet. A défaut de ses marques distinctives, il se redressait; il regardait tout le monde du haut de sa grandeur. Tout le monde le saluait, et il disait à sa fille qu'il conduisait à l'autel : « Ces gens-là reconnaissent toujours leur maître. » De temps en temps, il oubliait sa noblesse, et se tournait vers madame Duport, qui avait pris le bras de M. Montemar. Il lui adressait des choses très-fines, très-piquantes sur les suites de la cérémonie, et, comme une femme aimable saisit toujours une agréable allusion, la belle veuve lui souriait, et on m'assura qu'elle disait bien bas : Dieu le veuille.

Edmond fermait la marche, appuyé sur la grosse Fanchon. M. d'Arancey n'était pas trop d'avis que son fermier fût de la noce; mais madame Duport lui avait dit : Je vous en prie, et il avait invité le vieillard d'assez bonne grace.

Le curé plaça le marquis dans la stalle la plus voisine de l'autel, et l'encensa avec de mauvaise résine, dont l'odeur lui parut délicieuse, et il disait à madame Duport : Je vous assure que je ne suis sensible à ces justes honneurs, que parce qu'ils réjaillissent sur vous.

Le curé, qui savait se prêter aux faiblesses humaines, quand il pouvait le faire sans inconvénient, n'oubliait jamais ce qu'il devait à son ministère. Il adressa aux fortunés époux, sur les obligations qu'ils contractaient, un discours, qui, bien qu'impromptu, développait, sans pédantisme,

cette saine morale que les hommes de tous les climats reconnaissent sans contradiction. Charles, très-disposé à rendre sa Sophie la plus heureuse des femmes, trouvait l'orateur un peu long. Mais le bruit de trente musiciens et de cinq cents fusées volantes, avertirent l'estimable curé qu'il était temps de finir, et il termina par le protocole ordinaire : « Un mariage bien assorti est le com-
« mencement de cette éternelle félicité, que je
« vous souhaite, au nom du Père, et du Fils, et
« du Saint-Esprit. *Amen.* »

« Qu'ils vous entendent tous trois, ou *qu'il vous entende tout seul* » ! dit ce coquin de Guillaume qui se fourrait partout, et qui avait pris la poste avec l'argent du cher oncle, pour voir la cérémonie.

Nos aimables jeunes gens furent unis enfin, et le furent en présence d'un père éternel blanc. Ce n'est pas que le peintre noir n'eût attaqué le curé, comme il l'en avait menacé; mais il plaida devant des juges blancs, et il fut condamné : n'ayons jamais de rapports d'intérêt avec nos juges. Cependant comme un artiste ne se décide pas aisément à perdre un chef-d'œuvre, le peintre envoya son tableau au roi de Congo, à qui je ne vous conseille point d'aller dire que le père-éternel n'est pas noir.

Mademoiselle Fanchon voulut bassiner le lit des mariés, et elle disait à la jeune épouse : « Le
« moment est pénible, madame; mais cela n'est
« pas long : j'en sais quelque chose. »

Vous allez me demander ce qu'est devenu d'Égligny, car vous voulez tout savoir. Il avait senti qu'il ne jouerait pas un rôle agréable au château, et il s'était jeté de suite dans la diplomatie, pour tâcher d'oublier sa petite sœur.

Quinze jours après, madame Duport rougit à son tour. Les femmes rougissent de colère, de plaisir, de pudeur. Elles rougissent de tout; elles rougissent comme elles le veulent, et il faut être bien fin pour dire, précisément, ce qui les fait rougir. Au reste, je suis très-sûr que la colère n'entrait pour rien dans la rougeur de madame Duport.

Le monde approuva beaucoup le mariage des jeunes gens, et il s'égaya un peu sur celui du marquis : il était vieux, et madame Duport était encore belle. Elle imposa silence aux plaisans par des soins si tendres, des attentions si soutenues, qu'il fallut croire, enfin, qu'elle aimait vraiment son mari. On ne se permit pas même de douter qu'il fût vraiment le père d'un très-joli petit enfant, que lui donna son épouse.

Jamais elle n'usa de son ascendant sur l'esprit de son mari, que pour le rendre plus heureux et meilleur. Ses paysans l'avaient toujours craint; il devint affable et bon; ils l'aimèrent, et il sentit combien il est plus doux d'inspirer un sentiment que l'autre. Il disait encore de temps en temps : Un homme comme moi; un homme de mon rang; il appelait constamment sa femme, madame la marquise. Il est des habitudes qui ne se perdent jamais totalement, et puis, on lui pardonnait sans peine le petit reste de celle-ci : elle ne faisait de mal à personne.

Sophie fut mère avant la marquise, et cela devait être. Un mari de vingt ans a tant d'avantages, qu'on a perdus à soixante! Elle le fut une seconde, une troisième fois, et, à chaque fois, Charles lui jurait qu'il l'aimait toujours davantage. C'est difficile à croire; mais ce qu'il y a de certain, c'est que l'estime, une bonne et franche amitié remplacèrent, avec le temps, un sentiment qui, malheureusement, ne dure pas toujours.

M. Botte criait sans cesse ; mais on était convenu de le laisser faire, et on le livrait, quand il criait trop fort, à l'ami Horeau, homme toujours bon et tonjours nul, qui raffolait, disait-il, de sa femme, et qui ne passait pas un mois de l'année avec elle.

D'Égligny devint ambassadeur, et il se chargea des ruines d'une princesse russe, en faveur de vingt à trente villages et de leurs habitans qu'il épousa avec elle.

L'amour malheureux est plus opiniâtre que l'amour fortuné. Cependant Georges revint à cet état de calme, où tout le monde désirait si sincèrement de le voir. Parvenu à la tête de son corps, il venait religieusement tous les ans passer quelques semaines auprès de son vieux père, aveugle et sourd. Il lui lisait un chapitre de la Bible, et criait à tue-tête pour se faire entendre. « Ah, « disait le bonhomme, si tu avais le secret du « jeune Tobie! mais il est perdu, on ne le re- « trouvera pas. »

Le vieillard mourut enfin, il faut bien finir par-là. On le pleura ; on lui fit un fort joli convoi : c'est tout ce qu'on peut pour un mort.

Guillaume devint à peu près honnête homme, parce qu'en récompense de ses bons et de ses mauvais services, Charles lui donna de quoi le guérir de la tentation de faire des dupes.

Le bon curé resta commensal du château. Il y enseignait un peu de latin aux petits neveux de M. Botte; il y faisait sa cour aux deux mamans, et il continua à dire des messes, à faire des prônes, et à laisser danser les petites filles.

POST-FACE.

« Hé bien, Lecteur malévole, que dites-vous de
« M. Botte? — C'est le bourru bienfaisant. — Je
« le sais bien. — Pourquoi voler Goldoni? — Je
« n'ai volé personne. On ne crée pas de caractè-
« res. Il faut les prendre dans la nature, parce
« que, hors la nature, il n'y a rien. C'est là qu'a
« puisé Goldoni, et moi aussi. Il a fait son Bourru,
« et moi le mien. Il l'a habillé à sa manière; j'ai
« costumé celui-ci le moins mal qu'il m'a été pos-
« sible, et je ne suis pas plus copiste qu'un sculp-
« teur qui fait un homme, lorsque cent autres
« en ont fait. Au reste, si M. Botte vous déplaît,
« supposez que vous venez de voir tomber une
« pièce, de faire une bouillotte, d'entendre re-
« mettre des causes, ou de lire un journal.

FIN DE MONSIEUR BOTTE.

TABLE

DES CHAPITRES CONTENUS DANS CE VOLUME.

PREMIÈRE PARTIE.

Chapitre Ier. Demi-exposition............ Page 5
Chapitre II. Suite de l'exposition............ 17
Chapitre III. Autre suite de l'exposition....... 48
Chapitre IV. Fin de l'exposition............. 86
Chapitre V. La curiosité, la pièce curieuse..... 113

DEUXIÈME PARTIE.

Chapitre Ier. Départ pour la ferme, ce qui s'y passe............................... 136
Chapitre II. Fuite, voyage.................. 173
Chapitre III. Aventures.................... 203
Chapitre IV. Départ des Andelys. Projets de mariage............................... 238

TROISIÈME PARTIE.

Chapitre Ier. Évènemens, obstacles imprévus... 257
Chapitre II. Un obstacle de plus............. 324
Chapitre III. Les obstacles se multiplient....... 361

QUATRIÈME PARTIE.

Chapitre 1er. Tentatives, évènemens........... 386
Chapitre II. On espère et on se trompe....... 421
Chapitre III. Dénouement................... 485

FIN DE LA TABLE.

BARBA, Libraire,

AU DOUCEREUX, ET SURTOUT VÉRIDIQUE

GEOFFROY,

En réponse à l'analyse critique du roman de Monsieur Botte, *insérée dans le Journal des Débats, du.....*

Un libraire oser écrire à l'homme par excellence ; au juge suprême dans tous les genres de littératures ; à celui qui tient au bout de sa plume tous les artistes réunis ; qui établit ou détruit les réputations, selon que l'intérêt de son journal, ou que les plaisirs de messieurs ses abonnés l'exigent ! Quelle impudence !!! va s'écrier le modeste abbé.

Mais, si défendre ses propriétés est un droit naturel, pourquoi, bénin Geoffroy, ne défendrai-je pas mon Botte, qui me coûte fort cher, quoique je ne paie pas les opuscules de Pigault, à beaucoup près, autant que mon confrère Le Normant paie les gentillesses quotidiennes que vous adressez indistinctement à tout le monde ?

Comme cette lanterne magique, qui vous déplaît tant, vous représente d'une manière qui a pu exciter l'acrimonie de vos humeurs, et qu'il ne convient pas à un juge impassible comme vous de paraître user de récrimination, vous avez caché votre extrait charmant dans le corps du journal, et vous avez signé *A*, pour dérouter vos lecteurs..... malicieux que vous êtes ! Mais ne reconnaît-on pas votre style inimitable, votre modération ordinaire, votre bonne foi incomparable ?

Entrons en matière.

Vous jugez inutile de parler d'un ouvrage oublié. Pourquoi donc en parlez-vous ? Oublié ! je sais ce qu'il en est, moi, qui le vends tous les jours. Oublié ! et vous annoncez qu'il se trouve chez votre libraire Le Normant ! Vous espérez donc qu'on se souviendra assez de l'existence de Monsieur Botte pour qu'on débarrasse mon confrère de la rue des Prêtres des exemplaires qui lui restent ? Et puis, si l'ouvrage est oublié, pourquoi écrire quatre colonnes ? Que d'esprit perdu, s'il y en a !

Vous reprochez à M. Botte ses quatre ou cinq chutes, et, à cet égard, vous avez beau jeu, vous qui n'en avez jamais éprouvé qu'une. Vous l'avez oubliée, peut-être, et j'ai mauvaise grace à renouveler vos douleurs ; mais que voulez-vous, mon cher abbé, je suis charitable..... comme vous. Je me souviens d'une plate et très-plate tragédie des *Scythes*, que jamais vous n'avez pu faire jouer que par vos écoliers, et qui a fait rire aux éclats les papas et les mamans accourus au collége de Louis-le-Grand, avec l'intention, très-prononcée, de trouver admirable la tragédie de monsieur le régent.

Vous me direz que je ne puis vous prouver que vous ayez fait une pitoyable tragédie. Je conviens que votre rare prudence vous a mis à l'abri de la critique. On sait que le jour où vous vous êtes vendu à Le Normant, vous avez couru la Halle, et enlevé à la dernière beurrière la dernière des feuilles qu'elle avait achetées à la livre. Laissons donc *les Scythes* oubliés, très-oubliés, fort heureusement pour vous, et revenons à M. Botte.

Pigault-Lebrun, dites-vous, *par sa fécondité, aurait été immortel, au moins pendant sa vie*.....

Ah ! voilà de la plaisanterie, du joli, du goût ! passe pour cela. Je ne vous ferai pas même observer qu'*immortel pendant sa vie* est un pléonasme, et qu'il n'est pas permis à un régent de rhétorique d'en faire. Ce qui suit devient sérieux.

Voltaire avait fait ce vers :

L'impie a dit : *Il n'y a pas de Dieu.*

Le lendemain Fréron écrivit : Voltaire dit qu'il n'y a pas de Dieu, et tout votre article contre M. Botte, ne vous déplaise encore, cher abbé, est un peu *à la Fréron.*

Vous faites dire à mon auteur : *Oh ! le bon temps que celui où les prêtres égorgeaient les chefs dont ils n'étaient pas contens,* et vous n'ajoutez pas : Pigault dit cela du ton de l'ironie dans un paragraphe qui me vexe un peu. Voilà une réticence condamnable, car, enfin, on pourrait croire, d'après vous, que Pigault veut former des *Chatel* et des *Clément.*

Vous donnez à entendre que Pigault est un athée. Je vous remercie pour lui de votre modération, car comme on disait naguère : *Sois mon frère, ou je te tue,* vous pourriez dire aujourd'hui : *Sois chrétien, ou je te brûle,* et cette phrase sonnerait très-agréablement à certaines oreilles, n'est-il pas vrai, cher abbé ? Je crois bien, comme vous, que Pigault n'est ni *Israélite,* ni *Baaliste ;* mais je me demande ce que vous êtes, car la charité étant la vertu par excellence que prescrit le christianisme, je ne puis croire que vous teniez sincèrement à cette secte-là.

Vous remarquez *qu'il n'est pas généreux de donner du ridicule à un noble ;* mais vous savez bien, malin corps, que ce noble est un être idéal, et Chénier est vivant. C'est lorsqu'il siégeait à la convention qu'il y eût eu du courage à l'attaquer ; c'est en disant qu'il fut courageux lui-même, en osant mettre un prêtre tolérant sur la scène, il y a dix ans, que vous auriez écrit avec bonne foi. Bah ! la bonne foi ! sottise, duperie, n'est-il pas vrai, l'abbé ?

Vous appelez la scène d'imagination, où des nobles rassemblés tirent de leurs poches leurs ordres et s'en décorent, *une odieuse calomnie !* Vous voulez donc, mon très-cher, désigner Pigault pour plastron à toute la noblesse de France ? Oh ! cela n'est pas joli, cela n'est pas chrétien. Heureusement, pour l'auteur, il a mis à côté de M. d'Arancey un d'Égligny, très-bon gentilhomme, et qui n'a que des qualités et des vertus ; mais vous n'avez pas jugé à propos de parler de celui-là.

Vous ne dites rien non plus de mademoiselle d'Arancey, qui est bien aussi noble que monsieur son père, et qui, dans toute sa conduite, offre la perfection du beau idéal et moral. C'est une femme comme vous en voudriez une, l'abbé, si vous n'aviez juré d'étouffer votre postérité à la plus grande gloire de Dieu, et vous n'en dites rien, lecteur ingrat ! juge inique !

Vous vous rejetez ensuite, avec fureur, sur un pauvre curé qui déclame, selon vous, contre la morale évangélique. Il n'est pas permis de donner un démenti à un homme respectable comme vous, l'abbé ; mais l'assertion est fausse.

Le curé de Pigault *vante beaucoup la morale sublime de l'Opéra......* Ah ! par exemple, mon cher, c'est encore citer à *la Fréron*. Le curé vante beaucoup la morale d'*OEdipe à Colonne*, et il a raison, car une seule scène de ce bel ouvrage en offre plus que tous vos feuilletons faits ou à faire, et autant que tous les petits carêmes des maîtres de la chaire.

Vous trouvez mauvais que Pigault ne croie pas que les Blancs, les Noirs, les Caffres, les Hottentots, les Albinos, descendent d'Adam : c'est que cela n'est pas facile à croire. Mais comme vous rendez facilement noir ce qui est blanc, c'est à vous que je laisse le soin d'arranger cette affaire-là. Il y a matière à discussion pour les feuilletons de tout un mois, et c'est une trouvaille.

Vous terminez enfin un article aussi long qu'aimable, en demandant si mon auteur voudrait que les filles publiques eussent des honneurs et des richesses. Taquin ! Pigault demande pourquoi il est des femmes assez dépravées pour faire un métier qui ne leur procure que l'ignominie, de la misère et des coups, comme il demanderait pourquoi il est un homme qui, pour un peu d'argent, déchire ses contemporains, réveille les haines, provoque les ressentimens; pourquoi cet homme ne quitte pas un métier dont il sent si bien l'ignominie, qu'il se cache chez lui, qu'il se cache au spectacle, qu'il nie jusqu'à son nom à ceux qui le rencontrent et le reconnaissent; pourquoi... pourquoi... Mais c'est trop abuser de vos momens précieux, monsieur l'abbé. Le temps que vous passez à me lire eût été bien mieux employé à aiguiser quelques épigrammes bien poignantes qui eussent enchanté vos lecteurs.

Je finis donc en vous suppliant de laisser prospérer ma boutique, de ménager mes auteurs, et d'être persuadé que mon profond respect n'est comparable qu'à la sincère admiration que vos écrits m'ont inspirée.

BARBA.

www.ingramcontent.com/pod-product-compliance
Lightning Source LLC
Chambersburg PA
CBHW071611230426
43669CB00012B/1905